Kulturstiftung Sibirien

Раиса Алексеевна Бельды
Татьяна Диомидовна Булгакова

Нанайские сказки

Verlag der Kulturstiftung Sibirien
SEC Publications

Bibliografische Informationen der Deutschen Nationalbibliothek:
Die Deutsche Nationalbibliothek verzeichnet diese Publikation in der Deutschen Nationalbibliografie: detaillierte bibliografische Daten sind im Internet über <http://dnb.d-nb.de> abrufbar.

Kulturstiftung Sibirien | Фонд культуры народов Сибири
SEC Siberian Ecologies and Cultures Publications

Серия: Языки и культуры народов Дальнего востока России
Нанайский язык и культура т. 1
отв. редактор серии: Э. Кастен

Кастен Э. (*отв. редактор*) Бельды Р.А., Булгакова Т.Д. (*запись, транскрибирование, перевод, составление и комментарий*), Заксор Л.Ж., Киле Л.Т. (*редакторы нанайского текста*):

Нанайские сказки

В настоящем сборнике представлены наиболее характерные ирепрезентативные повествовательные тексты из полевых записей 1980–2006 годов. Систематизация фольклорного материала ориентирована нананайские народные принципы классификации, а способ работы с текстами (запись на магнитофон с последующим транскрибированием) обусловленстремлением авторов представить язык нанайского эпоса во всем его разнообразии и богатстве. Сборник способствует сохранению утрачивающейся традиции нанайского сказительства как ценного культурного наследия.

ISBN: 978-3-942883-06-1
Herstellung: Books on Demand GmbH, Norderstedt

Вступительная статья

Нанайская сказительская традиция к настоящему времени почти полностью утрачена. Мне посчастливилось записать публикуемые в сборнике «Нанайские сказки» материалы по нанайскому фольклору от последних сказителей, в силу не зависящих от них причин, не сумевших в полной мере передать свое искусство младшему поколению. Материалы публикуются как с целью поддержания традиции сказительства, так и для сохранения нанайского языка во всем его богатстве. Данные тексты представляют собой часть ценного культурного наследия, которое не должно быть безвозвратно утраченою.

Для сборника «Лыжня Уде» были выбраны наиболее характерные и репрезентативные повествовательные тексты из моих полевых записей, собранных в экспедициях 1980–2006 годов в нанайских селах Хабаровского края. Жанровая классификация этих текстов соответствует нанайскими народным принципам систематизации, поэтому названия жанров даны в настоящем сборнике не только на русском, но и нанайском языке. Помещая тот или иной текст в определенную жанровую группу, мы не ставили перед собой задачу выяснить точное и неоднозначную его жанровую принадлежность и лишь фиксировали, к какому именно жанру относил данный текст его исполнитель. Например, сюжет о путешествии через море для обеспечения успешного рыболовства относится обычно к мифам, но рассказчик текста «Окаменевший человек» утверждал, что это тэлунгу, легенда, и, следуя его точке зрения, мы помещаем данный текст в раздел «*Тэлунгу*».

Нанайцы различают два основных жанра повествовательного фольклора: *нингман* и *тэлунгу*, что переводится обычно соответственно как сказка (или миф) и предание (или легенда). Как *нингман*, так и *тэлунгу* считаются достоверными повествованиями. Различие этих жанров обусловлено позицией наблюдателя по отношению к совершающимся событиям. Если рассказчик представлен сторонним наблюдателем событий, имевших, по его мнению, истоки в мире духовном, он повествует лишь о том, как эти события проявились в материальном мире. В таком случае это тэлунгу. Если же он рассказывает о том, что случилось в мире духовном с ним самим и повествует о внутренних, духовных проявлениях тех же событий, такое повествование является *нингманом*. Несмотря на то, что нингманы могут рассказывать о происшедшем не только когда-то давно, но и в настоящее время, у сказителей есть представление о том, что со временем некоторые *тэлунгу* могут становиться *нингманами*. В этом представлении отражена, по-видимому, как идея реальности событий духовного мира (*нингманы* правдивы так же, как и *тэлунгу*), так и о приходящем со временем забвении об их достоверности.

Сказители разделяют *нингманы* на *нингманы*-мифы, на *нингманы* (сказки) о шаманских дорогах (*дёргил нингмани*) и на короткие сказки (*хуруми нингман*). Некоторые *нингманы*-мифы (например, *нингман* о трех солнцах) имели раньше обрядовую функцию, они исполнялись шаманом во время *каса*, последних поминок, проводов душ умерших в мир *буни*. Сказки *дёргил нингмани* названы здесь «дорогами», потому что *дёргилами* называются шаманские дороги, пролегающие по территориям духовного мира, по которым шаманы ходят в своих сновидениях или во время камланий. Сказители полагают, что в такие сказки превращаются нарративы-откровения шаманов о пережитом ими в духовном мире. Лишь после того, как эти нарративы пересказываются другими и получают коллективное бытование, они превращаются в *нингманы*.

Способ исполнения[1] этих сказок-дорог напоминает исполнение шаманских камланий, особенно тех из них, которые представляют собой путешествие шамана в мир духов. Как и камлания, такие сказки исполнялись в темноте, а если днем, то при занавешенных окнах. Традиционно они были насыщенны песенными вставками, интонирование которых напоминало шаманское пение. Ко времени собирания материалов для данного сборника такая манера была практически утрачена, и в настоящем сборнике она представлена только в сказке «Халатон мохан».

В коротких сказках особый интерес представляют монологи персонажей, исполняющиеся напевной или ритмизованной речевой интонацией и насыщенные повторяющимися асемантическими и образными словами, нетипичными для сказок иных жанров. Сюжеты коротких сказок разнообразны, это могут быть сказки о животных, сказки-страшилки, сказки о духах как брачных партнерах. Такие сказки рассказывались только женщинами.

За небольшим исключением фольклорные тексты публикуются в данном сборнике впервые. Транскрипция и перевод тех текстов, которые публикуются повторно, были уточнены и исправлены, кроме того, изменен был сам принцип транскрипции и перевода. В предыдущих публикациях тексты редактировались и сокращались (порой весьма значительно) в соответствии с теми или иными эстетическими и дидактическими задачами, стоящими перед издательством (связанными, например, с тем, что публикация адресовалась преимущественно детской аудитории). В настоящем же сборнике авторы стремились, насколько им это удалось, придерживаться оригинальной аудиозаписи и по возможности приблизить перевод тексту оригинала.

Практически все тексты были записаны на магнитофон, только один текст («Лыжня Уде») был записан под диктовку сказителя Николая Петровича Бельды. Но, к сожалению, не все аудиозаписи удалось сохранить (например, в полевых условиях после транскрибирования некоторые из них стирались с целью экономии аудиопленки). Сохранившиеся аудиозаписи публикуются впервые. Транскрибирование текстов осуществлялось следующим образом. Некоторые тексты транскрибировались Т.Д. Булгаковой и затем проверялись носителями языка (Лидией Тимофеевной Киле, Раисой Александровной Самар, Раисой Алексеевной Самар). Другие тексты самостоятельно транскрибировались Раисой Алексеевной Бельды. Раиса Алексеевна Бельды выполнила также основную, наиболее существенную часть работы по переводу текстов, а также по редактированию переводов, выполненных Т.Д. Булгаковой. В некоторых случаях помощь в переводе оказывали также Лидия Тимофеевна Киле, Раиса Александровна Самар и Раиса Алексеевна Самар, за что авторы сборника выражают им глубокую благодарность. Авторы благодарят также учителей

---

1 Сказки «Халатон мохан», «Пайпанчо», «На агбиӈгохани», «Уде сохсинасихани», «Илан сиун», «Най дёлосохани», «Эм мэргэн сиунчи энэхэни», «Гаки сиумбэ луӈбэхэни », «Гаки энулухэни», «Пакан», и фрагмент сказки «Эм мама кэсиэ гэлэхэни» были опубликованы в книгах: Т.Д. Булгакова. Нанайская литература. Учебная хрестоматия для учащихся 5–6 классов общеобразовательных учреждений. С Петербург: Филиал издательства «Просвещение». 2007 и «Нанайские сказки и тэгунгу», Новосибирск, 1996.

Галину Леонидовну Бельды и Марину Александровну Эльтун за постоянно оказываемую ими помощь в работе по собиранию нанайского фольклора.

Пользуюсь случаем выразить свою глубокую благодарность директору Королевского Антропологического Института в Лондоне Хилари Каллан и доктору Паулу Сант Кассиа за данный мне грант от Фонда Неотложного Антропологического исследования, Великобритания (Urgent Anthropology Foundation, Great Britain), что позволило мне в дополнительной экспедиции провести полевые исследования, необходимые для завершения работы над текстами, также докторам Крису Ханну, Гюнтеру Шлее и Йоахиму Отто Хабеку за предоставленную мне возможность работать в Институте социальной антропологии им. Макса Планка (г. Халле, Германия), где я смогла завершить работу над рукописью. Особая благодарность Фонду культуры народов Сибири (г. Фюрстенберг, Германия) и Gesellschaft für Bedrohte Sprachen e.V., оказавшему нам поддержку и давшему возможность издать эту книгу.

Т.Д. Булгакова

От редактора

В основу книги легли звуковые записи Татьяны Булгаковой. Большая часть записей и книга на компакт-диске предназначены для школ в Хабаровском крае, они также доступны в интернете. С помощью „счетчика“ внизу страницы можно одновременно прослушать звукозаписи к текстам. (Первая цифра означает номер строки, вторая – счетчик времени на аудиозаписи.) Данное издание с соответствующими аудиофайлами подходит, прежде всего, для занятий по нанайскому языку, содействует сохранению языка и культурного наследия этого народа.

Э. Кастен

На агбиӈгохани

1 Тэй эринду на-да аба. Муэ маня.
2 Гуси дэгдэчи-дэ хайду-да догои бараси. Гой гаса-ка муэду-дэ дори, а гуси хони дори?
3 Туй дэгдэчимиэ, дэгдэчимиэ, хай боавани пулсини-ус тэй гуси?
4 Гэ, чадо эм пасику нава ичэхэни. Таоси тухэни, турэ тэсини.
5 Чадо тэй на эдени эм мапа би. Гуси ундини:
6 «Эй наӈгои отоко буру!» – унди.
7 «Мутэй осини, хони чилахами, хони дяпаро!» – унди.
8 Дюэр чавактаду чавакталаха нава, аӈмадой-да сэкпэӈгухэ.
9 Тотара туй дидюхэни-гуэни.
10 Тугбухэ наӈгои, на балдилогоха, таваӈки даи, даи на балдилогоха.

«На агбиӈгохани»
Заксор Юра, 12 лет, с. Верхний Нерген

Как земля появилась

1 В те времена не было земли. Одна вода.
2 Орел летал и нигде не мог найти, где сеть. Другие птицы на воду садятся, а орел как сядет?
3 Так летал, летал, в каких местах летал орел?
4 Вот увидел там кусочек земли. Опустился туда, опустившись, сидит.
5 Хозяином той земли был один старик. Орел говорит:
6 «Дай мне земли немножко!» – говорит.
7 «Если сможешь, сколько захочешь, столько бери!» – говорит.
8 Тогда [орел] когтями две горсти земли взял, и в клюв набрал.
9 После этого стал возвращаться.
10 Уронил он эту землю, и появилась земля, с тех пор все больше и больше становилось земли.

«Три солнца» → ‹4›, с. 16
Бельды Полина, 9 лет, с. Найхин

Хаядиади сэвэнсэл балдихани

1 Пичуэндулэ най балдихани. Поани хала пепе тэй ниэчэкэндулэ балдиха.
2 Най балдими, туй балдихани.
3 Тотапи-тани балана […] эм дёгду эм най бини.
4 Тэй-тэни сиксэ эурини, дуедиэ эуригуй най-ну, хай-ну инэктэй: ха-ха-ха, ха-ха-ха, инэктэми эурини, ниҥмамба [досодинахани].
5 «Ниҥманду!» – унди.
6 Ниҥманди тэй най. Ай ниҥмандини, ай инэктэй.
7 Туй тами тогоха, гучи-гучи пулсини.
8 Тэй най мурчини:
9 «Эй хали бичиндэ мимбивэ вари».
10 Эси эугуйдуэни, сарини хай эринду эугунивуэ?
Сурэкэмбэ маси хулдюхэни пэкэ осидиани.
11 Тэй ниҥмамба досидяи най порони полдока.
12 Тэй эугуйчиэни тэй порони чолоко тэй най, ниҥмамба гэли най чадо тэй сурэкэмбэ маси хулдюхэмби, чул наҥгалахани порондолани.
13 Тэй амба-мат би най абанахани.
14 «Эй ичэндэури».
15 Эси ичэндэхэни.
16 Потоха мони алдандоани дес ихэни сурэни.
17 Эси-тэни най мурчини потоха хали бичиндэ, най-ма би дяка, мурчини.
18 Саман-да тэй потоха модиани сэвэли.

«Хаядиади сэвэн балдихани»
Дранишникова Алина, 9 лет, с. Троицкое

1 ▸ 00:00 ‖ 5 ▸ 1:26 ‖ 10 ▸ 1:53 ‖ 15 ▸ 2:50 ‖ 3:30

Откуда идолы-*сэвэны* появились

1 От коршуна люди появились. Некоторые роды от птицы *пепе* появились.
2 Так с древности они жили.
3 Раньше в старину […] в одном доме человек жил.
4 Как-то вечером спускается, из лесу спускается – то ли человек, то ли кто – и смеется: ха-ха-ха, ха-ха-ха, смеется, пришел просить камлание.
5 «Покамлай!» – говорит.
6 Человек камлает. Чем больше камлает, тем больше [пришедший человек] смеется.
7 Потом он ушел. И каждый раз стал приходить.
8 Человек думает:
9 «Сколько бы ни прошло [времени], когда-нибудь он все равно меня убьет!»
10 Вот, когда ему было [время] прийти, а он знает, когда тот придет, он взял топорик и сильно нагрел его. Горячим стал [топорик].
11 У того человека, который приходит слушать камлание, на макушке дыра.
12 Когда он пришел, и он этот сильно нагретый топорик, бросил ему на макушку.
13 Исчез тот человек, похожий на [духа] *амбана*.
14 «Пойду, посмотрю, куда он делся».
15 Пошел смотреть.
16 Увидел, что в иву его топорик воткнулся.
17 Тогда он подумал: Эта ива когда-нибудь станет существом, похожим на человека.
18 Пошаманил и сделал из того дерева [идола] *сэвэна*.

«Уде сохсинасихани» → ‹3›, с. 12
Кривенко Катя, 11 лет, г. Комсомольск-на-Амуре

Уде сохсинасихани

1 Хэдиэдиэ калтадиала айсима хоŋко.
2 Солиадиа калтадиала мэŋгумэ хоŋко.
3 Тэй дюэр хоŋко алдандолани эм дё долани аŋни гэрбуни Акиа, нэуни гэрбуэни Уде балдихачи.
4 Аŋни асико, пиктэни эмуэду би.
5 Туй бимэриэ, туй балдимариа, эм сиксэвэни аŋни нэучини ундини:
6 «Гэ, Уде, си чимана мова эгдивэ молсиру.
7 Эгдивэ молсиочиаси, гойдами буэ мова молсиваси».
8 Туй ундэ аŋни чими мэнэ пурэмбэ пулсии поктои илигохани.
9 Сиксэ эугуйни. Дёŋни киравани кэндэли хурэн гогдаладиани мо тэхэли лоап-лоап тадорами камалиохан бичини.
10 Мосал би-дэ киоŋгатосал, апсаŋготасал бичини.
11 Аŋни дёкчи игугуй холиачи, хуэлиэчи тами игухэни.
12 Игурэ, хадёмби ачогора сиагой тэгухэни.
13 Сиаридоани асини эдичии ундини:
14 «Ми эйниэвэ сиун токон сиучиэни ŋэлэхэмби.
15 Нэуси мова яŋкойдиани мо би-дэ тэхэни мэŋдэн гарани сукчум».
16 Сиксэгуйдуэни силан намичами ходиваŋкимби.
17 Эси тэиŋгуми няŋга холбо оŋгасахани.
18 Туй тамиа аŋни нэуи сэнэгучиэни нёанчиани ундини:
19 «Гэ, си Уде чимана молсихамби мова хэм ивучи, калтасой тахари.
20 Даиди ивачиорива голоŋкоду илгамохари, нучисэлбэ дёканду илгамохари,
21 голдёнду ивачиорива тулиэду кампихари».
22 Туй тара диая чиманива пулси поктои илигохани.
23 Сиксэ эрдэкэн эугуйдуй ичэдейни, мова нэуни хэм калтасой ивуй тахани, хэм улэн тахан бичини.
24 Туй тара дёкчи игурэ ичэйни, нэуни бэундуи аоми бини.
25 Асини эдичии гусэрэйни:
26 «Кама! Нэуси эйнивэ мова малдиалихани.
27 Мо калтарасивани ŋаладии, бэгдидии мокточи тахани.
28 Эй инивэ тиап эй дюэр хоŋко алдандолани на нирги иŋгури тахани».
29 Аŋни нэучи ичэдини, нэуни бэени даи очини.
30 Мова молсилой дюлиэлэни нэуни бэени агбиачи бичини.
31 Эси-тэни агдой чоп даи осихани.
32 Сиксэ нэуи сэнэгучиэни аŋни нэучии мэдэсини:
33 «Си моŋгои хэм ивухэси-ну?»
34 «Аба, ага, долимбани мутэхэмби. Чимана ходидямби».
35 Туй бимэриэ, туй балдимариа,
36 неŋне эринду аŋни нэумулиэ согдатава вахамбари гадёхачи.

Лыжня Уде

1 В стороне, что вниз по течению [Амура], золотой утес.
2 В стороне, что вверх по течению, серебряный утес.
3 Между тех двух утесов, в одном доме старший брат по имени Акиа и младший брат по имени Уде жили.
4 Старший брат с женой, ребенок в люльке был.
5 Так жили, так жили, однажды вечером старший брат говорит младшему:
6 «Ну, Уде, ты завтра дров побольше заготовь.
7 Если много заготовишь, долго можно будет за дровами не ходить».
8 Так сказал старший брат, а сам утром отправился по своей лесной тропе, по которой [обычно на охоту] ходил.
9 Вечером вернулся домой. Вокруг его дома навалены деревья, с корнем выдернутые, высотой с сопку.
10 [И не просто] деревья, [а такие большие, которые] идут на днище, на борта [лодки].
11 Старший брат, обходя [деревья], перелезая [через них], в дом зашел.
12 Зайдя, снял [охотничье] снаряжение, сел есть.
13 Когда ел, жена говорит мужу:
14 «Я сегодня после полудня испугалась.
15 Твой младший брат дрова таскал, [выдергивая] деревья с корнем, целиком, с ветвями, с кроной».
16 Вечером едва уговорила, чтобы прекратил.
17 Сейчас, отдыхая, он немного задремал, уснул.
18 Затем старший брат, когда младший брат проснулся, говорит ему:
19 «Хорошо, Уде, завтра все заготовленные дрова на поленья поруби.
20 Из порубленных больших [дров] *голонко* поставь, из маленьких *дёкан* поставь,
21 для очага, чтобы топить, во дворе сложи».
22 После этого, на следующее утро ушел на охоту.
23 Вечером пораньше вернулся, видит, дрова младший брат все порубил, все хорошо сделал.
24 Потом в дом зайдя, видит: младший брат на своем месте спит.
25 Жена мужу говорит:
26 «Беда! Твой младший брат дрова крушил.
27 Деревья, которые не кололись, руками, ногами ломал.
28 Сегодня целый день тут между двумя сопками земля дрожала и гремела».
29 Старший брат на младшего смотрит: у младшего брата тело выросло.
30 Перед тем, как дрова заготавливать, младший брат был [ростом] со старшего брата.
31 А теперь он гораздо больше старшего брата стал.
32 Вечером, когда младший брат проснулся, старший брат спрашивает младшего брата:
33 «Ты свои дрова все порубил?»
34 «Нет, брат, половину только смог. Завтра закончу».
35 Так жили, так жили,
36 весной старший брат с младшим пойманную рыбу привезли.

37 Уде эукэни согдатава тэлгэчими вайла тэсини. Акиа пэулэмбэ аӈгойни.
38 Эукэни Удечи ундини:
39 «Си муэвэ дёкчи муэлсиру!»
40 Туй тара лур согдатава тэлгэчими тэсихэни.
41 Аӈни пэулэмбэ аӈгопиа, дёкчи токохани.
42 Уйкэни нихэлими дочи гираӈкини, муэчи тэмбуэк тактолахани.
43 Уде-тэни хай-да хэм алиочиани тиас-тиас муэлсихэни бичини.
44 Алиова хэм дялапопи, паланчи муэлсилухэни.
45 Аӈни нэумулиэ тэй муэвэ хэм сосимари боачи ниэугухэчи,
паламба сиямба тобомари улэнди пирпэлихэчи.
46 Эукэни согдатава тэлгэчими ходипи, дёкчи токохани.
Дё дони хэм силун бичини.
47 Эдини пиктэи эмусимиэ бини, инани давамагда горпими бини.
48 Удевэ ичэйни: дилини пава уе бэкэни уелэни бини, мэйрэни эм дадоа биэ,
ундэ.
49 Туй бимэриэ, туй балдимариа, Удеӈгучи-тэни бади бими, бади даи,
бади бими, бади гогда осилохани.
50 Нава дуэрэми, тактолини таондоани, на чоӈдом энэй.
51 Эй осини, элкэ пуксулучиэни, нучи хурэкэн осини,
52 масила пуксулучиэни даи хурэкэн осини.
53 Тоичи эвэчихэни осини, тои чоӈдо, кубду, эи, боӈга осини.
54 Чава-тани эукэмби, агби кочапсичиаси осигохачи,
ӈаладии хэм нэен очогойдиани бирэгуйни.
55 Туй тамиа эм модан дуедиэди эм хай-да дайлани мова эугурэ, токондолани
калталира, моӈгои сокта-качи дюлиэ хамиа чумкиэӈгуэни аӈгохани.
56 Туй тара акчии эукэнчи соӈгочими иномосими ундини:
57 «Гэ, ая, эукэ, ми на оялани бими мутэсимби,
ми боадиа бароани бининдэми энэмби.
58 Мимбивэ дё-да хэтэси осихан, элэ дюэр хоӈко алдандоани ми чикиаси
осиамби.
59 Пэдэмэри дэрэдиусу. Ми боа илиэни осиндамби».
60 Туй тара агби пиктэвэни одёра, эукэмби, агби намансира.
61 Аӈни, эукэни нёамбани одёктахал.
62 Уде соктаи тэтурэ, ӈалаи хэсэр-хэсэр тахани.
63 Уде боа барони дэгдэхэни, боа оявани соктадии сохсинасихани.
64 Буэ эси-дэ ичэсипу-кэ Уде сохсинасихамбани.
65 Поани айӈанива Маӈбо говани чул Уде сохсинасигочиани дава эгди солой.
66 Маӈбова яп сохсинасигочиани дава оила солой.
67 Тэй боа илдуни туй би. Гороа бичэ, дидя бичэ. Элэни.

37 Невестка Уде, рыбу разделывая, на берегу сидит. Акиа вешала [для сушки рыбы] делает.
38 Невестка говорит Уде:
39 «Принеси воды в дом!»
40 После этого она засиделась еще, рыбу разделывая.
41 Старший брат, сделав вешала, к дому с берега поднялся.
42 Дверь открыв, внутрь шагнул, в воду, бултых, ступил.
43 Уде всю посуду доверху водой наполнил.
44 Всю посуду наполнив, на пол стал воду лить.
45 Старший брат с младшим ту воду стали вычерпывать и на улицу выносить, пол песком хорошенько посыпали.
46 Невестка, закончив разделывать рыбу, к дому поднялась. В доме все сухо было.
47 Муж ее ребенка в люльке качает, а брат ее мужа невод для кеты вяжет.
48 Посмотрела на Уде: голова его выше верхнего косяка окна, плечи в целый мах.
49 Так жили, так поживали, Уде, чем дальше, тем больше становится, чем дальше, тем выше становится.
50 По земле шагает, с каждым его шагом, в земле яма появляется.
51 Если легко толкнет [землю] ногой, маленькая сопка появляется,
52 сильно толкнет, большая сопка появляется.
53 На берег если сходит и вернется, берег в ямах, ухабах, колдобинах, буграх становится.
54 Чтобы невестка и старший брат не спотыкались, руками все разглаживает, разравнивает.
55 Потом, однажды из леса огромное дерево принес, вдоль ствола его расколол, [нечто] наподобие лыж, спреди и сзади концы их заострив, сделал.
56 После этого старшему брату и невестке, плача, всхлипывая, говорит:
57 «Ну, брат и невестка, я на земле жить не могу, я на небо жить пойду.
58 Меня дом уже не вмещает, скоро уже и между двух утесов помещаться не стану.
59 Счастливо оставаться, я на небе жить стану».
60 После этого он поцеловал сына старшего брата, свою невестку и брата обнял.
61 Брат и невестка его поцеловали.
62 Уде надел свои лыжи, руками как крыльями замахал.
63 Уде на небо полетел, и на небе след его лыж появился.
64 Мы и сейчас видим [эту] лыжню Уде.
65 В некоторые годы вдоль русла Амура лыжня Уде становится, и много кеты вверх по реке поднимается.
66 Когда поперек Амура лыжня становится, мало кеты вверх по реке поднимается.
67 На самом деле это так. Давно ли было, недавно ли было. Все.

Илан сиун

1 Эм мапа, мама балдихачи.
2 Асини гэрбуни Миамилди, мапаӈгони гэрбуни Гурэнтэ. Пиктэни Дюрулди.
3 Тэй эринду илан сиун бичини.
4 Согдата сомой. Туй сомойди гэсэ, коптойган очини, будини.
5 Согдата-да балдими мутэси, хай-да балдими мутэси, илан сиун сиунэй.
6 Туй тара Мамиалди-тани вайси эурэ, ичэйни согдата туй сомой.
7 «Хони-да балдими мутэси, согдата чопал будини».
8 Эм согдатава дяпара дилилани куӈкулэхэни.
9 Куӈкулэрэ тэй долани дёлокамба нэхэни.
10 Эси-дэ би-гуэни согдата дилидоани отоко нучи дёлокан.
Чагдян, гэл-гэл би дёлокан.
11 Дёло-да биэси, хай-да биэси, хони-ну!
12 Тэй-дэ нёани нэхэни.
13 Ча нэучэни-мэт муэ долани очини тэй согдата.
14 Будэси очини. Дола очини.
15 Тэй илан сиун сиунэйвэни-тэни Гурэнтэ ундини-гуэ:
16 «Эй хони най бими мутэй, – ундини, – илан сиун сиунэй. Пэку маӈга!»
17 Тотара Гурэнтэ энэйни-гуэ бунилэ, сиун агбиндивани этундэми,
сиумбэ гарпандами.
18 Энэмиэ, энэмиэ, буни исихани.
19 Сиун агбиндини боава бахани.
20 Хомарамба аӈгохани. Сиун агбиндини гэсэ хомаран унди.
21 Туй тара тэй дэливэхэди, сисивэхэди нэхэ. Тэй-мэ ая! Кэукэ, ундэси!
22 Чадо сиун агбиндивани этухэни-гуэ. Чадо этурэ, гарпахани.
23 Дюлэ эм сиун тухэ. Дюэе гарпахани, тухэ.
24 Илиа гарпагойдоани, кэукэ, андаси очини, исоасини.
25 Сиун горола очини, уйлэ осихани. Тотара ундини:
26 «Чихани! Балди пурил хайди сиуӈгуди бипугуэни?
Эмукэн дэрэдигини!» – унди.
27 Чава вахани осини, эси сиун ана бимчэ-мэ.
28 Туэ маӈга ноӈдиду агбиндаси-ка сиунду сэгден, нёӈгиан сиун
гарпаханиачи би.
29 Ми амимби уӈкини:
30 «Тэде-дэ илан сиун бичини. Буткин сиун агбиндини.
31 Маӈга ноӈди опогоани тамача сиун агбинди.
32 Агди пойканасини-мат сэгден, нёӈгиан оси. Тэечи туй агбинди».

Три солнца

1 Жили муж и жена.
2 Жену звали Мамиалди, а ее мужа звали Горанта. Их дочь Дюрулди.
3 В то время было три солнца.
4 Рыба прыгала над водой, как прыгнет над водой, так и всплывает, погибает [от жары].
5 Ни рыба жить не может, ни люди жить не могут: три солнца светят!
6 Мамиалди спустилась на берег, и смотрит, как рыба плывет.
7 «Никак не может рыба жить, вся погибает».
8 Одну рыбу взяла и стукнула ее кулаком по голове.
9 Стукнув кулаком, положила внутрь нее камешек.
10 И сейчас в голове у рыбы есть маленький камешек. Белый гладкий камешек.
11 Камешек, не камешек, что-то подобное!
12 Тот [камешек рыбе в голову] она положила.
13 После того, как положила, в глубине в воде оказалась та рыба.
14 Не умирает [больше]. В глубине оказалась.
15 О трех солнцах Гурэнтэ говорит:
16 «Как смогут люди жить, – говорит, – когда три солнца светят? Слишком жарко!»
17 Затем Гурэнтэ идет сторожить, как солнца из подземного мира появляются, идет, чтобы застрелить солнца.
18 Шел, шел, дошел до [подземного мира] буни.
19 Нашел место, откуда солнца появляются.
20 Построил шалаш. С появлением солнца шалаш растаял.
21 Тогда он поставил кожемялку, дэливэхэ и сисивэхэ. Вот это хорошо! Нет, не тает!
22 [Спрятавшись] там, за ней сторожил восхода солнц. Так сторожа, выстрелил.
23 Вначале одно солнце упало. Во второе выстрелил, упало.
24 Когда в третье стрелял, нет, не достал, не хватило [силы у стрелы].
25 Солнце далеко ушло, наверху оказалось. Тогда он говорит:
26 «Ладно! Чтобы для растущих детей солнце было, пусть одно останется!» – говорит.
27 Если бы он его убил, сейчас солнца не было бы.
28 Зимой, когда очень холодно, возле солнца появляются красно-зеленые [убитые] солнца, [в которые] стрелял [Гурэнтэ].
29 Мой отец говорил:
30 «Действительно, три солнца были. Умершие солнца появляются.
31 Перед тем, как быть сильному морозу, те солнца появляются.
32 Словно радуга красное и зеленое [с обеих сторон от настоящего солнца] появляется. К этому [к морозу] так появляется».

Най дёлосохани

1 Иргэнду балдихани най. Ихони даи бичини. Туй би.
2 Туэ-дэ балана най балдихани бэюн уликсэни би. Дёа-да согдата уликсэни би.
3 Эси-тэни, туй-тэни, согдата би, ичэдиури, ваваси.
4 Туй-тэни, сомнахандоани сополора муэ омил кэтэндулэни.
5 Гэ, бэюмбэ варичи-гоани гасасал-да, хай-да. Согдата аба.
6 Маӈбо долани очокасал хайва ичэдии чаду муэ маня сополара оми, согдата аба.
7 Гэ, туй тамиа-тани тэй эмуни энэпсиӈкини-гуэ, эй пэрхидиэ калтадиа.
8 Туй энэй, энэй, горо энэхэ, дидя энэхэ, илан намо эдэни хупивэни бахани-гоа.
9 Намо пэрхидиэ калтачиани ниэхэни, най ниэхэни.
10 Тэй намо, пэрхиэ калтадиани дуэрини.
11 Илан намо эдэни хупими эй каокандолаи би тохомба кас тоаӈкини, налахани-гоани чала.
12 Тури-гоани, тэй тохони-гоа, чаду тухэ, бай налачиани дидюхэ.
13 Гэ, ча-тани тэй хэм эрдэӈгэсичи.
14 Пояӈгочи-тани эрдэӈгэсими тэй тохомба гэлэгуйни.
15 «Ми симбиэ даованчамби, эй намова».
16 «Ая-гоани», – унди.
17 Туй тара тэй калима оячиани ора, туй даохани дюлэхи бароани.
18 Даоха, тэй калима чисагой-гоа.
19 Таваӈки туй энэй, энэй, туй горо энэй, туй дидя энэй.
20 Туй энэми-тэни, эм яӈниа бахани-гоа.
21 Хай надан аоӈгоми тохани, тэй яӈнива порончиани тохани-тани.
22 Тэй пэгиэ ичэн-тэни, тэй яӈни долиндола чагдян сугбум коари тохани-тани. Тэй яӈни порон-тани симата.
23 Чава туй энэпсиӈки.
24 Туй энэмиэ, энэмиэ-тэни, тэй яӈни ходиндоан-тани эм хай-да хоӈко, маӈбо чул тэй ходихани.
25 Тэй хоӈко порончиани тохани.
26 Таяди-да тэс намо, эеди тэс намо. Намо токондоани бини тэй.
27 Гэ, та туй энэхэ, туй энэми-тэни туй тэӈ ходи.
28 Хоӈко порондоани-тани най дёлосохамбани бахани.
29 Дэктуку, дэктуэн-дэ дёлосохани. Оялала даи. Даи-да дёлосохани.
30 Тэй най-тани энэрэ тэй дэкту дэгбэлихэни. Эм аба-мат нихэлихэ.
31 Дая дяпаха долан дамахин-да эмуту парпин дамахи.
32 Тэй-дэ коӈгорора, таора тэй най аӈмалани гидалайни, эмуту аяни аӈмалани.

Окаменевший человек

1 В одном селении жил человек. Селение было большое. Так живет.

2 Зимой раньше мясо зверей было. Летом мясо рыб было.

3 А теперь так стало. Рыба есть, видно ее, а никак не поймать.

4 С кормы, привязанной к берегу лодки воду, черпали и пили.

5 Зверей убивали, и птиц и еще что-то. А рыбы нет.

6 Рыбок, и что другое видят в воде реки, и [если] там воду зачерпнут, то только воду пьют, а рыбы нет.

7 Затем один человек отправился в путь с западной стороны [на восток].

8 Так идет, идет, близко ли, далеко ли прошел, встретил он трех играющих касаток.

9 На западный берег [на сторону] моря вышел человек.

10 По тому берегу моря, по западной стороне [его] шагает.

11 Играя с тремя касатками, пуговичку, которая была у ворота, кас, выдернул и бросил туда.

12 Упала та пуговичка там, и тут же к руке его вернулась.

13 Все заинтересовались этим.

14 Самый младший [из косаток], интересуясь, ищет ту пуговичку.

15 «Я тебя переправлю через море», – [говорит человеку младший из косаток].

16 «Ладно», – говорит.

17 Затем он сел на этого кита и переправился на восточную сторону.

18 Переправился, а кит уплыл.

19 Оттуда так идет, дальше отправился, близко ли, далеко ли прошел.

20 Так шел и подошел там к горе.

21 Семь ночевок поднимался, на вершину этой горы поднимался.

22 Вниз смотрит, до середины горы сплошной белый туман поднимается. На вершине той горы снег.

23 Он дальше пошел.

24 Так шел, шел, а когда к вершине горы [стал подходить, увидел], что она заканчивается утесом к воде.

25 На вершину этого утеса поднялся.

26 С той стороны море раскинулось

27 Так шел, так идя, на краю утеса, тут только остановился.

28 На самой его вершине он нашел окаменевшего человека.

29 С табакеркой. Табакерка тоже окаменела. На ней трубка. И трубка окаменела.

30 Тот человек подошел и открыл табакерку. Очень легко [как ни в чем не бывало] открыл.

31 Трубку взял, внутри табак, как будто свежий табак.

32 Завернул этот табак, зажег, и этому человеку в рот засунул, как будто живому в рот.

33 Сэкпэӈки, пойӈар-пойӈар оми.
34 «Гудиэлэ, – унди, – мурчидуэси Доро мама аксахани? – унди. –
35 Тэй-тэни тэй Доро мама аксахани туй би, – унди. –
36 Тэй дава пиктэни гадёйни, этэхи дава, най вахани.
37 Гэ, хаоси эни отолиаси нучикэндюэн?
38 Хай ониканчиани, хай оникани?
39 Хай хэвэкэчиэни, хай хэвэкэн туй ихэчи?
40 Чала оксахани бичин, согдатава хасо-хасо бурэм.
41 Гэ, энуру! – унди. – Ми мэнэ тамби».
42 Гэ, таваӈки туй эугухэ, надан аоӈгами эугухэни.
43 Эугурэ-тэни туй гэлэгуйни, тэй илан намо эдэмбэни хайс нёанчи хупимэриэ би.
44 Хайс туй тохомба дяпагоми наӈгалахани.
45 Тас турэ, ӈалачини дидюйни-гуэ тэй. Гэ, тэй хэм эрдэӈгэсичи.
46 Хайс тэй пояӈго ичичэгуй.
47 «Гэ, ирагоро мимбивэ, – унди, – пэрхи бароани».
48 Чадо огохани-гоа, даогохани-гоа. Таваӈки дидюйни-тэни.
49 Согдата-тани эмуту мэгди-мэт ниэгулухэни тэй намодиа. Тэй дава-да, хамача-да хэм согдата.
50 Исиохани-тани. Чидярини чидяри, яракори ярако, нарини нари най согдата валохачи. Элэ.

«Най дёлосохани»
Оненко Зарина, 11 лет, с. Найхин

33 Прикусил, и курит, *пойнгар-пойнгар* клубится дым.
34 «Бедный, – говорит. – Ты думаешь, что Доро мама обиделась? – говорит. –
35 Доро мама [действительно] обиделась, вот так! – говорит. –
36 [Есть кета, которая] мальков кеты уводит. Эту уводящую мальков
и воспитывающую их кету люди убили.
37 А теперь куда пойдут, не понимающие малыши?
38 На какую горную речушку? На какую горную речушку?
39 В какой заливчик? В какой заливчик зашли?
40 Из-за этого [Доро мама] обиделась, и рыбы вам совсем не дает.
41 А теперь уходи, – говорит. – Я сам сделаю».
42 Оттуда он так спустился. Семь ночевок спускался.
43 Спустившись, начал искать тех трех косаток, они опять играют.
44 Опять он пуговичку взяв, бросил ее.
45 Она, тас, упала и тут же к руке его вернулась. Все заинтересовались.
46 Опять младший [из косаток] присматривается.
47 «Отвези меня, – говорит, – на западную сторону».
48 Сел на него и переплыл. Оттуда дальше возвращается.
49 Рыба как бугром стала выходить из моря. И кета, и всякая рыба.
50 Вернулся домой. Кто ставной сетью, кто плавной сетью, кто неводом,
так люди стали рыбу ловить. Все.

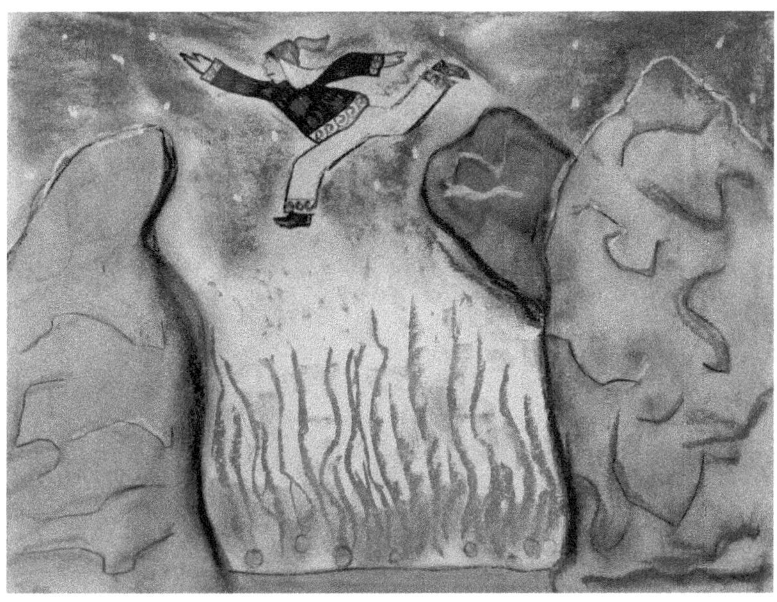

«Хэвур» → ‹8›, с. 34
Дранишникова Алина, 9 лет, с. Троицкое

Наото

1 Эм най, молодой, не молодой. Я по-русски.
Даи-да биэси, нучи-дэ биэси тэй най.
2 Эси-кэ аси апоӈгоани, качамагоани, наото вандаори, тэй най вандаха.
Тэй наотова вахани.
3 Туй тара хайгохани, пиналохани, туй эугуй, эугуй.
4 Симатами дэрухэ, боа хэдуми дэрухэ, эси-тэни маӈга боркали очини.
5 Тотара-тани чиумбэ гэлухэни. Тэй наото-тани…
6 Чиун сирэни хайгоани? Чиун, чиун алиокани, тэй наонтади хэку,
омолдои най уичини.
7 Тэй-тэни наото-тани туй эугуйдуй тэй нанта чалихани-тани, силчуни тухэ.
8 Тэй боа орки очи, хай-ду тава-да эчиэ бара, туй энэлухэ, эрулэми, буйкини.
9 Асидой-да апоӈгоани-да эчиэ бара, качамагоани-да эчиэ бара.
10 Тэй наото-тани, тэй най буйкин, бурбучиэни-тэни наото-тани симата оявани
энухэни, пукчэриу-у, симата хэм ичуриди энухэни. Вот и все.

«Наото»
Бельды Семен, 14 лет, с. Верхний Нерген

1 ▸00:00 ‖ 5 ▸1:10 ‖ 10 ▸2:18 ‖ 2:37

Енот

1 Один человек, молодой, не молодой. Я по-русски [говорю]. Ни старым не был, ни молодым не был тот человек.

2 Однажды чтобы убить енота жене на шапку и на рукавицы, он пошел охотиться. И того енота убил. [Енот был жив, притворился убитым].

3 Потом что сделал, за спину положил его и так спускается, спускается домой.

4 Снег пошел, ветер начался, теперь сильная вьюга поднялась.

5 Он стал искать свое кресало. Тот енот …

6 Веревочка от кресала, для чего? Кресало, кресало было у него в мешочке, привязанном к поясу кожаным шнуром.

7 Этот енот, когда [человек] возвращался домой, перегрыз кожаный [шнур], и мешочек упал.

8 Погода стала очень плохая, и нигде он огня не добыл, заболел и, мучаясь, умер.

9 Ни шапку, ни рукавицы для жены не нашел.

10 Тот енот, когда человек умер, после его смерти тот енот по снегу убежал, следы видны на снегу. Вот и все.

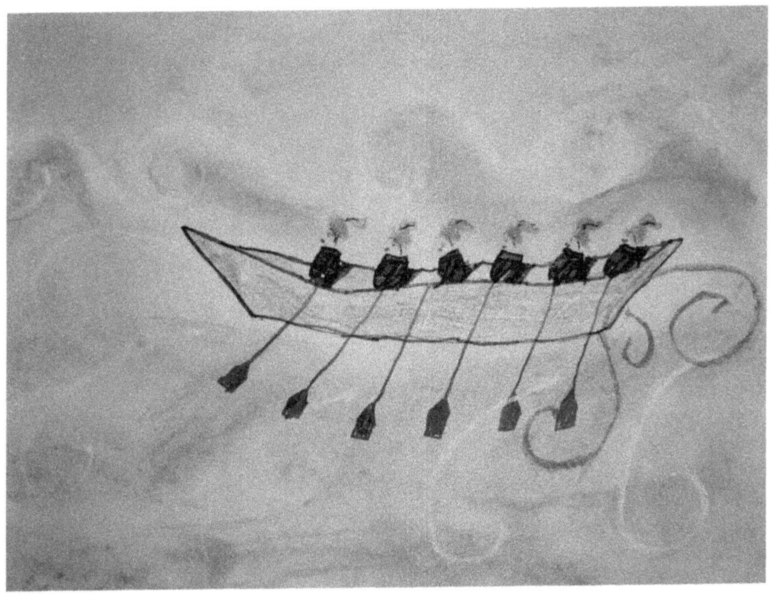

«Халатон мохан» → ‹7›, с. 24
Демина Соня, 10 лет, с. Троицкое

Халатон мохан

1 Э, эси, эм мэргэн балдихани эм хоӈко кирадоани.
2 Э, эси, айсима хоӈко алдандоани эм мэргэн эмучэкэн балдихани.
3 Э, хэрэ, хайди-да мохоаси, хайди-да аолиасиа.
4 Э, эси, таӈгова тактоку, дэхивэ дэсуку.
5 Э, тэй хай боаточими, тэй хайва-да хэм вами, туй эмучэн, хай,
туй баячими бидуэни-лэ,
6 э, халкина гила хахани нёани тоилани.
7 «Э, ам ичэру! – унди, – Энэгуэри, – унди, – хай дюлэси буэ энэйчипу!»
8 Э, мэргэӈгулэ мурчихэ, мурчихэ, эси хайдяра, э, энэйни осихани.
9 Э, гиладо ора, энэлухэни.
10 Туй энэмиэ, энэмиэ, горо энэкэ, дидя энэкэ, эм хоӈко талгиалани эм
хоӈкодо-ла дё бичини.
11 Тэй талгиалани энэми, э, чала-ла дюэр пудин ниэхэни.
12 Э, дюэр пудин ниэми, эси тайси ичэхэни. Э, талгиала-кочи
13 Хэрирей, хай боачани балдихани,
14 хэрирей, гэнэей, хэрин, хэ, наей?
15 Хай боачани осира, хэрирэй, гэнэей, хэрин, хэ, гэнэей?
16 Халатон мохан халкинани-мат бисэсикэ-мэт, хэрирей, гэнэей!
17 Хэрирей, гэнэей, хэрирей, хэрин, хэрин, гэнэей.
18 Буэ-тэни боала илиэни балдихапу, хэрирей.
19 Халатон мохан халкинавани
20 дэпчэ-дэпчэ хэдумбуру!
21 Пандо пандоро! Хэдун хэдунду!
22 Хэрирей, гэнэей!
23 Хэрирей, хэрирей, гэ, хэрин, хэрин, гэ, хэрин.
24 Мэргэн-тэни хаямди энэхэни, хэрирей.
25 Туй тапиа мэргэн сагохани, сапси кирадоани ватаорилаи сагохани.
26 Э, халкина-да хай-да сибиака даиладиани бояхани, уй-дэ хэм, хэм буйкини.
27 Тэм эм мэргэн-рэгдэ тэгухэни.
28 Э, тэгурэ, элэи, бэеи гуйчими, илигохани, хэрэ, эси-лэ, эси.
29 Э, эси-лэ, мэргэӈгулэ, эси, хайрини-гоани, дярилохани:
30 Хэрирей, хэрирей,
31 ми-дэ байбилэм балдикаи, хэрирей, гэнэей.
32 Хэрирей, хэрирей, хэрирей, гэнэей,
33 дёи дуелэни биэси-кэ сэлэм торои, хэрирей, гэнэей.
34 Сэлэм тородиади, хэрирей, гэнэей,
35 сэлэм торои дачандиади, сисима диулин амимби,
36 хэрирей, гэнэей, тургэн, холдондо хуэдуру!
37 Хэрирей, торои сувэндулэи, хэрирей, гэ, хэрирей
38 Эмукэн пондадёи, хуэдуру,
39 хэрирей, гэ, хэрин, хэрирей, хэрирей, гэ, хэрин!
40 Карки пудимбэ, Гирки пудимбэ, хэрирей, хэрирей, гэ, хэрин,
41 пандо пандоларо, пондадёи, хэрирей!

1 ▸00:00 ‖ 5 ▸0:30 ‖ 10 ▸0:57 ‖ 15 ▸1:27 ‖ 20 ▸02:05 ‖ 25 ▸2:31 ‖ 30 ▸2:56 ‖ 35 ▸3:31 ‖ 40 ▸4:06

Халатон мохан

1 Э, жил *мэргэн* на краю утеса.
2 Э, в расщелине золотого утеса жил он один.
3 Э, все умел делать, всего у него было в достатке.
4 Э, было у него сто амбаров и сорок вешал [для рыбы].
5 Э, когда он так жил один богато, охотясь, всякого зверя промышляя,
6 э, пристала к его берегу большая многовесельная лодка.
7 «Э, послушай, дорогой, – говорят [ему], – давай поедем, – говорит, – поедем дальше с нами!»
8 Э, *мэргэн* подумал, подумал, что теперь делать, э, решил ехать.
9 Э, сев в лодку, отправился.
10 Ехали, ехали, долго ли, недолго ли ехали, [увидали]: напротив одного утеса на [другом] утесе дом.
11 Поплыли они мимо, э, а оттуда [из дома] вышли две *пудины*.
12 Э, две пудины вышли, теперь вдаль посмотрели. Э, а напротив
13 *Хэрирей*, что там за остров появился,
14 *хэрирей, гэнэей, хэрин, гэнэей*?
15 Разве это остров, *хэрирей, гэнэей, хэрин, хэ, гэнэей*?
16 Это лодка старика Халатона, *хэрирей, гэнэей*!
17 *Хэрирей, гэнэей, хэрирей, хэрин, хэрин, гэнэей.*
18 В местах, где мы живем, мы преграда [путникам], *хэрирей.*
19 Лодку старика Халатона,
20 ветер, вдребезги разбей
21 Смерч, закружись! Ветер, поднимись!
22 *Хэрирей, гэнэей,*
23 *Хэрирей, хэрирей, гэ, хэрин, хэрин, гэ, хэрин.*
24 *Мэргэн* впал в беспамятство, *хэрирей.*
25 Потом *мэргэн* очнулся, очнулся на берегу от [набегавших на него] волн.
26 Э, лодку сломало, как щепку, все-все погибли.
27 Только один мэргэн остался.
28 Э, сев, полы [халата] и себя самого отряхнув, поднялся.
29 Э, мэргэн теперь, что делать, начал петь:
30 *Хэрирей, хэрирей,*
31 не простым я родился, *хэрирей, гэнэей.*
32 *Хэрирей, хэрирей, хэрирей, гэнэей,*
33 за домом моим, у леса есть железный [жертвенник] *торо*, *хэрирей, гэнэей.*
34 От железного *торо, хэрирей, гэнэей,*
35 от основания железного *торо*, мой отец, лиственничный [идол] *диулин,*
36 *хэрирей, гэнэей*, быстрее, скорее, ветром несись [сюда]!
37 *Хэрирей*, от верхушки моего *торо, хэрирей, гэ, хэрирей*,
38 [идол], моя единственная сестра, ветром несись [сюда],
39 хэрирей, гэ, хэрин, хэрирей, хэрирей, гэ, хэрин!
40 На *пудин* Карки и на *пудин* Гирки, *хэрирей, хэрирей, гэ, хэрин*,
41 смерчем налети, моя сестра, *хэрирей*!

42 Дякпон намо дяморчиани, хэрирей, хэрин, хэрин,
43 хуюн намо хуймучиэни, хэрин, хэрирей,
44 хуэдувэнду, хэрирей, хэрирей!
45 Боа илиэни бичимбэчи, хэрирей, хайла-да сокчоӈгоасидяни,
46 хайла-да балдигоасидяни
47 Хэрирей, гэ, хэрирей, хэрирей, гэ.
48 Халатон мохан халкинавани, хэрирей, хэрин,
49 сиянди явоми, мэргэн-тэни явоми аӈгохани.
50 . Халкина дурумбэни, гиолини гиолидой тэгуйни,
51 хэрирей, гэ, хэрин, хэрин, гэнэей,
52 хэрирей, сэулини сэулидуй тэгуйни,
53 Халатон мохан, дуркэл оялани тэгуйдиэни, хэрин, гэ, хэрин.
54 Хэрирей, гэ, хэрин, хэрин.
55 Пайӈгаи хоӈколани пачилахани, кэтэндуэни-дэ илира,
пайӈгаи пачилахани, хэрирей, гэ.
56 Хэрирей, пачилини, халкина халкинадии турэӈгукэ,
57 хэрирей, сэулими сэулидуй тэгуми,
58 хэрирей, хэрирей, гэ, хэрин, хэрин, хэрин.
59 Туй тара огда осигоха. Эси-тэни Халатон мохан ундини:
60 «Ам, ичэру! Ми эвэӈкидиэ энэсимби, – унди, – си эвэӈки дюлэси энэру!»
– унди.
61 Мэргэн-тэни таваӈки-тани сэлэм киаӈпора осира, муэ довани-ла энэлухэни.
62 Э, туй энэй, энэй, хони энэхэ, хэрэ, хайдяра, горо энэкэ, дидя энэкэ.
63 Э, эм иргэн, дай иргэн тоидоани-ла гусини-лэ умэкэчими дярини, ундэ.
64 Э, эси-лэ, эси, туй дярини, ундэ:
65 Хэрирей, хэрирей, хэрирей, хэрин,
66 ми бэнэрби муэкэ муэӈгуй довани сэлэм киаӈпоради дидэйни,
67 хэрирей, гэ, хэрин.
68 Хэрирей, гэ, хэрин, айсим аодянди сэкпэӈгуэни бэихэмбивэ
авало сэкпэнду!
69 Мэӈгум муксунди бэихэмбивэ мэкчэнди сэкпэнду,
70 хэрирей, гэнэей, хэрирей, гэнэей!
71 Мэргэн-тэни сэкпэндэ-тэни, ойси болдяр пуйкухэни.
72 Гусини-тэни пагдиалаха, эси-лэ эси.
73 Э, эси, тотара, эси, э, гусимбэ баогоха..
74 Эси гусинди-тэни хоня-да, э, хадолта [бичини].
75 Гусин пондадёани-да хоня-да улэн эктэ!
76 Эси-тэни, э, хоня-да аракива омихачи.
77 Гусиндуй хони асилара, чаду бичини,
78 Эси-тэни таваӈки-тани гусин ундини-гуэни:
79 «Си эси аминду, толкинду бахам асичи энэми.
80 Аӈпанади эди сорим дёмбора, – ундини, –
81 Хал-да будэдэси, хал-да турэдэси, – ундини. – Аӈпанади эди сорира,
– ундини, –
82 Тэй гурунди эди сорира, асичи энэхэри, улэнди-маня энэхэри!».

45 ▸4:38 ‖ 50 ▸5:10 ‖ 55 ▸5:41 ‖ 60 ▸6:17 ‖ 65 ▸6:44 ‖ 70 ▸7:20 ‖ 75 ▸7:46 ‖ 80 ▸8:02

42 В ущелье за восемь морей, *хэрирей, хэрин, хэрин*,
43 за пуп девяти морей, х*эрин, хэрирей*,
44 ветром их унеси, *хэрирей, хэрирей*!
45 Те, кто были преградою [путникам], пусть ниоткуда не явятся,
46 пусть ниоткуда не возродятся!
47 *Хэрирей, гэ, хэрирей, гэ.*
48 Лодку старика Халатона, *хэрирей, хэрин*,
49 чертя на песке, чертя, *мэргэн* нарисовал.
50 Изображение лодки, гребцов, сидящих за веслами,
51 *хэрирей, гэ, хэрин, хэрин, гэнэей,*
52 *хэрирей,* рулевого, сидящего за рулем,
53 старика Халатона, на сидении на корме сидящего, *хэрин, гэ, хэрин.*
54 *Хэрирей, гэ, хэрин, хэрин.*
55 Ударил в ладони у носа [нарисованной] лодки и, встав у кормы ее, в ладони ударил, *хэрирей, гэ.*
56 *Хэрирей,* ударил, и лодка [настоящею] лодкой стала,
57 *хэрирей*, и рулевой сидит за рулем,
58 *хэрирей, хэрирей, гэ, хэрин, хэрин, хэрин.*

59 После этого лодка появилась. Теперь старик Халатон говорит:

60 «Послушай, дорогой! Я дальше не поеду, – говорит, – а ты отправляйся вперед!» – говорит.

61 *Мэргэн* после этого превратился в железную рыбу киангпора и поплыл под водой.

62 Э, плыл он так, плыл, сколько плыл, ох, что случится, долго ли плыл, коротко ли плыл,

63 э, на берегу селения, большого селения рыбачит с удочкой и поет его дядя [младший брат матери].

64 Э, он так поет.

65 *Хэрирей, хэрирей, хэрирей, хэрин,*
66 мой племянник железной рыбой плывет под водой,
67 *хэрирей, гэ, хэрин.*
68 *Хэрирей, гэ, хэрин*, раскрывая рот, схвати мою наживку из золотого ерша!
69 Мою наживу из серебряного муксуна намертво схвати,
70 *хэрирей, гэнэей, хэрирей, гэнэей!*

71 *Мэргэн* схватил [приманку] и выпрыгнул вверх из воды.

72 Дядя подбежал.

73 Э, потом с дядей увиделся.

74 С дядей сколько-то, э, несколько дней провел.

75 Младшая сестра дяди была красавица!

76 Теперь, э, как водку стали пить!

77 У дяди [*мэргэн*] женился, пожил там.

78 Теперь после этого дядя говорит:

79 «Теперь ты пойдешь к той жене, которую нашел во сне, в сновидениях.

80 Не вздумай драться с ее братьями, – говорит. –

81 Они никогда не умрут, никогда не упадут, – говорит.

82 С этими людьми не дерись, к братьям жены иди, но только по-хорошему!»

83 Э, мэргэн таваӈки энэми, энэми, аминду, толкинду аси бахамби иргэндулэни исихани.
84 Э-э, иргэндулэни исиха, эси-тэни вайла осира, мора, ундэ:
85 «Хан, бэедиэри халбосу! Эден, бэедиэри эурусу!»
86 Туй хайридоани-тани эм кэкэ эухэни.
87 «Анда мэргэн, хай мориси, – унди, – си? Э, хай мориси? – ундини, –
88 Си мориси, э, ми бароани? Минди багиа барони амтакалагоари.
89 Амтака коли ана эгди».
90 Э, тэй кэкэ-лэ тэй мэргэмбэ огдаду тэучирэ, багиа барони давохани
91 Э, мэргэмбэ хулумбухэни.
92 «То дуйси тору, хай, амтакава гэрбэндэру!» – ундини.
93 Э, кэкэ-лэ огдаду огоми-ла, э, огдаду огоми-ла, гиолигоми-ла дярилохани киӈгдачихани, – уӈкини.
94 Хэрирей, хэрирей, хони ная соригой диаласиси,
95 най кэкэӈгуй аргаливани сарасили, такорамди аргаливани сарасили,
96 хэрирей, гэ, хэрин?
97 Даогоро, аӈпанди улэлэгуру, хэрирей, гэ, хэрин!
98 Хэрирей, эди соричара, хэрирей, гэ, хэрирей, хэрин.
99 Э, эси, даогохани, эси-тэни аӈпанадии улэлэгухэ, аминду, толкинду аси баогоха.
100 Э, асиди-да аӈпанади хэм михорачигоха, хэм.
101 Э, аракива хадолта омипи.
102 Гэ, таваӈки-ла дюлэси энэлухэни.
103 Туй энэмиэ, горо энэкэ, дидя энэкэ,
104 э, туй энэйдуэни, энэми-тэни аӈпана иргэндулэни, амимби вахан амба мохан иргэдулэни исихани.
105 Э, эси-тэни мэргэн-тэни вайла осира, моригохани хай, амимби вахан амбамба, мохамба.
106 «Хан, бэеди халборо! Эден, бэеди эуру!
107 Кэкэ-дэ, ундэмби, кэктэрсиэмби, элчи-дэ эди ивуэндэ!
108 Э-э, эден бэеди гэлэмби. Хан, бэеди халборо!»
109 Э, эси-лэ, эм элчи-лэ, эси, э, дурбиэчими, дурбиэчими:
110 «Дулдумиэкэн дайлани ичэкэи, эден мэргэн», – ундини.
111 «Э, эси-лэ, элчиэ гэлэсимби», – уӈкини.
112 Э, эси-тэни тэй мапа-ла мокал-мокал омолагора, эурэ, ундэ.
113 Гэ, соригоани. Туй соридоани-ла, э, сориачилача-ла, э, эси уеди эм гаса-ла:
114 «Киак, киак! – мора, ундэ,–
115 Анда мэргэн, илан аоӈгадоаси хэйкухэндуй бай бай аоридоаси, улэсигуэси
116 асиа пиктэвэ бахамби, хупигуэси хусэ пиктэвэ бахамби, – унди. –
117 Э, эди наласоанда, уйлэ-тул дяпаро!»
118 «Э, эпэ, дама, бурпугуй пуегдуэгуивэ, – унди, –
119 Э, элэ ачаси осиамби, – унди. – Ми дяламби хэм чирисилоха», – унди.
120 «Эдэдэ, ам, дёгду каока бигили, хандами дичиси си эуси?
121 Э, си амимби, энимби саӈнямбани оячигилиди».
122 Э, эси-лэ, эси, эден [чаолова] дяпахани.
123 «Э эси-лэ эси, эден, мапа, ми пуегдуэгуивэ».

85 ▸ 8:28 ‖ 90 ▸ 8:49 ‖ 95 ▸ 9:16 ‖ 100 ▸ 9:58 ‖ 105 ▸ 10:19 ‖ 110 ▸ 10:42 ‖ 115 ▸ 11:04 ‖ 120 ▸ 11:26

83 Э, *мэргэн* после этого идет, идет, до селения жены, которую встречал во сне, в сновидениях, дошел.
84 Э, до селения дошел, встал на берегу и кричит:
85 «Хан, все собирайтесь! Хозяева, к берегу спускайтесь!»
86 Когда он так кричал, вышла на берег служанка..
87 «Друг *мэргэн*, что кричишь, – говорит, – ты? Э, что ты кричишь? – говорит.
88 Не мне ли, э, кричишь? Поедем со мной на ту сторону [реки] собирать ягоду!
89 Очень уж много там ягоды».
90 Э, посадила та служанка *мэргэна* в лодку и переправила его на другой берег.
91 Э, высадила *мэргэна*.
92 «Иди вон туда, в лес, и собирай ягоду!» – говорит.
93 Э, служанка села в лодку, села в лодку, э, стала грести и запела:
94 *Хэрирей, хэрирей*, как же ты зовешь человека на битву,
95 если разгадать не умеешь обмана его служанки, *хэрирей, гэ, хэрин*?
96 Переплывай обратно, с братьями [жены] помирись, *хэрирей, гэ, хэрин!*
97 *Хэрирей*, не дерись [с ними], *хэрирей, гэ, хэрирей, хэрин.*
98 *Хэрирей,* эди соричара, *хэрирей, гэ, хэрирей, хэрин*.
99 Э, переплыл [*мэргэн* на другой берег], помирился с братьями жены, встретился с женой из снов, из сновидений.
100 Э, жене, всем ее братьям поклонился, всем!
101 Э, несколько дней они пили водку.
102 Потом [*мэргэн*] отправился дальше.
103 Шел он, долго ли шел, коротко ли шел,
104 э, шел он так, шел и добрался до селения зятьев, до селения старика *амбана*, убившего его отца.
105 Э, теперь мэргэн на берегу встал и звал старика, убившего его отца.
106 «Хан, сам ко мне выходи! Хозяин, сам спускайся к берегу!
107 А служанки, говорю, я и запаха не переношу, и слугу не отправляй, посыльного не отправляй!
108 Э, я зову самого хозяина. Хан, сам ко мне выходи!»
109 Э, один слуга, э, [выглянул], руку приложив козырьком:
110 «Он с поползня величиной, как я вижу, хозяин этот мэргэн», – говорит.
111 «Э, я слугу не звал!» – сказал.
112 Э, тогда тот старик туго-туго подпоясался и спустился на берег.
113 Ну, стали драться. Так они дрались, дрались, э, сколько-то дрались, э, теперь сверху какая-то птица:
114 «*Киак, киак*! – кричит. –
115 Друг *мэргэн*, когда трижды ты ночевал, когда мимоходом немного поспал,
116 я дочь родила на радость тебе, сына родила тебе на забаву, – говорит. –
117 Э, не урони, лови на лету!»
118 «Э, слушай, дед, дай мне сказать перед смертью последнее слово, – говорит.
119 Э, скоро больше я не смогу, – говорит. – Все мои суставы дрожат», – говорит.
120 «То-то! Жил бы ты, милый, спокойно дома. Зачем ты пришел сюда?
121 Э, топил бы лучше очаг отца и матери».
122 Э, теперь хозяин-*мэргэн* [*чаоло*, душу старика] взял.
123 «Э, хозяин, э, старик, я скажу последнее слово».

124 Э-э, эси, хай, тадо-ла онди апсинда мэргэӈгулэ дяри, ундэ:

125 Хэрирей, хэрирей, хэрирей.

126 Сагдива саолиталами, мапава манами бичимби.

127 Хэрирей, хэрирей, хэрирей, гэнэей, хэрин, хэрин, гэ, хэрин.

128 Пудин дэдун-дэ, пиктэй-дэ най асини одяма,

129 хэрирей, гэ, хэрирей, гэнэей, хэрин, хэрин, хэрирей.

130 Иргэмби-дэ наи иргэни одяма, хэрирей

131 Хэрирей, хэрирей, гэ, хэрин, даи-да наи даини одяма.

132 Пиктэи-дэ пуксу кэркичэчиэни пуксулэгурэ,

133 торимасигой тахамби бичини,

134 хэрирей, гэ, хэрирей, гэнэей, хэрирей, гэ, хэрин.

135 Тотара, мапа ундини:

136 «Ам, ичэру, си эрдэӈгэ! Хайгой пуегдуэндиси мимбивэ?»

137 Э, эси-лэ, эси, мэргэӈгулэ, хэрэ, эси, тэгухэни. Э, тэй чаолова мапачи ичэуӈкини.

138 «Мапа, эй хай дяка эй?»

139 Э, мапа-ла ундини:

140 «Э-э, эси, эм сагдини, эм наондёани соримu,

141 э, сагдиниду бури, ундэ, эйвэ. Э, эси, холгими ная вари бусиэ».

142 «Си вариси буди-дэ эмуту, эй холгим-да вари [эмуту]».

143 [Мэргэн чаоло] ӈалавани содё татахани, [мапа] ӈалани мокто.

144 [Чаоло] бэгдивэни содё татахани, [мапа] бэгдини мокто.

145 Э, хэм ӈалани, бэгдини чадо-ма, э, эси-лэ, эси,

146 «Э, эпэ дама, амим аӈгохандо дарамаи ичэгудечи».

147 Моӈгомбани дарама бароани мокчохани.

148 Чадо-ма мапа соӈголохани.

149 «Ам, ичэру амимбиваси вари-да, эечи эрун эчиэ варaи», – унди.

150 Хэрэ, эси-лэ эси, э, соӈгой, ундэ.

151 «Вари осини, хаоӈчок варо!» – ундини.

152 Э-э, мэргэӈгулэ эси хаоӈчоко вари-гоани туй эрулэхэм.

153 Э, то таоси би, торидоани-ла мама-ла сэлэмэ молди дарамала.

154 «Э, ам ичэру, одёгои эуси исиру ам ичэру, одёгои эуси исиру».

155 Э, мама-ла, э, моӈгомбани молдёрами сиантолахами мэргэн.

156 Э таваӈкила туй тара дуйси тохани.

157 Э, эси, тэй иргэн дуэчиэни тоха, тэй иргэндулэни эм дё бигуэни асиа пиктэни.

158 Э, мэргэн ихэндулэни ичэк ана, кирок ана осихани. Э-э, мэргэн малоду тэхэни:

159 «Э, анда, – мэргэн ундини, – э, анда пудин, тагдай осини, тагдаро! Дигдай осини, дигдаро!

160 Полондой бусэсигуи».

161 Пудин бэктэ бими кэчэригухэни:

162 «Э, анда мэргэн, эктэни асини, уй тагдахандаони тагдара, уй дигдихэндуэни дигдирэ, – ундини. –

163 Э, эси ми-дэ эргэндии ӈэлэригуэмби, – унди. –

125 ▸ 11:49 ‖ 135 ▸ 13:05 ‖ 140 ▸ 13:22 ‖ 145 ▸ 13:40 ‖ 150 ▸ 13:59 ‖ 155 ▸ 14:20 ‖ 160 ▸ 14:46‖

124 Э, эси, тогда мэргэн на спину лег и запел:
125 *Хэрирей, хэрирей, хэрирей.*
126 Жил я, губя стариков, дедов убивая.
127 *Хэрирей, хэрирей, хэрирей, гэнэей, хэрин, хэрин, гэ, хэрин.*
128 [А теперь] *пудин*, моя любимая дочь станет чьей-то женой.
129 *хэрирей, гэ, хэрирей, гэнэей, хэрин, хэрин, хэрирей.*
130 Мое селение чужим селением станет, *хэрирей.*
131 *Хэрирей, хэрирей, гэ, хэрин,* и трубка моя чьей-то трубкою станет.
132 [А я-то думал, сидя] на боковом кане, в *кэркичэ* упереться ногами и
133 просить за дочь хороший калым,
134 *хэрирей, гэ, хэрирей, гэнэей, хэрирей, гэ, хэрин.*
135 Тогда старик говорит:
136 «Смотри-ка, дорогой, какой ты интересный! Зачем за меня последнее слово сказал?»
137 Э, теперь *мэргэн* сел. Э, тот *чаоло* [душу старика] старику показал.
138 «Старик, это что такое, это?»
139 Старик говорит:
140 «Э, когда старый и молодой сражаются,
141 э, старому отдавать нужно это. Это, [злой дух] бусиэ, который, высушивая, убивает человека».
142 «От тебя ли погибну, от него ли засохну», – все равно.
143 [*Мэргэн*] выдернул [у *чаоло*] руки – и у старика отломились руки,
144 оторвал [у *чаоло*] ноги – и [у старика] отломились ноги.
145 Э, все руки и ноги там.
146 «Э, почтенный, свою сделанную твоим отцом, э, спину увидишь».
147 Шею его [лицом] к спине повернул.
148 Э, тогда старик заплакал:
149 «Послушай, дорогой, хоть я и убивал твоего отца, но так не мучил его, убивая», – говорит.
150 Теперь плачет.
151 «Если убиваешь, сразу убей!» – говорит.
152 Э, *мэргэн* сразу убил его, так помучив.
153 Э, когда с берега поднимался, жена [старика] с железным скребком за спиной [идет навстречу].
154 «Э, послушай, дорогой, иди сюда, поцелую, иди сюда, поцелую».
155 Э, старухе, э, тоже шею свернул, кулаком ударил *мэргэн*.
156 Э, потом он поднялся в сторону леса к селению.
157 Э, теперь к селению в сторону леса поднялся, в том селении был дом дочери [убитого хозяина].
158 Э, на вошедшего мэргэна она не взглянула, не обернулась. Э-э, сел мэргэн на кан мало:
159 «Э, дорогая, – говорит, – дорогая пудин, если сердишься, сердись, если гневаешься, гневайся!
160 Пока я [битвой] разгорячен, постараюсь!»
161 Помедля, *пудин* обернулась.
162 «Э, друг *мэргэн*, женщину-то, жену кто может рассердить, кто может разгневать!» – говорит.
163 Э, я лишь за свою жизнь боюсь, – говорит.

164 Эм муэду-дэ хай мохоӈгоаи, модо-да хай мохоӈгоаи, – унди, –
165 паламба ахирими мутэдемби-мэ».
166 Э, мэргэн, э, хай варини улэн пудимбэ?
167 Тотара, эси, э, тэй мапа пиктэни асигой дяпаха.
168 Э, эси-лэ, эм хадолта бипэриэ, тэй иргэмбэни далигомари дидюлухэчи.
169 Э, дидюмиэ, дидюмиэ, аминду, толкинду бахамби асии исигоха,
170 аминду, толкинду бахамби аси-ла, эси-тэни, ундиси.
171 Э, чаду-та еӈсилэрэ, чаду-та сарилара тахани.
172 Э, таваӈки-ла эси, тэй нядилдо илалта мэргэн, тэй аминду, толкинду асигой бахани нядилдо илалта, илан ахондо.
173 Э, пондадёри-ла борти дидюйдуэни-лэ кола калта пудэмэри, туй дидюйни, ундэ.
174 Э, туй дидюмиэ, хэрэ, эси, туй дидюмиэ, эси-лэ эси, туй дидюмэриэ, дидюмиэ, эси,
175 э, гусин иргэндулэни исигохани.
176 Гусиндуй-дэ гусин пондадёани еӈсили, сарили таха, эси гусини.
177 Э, гусини-да нёани пондадёдиани асилагориди, туй, э, гисурэндухэ.
178 Эси-тэни таваӈки, э, эси, тэй гусимби пондадёвани чава гадёаси.
179 «Ми мэнэ гиаматалагоамби», – [гусин] ундини.
180 Туй таваӈки туй дидюмиэ, дидюмиэ, эси-лэ эси, э, мэнэ дёгдоли исихани.
181 Дёила токой нолиндиани-ла дёан да дё, хуюн да хурбу баӈсалахани, эси.
182 Э, эси, э, ваядиани калдиани Халатон мохаӈгомани иргэн худумди тэхэни бичини.
183 Э, туй тапиа гусини асиани гиаматалохани.
184 Э, гиаматако, сариӈко, еӈсику борти дичини, э, эси, эси-лэ.
185 Э, эси, хоня омиха, хоня омиха-да!
186 Э, иргэн ная, элчисэлбэни, ахосалбани яӈкомари, хоня омиха, хоня.
187 Э, туй тапиа-тани, э, мэргэн-дэ, эси-лэ, пондадёи гиаматалагой-гоани гусимби барони, гусинчи.
188 Э, чадо-да хоня аракива омиха элчиусэл, ахосал.
189 Э, туй пондадёмби налагора, дидюйчи.
190 Эси-тэни дёгду-тани баячимари, элгиэчиэмэри туй балдичи-гоа. Все.

165 ▸ 15:05 ‖ 170 ▸ 15:27 ‖ 175 ▸ 16:00 ‖ 180 ▸ 16:21 ‖ 185 ▸ 16:53 ‖ 190 ▸ 17:22 ‖ 17:28

164 Разве не сумею ходить [для тебя] за водой, разве не сумею носить дрова? – говорит.
165 И пол [разве] я подмести не сумею?»
166 Э, *мэргэн*, э, как убьет красивую женщину?
167 Потом, э, взял он дочь старика в жены.
168 Э, пожил там несколько дней, а затем, ведя с собой [жителей] селения, стал возвращаться.
169 Возвращается, возвращается, дошел до жены, которую нашел во сне, в сновидениях,
170 до жены, которую нашел во сне, в сновидениях.
171 Э, там их сосватали, совершили обряды *енгси, сарин*.
172 Э, после этого с двоюродными братьями жены три дня провел, с двоюродными братьями той жены, которую он нашел во сне, в сновидениях, он три дня провел, с тремя зятьями.
173 Э, когда младшая сестра навсегда от них уходила, братья отдали ей половину имущества, так возвращались.
174 Э, так возвращаются, так возвращаются, так возвращаются, возвращаются,
175 дошли до селения дяди [младшего брата матери].
176 Сосватали [за *мэргэна*] дядину младшую сестру, совершили обряды *енгси, сарин*.
177 Э, договорились, что [мэргэн] отдаст за дядю свою младшую сестру.
178 Теперь оттуда [ушли], э, а дядину сестру с собой не взяли.
179 «Я сам привезу ее на свадьбу», – сказал [дядя].
180 Оттуда так возвращаются, возвращаются, [мэргэн] пришел к своему дому.
181 Поднялся с берега, с ходу пнул дом ногой, и тот [стал большим]: в десять саженей дом, в девять саженей жилище.
182 Э, со стороны берега выстроилось селение Халатона.
183 Э, потом дядя привез со свадебным караваном жену *мэргэна*.
184 Со свадьбой, с обрядами *енгси, сарин* она переехала навсегда [к *мэргэну*].
185 Э, как они пили, как пили!
186 Э, людей селения, слуг и служанок приглашали, так пили, вот как пили!
187 Э, после этого, э, *мэргэн*, отправил свою сестру в замужество к дяде.
188 Э, и там тоже водку пили! [Приглашали] слуг и служанок.
189 Э, [*мэргэн*] оставил у дяди свою сестру и вернулся домой.
190 Сейчас в доме живут богато и в довольстве, так живут. Все.

Хэвур

1 Малкина малодоани, сулкинэ сусудуэни, энэхэни эӈкудуэни, суйлихэни супчудуэни дюэр хоӈко алдандоанила эм дёкан хэуисэ бичини.
2 Тэй дёгдола эди аси балдихачи-гоани.
3 Мэргэн-тэни эм ини таӈгова би такто, гочива голоӈко, дэхивэ дэсиу аӈгой,
4 диа ини тэй таӈгова би тактои, дэхивэ би дэсимби дёамба би дё дочиани тиас уликсэвэ хайди туй эвуйни-ус
5 Иргэӈкэчи, найӈкочи туй балдини!
6 Туй бимиэ, бимиэ, долбогодала токора, долбогодала эугэрэ.
7 Туй мэргэчими тургэчими бини-гуэ.
8 Асини осини гиваӈгойдоани гирира, хосактаду ходира, эриӈкучи эсилиэгурэ, туй тами балди, уйлэмбэ манами уйлэйни.
9 Туй бимэри, туй балдимари эм модаӈгола асинила сиксэ апсиӈгойдой ундини-гуэ:
10 «Анда мэргэн, буэ хайчи туй, туй маӈга бусэсипу, – унди. –
11 Си, си-дэ хай кэту эгдиэ сиадиачи, ми-дэ хай кэту эгди сиадиамби.
12 Бунду хэм исии, – ундини. – Уликсэ-дэ, уликсэ и хай, согдата, хамача-да хэм сиаптаӈги бунду исини, чимана индэру», – ундини.
13 «Балдихандиа индуриэ отолиасии, – мэргэн ундини. –
14 Анда пудин, хамача дяка тэй индури хэсэ? Ми сарадасимби, отолиадасимби».
15 «Индэӈкучи, – унди, – хайва-да хэм дё долани, дё долани сиари, аори, тэри, хайва-да хэм аӈгой. Вот.
16 Туй балдиру, – унди, – туй биру!»
17 «Аба, ачаси! Най чимана энэгуй палга таӈкачи эугукэ.
18 Чимана хони индэй? Аба, ми чимана индэсимби токори».
19 Сиксэ апсиӈгомари оӈгасивари дюлилиэлэни асини:
20 «Индурди!»
21 Мэргэн:
22 «Токорди!»
23 Апсиӈгоха, оӈгасагоха.
24 Диа чимана тэхэ, асини хайс аори, мэргэн барадигоха. Барадигой, хайс аори.
25 Эси-тэни асини аори-да, аори. Туй тара эси-тэни мэргэн-тэни тэгуй, тэгурэ [ундини]:
26 «Анда пудин, ми хайгой, тэми-дэ ая, – унди, – хаямба-да сиагоива-да нэми-дэ ая». Ага.
27 Пудиӈгулэ тэхэ, хай барадигойниамда, хай эриэн, гаромба тэтугуйни, хай эриэн отаи тэтугуйни, хай эриэн.
28 Ая-а мэргэӈгулэ дони почо-почо осихани.
29 Эси-лэ хайду, аксондола хай гэкчун бода билэни, бочом бода пуюрини, дюэр мучукэнди тукпуми пуюрини. Анана! Хайва-да, ниэриди-гуэ, хайва,
30 Комбоани юк баӈсалахани, туй тара боачи ниэхэ, эси тэтугухэ, хадёмба тэтугухэ, соктаи тэтугэхэ, дуйси токохани. Эси-лэ торидоани хай:

1 ▸ 00:00 ‖ 5 ▸ 1:09 ‖ 10 ▸ 1:40 ‖ 15 ▸ 2:25 ‖ 20 ▸ 2:59 ‖ 25 ▸ 3:18 ‖ 30 ▸ 4:12 ‖

Гроб

1 На покинутом кане *мало*, в заброшенном селении, где [когда-то] родственники ходили, в запущенном заросшем месте между двумя утесами один домик у реки был.
2 В том доме жили муж и жена.
3 *Мэргэн* в один день делает сотню амбаров, тридцать вешал *голонко*, сорок вешал *дэсиу* делает,
4 а на следующий день в эту сотню амбаров, на сорок вешал дэсиу, внутрь десятка домов полным-полно натаскает мяса.
5 Как будто он живет с селением, с людьми!
6 Так живет, живет, ночью уходит на охоту, ночью возвращается.
7 Так ловко и быстро все делая, живет.
8 Его жена с рассветом кроит, а со звездами заканчивает [шить], вовремя убирает, все время делает свое дело. Так живут и живут.
9 Однажды жена вечером перед сном говорит:
10 «Друг *мэргэн*, мы зачем так, так сильно стараемся? – говорит.–
11 Ты, и ты не так много съешь, и я много не съем.
12 У нас всего хватит, – говорит, – и мяса, мяса и чего еще, рыбы, и всякой еды у нас хватит. Завтра пропусти [охоту]», – говорит.
13 «С рождения я не понимаю, как пропускать [охоту], – говорит *мэргэн*. –
14 Друг *пудин*, что это за слово «пропускать»? Я не знаю и не умею».
15 «Отдыхать, – говорит, – всякую еду в доме, в доме кушать, спать, сидеть и что-нибудь делать. Вот.
16 Так живи, – говорит, – таким будь!»
17 «Нет, нельзя! Завтра мне надо идти по медвежьему следу, который я нашел.
18 Как завтра отдыхать? Нет, я завтра не буду отдыхать, пойду на охоту».
19 Вечером перед сном жена:
20 «Отдохни!»
21 *Мэргэн*:
22 «Пойду [на охоту]!»
23 Спать легли, вскоре легли и уснули.
24 Утром поднялся, а жена все еще спит. *Мэргэн* оделся, а жена все спит.
25 Жена все спит и спит. Потом *мэргэн* сел и, сев [говорит]:
26 «Друг *пудин*, для меня что-нибудь можно сделать, можно и [без дела] сидеть, но можно какую-нибудь еду [мне на дорогу] положить». Ага.
27 *Пудин* встала, еле-еле стала одеваться, очень долго наколенники надевала, очень долго обувь надевала.
28 *Мэргэн* нахмурился.
29 Теперь где, у двери как ее, холодная [жидкая каша] *бода* была, а она начала новую *боду* варить, двумя поленьями [нехотя] стуча. Ой-ой-ой! [То] за чем-то выходит [из дома], то еще что-то…
30 Ее ковшик он сразу пнул, потом на улицу вышел, теперь оделся, снаряжение надел, лыжи надел и пошел на охоту. Теперь, когда он уходил, что [*пудин* сказала]:

31 «Анда мэргэн, – уӈкини, – хайва, улэн уликсэ бодохами, улэн асигои баӈгаси-тани.

32 Оркин уликсэ бодохами, оркин асигои эди бара», – уӈкин.

33 Гэ, эси-тэни мэргэн-тэни:

34 «Асини аргани-да!»

35 Тэй-тэни пакпарими, асидиари соримари, сорими, тохани.

36 Асини пакпарими игухэ. Эдини пакпарими дуйси тогоха.

37 Эси-лэ мэргэӈгулэ тэй иниэ хай-да пулсими-дэ отолиасини.

38 Чул мочаи, мочаи исигоха, исигора таваӈки хайгохани, поктои мочани исихандии таваӈки гой дуйси сиур энэпсиӈкини. Энэхэ.

39 Туй тара эси-лэ пудиӈгулэ дёгду хамаси, дюлэси дуэрэе, хайрие. Тэй, хай, игуй ниэгуй.

40 Эсимэ эдимулиэ балдиханди, эсимэ бимэри пакпаримачихапу.

41 Эуси, таоси! Эй хай мэдэни осии-ос, хони тай-ос.

42 Туй тара эси-лэ игухэни.

43 Эси-лэ асини-ла элэ сиксэгуйдуэни элэ сиун тугуйдуэни, боачи ниэхэни.

44 Эдии пулэ соктавани, эди пулэ хайвани тэтугухэни, таваӈки дуйси тохани.

45 Молсиори мочор иси дюлиэлэни эдини дуеди эугуй, ундэ, таӈго боадиани тэй бочику, таӈго боадиани эси-лэ най таӈго да матоди.

46 Мэпи куй-куй хэркухэни бичини. Туй тара эугуйни.

47 Эси-лэ асини ичэми бачими ундини:

48 «Анда пудин, – ундини, – ми эси дёгби исигоми, бурпугуй тахамби.

49 Эси дёгби исигойдой симбивэ ичэгухэ эси эйду будиэмби-мэ, – ундини.–

50 Хони тагой тайси мимбивэ?

51 Мии эниэ, эниэ, ама дёкчиани исигора бурпугуй тахамби», – ундини.

52 Туй, туй уми, буйкини.

53 Анана, пудиӈгулэ эдии-дэ, эчиэ-дэ соӈгоани, эдии, эдии соктани оячани улэн нэкухэ, соктадии туй тара ирчигоми эдии эугухэни.

54 Дёкчии ивугухэни. Эдии улэн диркэгухэ.

55 Эси-лэ эдии эсилэми дэрухэни. Хэвургуэни хэвурбэ аӈгоханила.

56 Эмдиэ калтадиала отомба аӈгохани. Дюэр калта отомба аӈгохани.

57 Эмдиэ калтадиади отон доани аӈгохани кэрмэ кэчивэ, эй эмдиэ калта отондоани тарма таондёан осихани бичини.

58 Туй тара эси-лэ тэй долбониала пудиӈгулэ апсиӈгоха.

59 Эдии хэм улэн эсилэрэ, хэвур дякпадолани турэ оӈгасахани.

60 Аопиа сэнэгухэни.

61 Хэрэ, хай-да, ичу, син сиӈка-ла, пуксин пуксин-лэ, хэдун хэдун-дэ тай, унди.

62 Боала бими, балдими мутэвэси.

63 Туй тара эси-лэ игурэ дёгби, якчичидои ичэгухэни: Хэвурду чуӈну аба эдини.

64 Гэ, эси-лэ туй тара эси-тэни пудин-тэни тадо-мат даи согбокои дяпагора, хай, кани тэпчу кас согбокодии каоринасими соӈголохани пудиӈгулэ.

65 Тэй долбониа инэдэлэ соӈгоха. Таваӈки-ла туй бими, хай, инухэ.

66 Хэвургулэ, хэвургулэ таваӈки уйпэ дэгдэми энэйдии Маӈбо токончиани тугбухэ.

31 ▸4:26 ‖ 35 ▸4:40 ‖ 40 ▸5:20 ‖ 45 ▸5:48 ‖ 50 ▸6:18 ‖ 55 ▸6:58 ‖ 60 ▸7:31 ‖ 65 ▸8:10

31 «Друг *мэргэн*, – сказала, – за каким, за хорошим мясом [зверем] погнавшись, ты хорошую жену встретишь.

32 За плохим мясом [зверем] погнавшись, плохую жену не бери», – сказала.

33 Ну, теперь *мэргэн*:

34 «Хитрости женские!»

35 Так бранясь, с женой ругались, ругаясь, ушел на охоту.

36 Жена, бранясь, в дом зашла. Муж, бранясь, в лес пошел.

37 Теперь *мэргэн* в тот день ничего не понимал, как он ходил.

38 До своего дерева, до своего дерева [до места жертвоприношения] дошел, а когда дошел что следал, до стоящего на его дороге дерева дойдя, оттуда вглубь леса пошел, [пройдя] мимо него. Пошел [дальше, не сделав обряда].

39 Тем временем *пудин* дома туда-сюда ходит, что делает. Она, что, то зайдет, то выйдет.

40 Сколько жили с мужем, впервые поссорились.

41 Туда-сюда [ходит]. Что случится? Какой слух появится?

42 Потом в дом зашла.

43 Теперь жена перед вечером, перед тем, как солнцу опуститься, на улицу вышла.

44 Запасные лыжи мужа, запасное что-то мужа надела, и потом в лес пошла.

45 [Дойдя] до того места, куда она за дровами ходит, [видит] муж из леса возвращается, в ста местах перевязанный, в ста местах обмотанный стосаженным арканом.

46 Себя крепко-крепко обмотал. Так возвращается.

47 Как только увидел и встретил свою жену, говорит:

48 «Друг *пудин*, – говорит, – я хотел до дому дойти, чтобы умереть.

49 А теперь я тебя увидел, не доходя до дому, здесь и умру, – говорит. –

50 Что ты будешь делать со мной?

51 Я до дома матери, матери и отца хотел дойти и умереть там», – говорит.

52 Так, так сказав, умер.

53 Ой-ой-ой, *пудин* о своем муже не плачет, своего мужа, своего мужа на лыжи хорошенько уложила и на лыжах потащила мужа домой.

54 Занесла в дом, хорошенько мужа уложила.

55 Теперь начала она готовить его. Гроб ему сделала.

56 С одной стороны … корыто сделала. Две половинки корыта сделала.

57 С одной стороны внутри корыта сделала [вырезала из дерева] сазана Кэр-мэ, а с этой, с другой стороны толстолоба Тарма.

58 Сделав так, она ночью спать легла.

59 Мужа хорошо одела, [в гроб положила] и рядом упав, уснула.

60 Некоторое время поспав, проснулась.

61 Ох, смотри-ка, пурга завьюжила, вихрь налетел, ветер поднялся.

62 На улице невозможно находиться.

63 В дом зашла, когда дверь стала закрывать, посмотрела, в гробу мужа нет.

64 Ну, теперь только, после этого *пудин*, взяв свой большой костяной нож, и что [делая], в нары, ножом упираясь, заплакала *пудин*.

65 Всю ночь до утра проплакала. Потом так было, что [было], наступило утро.

66 Гроб, гроб оттуда вверх полетел и на середине Амура опустился.

67 Хэдун-дэ аба, хамача-да аба.

68 Туй тара эси-лэ таваŋкила пата-пата, хай, эмдиэ калтадиани кэрмэ кэчиэ пата-пата, тарма таондёан пата-пата та, ундэ, тэй отон долани бини чадо.

69 Бай пудин илгалахани.

70 Туй тайди гэсэ хэвургулэ хэечиэни ачапчила солопчила эмуту хай-да-мат чир-р энулухэни.

71 Туй энэмиэ, энэмиэ, энэмиэ, энэмиэ, эм иргэнчи энэхэни.

72 Тэй иргэнчи-лэ гиамата ирахачи бичини.

73 Эси-дэ найва хэм тобогохачи эси-лэ туй тэй удэвэни гиамата дэŋсигуэни.

74 Дэŋсидуи гиамата-ла муэлэхэни, муэвэ муэлэхэни.

75 Эмдиэ гакси-да муэлуи сополара, гакси-да муэлуи сополагойдои [...] ичэхэни хэвурбэ.

76 Гэ, эси-лэ тэй хэвурбэ хабори!

77 Муэлуи нэхэни, эси-лэ огдава анара-да чис,

78 Чисаха, эси-лэ хэвурбэ-лэ хони туй хай хабори эси-тэни? Эмучэн!

79 Эси-тэни хаяха, туй тара хэвур оячиани-тани охани, оридиани гэсэ огда тэ таоси тэчэŋкэ, ундэ.

80 Тэй ŋаладі тониŋкини хэвур оялани, ŋалани лаŋгак лактохани.

81 Оŋбоди оŋбои эуричихэни, оŋбони лаŋгак лактохани хэвур оялани.

82 Таваŋки-ла и хэвургулэ хай, солопчиу иргэмбэ соли энэй, ундэ. Туй энэми, энэми.

83 Тэй гиамата пудимбэни пукчумэри чолохани-гоани. Пукчуми энэми, энэми.

84 Таваŋки туй энэми, энэми, гучи эм иргэнчи энэхэни.

85 Чадо-ла гучи най хайхани бичин, гиаматава ирахани. Эси-тэни гучи хаха.

86 Тэй хайриди, гэ тэй гиамата ичэхэ, эси-тэни тайси чисаха, хайди, огда анара, чисара.

87 «Гэ, элэ, апаŋго, – ундини, – оро эуси», – ундини.

88 Оха, пудин, тэй пудин оха.

89 Тэй эмун ŋалани лаŋгак, оŋбони оричиани лаŋгак лактохани.

90 Огдани тэ таоси энэхэни.

91 Таваŋки чир-р хэй энэгили-дэ соли энэйни, ундэ, тэй огда, хай тэй хэвургулэ.

92 Туй энэми, энэми, энэнэ, туй энэмэри, энэмэри, эм нилбу-нилбу боачи энэхэчи. Хай.

93 «Эгэ, эрдэŋгэ, – ундини, – тэй эмдиŋгэ пудин, – нэучи.

94 Хай чиэŋгучи чиэмусиури-дэ, амчиосиори-да, хони ачини, – ундини. –

95 Буэ эйду эй, эй хайду, хэвур оялани биури».

96 Туй тара эмуту най хайри-качи сапси кирачиани хаха.

97 Эси-лэ пудинсэлгулэ эмуту хамача-да аба, лактокто аба, хамача-да аба бай пиŋгор гоар би хулуŋкичи.

98 Эси-лэ та дуйси томари, чиэчидуэри чиэчи, амчичидоари амчи та, ундэ.

99 Туй тара вайси кэчэрэгухэчи, хайгоха, сапси кирадоанила хэвур дякпадоанила сикун хачоха, сикун кота, сикун комбо, хай, диэктэ, опа, хамача-да хэм, уликсэ, согдата би, ундэ.

67 ▸ 8:30 ‖ 70 ▸ 8:48 ‖ 75 ▸ 9:24 ‖ 80 ▸ 9:58 ‖ 85 ▸ 10:35 ‖ 90 ▸ 11:10 ‖ 95 ▸ 11:39 ‖

67 Ни ветра нет, ничего нет.

68 Потом теперь после этого с одной стороны [гроба] Кэрмэ сазан как живой шевелится, и Тарма толстолоб как живой шевелится в том корыте [в гробу].

69 Это просто *пудин* их нарисовала.

70 После этого гроб против течения как что-то такое – *чир-р* – поплыл!

71 Плыл, плыл, плыл, плыл, до одного селения доплыл.

72 К этому селению только что привезли невесту.

73 Теперь всех людей позвали, и теперь так в том месте невеста должна обслуживать [людей].

74 Когда она обслуживала, она должна была сходить за водой,
она пошла за водой.

75 Одно ведро наполнила, а когда второе хотела наполнить, неожиданно увидела гроб.

76 Надо этот гроб вытащить из воды!

77 Ведра поставила, теперь оттолкнула лодку и поплыла.

78 Доплыла, теперь как она гроб до берега дотянет? Одна!

79 Теперь что сделала, потом на гроб села, и как только она села на гроб, лодка отплыла далеко от нее.

80 До него руками дотронулась, до гроба, и руки прилипли.

81 Хотела привстать [приподнять зад], а зад прилип ко гробу.

82 После этого гроб что [сделал], поплыл против течения мимо селения. Так плывут, плывут.

83 Невесту *пудин* утащили, украли. Утащив ее, так [гроб] плывет, плывет.

84 Оттуда плывя, плывя, еще до одного селения доплыли.

85 Туда тоже люди что сделали, невесту привезли. Там тоже пристали.

86 Она что делает, ну, та невеста увидела [гроб] и теперь туда [к гробу] поплыла, на чем, свою лодку оттолкнула и поплыла.

87 «Ну вот, подруга, – говорит, – садись сюда», – говорит [девушка, сидящая на гробе].

88 Села, *пудин*, та *пудин* села [на гроб].

89 Одна рука прилипла, и зад тоже прилип, как только она на гроб села.

90 А лодка далеко отплыла.

91 Оттуда *чир-р* вместо того, чтобы вниз по течению плыть, поплыла против течения та лодка, то есть, тот гроб.

92 Так плыли, плыли, ой, ой, ой, так плыли, плыли и до ровного гладкого места доплыли. И что?

93 «Сестра, интересно, – говорит другая *пудин*, – [что нас здесь] держат.

94 Мочиться хочется и опорожниться хочется, а никак нельзя, – говорит. –

95 Мы здесь на этом, этом, на чем, на гробе находимся».

96 Тут как будто кто-то их вез, они к берегу причалили.

97 Теперь эти *пудины* словно ничего и не было, как будто не были они приклеены [ко гробу], как будто ничего не было свободно, не прилипшие, разойдясь в разные стороны, вылезли.

98 Теперь сошли они с гроба, поднялись с берега [в лес], и помочились, и опорожнились.

99 На берег обернулись, что сделали, на берегу, возле гроба новый котел, новые тарелки, новая поварешка, что, чумиза, мука, все есть, и мясо, и рыба.

100 Эси-лэ тэй пудиусэлгулэ хаяха, хай, сиагоари пуюхэл, сиахал, хадёмбари, тэй котамба, хонямба, хачихоамба, хэм дяпагора, хэвур оячиани огои тэй.

101 Мэнэ хэвур мэнэ тайсио-о чисагохани, солио-о энэхэни.

102 Туй энэмиэ, энэми-лэ, эм боачи, хае, эм хурэндулэ, хай эм хоŋкола, хоŋкоа холими энэхэчи.

103 Хоŋко порондоани эм хай, дёкан бичин.

104 Бимиэ, балдимиа, эм дёканду тэй дё талгиалани, талгиалани хай, энэми-лэ тэй дюэр пудиусэлгулэ хай хаяха? Ундини:

105 «Хоŋко порондоани балди Хоŋки пудин, гэ, бумбиэ хони-да хориро, хони-да аяро, – ундини-гуэ, – эй хэвурдиэди».

106 Тэй таяди ниэхэни эм пудин.

107 «Гэ, апаŋгоана, сумбиэ буди-дэ хони тадямбиа, тури-дэ хони тадямбиа? Ми мэнди-дэ мэнэ дэŋсиэсиэмби».

108 Уми, байда тургэнди игухэни.

109 Туй тара таваŋки энэмиэ, энэмиэ, эм хурэн-лэ тоилани энэйчи.

110 Туй тами, тэй хурэн порондолани-ла эм дёкан хуйсэ би, ундэ.

111 Хай, […] эм пудин таядидиала […] ниэхэни.

112 Туй тара:

113 «Хурэн порондолани балди Хэриэ пудин, эгэ, бумбиэ хони-да хориро, хони-да аяро!» – унди.

114 Тэй-лэ пудиŋгулэ:

115 «Сумбиэ буди-дэ хони тадямби, тури-дэ хони тадямби, – унди. – Ми мэнди-дэ ŋэлэмби!»

116 Бай ŋэрумсэк игухэниэ.

117 Таваŋкила энэмиэ, энэмиэ,

118 эм дю киравани-ла энэйдуэнилэ дю, дю порондоани эм дёкан бичин.

119 Гэ, тэй дюэр пудин мориŋгоани. Таяди эм пудин ниэхэни. Хай, хайди? Тэтуэди […] ниэхэни. Ниэхэ.

120 «Дю порондоани балди Дюŋни пудин, эгэ, бумбиэ хони-да хориро, хони-да аяро!» – ундичи.

121 «Сумбиэ буди-дэ хони тадямби, тури-дэ хони тадямби. Ми мэнди-дэ ŋэлэмби».

122 Бай ŋэрумсэк игухэни, туй ундэ.

123 Таваŋкила энэмиэ, энэмиэ, хоня-да энэхэни.

124 Туй тара тэй энэмиэ, энэмиэ, хони-да энэхэ, энэхэ, маŋбола онигонила тэŋ хуйчэм нэвухэŋкэчи мокчопи бичин.

125 Тэй мокчодонила эм дёкан хэисэ биэ, ундэ.

126 Най-ма най гирмаксадиани сар саŋгичала биэ, ундэ.
Най-ма най гирмаксани!

127 Чадола ваяланила садайгой, суŋпумэ ичэдеми, пудиŋгулэ халачими амбан эктэ.

128 Гэ, тэй тоилани хахани. Хаха. Эси-лэ тэй дюэр пудин тоха.

129 Тэй хэвурдиэди-лэ […] хай-да хэм мэŋдэ агбиŋкини мэргэн. Уюн!

130 Туй тара эси-лэ агбиŋгоха, туй тара пудимбэ, тэй пудинсэлбэ хаяха, тэй пудин ивугухэ.

100 ▸ 12:23 ‖ 105 ▸ 13:26 ‖ 110 ▸ 14:02 ‖ 115 ▸ 14:25‖ 120 ▸ 14:59 ‖ 125 ▸ 15:51 ‖ 130 ▸ 16:33 ‖

100 Теперь эти *пудины* что сделали, как это, кушать сварили, поели, все эти вещи, тарелки, ложки, котел собрали, в гроб погрузили, сами сели.
101 Гроб сам отплыл от берега и сам вверх против течения поплыл.
102 Плыли, плыли, в одном месте стали огибать один утес.
103 На утесе что было, один домик был.
104 Когда мимо этого домика, мимо чего проплывали эти две *пудины*, что они сделали? Они говорят:
105 «Живущая на утесе Хонки *пудин*, как-нибудь спаси нас, избавь, – говорят, – от этого гроба!»
106 Оттуда вышла одна *пудин*.
107 «Подруги! Вы хоть умрете, что я поделаю, упадете, что я поделаю? Я сама себе не хозяйка».
108 Сказав так, она быстро зашла в дом.
109 Оттуда они плывут и плывут и доплыли до одной горы на берегу.
110 После этого [видят], на вершине этой горы домик стоит.
111 Что […] одна *пудин* оттуда […] вышла.
112 После этого:
113 «Живущая на вершине горы Хэриэ *пудин*, сестра, нас как-нибудь спаси, как-нибудь помоги!» – говорят.
114 Та *пудин*:
115 «Что я сделаю, если вы даже умрете, если вы даже упадете, – говорит. – Я сама себя боюсь!»
116 Тут же зашла в дом.
117 Оттуда дальше плывут,
118 когда плыли мимо хребта, [увидели], на вершине этого хребта, хребта один домик стоит.
119 Ну, те две *пудин* закричали. Оттуда одна *пудин* вышла. Что, в чем? В одежде […] вышла. Вышла.
120 «Живущая на вершине хребта Дюнгни *пудин*, сестра, спаси нас как-нибудь, как-нибудь помоги!» – говорят.
121 «Если вы даже умрете, что я сделаю, если вы даже упадете, что я сделаю! Я сама себя боюсь!»
122 Промелькнув, зашла в дом.
123 Дальше они плывут, плывут, сколько-то плыли.
124 Потом так плывут, плывут, сколько-то плыли, плыли, доплыли до такого поворота реки, острого как локоть.
125 На этом повороте один домик у реки стоит.
126 Вешала из человеческих костей стоят там. Из человеческих костей!
127 Там, на берегу с лохматыми, как кочка, волосами, смотрит и ждет *пудин*, женщина *амбан*.
128 К ее берегу пристали. Пристали. На берег эти две *пудины* поднялись.
129 Из гроба […] со всеми [своими вещами] появился *мэргэн*. Живой!
130 Он появился, потом та *пудин* [хозяйка] с теми [приехавшими] *пудинами* что сделала, тех *пудин* в дом завела.

131 Эси-тэни тэй амбариа эмуту дилини тэе дайладиани, матаха дайладиани майӈкана биэ, унди.

132 Эси-лэ мэргэӈгулэ тэӈ морактоси, ундэ:

133 «Анда пудин, си эси экэрбиэ, асинаива сиаванду!»

134 Тэй-лэ амбариа пудиӈгулэ эм энюэвэ, эм энюэвэ, эм дяка ивурэ дёан дяка агбимбоми эм дэрэди тиас баргихани.

135 Туй тара эсилэ тэй пудинсэлбэ сиавочи, мэргэн-дэ сиари.

136 Нёамбани тэвэӈки. Мэргэн тэгурэ, сиарини.

137 «Анда мэргэн, ми най сиапаӈгиани сиарини тамби? Аба, ачаси, сиарасии, ачаси».

138 Гэ, эси-лэ дочи боачи, эм хонямба хоняли, хусэгуйчивэни дэрэгбэчэ.

139 Мэргэн-тэни апилани тиас сисхалини.

140 Палан бароани иӈгэлигдэ тугбугуйни.

141 «Эним катоани, тэй улэ-лэ сиаптаӈгиа най сиаридоани хусэмусиси, сактайни!»

142 Гэ, эси-лэ пудиӈгулэ хай кэчиэ, кэчиэ, аличини-гоани.

143 Туй тара эси-лэ пудин ундини-гуэни:

144 «Анда мэргэн, ми ачаси!

145 Мимбиэ, ми эси энухэси хамиалани ми мэнэ хайгоя энэгуивэ, амбамби, ганимби хоричигоми пулсиэмби, амбамба ачопочира [дидюдемби], ачопочиндамби, – унди».

146 «Гэ, ая».

147 Эси-лэ эй сиксэниэ апсиӈгоха, долбо, тэй долбониа аоӈгоха.

148 Долбо аоридоила мэргэӈгулэ уелэи ичэхэни, тэ уелэни-лэ эм най лохани бичин, киргиан бучуэӈгулэ.

149 Нёани бароани чэӈгэл-чэӈгэл, чэӈгэл-чэӈгэл тай, унди.

150 Эси-лэ туй тара хэвэни хэтурэм татахани мэнчи.

151 Туй тара тэй киргиан бучуэмбэни-лэ хэвэни хайгора? Улэн, улэн уиктэгурэ, хай, анялахани туӈгэнчии, мэнэ туӈгэнчии анялахани. Туй тара эси-лэ чими тэхэ. Диаи ини тэхэ.

152 Таваӈки мэргэн сусуйдуэни, то горочи энэхэни, киак тайни ичэгухэни, хамаси, тэй амбариа асинила.

153 Нёанчини хайра унди:

154 «Анда мэргэн, тэй хайва-да охтамбини-да, хайва-да хайрини-да, мэпи эди маӈгопсира.

155 Эгди, кэту-дэ эгди эндуэчими пулсирэ, – унди. Тэй киргиан бучуэн хэсэвэни эди дэ…, эди дэкпэрэ, – унди. –

156 Киргиан бучуэн хэсэлэни бихэриэ», – ундини.

157 «Гэ, ая».

158 Эси-лэ таваӈки-ла пудин дэрэдихэ, мэргэн таваӈки энэй.

159 Туй энэмиэ, энэмиэ, киргиан бучуэӈгулэ туӈгэндиэдиэни тэй анялани туӈгэндиэдиэни лэргуэлэ уӈки:

160 «Эден мэргэн, – унди. – Эвэӈки энэми ичэдиэчимэ, – унди, – хуюн пудин элбэсини, – унди. –

161 Де улэн пудиусэл, тэӈ улэн экэсэл!

162 Гэ тэӈ чала энэми-тэни, эди мурчирэ, – унди, – анана, асисалбамда».

131 ▸16:42 ‖ 135 ▸17:15 ‖ 140 ▸17:42 ‖ 145 ▸18:05 ‖ 150 ▸18:46 ‖ 155 ▸19:30 ‖ 160 ▸20:00 ‖

131 У той женщины *амбана* голова величиной с таз, волосы растрепанные.
132 Вот *мэргэн* покрикивает на нее.
133 «Друг *пудин*, моих женщин, жен моих покорми!»
134 *Амбан* женщина в один котел, в один котел одно что-нибудь кинет, а десять чего-нибудь вытащит, на целый стол наготовила.
135 Стала кормить тех *пудин*, угощает, и мэргэн ест.
136 Усадила их. *Мэргэн* сел и ест.
137 «Друг *мэргэн*, кушаю ли я ту еду, которую люди кушают? Нет, мне нельзя, я не ем, нельзя».
138 Теперь она то проглотит, то назад [еда изо рта] выходит, одну ложку зачерпнула, [проглотила], и вот-вот ее вырвет.
139 *Мэргэн* как стукнет ее по затылку.
140 На пол ее бросил:
141 «[…], когда хорошую еду люди кушают, тебя тошнит, окаянная!
142 Эта *пудин* что, морщится, морщится, но терпит.
143 Теперь *пудин* говорит:
144 «Друг *мэргэн*, мне нельзя!»
145 Я сейчас после твоего отъезда поеду, чтобы спастись от своего [духа] *амбана*, от своего [духа] *ганина*, чтобы *амбана* снять с себя, поеду, поеду, чтобы снять [его] с себя, – говорит.
146 «Ладно».
147 Теперь тем вечером легли спать, ночью, спали ту ночь.
148 Ночью, когда спал, *мэргэн* над собой увидел подвешенного кем-то *киргиан бучуэна*.
149 У него [над головой идол] *киргиан бучуэн* болтается [делая движения по направлению к нему].
150 Теперь, потом он шнурок, на котором тот держался, рванул и к себе его притянул.
151 Затем с *киргиан бучуэном* что сделал? Шнурок хорошенько завязав, повесил его [идола] себе на грудь. Потом утром встал. На другой день встал.
152 После этого, когда *мэргэн* отправился в путь, он, отойдя подальше, услышал звук киак и обернулся: следом за ним идет та *амбан* жена.
153 Ему что говорит:
154 «Друг *мэргэн*, если чем-то заинтересуешься, что-то делая, себя не считай чересчур сильным.
155 Слишком, слищком уж не будь самонадеяным, – говорит. – Не перечь словам *киргиан бучуэна*, – говорит. –
156 Поступай так, как скажет *киргиан бучуэн*», – говорит.
157 «Ну, ладно».
158 После этого *пудин* отстала, а мэргэн пошел дальше.
159 Идет, идет, а *киргиан бучуэн* на его груди негромко говорит:
160 «Хозяин *мэргэн*, – говорит, – отсюда когда пойдешь, – говорит, – увидишь девять купающихся пудин, – говорит. –
161 Очень хорошие *пудины*, такие красивые девушки!
162 Ты не вздумай туда близко подходить, – говорит, – [думая, что] ой, ой, ой, какие хорошие жены для тебя».

163 «Ая, мурчиэдэсимбиэ, хисаӈгоадасимбиа».
164 Туй тара туй энэмиэ, энэмиэ. Анана, хуюн пудимбэ элбэсичи-тэ, хоаланди, ундэ!
165 Хай, нёанчи киравачи энэйдуэни:
166 «Анда мэргэн, бунди гэсэ элбэсиру! Бунди гэсэ тэинду, элбэсигуэри!»
167 Туй мори, хайри, инэктэй, купи, тамари хайричи.
168 Мэргэӈгулэ:
169 «Хэрэ улэмбэ асисалба, хэрэ улэмбэ пудинсэлбэ!»
170 Туй-гдэл ундини, гэсэ хаончок энэхэни.
171 Туй тапиу сагохани. Ага, насалдоани тиас хуӈгули балдихани.
172 Сапси кирадоани аорини. Ми…Киргиан бучуэӈгулэ дякпадоани илисими пакпари ундэ:
173 «Ми хай уӈкэи? – унди. – Эди алакисирам-да, тэй пудин, пудиусэлди».
174 […] таваӈки-ла, таваӈки мэргэн энэмиэ, энэмиэ.
175 Киргиан бучуэн гучи хисаӈгой нёандиани.
176 «Анда, хае, эден мэргэн, – унди, – эси энэми надан пудинсэл элбэси, – унди.
177 Тэй хуюн пудиндуй-дэ улэн, – унди, – дурунчи тэй. Де улэн-ну, де чагдян-ну, – унди. –
178 Тэй пудиусэлчи эди-дэ кириа-да эди ичэрэ, улэн экэсэл-дэ мурунди-дэ эди мурчирэ», – унди. –
179 Гэ, туй тара эси-лэ таваӈкила энэмиэ, энэмиэ, надан пудиусэл элбэсивэни бахани.
180 «Анда мэргэн, – унди, – эуси дидю бунди, бунди гэсэ элбэсигуэри!»
181 Горо покто пулсими тэимбури-дэ, тэиндидуй бунди, бунди гэсэ элбэсигуэри! – унди.
182 Мэргэӈгулэ тэй пудиусэлчи кэчирэгухэни:
183 «Хэрэ, пудиусэлбэ улэн! – мурчихэни-гуэ. – Улэн асиана, алакиа аси, алакиа пудиусэл».
184 Туй бими хаончок энэхэни.
185 Туй тапио сагохани сапси кирадоани. Нёани сапси кирадоани бини.
186 Хайс киргиан бучуэн опять илисими пакпарими бини, ундэ.
187 «Эден, эден мэргэн, ми хайва уӈкэе? – унди. –
188 Эди тэй пидиусэлчи, тэй пудиусэлбэ эди улэсирэ, эди-дэ хамача, кирио-да, […] ичэ-дэ анади, энэми ая-гоани. – унди. –
189 Симбиэ, синчи хали-да симбиэ улэн хайрадаси», – унди.
190 «Гэ, ая!»
191 Туй тара эси-лэ насалдоани тиас хуӈгули балдихани бичини.
192 Эсилэ дэрэгэи силкочигоха, таваӈки мэргэн таваӈки сусугухэни.
193 Таваӈки энэмиэ, энэмиэ, эм хай, хурэн дабанчиани исиндахани.
194 Гэ, киргиан бучуэн ундини:
195 «Эвэӈки таоси, таоси хони энэгуй тайси? – ундини. –
196 Чилу-чилу сэлэ, чилу-чилу чириктэ, чилу-чилу гион.
197 Хамача няӈгак тори эй ёӈгор сусуэӈгури, – унди. –
198 Тэй хай-да, тэй дабамба хони, хони-да дабасиси, – унди.
– Хони-да энэгуэри тайси? – ундини.

165 ▸20:40 ‖ 170 ▸21:01 ‖ 175 ▸21:33 ‖ 180 ▸22:19 ‖ 185 ▸22:48 ‖ 190 ▸23:21 ‖ 195 ▸23:43

163 «Ладно, не буду подходить, не буду даже разговаривать».
164 Потом так идет, идет. Ой-ой-ой, девять *пудин* купаются, галдят!
165 Что [делают], когда он мимо них проходил:
166 «Друг *мэргэн*, вместе с нами купайся! Отдохни с нами, покупаемся!»
167 Так кричат, что делают, смеются, играют.
168 *Мэргэн*:
169 «Эх, хорошие жены, красивые *пудины*!» – сказал.
170 Только так сказал, сознание потерял.
171 Через некоторое время очнулся. Ага, глаза оказались червей полны.
172 Сам на берегу лежит. Я …*Киргиан бучуэн* рядом стоит и ругается:
173 «Я что сказал? – говорит. – Не зарься на тех *пудин*, на *пудин*».
174 Оттуда дальше *мэргэн* пошел.
175 *Киргиан* бучуэн опять разговаривает с ним:
176 «Друг, что, хозяин *мэргэн*, – говорит, – отсюда пойдем, встретим семь купающихся *пудин*, – говорит.
177 Они тех девяти *пудин* красивее, – говорит, – лицом. Они красивее и белее, – говорит. –
178 К тем *пудин* не подходи и даже не смотри, даже в мыслях не думай, что это хорошие девушки», – говорит. –
179 Дальше они отправились в путь и встретили семь купающихся *пудин*.
180 «Друг *мэргэн*, – говорят, – сюда иди, вместе с нами покупаемся!»
181 По далеким дорогам ходил, отдохнуть вместе с нами надо, покупаться, – говорят.
182 *Мэргэн* к тем *пудинам* повернулся.
183 «Ох, *пудины* красивые! – подумал. – Хорошие жены, завидные жены, завидные *пудины*».
184 Опять сознание потерял.
185 Через некоторое время очнулся на берегу. Он на берегу реки лежит.
186 Опять *киргиан бучуэн* опять рядом стоит и ругается:
187 «Хозяин, хозяин *мэргэн*, что я тебе сказал? – говорит. –
188 Не … к тем *пудинам*, тех *пудин* не полюбив, ничего не делая, к ним не подходя, […] на них не взглянув, мимо надо было идти! – говорит. –
189 Тебя, тебе, никогда тебе ничего хорошего они не сделают», – говорит.
190 «Ну, ладно».
191 Потом опять полные глаза его червей были.
192 Теперь лицо свое помыл, *мэргэн* оттуда дальше отправился в путь.
193 Потом шел, шел и до одного чего, до перевала на одной горе дошел.
194 Ну, *киргиан бучуэн* говорит:
195 «Отсюда туда, туда как дальше пойдешь? – говорит. –
196 Гладкое-гладкое железо, гладкая-гладкая бронза, гладкая-гладкая медь.
197 Чуть поднимешься, и назад скатишься, – говорит. –
198 Через этот, как его, через этот перевал никак, никак не перевалишь, – говорит. – Как дальше пойдешь?» – говорит.

199 Ая, исиха эсилэ, таваӈкила уйси толохачи.

200 Хони-ла тори, эм гирамба тори, хайри, ёӈгор сусуэӈгуй та, таваӈкила ёӈгор сусуэӈгуй.

201 Эйсилэ хай, иноксадии, дилоксадии палгамби-ла, отаи палгамбани модорихани, таваӈкила уйси тора.

202 Кар-кар-кар-кар, тэй хайва, тэй элэ поромбани исидуй, эси-лэ болдорисими дэрухэни.

203 Хамаси сусуэӈгури эй?

204 Туй тара гучи иноксадии, дилоксадии гучи модоригохани.

205 Таваӈки кар-кар-кар-кар, хаолиа поромбани исихани.

206 Гэ, хони пэйси, симата-маня, хони сусуэӈгури?

207 Ая, ӈалаи ондар тахандиани гэсэ эм тэй муюхэн муэдиуксэ мэнэ чэк сокта тунепун, мэргэн ӈалачиани хай, дичини.

208 Туй тара тэй соктаи тэтугухэ, тунепунди тунепулугухэ. Ага.

209 Лэкэи, бурии чаду улэн дяпогохани.

210 Таваӈкила-да харалагоми таваӈки халиа хадёӈгоми, дяпогоми сусуэлэхэни.

211 Сусуэнди туй сусуэми эм боаду каодёрахани, каодёрахани, каодёрахани.

212 Киргиан бучуэн унди:

213 «Эвэӈки хони эугугуй тайси? – унди.

214 Симбиэ ачоп-тани багбалка, дуелкэ ачопчи осиха, – унди. –

215 Хони, тэй, чава хони энэгуй тайси?»

216 «Ая, хони-да энэдемэ».

217 Эси-лэ баргиоӈка нёамбани ачопчи-ла тэде бичин.

218 Багбалка дуелкэ туй тэӈ ачопчи нёани-ла соктани туй алдамбани.

219 Туй сусумиэ тэй багбалка, дуелкэ алдамбани сусумиэ, сусумиэ,

220 хэм холичи, хэм яличи дюлиэи.

221 Туй энэмиэ, энэмиэ, чу элэ дуэридуй хамиала, хайридоила, хамиа калта чумкиэн, эмдиэ деуӈгиэ калта соктади, соктанила тап энэхэни бичини.

222 Лоп-лоп тадорадоха, таваӈки туй энэй. Ага. Няӈга энэрэ каодяраха. Таваӈки ундини:

223 «Хони, эвэӈки хони энэгуй тайси, – унди. –

224 Симбиэ ачапчи хай, даи хурмэ, нучи хурмэ, ачапчи осиха, – ундини. –

225 Хэм-дэ пинур гида, хэм симбиэ ачапчи маня осии», – унди.

226 «Гэ, ая, хони-да энэдемэ».

227 Таваӈки-ла энэмиэ, тэй хай исихани.

228 Хони тэй, эй дюлиэлэни багбалкамба дуелкэмбэ-дэ тэй хайду, тэй оя… хайвани холиачими эури бичини-гуэ.

229 Эси-тэни хоня кэту-дэ нучисэл тэй.

230 Гэ, эси-лэ мэргэӈгулэ таваӈки эугэхэни аӈгиачи ничир, деунчи ничир энэйдиэни тэй поктоила хайди тунепунди эу то хархими пачилами эурэ, ундэ.

231 Туй энэми, энэми, чу хамиала, чу хамиалани аӈгиа соктани хаморой хамиа калта чумкиэндуэни тэрэк таваӈки бичини.

232 Лопто-лопто ачогоха таваӈки-ла.

200 ▸24:16 ‖ 205 ▸24:54 ‖ 210 ▸25:30 ‖ 215 ▸25:56 ‖ 220 ▸26:19 ‖ 225 ▸27:02 ‖ 230 ▸27:33 ‖

199 Ладно, дошли, оттуда начали подниматься вверх.
200 Чуть поднимутся, на один шаг поднимутся, и что делается, назад скатываются, оттуда скатываются.
201 Теперь чем, своими соплями и слюнями он намазал подошвы своей обуви и начал подниматься вверх.
202 *Кар-кар-кар-кар*, до чего, до той вершины когда чуть было не дошел, теперь скользить начал.
203 Это что, опять вниз [придется] скатиться?
204 Опять он соплями и слюнями [подошвы] намазал.
205 И тогда *кар-кар-кар-кар* все-таки дошел до вершины.
206 Ну, как вниз, [если] везде снег, как спуститься?
207 Хорошо, руками помахал, и тут же обшитые шкуркой выдры лыжи и палка к рукам *мэргэна* что [сделали], пришли.
208 После этого он надел лыжи, оперся лыжной палкой. Ага.
209 Стрелы и лук там взял.
210 Оттуда таща [за собой] на лямке, оттуда [остальные] вещи взяв, спускаться начал.
211 Спускаясь так, в одном месте остановился, остановился, остановился.
212 *Киргиан бучуэн* говорит:
213 «Отсюда как ты будешь спускаться? – говорит.
214 Перед тобой сплошь пешни и ломы [острием вверх] встали, – говорит. –
215 Как сквозь них, как будешь проходить?»
216 «Ладно, как-нибудь пройду».
217 Теперь он начал готовиться, перед ним преграды действительно были.
218 Но он между пешнями и ломами так покатился на лыжах.
219 Так спускаясь между теми пешнями и ломами, спускаясь, спускаясь,
220 все обходит, от всех уклоняется.
221 Так едет, едет и только уже в конце пути задним, что делается, задним заостренным концом левой лыжи зацепился.
222 Выдернул [лыжу] и дальше поехал. Ага. Немного проехал и остановился. Потом говорит:
223 «Как отсюда, дальше как пойдешь? – говорит. –
224 Тебе навстречу что, иглы, большие иглы и маленькие иглы встали, – говорит. –
225 Все стрелы и копья, все навстречу тебе встали», – говорит.
226 «Ну, ничего, как-нибудь пройду».
227 Дальше он пошел и дошел.
228 Как их, до этого пешни и ломы [были], он как это, [раньше] он их обходя, спускался.
229 Теперь чересчур мелкие они [острия].
230 Он начал спускаться, правой [палкой] махнет, и сразу [путь] расчистит, левой махнет, расчистит; свой путь чем, лыжной палкой махая, расчищал и спускался.
231 Дальше идет. В конце пути кончиком правой лыжи опять зацепился.
232 Опять он выдернул [лыжу] оттуда.

233 Туй энэмиэ, энэмиэ, хониа-да энэсили, гэ, эси, эси-лэ хони-дэ энэсили гучи хаяха, каодяраха.
234 Ундини:
235 «Эден мэргэн, эвэӈки таоси хони эугуй тайси? – унди. –
236 Хайва, хурмэӈкулэни, экэсэл улпини хурмэ симбиэ ачапчи осиха, осии», – унди.
237 Энэнэ, хай-да валиаха!
238 Эси энэгуй-тэ чава хони, хаполди хаполими эурини? Хони ачини!
239 Эси-лэ сокта, сокта-ла хай апии тиас пайӈгадахани мэргэӈгулэ, ага, нучикукэ хойпойӈко осихани.
240 Туй тара туй-тэни хурмэӈкулэ хурмэ алдандолани бай чимолиа, бай чимолиа далими энэйни-гуэни.
241 Туй энэмиэ, энэмиэ, чу хамила, элэ чава дуэридуэни тэрэк хаяхани, нёани хамиалани, хайгохани, тэй, тэй хойпойӈко хуйгулэни, бай тиап таваӈкини.
242 Гэ, туй тара эси-тэни тэй мэргэн лоп-лоп ачохани.
243 Таваӈки туй энэмиэ, эумиэ, таваӈки эумиэ, эумиэ,
244 ундиси, каодяраха:
245 «Эвэӈки хони, хони эугугуй тайси? – ундини. –
246 Таваӈки эугуйдуэси дегдэй армиа дегдэ, дегдэми будечи, – унди. –
247 Бидерэ дюлиэлэси тэй амоанчи тупи-тэни, армианчи тупи-тэни, дегдэй армианчи тупи-тэни, си котаси, пухинси, котаси купчулиэ, пухинси пукчулиэ туй хай, киатагодячи», – унди.
248 «Ая, чихани».
249 Туй тара мэргэӈгулэ соктаи тэтугуми таваӈкила сусугухэни.
250 Ай сусуми, ай аносихани, ай сусуми, ай масилохани.
251 Ай тургэн сусуми эуригуэ, ай масилагойни.
252 Дегдэй армиаӈгола пэгиэгилэнилэ-дэ, хайрини, хурэн тэчиэни, уелэни бай килэйгэн дегдэй, ундэ.
253 Мэргэӈгулэ эуридии бай чороан пуйкухэни, армиа тая калтадиала, бай соктани, хамиа калтани бай няӈга няӈга дегдэйдиэни, тугухэни.
254 Таваӈки-ла энэмиэ эугуми, эугуми, таваӈки энэми, энэми.
255 Ундини:
256 «Ам ичэру! Эвэӈки хони энэгуй тайси?
257 Эй колиан чоӈгиани амоан эй ваяла би», – унди.
258 Ая, таваӈкила энэхэ, исиха.
259 Туй тара эси-лэ тэй хай, тэй амоан деринчиэни энэрэ, кирачиани энэрэ.
260 Амоан токондолани-ла дюэр колан агбиӈкини. Агбиӈки мэргэн бароани хаха.
261 Тэй дюэр колан оялани охани, эмуту сокта сохсинасими, сохсинасими энэйкэчи хай, тэй амоамба даохани.
262 Колиан ээ таялани, аӈмачи сэйгэн. Колиаӈгола чоӈгиани, ундэ.
263 Мэргэӈгулэ таяди хай, сапси киравани исими, тэй дюэр колиаӈгонила бай гэлкэлиэчи-дэ, гэлкэлиэчи-дэ абанахани. Абанагоха.

233 ▸ 28:02 ‖ 235 ▸ 28:16 ‖ 240 ▸ 28:54 ‖ 245 ▸ 29:31 ‖ 250 ▸ 30:04 ‖ 255 ▸ 30:44 ‖ 260 ▸ 31:11 ‖

233 Так едет, едет, сколько-то проехал, ну теперь сколько-то проехал, и снова что сделал, остановился.

234 [*Киргиан бучуэн*] говорит:

235 «Хозяин *мэргэн*, отсюда дальше как будешь спускаться? – говорит. –

236 Эти, как их, иголки, которыми женщины вышивают, иголки тебе навстречу будут, – говорит».

237 Ой, какая беда!

238 Теперь, чтобы дальше пройти, веником подметать что ли? Так нельзя!

239 Теперь лыжи, лыжи, как это, по затылку себя стукнул *мэргэн*, ага, маленькой мышкой стал.

240 После этого, между этими иголками проскальзывая, проскальзывая, дальше идет.

241 Так идет, идет, в самом конце, вот уже конец [его пути], что случилось, самом конце вот что случилось, хвост той, той мышки [за что-что] зацепился.

242 Ну, потом *мэргэн* его выдернул.

243 Оттуда так идет, идет, оттуда идет, идет,

244 остановился:

245 «Отсюда как, как дальше пойдешь? – говорит. –

246 Отсюда вниз когда будешь спускаться, в горящем горном озере гореть, гореть будешь, – говорит. –

247 Наверно, вначале, после того, как в то озеро упадешь, в то горное озеро упадешь, в то горящее горное озеро как упадешь, ты всплывшим утопленником будешь, ты покачиваться будешь [на поверхности воды] со вздувшимися кишками», – говорит.

248 «Ладно, пусть будет так».

249 После этого *мэргэн* надел свои лыжи и отправился оттуда дальше.

250 Как только начал спускаться, так стал со всей силой отталкиваться [палкой].

251 Чем быстрее спускался, тем еще больше силы прилагал.

252 Горящее горное озеро внизу, и что делается, над ним [над озером] гора, а оно доверху сильно горит.

253 *Мэргэн,* спускаясь, прыгнул на другой берег озера, и только задняя сторона лыж немного загорелась, как он уже опустился.

254 Оттуда он идет, идет, идет, оттуда идет, идет.

255 [*Киргиан бучуэн*] говорит:

256 «Посмотри! Отсюда как дальше пойдешь?

257 [Ты] недалеко от озера с воющими червями», – говорит.

258 Ничего, он дальше пошел и дошел.

259 Потом до конца, до того, до озера дойдя, до края берега этого озера дойдя, встал.

260 На середине озера два червя появились. Появились и до *мэргэна* доплыли.

261 Он встал на этих двух червей, и как будто на лыжи, и как на лыжах, как на лыжах через что, через озеро перешел.

262 Черви с той и с этой стороны с красными ртами. Черви воют.

263 *Мэргэн* как только оттуда до чего, до берега дошел, те два червя просто пропали, пропали, исчезли. Исчезли.

264 Таваӈки туй энэмиэ, энэмиэ, энэмиэ, киргиан бучуэӈгулэ хай,
эм нилбу нилбу би начи энэхэни.
265 Туй тара унди:
266 «Апаӈго, киргиан бучуэн, эси си эди оӈгасара, эси эди хайра,
мимбивэ улэн авочиива сэругухэри, мимбивэ, гэ?»
267 «Гэ!» – ундие киргиан бучуэн.
268 Тотара тэй мэргэӈгулэ апсиӈкини, апсими, чаӈсоап оӈгасахани.
269 Аопиу аоридоани, сэнэгухэни.
270 Туй тара уелэ, уелэни-лэ илан гаса кэндэлини, ундэ.
Токонду би гасани-ла дариндолани лиас алха гаса бичин.
271 «Гэ, анда мэргэн, ми маӈбо хай, маӈбо соли пулсикэи, – ундэ. –
272 Маӈбо дэрэмбэни-дэ маӈбо дэрэлни, маӈбо чомборчо, агбара осигора,
тайгани ек пулсихэмби, амбамбани ачопочими.
273 Чилахамби, – ундини. –
274 Эси-тэни маӈбо хэи энэдемби».
275 Туй тара эси эси-лэ пудин энэхэ. Туй тапио уелэни илан гасакан
кэндэли-дэ, ундэ.
276 «Анда мэргэн, буэ симбиэ хасисиапу, – унди, – туй-дэ».
277 «Гэ, хасиси, хасисиосу», – унди.
278 Туй тара сэнэхэни.
279 Туй тара,таваӈкила энэмиэ, энэмиэ, хайгоха, эм иргэнчи исихани,
маӈбоа оиӈгомбани холигоми.
280 Иргэни-лэ тэӈ хотон, тэӈ даи, тиас иргэн бичини.
281 Эси-лэ мэргэӈгулэ калта иниэ пулэмиэ эден ханчиани ек энэхэни.
282 Туй тара эси-лэ най вайла, уй най чокорчо, уй алха-да,
283 уй чавала хэм дяпами кап-кап такточими боячими.
284 Мэргэӈгулэ тава, тэй тава иваӈкини, туй тара морапсиӈкини:
285 «Сагдилбива салталикаимда, мапари манакимда, хан бэеди эуру, эден
бэеди эуру, – унди, – ичэгуивэ хони-да бивэси!»
286 Туй тара эси-лэ хай, мориниа, эй эм ини мораха, диая ини мори.
287 Туй тамиа, ундини:
288 «Эдэ-дэ, эдэдэпсиӈгуэ, элчиэ, ичэнэми-дэ ая хамача-да най.
Эсиэкэ мутэкэе, мутэкэе, эсиэкэ хайкаи, ундини, сагдаӈгохакаи,
сэ бакаи, элэ, элэ, – ундини. –
289 Хайми мэпэри ирасойчиа нелэ, ми бароива?»
290 Туй тара элчилэ ниэхэ, ундэ. Гогда элчиэ бичини.
291 Сандар-да иликани чомиачира, дурбиэчирэ тами вайси ичичини.
292 Ичэйчи, ичэйчи, ичэйчи, туй тами, дёкчи, хай дёкчи кэчэрэгухэйни,
ундини:
293 «Эден мапа, – унди, – вайси ичэ…, ичэйдии-кэ морини-ка чомиачими
чолчомиа-ка дайланиа ичу…, ичуриэ, – унди. –
294 Дурбиэчими дурулдикэ дайлани ичуриэ, – унди. –
295 Чава-ка ми-дэ мутэдемби», – унди. –

265 ▸32:01 ‖ 270 ▸32:29 ‖ 275 ▸33:09 ‖ 280 ▸33:47 ‖ 285 ▸34:27 ‖ 290 ▸35:18 ‖ 295 ▸35:58

264 Оттуда так идет, идет, идет *киргиан бучуэн* что [делает], [*мэргэн*] дошел до ровного-ровного места.

265 Потом говорит:

266 «Друг, *киргиан бучуэн*, ты теперь не засни, ты теперь не делай [так], а когда я хорошо посплю, разбудишь меня, ладно?»

267 «Ладно!» - говорит *киргиан бучуэн*.

268 Затем тот *мэргэн* спать лег, только спать лег, тут же уснул.

269 Когда поспал, проснулся.

270 Потом наверху, наверху [над ним] три утки кружатся. Бок у средней утки был пестрым.

271 «Ну, друг *мэргэн*, я по Амуру куда, вверх по Амуру летала, – говорит. –

272 До самого истока Амура, где река звенит на перекатах, где лодку сзади обтекает, до того самого места летала, снимая с себя [духа] *амбана*.

273 Не смогла, – говорит. –

274 А теперь вниз по Амуру полечу».

275 После этого теперь *пудин* улетела. Через некоторое время над ним три утки закружились.

276 «Друг *мэргэн*, мы следом за тобой полетим, – говорят, – вот так».

277 «Ну, летите, летите следом», – говорит.

278 Потом он проснулся.

279 После этого оттуда шел, шел, что сделал, до одного селения дошел, огибая длинные речные плесы.

280 Селение как город большое, многолюдное было.

281 *Мэргэн* полдня шел, пока до хозяина хана дошел.

282 Затем, теперь на берегу для костра ломают чью-то большую лодку, чью-то пеструю,

283 чью-то [лодку] взяв, топча ее, разбивая ее ногами, ломают.

284 *Мэргэн* развел огонь, огонь, потом закричал:

285 «Хан, бьющий стариков, убивающий дедов, сам выйди [на берег], хозяин, сам спустись [на берег], – говорит, – чтобы я посмотрел, какой ты есть!»

286 После этого теперь что [делает], кричит, один день кричал, на следующий день кричит.

287 Наконец [хозяин хан] говорит [своему слуге]:

288 «Как он долго [кричит], слуга, пойди, посмотри, что за человек. Он говорит, что я уже не смогу, не смогу, что я уже что сделаю, что состарился, уже, что уже в возраст такой вошел, – говорит. –

289 Зачем его сюда принесло ко мне?»

290 Вышел слуга. Высокий был слуга.

291 Стоит, выведывая, прищурившись, приставив руку козырьком, по берегу выглядывает.

292 Высматривает, высматривает, высматривает, наконец, к дому что [делая], повернувшись к дому, говорит:

293 «Хозяин старик, – говорит, – я смотрю, смотрю на берег. Если посмотреть, прищурившись, то кричащий человек, величиной с поползня, – говорит. –

294 А если посмотреть, приставив руку козырьком, то он как птичка *дурулдикэ*, – говорит. –

295 С ним и я могу справиться», – говорит.

296 Хай, энэнэ, туй тара эси-лэ мэргэӈгулэ:
297 «Уй, гэ, элчиэ, чиханиа эй дю…, эй дюлиэлэни-лэ бусэси биэсиси-кэ, – унди, – поавани».
298 Туй уӈкиси аба-ка осиадаси.
299 «Си ми дюлиэлэи бортиландаро, – унди тэй, тэй най. – Чихани, аяни. Хокориа хайду-да эсиэ. Хай-да долбо ини мори чадо».
300 Туй тара эси-лэ элчиӈгунилэ вайси эури.
301 Сиан туй сибарими, сибарими, сибарими эурини. Эури. Туй эумиэ, эумиэ, ундини:
302 «Ам ичэру, – уӈкини, – ми сиантолидоива, сиантолигоива улэн илисихариа!» – унди.
303 Туй тара эси-лэ:
304 «Ми симбиэ хони? Ичэдиивэ нучикукэ!»
305 Сиантои сибари, сибаричими сиантолахани, харалани хак.
306 «Энэнэ, энэнэ».
307 Хай тай. Туй тапи бэгдиди баӈсалини, чокилани чип.
308 Туй тара мэргэӈгулэ тэй элчичи энэхэни, дилидоани дяпахани, туй тара ундини:
309 «Элчи, эси, хай, дёкчи аксон павалани чул игудечи.
310 Игупи-тэни тэй эден дилиани калтарам тойкодячи.
311 Тойкогой уӈгэси-тэни, – унди, – уӈгэси-тэни, – унди. –
312 ‘Эси-мэ тэмэчэ бакаим-да, будэем мапа’.
313 Туй тара эденчи, эденчи туй тара туй уми будечи», – унди.
314 Туй тара эси-лэ хайва моӈгомбани моктора морихани.
315 Морира эси-лэ ваядиади-ла мэргэӈгулэ ундини:
316 «Амичони холхаси, – унди. –
317 Эй элчиэ эвэӈкимбэси эӈгэи, эхэ эвэӈкимбэси адада», – унди.
318 Туй тами наӈгалогохани дилиани, тэй дилини аксон павалани луктурэм игухэни.
319 Игуми мапа диливани калтарам тойкохани.
320 Мапа талгиалани насални нёйган турухэни.
321 «Эдэдэ, элчиэ!
322 Делэ эндуэчиуриэ, – унди, – эдэдэ хай-да тэй, ная вахим-да, хай таимда?»
323 «Мапа, – уӈкини, – ми-лэ би ялоӈга ная ялогикаимда, удэ ная учуӈгикэимдэ, голо ная гохондакимда.
324 Эси-лэ будиси, туриси, эринси исихани, – унди. –
325 Ми-дэ эй дюлиэлэни амба эгди ная хосаликаи, – унди. –
326 Эй-мэ бивэкэ аба. Си эси пэргиси-гуэни, будечимэ».
327 Туй уми буйкини.
328 «Анана, адада, наӈгалосу, – ундэ, – купчу бароани наӈгалосу!»
329 Уй-гдэл наӈгалаха-ос, мапачаӈгола таваӈкила ниэхэ, ундэ. Ага. Ниэхэ.
330 «Дилии кайрама!»

300 ▸ 36:33 ‖ 305 ▸ 37:01 ‖ 310 ▸ 37:32 ‖ 315 ▸ 38:03 ‖ 320 ▸ 38:29 ‖ 325 ▸ 38:57 ‖ 330 ▸ 39:21 ‖

296 Ну что, ой-ой-ой, после этого теперь *мэргэн* [говорит]:
297 «Кто, ну, слуга, перестань, раньше, раньше срока [не хвастай], не справишься, – говорит, – не будешь жить.
298 Некоторые слова, что ты сказал, пустыми не останутся».
299 «Ты раньше меня навсегда прочь уйдешь [умрешь]», – говорит тот человек [слуга]. – Ладно, хватит. Везде [слышен] крик такой, надоело. Ночью и днем кричит».
300 Теперь вышел на берег [другой] слуга.
301 Ушами закрученными шевеля, шевеля, шевеля, спускается. Спускается. Так спускаясь, спускаясь, говорит:
302 «Послушай, – сказал, – я буду тебя сейчас бить кулаком, и когда буду бить, стой хорошо!» – говорит.
303 После этого:
304 «Я тебе как? Смотрю, ты маленький!»
305 Засучив, засучив рукава, [слуга] кулаком замахнулся, в плече вывернулась рука [слуги].
306 «Больно, больно».
307 Что делает! После этого [слуга] ногой пнул, в бедре вывернулась его [слуги] нога.
308 Потом *мэргэн* к этому слуге подошел и за голову его схватил, затем говорит:
309 «Слуга, теперь что [будет], ты в дом, в окно у входа прямо залетишь.
310 Когда залетишь, попадешь прямо в голову хозяина и разобьешь ее,
311 Когда разобьешь, скажешь, – говорит, – скажешь, – говорит, –
312 ‘Только сейчас такого [богатыря] встретил, умираю, старик’.
313 После этого хозяину, хозяину так сделав, так сказав, умрешь», – говорит.
314 Теперь ему шею свернул и кричит.
315 Крича с берега, *мэргэн* говорит:
316 «Проклятье, паршивец, – говорит. –
317 Не хочу слугу, которого ты [ко мне] отправил, дурака отправил, грязно [от его крови]», – говорит.
318 Потом он бросил голову [слуги], и та голова насквозь окно у входа [в дом, пробив] влетела.
319 Влетев, попала прямо в голову этого старика.
320 Перед стариком та голова с синими глазами остановилась.
321 «Ну и ну, вот какой слуга!
322 Зачем так безобразничать, – говорит, – даже если убил человека или что-то еще сделал?»
323 «Старик, – сказала [голова слуги], – я людей везде обходил, им в тех местах досаждал, всякие народы побеждал.
324 Теперь твое время настало умирать и падать, – говорит. –
325 Я тоже перед этим немало людей уничтожил [букв., расцарапал], – говорит.–
326 Я таким [как сейчас] ни разу не был. Ты теперь будешь наказан и умрешь».
327 Так сказал и умер.
328 «Ой-ой-ой, грязно [от его крови], выбросьте, – говорит старик, – на мусорную кучу выкиньте!»
329 Кто-то выкинул [голову слуги], и старик вышел на улицу. Ага. Вышел.
330 «Жалко [мне] моей [пораненной] головы!»

331 Ниэхэни, капсахани-гоани кайрами.
332 Туй тара эси-лэ ниэрэ, ниэрэ, уӈкини:
333 «Хаяди-да хай-да маӈгани исиндами-да, хаям-да хай-да хахани исими-да, […] наондёандоива исиндами-да ая, исими.
334 Эси, саӈкачи сагдаӈгохамби, мэгдекэчи мукчурэӈгухэмби», – унди.
335 Гэ, туй дяӈгиарами эурини.
336 Эси-лэ мэргэӈгулэ тэй эуринивэ дяпанахани. Туй дяпаналамари соричи.
337 Эси-лэ хамача пуксилэгухэчи осини, хурэн осигой, хамача пуксилэгухэ, нэдэн на осигора, нэдэн на осигора, хурэн на осигора.
338 Тайдиани сори, сорипсиӈкичи.
339 Туй соримиа, туй соримиа. Ага, туй тара эси-лэ, гэ, тэй мапачан ундини-гуэни:
340 «Гэ, эси-кэ тэрэк най!» – ундини.
341 Най-ка найди сори.
342 Дяпами, дякпон пасиди мэргэн дяпака тэй мапава наӈгалини-гоа.
343 Дякпон дяпами дякпон пасиди, хуюн хукчуми дяпами хуюн пасиди, туй туӈгдэгуйдиэни.
344 Мапаӈгонила дюп-дюп кичиокта илигойни. Ага.
345 Туй тара ундини-гуэ:
346 «Гэ, эй-кэ най-ка най! – ундини. – Эй-кэ мэргэн-кэ, мэргэн!»
347 Туй такар-р ундини:
348 «Най, ми найди, найди хоня сори-да аба, – унди. – Эй-мэ, эй-мэ эчиэ, дякпон дяпами пасиди, надан, надан пасиди, хуюн, хуюн пасида тундэгуми найди эчиэ сориа», – унди.
349 Эси-лэ мэргэн туй соримиа, соримиа, уелэни киак тай, киак тай ичэгухэни. Ага, хай?
350 «Анда мэргэн, – уӈкини, – […] эй маӈбова, маӈбо дачиани ек пулсихэ, пулсихэмби, – ундини, – амбамби ачопочими маня.
351 Эси амбан-да ана, ганин-да ана очого, очогокаи, – унди. –
352 Эй мапачан эргэмбэни-тэни хони-хони гэлэгуми чилахамби, – унди. –
353 Надиа, боадиа, доркимба хэм гэлэгукэи, – унди. – Аба», – унди.
354 Гэ, эси-лэ мэргэӈгулэ ундини:
355 «Эпэ дака, эденэ чинду ми ниэндэгуивэ то таоси».
356 «Гэ, гэ, гэ, тэй ми сориори-ма тэй-кэ сориори-гоани ая».
357 Эси-лэ наондёкаӈгола ниэндэхэ, то таоси ниэндэхэни.
358 Дёан чумчуэмби-лэ хэм мокто-мокто сэкпэчихэни эй ӈалаи чумчуэмбэни, туй тара топиӈгохани.
359 Туй тара эси-лэ чиэчи чадо, амчи, тайдоани-ла хэм аба ӈалаи [чумчуэни].
360 Туй тамиа тэй чумчуэни дидюхэчи. Эмун.
361 Эй чупук, тэй чупук дидюй, ундэ, чумчуэсэл.
362 Эй аӈгиа калта гайкоани нету. Хайхани эй? Хао энэхэни эй?

331 ▸39:22 ‖ 335 ▸39:45 ‖ 340 ▸40:21 ‖ 345 ▸40:44 ‖ 350 ▸41:22 ‖ 355 ▸41:57 ‖ 360 ▸42:31 ‖

331 Вышел на улицу. Перевязал, конечно, свою голову, жалея [себя].

332 Потом, выйдя, выйдя на улицу, сказал:

333 «Какой бы сильный ни пришел, какой бы храбрый ни пришел, […], когда я был молодой надо было приходить, приходить.

334 А теперь я сильно состарился, как вешала состарился, как обрыв согнулся», – говорит.

335 Так говоря, он спускается на берег.

336 *Мэргэн* того спускающегося, подойдя, схватил. Как только схватились, тут же стали драться.

337 Там, где ногой отталкивались, появлялась сопка, а как еще отталкивались ногой, ровное место появлялось, ровные места появлялись и сопки появлялись.

338 Так делая, дрались, дрались.

339 Так дерутся, так дерутся. Ага, после этого вот тот старик говорит:

340 «Вот теперь ты такой человек, как нужно!» – говорит.

341 Человек с человеком дерется.

342 Схватив, на восемь частей [разрывая старика], мэргэн схватив того старика, раскидывает.

343 Восемь [раз] схватив, на восемь частей, девять [раз] набросившись и схатив, на девять частей [старика разрывает], чтобы так [куски его тела] падали.

344 Старик все [куски своего тела] вместе собирает и встает. Ага.

345 После этого [старик] говорит:

346 «Вот это человек так человек! – говорит. – Вот это *мэргэн* так *мэргэн*!»

347 Так, дрожа, говорит:

348 С людьми, я с людьми, с людьми я так не дрался, – говорит. – Такого, такого не было, чтобы восемь [раз] схватив, на куски, на семь, на семь кусков, на девять, на девять частей [разорвав] бросать; я с людьми так не дрался».

349 *Мэргэн* дерется, дерется, а над ним послышался звук *киак*, он посмотрел наверх. Ага, что это?

350 «Друг *мэргэн*, – сказала [птица], – [...] я по Амуру до самого устья Амура летала, летала, – говорит, – освобождаясь от [духа] *амбана*.

351 Теперь ни [духа] *амбана*, ни [духа] *ганина* нет, – говорит. –

352 А *эргэн* [душу-жизнь] этого старика сколько ни искала, не могла найти, – говорит. –

353 По земле, по небу, по [подземному миру] *доркину*, везде искала, – говорит. – [Нигде] нет, – говорит».

354 Теперь *мэргэн* говорит [противнику]:

355 «Почтенный, подожди, отпусти, я схожу по нужде вон туда».

356 «Да, да, да, как мы деремся, вот так и надо драться».

357 Теперь *мэргэн* ушел [с места сражения], вон туда ушел.

358 Все десять пальцев своих откусил, на руках пальцы, и потом выплюнул их.

359 Потом стал мочиться там и опорожняться, и пока он это делал, все его пальцы исчезли.

360 Через некоторое время все пальцы вернулись. Один [только не вернулся].

361 Этот [палец] встал на свое место, тот встал на свое место, [все] пальцы.

362 Только на правой стороне мизинца нет. Куда он делся? Куда ушел?

363 Халачихани хэи ичэдихэндэ аба, соли ичэдихэндэ аба.
364 Туй тамиа эси-лэ хайгойдой, туй тара мэргэӈгулэ гучи сориндагохани.
365 Сорипиа, хайгохани, ичэгухэни, иргэн хэдиэ дуэдиэлэни дидэ, мукчуэл бомбо, мукчуэл бомбо дидюэ, ундэ. Эй хай дяка эй?
366 «Эпэ дака, чиндо!»
367 Илхимби пэтэрэм энэйдиэни пачи сиантолахани.
368 Мэнэ илхимби мэнэ-дэ. Ну, илхиндуэни сэксэ хэелухэ.
369 Туй тара сэксэди топиӈкини-гоа, сэксэку.
370 «Эпэ дака, мии мэпи пуегдэӈгуивэ. Си ичэчи ми сэксэди топичилоха».
371 «Гэ, ам ичэру, байби уликсэвэ вари, бэюн соӈгойдиани бэел … бэелбихэндуи, баячими, элгиэчими балдигилаха.
372 Бай би эргэмби ирахаси-гоани тэй.
373 Хай-да хоно! Туй-кэ си-кэ тэӈ, тэӈ-тэни ми полоива эркивэ будиси, хони ачи!»
374 Чиндаха. То таоси энэхэ.
375 Эси-лэ гайкоани дидюхэни-гуэ мэнэ гайкон, гайкон дюпук дидюхэни-гуэ.
376 Тэй эм сэлэмэ укурбэ гадёхани.
377 Чадола эм, эм чаола долани, эм гэлгиэ би омокта,
эм пакал-пакал би омокта. Хай, дюэр пакал-пакал би омокта.
378 Туй тара эси-лэ мэргэӈгулэ ундини, тэй чаолба дяпаха ундини:
379 «Эси-кэ най сагдилбани салталикаимда, най мапари манахаимда, турии, будии.
380 Эргэнси дуэни исихани», – унди.
381 «Топай, ам, хаоси энэйси? Баячими, элгиэчими, балдигихалами бичи, пуегдугилидуй, мимбиэ пуегдугили»
382 «Хаоси пуегдугили? Ми отолиасимби», – ундини.
383 Туй тами, мэргэӈгулэ – ха-ха-ха-ха-ха – инэктэлухэни.
384 «Эпэ дака, ичу, тэй таӈго элчи, таӈго гиактамди,
гиактамди кэкэчэн биури туй бигуэни, – ундини. –
385 Ичэчи эй хамача? Хавой кэкэ, хавой эхэ асиламачимари эйвэ, эйвэ баваӈкичи, бахачи эй чаолтомба».
386 Гэ, дилиани пэйси бэгдиэни уйси ланда ланда тай, ичучини:
387 «Ам ичэру, – уӈкини, – тамача найва холгими вари бусиэу, – ундини. –
388 Чава хай-да мэнэ сагдиниду буру, ундэ, – ундини,
– тэй, тэмэчвэ, мэнэ, хай».
389 «Эпэ дака, ми си варидоаси будэй-дэ эмуту, эй вари-да будэй-дэ эмуту.
390 Ми эй, ми боӈгодо эйвэ вагоива».
391 Ӈалавани содё татахани, мапа ӈалани содё чала тундэгухэни.
То таоси тунэгухэни.
392 «Эпэ дака, гэ, хони тайси?»
393 «Ам ичэру, ми тэмэчвэ-дэ ичэпи, туй амдорамби», – унди.
394 Ээ тая ӈалавани содёрам тадораха наӈгалаха. Содё, бэгдиэни содё татаха.

363 ▸42:45 ‖ 365 ▸42:56 ‖ 370 ▸43:21 ‖ 375 ▸43:59 ‖ 380 ▸44:44 ‖ 385 ▸45:16 ‖ 390 ▸45:54 ‖

363 Подождал, вниз по течению реки посмотрит, нет, вверх по течению реки посмотрит, нет.

364 Наконец, что было дальше, после этого *мэргэн* опять пошел драться.

365 Когда он дрался, что произошло, он увидел, что с нижнего конца селения возвращается [его палец], то опускаясь, то поднимаясь, то опускаясь, то поднимаясь, его палец возвращается. Это что такое?

366 «Почтенный, отпусти!»

367 По деснам себя ударил кулаком так, что кровь пошла.

368 Свои десны сам [себе разбил]. Ну, из десен кровь потекла.

369 Он плюнул кровью.

370 «Почтенный, давай отдохну, полечу свои раны. Ты видишь, я кровью стал плеваться».

371 «Ну, вот, видишь, ты понапрасну [пришел драться, лучше бы] зверей убивал, так что звери плакали бы, ты [такой молодой] только в тело вошел, и в богатстве и в довольстве ты жил бы.

372 Зря ты сюда свою [душу-жизнь] *эргэн* принес.

373 Как скверно! Ты умираешь, когда я только-только разогрелся, нельзя так».

374 Отпустил его. [*Мэргэн*] вон туда пошел.

375 Теперь мизинец вернулся, сам мизинец, мизинец на свое место вернулся.

376 Он [мизинец] железную сетку принес.

377 Внутри нее *чаоло*, одно прозрачное яйцо и одно черное, нет, два черных яйца.

378 После этого *мэргэн* говорит, взяв *чаоло*, говорит:

379 «Теперь ты, хан, бьющий стариков, убивающий дедов, упадешь, умрешь.

380 Теперь конец пришел твоему *эргэну* [твоей жизни]», – говорит.

381 «Тьфу, дорогой, куда ты идешь [что ты делаешь]? В богатстве и довольстве жил бы, и теперь взял бы передышку, чтобы полечить раны, и мне дал бы отдых, чтобы [я мог] раны залечить».

382 «Зачем брать передышку? Я не понимаю», – говорит.

383 *Мэргэн* – ха-ха-ха-ха-ха – стал смеяться.

384 «Почтенный, смотри, [хоть и] живешь со ста слугами, посыльными, посыльными и рабынями, а такое [с тобой] случается, – говорит. –

385 Видишь, что это такое? Какой раб, какой негодяй блудил с женщинами, что такое, такое родилось, что такое *чаоло* родили».

386 Взял [зародыш из яйца *чаоло*] головой вниз, ногами вверх и показывает [старику].

387 «Знаешь, – сказал [старик], – это [злой дух] *бусиэ*, убивающий человека, засушивая его, – говорит. –

388 Это такая вещь, что надо отдавать старикам, – говорит, – такое».

389 «Почтенный, мне все равно, умру ли я от того, что ты меня убьешь, или умру, если этот [предмет] сейчас меня убьет.

390 Я это, я сначала вот это убью».

391 Руку [у зародыша *чаоло*] выдернул, и у старика рука выдернулась и упала. Туда подальше упала.

392 «Почтенный, ну что же ты делаешь?»

393 «Послушай, когда я такое вижу, то повторяю», – говорит.

394 С той и с этой стороны руки [у зародыша *чаоло*] повыдергивал и выкинул. Выдернул, и ноги выдернул.

395 «Эпэ дака, хони тахаси?»

396 Чадо-мат мапачаӈгола эе-тая насалдоалани тэмбулиэк тэмбулиэк, туй тайни, соӈголахани.

397 «Ам ичэру, энимбэси вари-да, эчиэ туй сиӈгэрэми вараи, амимбаси вари-да эчиэ туй сиӈгэрэми вараи.

398 Вари осини, варо тургэнди».

399 Туй ундилэни моӈгомбани мокторам морколахани, ваха.

400 Эси-лэ таваӈкила торини. Дуйси тоха.

401 Тулиэвэ исиха, тулиэвэ исидоани мамачаӈгола, ундэ, мэргэн ачапчи ниэхэни, сэлэмэ молди дарамадой дяикачими ниэхэ.

402 «Эпэ, ам ичэру, эм одёгоива дидюру-тэни!»

403 Одёгоани буридуэни тэй молдиндии пачилайчини.

404 Тэй молдимбани уйлэ тэк дяпахани. Дяпара дэрэгбэчи дилидиани пакалахани.

405 Маӈбо токондоани тундэгуйдиэни дилини.

406 Туй тара эси-лэ тэй хайри эм пакал-пакал би омоктава агбимбогохани. Агбимбоха, тэй хэпэрэмсэ энэгухэ.

407 Омоктаду тэй мамачан эргэни бичини. Вахани.

408 Туй тара таваӈкила туй энэми, туй тапи ихэни.

409 Тэй мапа эден хан дёӈни дуелэни, эм даи дё бичини, чала ихэни.

410 Иридоани, иривэни ачапчила мало кэркэчэдуэнилэ эм тэни бэегуй барии арчокан тэси, ундэ. Тэси, тэсихэни.

411 Тэй эй дякпадоанила эм пудин бичин, хай, гогда [...] пэедуэни сакси бэгдиктэку пудин бичин.

412 Иридиэни гэсэ мэргэн бароани сэлу нелу аякталахачи, ундэ. Аякталахачи.

413 «Анда пудин, масило, гэ, ая. Аякталахам ми полоаӈгой тагоива».

414 «Гэ, вари осини варо. Суи осини суиру», – унди.

415 Мэргэӈгулэ тэй, хай, дяпами, хай туӈгэндуилэ агбимбохани тэй хайва эм омоктава. Пакал-пакал би омокта.

416 Туй тара дэрэгбэчэ чипирам энэйдиэни тактолахани.

417 Тэй пудин чаду буди-гуэни.

418 Кэчэригухэни, кэчэригухэни тэй хайчи, тэй арчоканчи. Тэй гэлгиэ омоктава агбимбохани:

419 «Анда пудин, ичэру, – уӈкини, – эйвэ. Ми будии будечиэ, ми турии тудечиэ», – унди.

420 Тэй гэлгиэ, гэлгиэ-дэ би омокта хай чуӈнурэм луӈбэхэни.

421 Туй тара эси-лэ таваӈкила баргилоха.

422 Хэи суӈгурэ, соли суӈгурэ ихомба суӈгурэ, най, най хэм […] баргилоха, таваӈки энэгуй.

423 Туй тамиа эси-лэ уелэ тэй, уелэни киак-киак-киак тай.

424 Уйси ичэ тахани, тэй долиндолани […] гасала хай дякпачиани тундэгухэни-дэ.

425 Тэй амбариа асини, амии толкинду бахани асини.

426 Гэ, эси-мэ эдии, аминду толкинду баха эдии та соӈгомачимари баогоха.

427 Туй тара эси-лэ, соӈгомачимари баогоха.

428 Тэй, тэй дюэр пудин, гиамата пудин мэргэнди эдилэгухэ. Ага.

395 ▸46:23 ‖ 400 ▸46:46 ‖ 405 ▸47:15 ‖ 410 ▸47:33 ‖ 415 ▸48:31 ‖ 420 ▸49:06 ‖ 425 ▸49:40 ‖

395 «Почтенный, что ты делаешь?»
396 Только после этого у старика из обоих глаз слезы потекли, заплакал.
397 «Знаешь, когда я мать твою убивал, не убивал ее, так мучая. Когда отца твоего убивал, не убивал, так мучая.
398 Хочешь убить, убивай быстрее».
399 Как только так сказал, [*мэргэн*] шею [зародышу *чаоло*] свернул и оторвал [ему голову, так] убил [старика].
400 Теперь дальше поднимается [к дому]. В сторону леса поднялся.
401 Когда во двор зашел, навстречу вышла старушка,
железную палку за спиной пряча.
402 «Дорогой, – говорит, – подойди ко мне, поцелую!»
403 Как только он дал себя поцеловать, она хотела этой палкой его ударить.
404 Палку эту наверху поймал. Взяв эту палку, по голове [старушки ударил] как по мячу.
405 До середины Амура [долетела и там] опустилась ее голова.
406 Затем что делает, черное яйцо вытащил. Вытащил и раздавил его.
407 В том яйце была [дуща-жизнь] *эргэн* этой старушки. Убил.
408 После этого так идет, потом вошел [в дом].
409 За домом старика, хозяина-хана ближе к лесу был [еще] один большой дом, он туда зашел.
410 Когда он туда заходил, напротив него на конце кана *мало* сидела молодая девушка. Сидела, сидела.
411 Рядом с ней *пудин* была, какая, высокая […] на лбу звездочка как сорочья лапка.
412 Как только он вошел, [она подошла] к *мэргэну*, то краснея, то бледнея, [так] рассердилась.
413 «Друг *пудин*, – говорит, – продолжай сердиться. Я [сам] сердитый, я еще не остыл, сразу буду делать [убивать вас]».
414 «Хочешь убить, убивай. Хочешь мучить, мучай», – говорит.
415 *Мэргэн* что, что он взял, он из-за пазухи вытащил яйцо.
Черное было яйцо.
416 Потом наступил на него, раздавил его ногами.
417 Та *пудин* там умерла.
418 Повернулся, повернулся к кому, к той девочке. Прозрачное яйцо вытащил.
419 «Друг *пудин*, – сказал, – посмотри на это. Я умру, ты умрешь, я упаду,
ты упадешь».
420 То прозрачное, прозрачное яйцо целиком проглотил.
421 Потом начал готовиться.
422 Повсюду ниже по реке и повсюду выше по реке все селения, люди, все люди […] начали готовиться, чтобы оттуда переселяться.
423 Через некоторое время сверху, сверху крик *киак-киак-киак* [послышался].
424 Вверх взглянул, и тут утка рядом с ним опустилась.
425 Это была его жена *амбан*, на которой он женился во сне.
426 Теперь с мужем своим, найденным в сновидениях, плача, она встретилась.
427 После этого, плача, они встретились.
428 Те, те две невесты [которые прилипали к гробу, тоже] вышли замуж за *мэргэна*. Ага.

429 Туй тамиа бэктэ биди гэсэ тэй хурэн порондоани балди Хуӈне пудин, тэй дю порондоани балди Дюӈне пудин, и хоӈко порондоани балди Хоӈня пудин исиндаха.

430 Эси-лэ туй таха, эси тэй нёани асинани очогоха.

431 Хоня аси эгди! Эгди!

432 Туй тара таваӈкила энэми, таваӈкила туй эси-лэ ная хэм […] хэи суӈгурэ, соли суӈгурэ далигоми гадёйни.

433 Таваӈки иргэмбэ далигоми туй дидюмиэ, дидюмиэ асии боалани исигоха, тэй амба аси боалани исигоха.

434 Тоилани хаха. Тои, мэргэн торидоани тэй хай, мэргэн тоичами чилахани-гоа.

435 Хамаси кэчэрэгуй ичэгуми, тэй амба асини бичин, тэй дюэр пудин, тэй дюэр гиамата пудин насал нёйга дяпа … дяпалачила, ундэ. Хай, асичи мэдэсини:

436 «Хай, хай ми ториива осисиси?»

437 «Анда мэргэн, эси тэй тэй, дёгдиади, амбан ганин алдандой, алдандой силан ачогохандой хандами торагойгоси, […] ториси», – унди.

438 «Эй киргиа бучуэн ирагой бунчи».

439 «Аба, синди гэсэ энэгини, синду бигини», – унди.

440 Гэ, таваӈки-ла тэй дюэр пудин асинаи хэсэлэни мэргэн вайси эугухэ, таваӈки сусугухэни. Сусугухэ.

441 Таваӈки туй дидюй, туй дидюмиэ, дидюмиэ, тэй хурэмбэ, хай, дюгбэ исигоха. Тэй иргэӈку. Чава гадёй.

442 Дюгбэ исигоха, Дюӈне пудин иргэмбэни чава гадёй.

443 Хоӈко исигоха, Хоӈни пудин тэйес иргэӈку таваӈки чава гадёй.

444 Туй дидюмиэ, дидюмиэ, тэй эмдиэнэ тэй гиамата гиамата пукчухэм, иргэмбэ исигоха,

445 Чадо тэй гиамата най панёгоани тэвухэ.

446 Эрдэӈгэ бахачи-гоа уюн дидюхэ.

447 Ага, ну, таваӈки туй далигоми дидюми, дидюми тэй эмдиӈгэ гиамата, гиамата пудин исигоха.

448 Тэйес, тэйес панёгоани най тэвухэ.

449 Туй тара эсилэ дёкчии боачии исигохани.

450 Хэрэ, асини-тани, деӈни дё-ну, тулиэни тулиэ-ну?

451 Най эдии бурпуэндэ дайчами, хайрани-тани, дилини чарбар сагдаӈгохани.

452 Гэ, соӈгоми-маня тэй нуктэни чараӈгохани-гоани.

453 Тотара эди, эдини асила-да балдихамари аси тасок баогоха.

454 Дёгбила дэрэгбэчэ баӈсали-гоани, тэ дуелэни дуин да дё, хай, дёан да дё осогопи, хуюн да хурбу осогойдиани баӈсалагоха.

455 Туй такам тутулухэни.

456 Хэи суӈгурэ, соли суӈгурэ, дуе калтани дуэнтэ долани, вая калта муэ чиактан долани, маӈгбо хайвани, олгомани холими, иргэмбэ тэвуми.

457 Хэи суӈгурэ, соли суӈгурэ багиа калтадиади иргэсэлбэ тэвуэӈки.

458 Туй тара туй бини-гуэ, туй би, баячими, элгиэчими.

459 Туэ осими, уликсэвэ парпиапим покториди эурэ.

460 Дёа осини, хай, чопалчо согдата вари.

461 Туй баячимари, элгиэчимэри туй би. Элэни.

430 ▸ 50:20 ‖ 435 ▸ 51:06 ‖ 440 ▸ 51:46 ‖ 445 ▸ 52:30 ‖ 450 ▸ 52:56 ‖ 455 ▸ 53:39 ‖ 460 ▸ 54:09 ‖

429 Наконец, живущая на вершине горы Хонгни пудин и на хребте живущая Дюнгне пудин, на утесе живущая Хонгниа пудин прибыли.
430 Теперь так сделалось, теперь они стали его женами.
431 Как много у него жен теперь! Много!
432 После этого оттуда идет, оттуда так теперь всех людей […] отовсюду с мест ниже по реке и отовсюду с мест выше по реке переселяет, уводит.
433 Когда оттуда [жителей] селения переселяя, возвращался, дошел до места, где его жена жила, дошел до места, где его амбан жена жила.
434 К берегу причалил. С берега, мэргэн по берегу что [делает], поднимается к дому и никак подняться не может.
435 Обернулся назад, видит, его жена амбан и те две пудины, глазами своими сверкающими держат, держат его. У жен спрашивает:
436 «Почему, почему не хотите, чтобы я [в дом] поднялся?»
437 «Друг мэргэн, ты зачем в тот, в тот дом поднимаешься, когда еле-еле [тебя удалось] освободить от [духов] амбана и ганина [нападавших на тебя в этом доме] […], зачем поднимаешься», – говорят.
438 «Чтобы [идола] киргиан бучуэна отнести к вам».
439 «Нет, пусть с тобой вместе идет, пусть с тобой будет».
440 Ну, оттуда, по словам тех двух пудин, своих жен мэргэн вниз спустился, оттуда дальше отправился в путь. Отправился.
441 Оттуда возвращается, так шел, шел, до хребта дошел. Там село, [жителей] его [тоже] уводит.
442 До хребта дошел, и [жителей] селения Дюнгне пудин уводит.
443 До утеса дошли, у Хонгни пудин тоже селение, и его [жителей] тоже уводит.
444 Так шел, шел, дошел до того селения, где утащили невесту,
445 а там люди сделали панё [куклу для поминания] невесты.
446 Интересно стало им, [что невеста] живая вернулась.
447 Оттуда так уводя, возвращались до селения другой невесты дошли.
448 И ей панё сделали.
449 Только потом дошли до своего места, до своего дома.
450 Ох, жена, дом – дом ли? Двор – двор ли?
451 От горя по умершему мужу, голова у нее побелела, состарилась она.
452 От постоянного плача, волосы побелели.
453 Потом муж, знавший ее, свою жену с рождения, плача ее встретил.
454 Дом свой как пнет, в стороне ближе к лесу появился четырехсаженный дом, нет, десятисаженный дом появился, и девятисаженная хижина появилась, так он пнул.
455 После этого побежал.
456 Повсюду ниже по течению вдоль выше по течению вдоль реки, и в стороне ближе к лесу, и на берегу у самой воды, у реки, за деревьями и везде поставил селения.
457 Повсюду ниже по течению вдоль выше по течению вдоль реки и напротив, на другом берегу поставил селения.
458 Так он живет в богатстве, в довольстве.
459 Если зима, свежее мясо домой по своей [охотничьей] тропе ходя, приносит.
460 Если лето, то, как ее, живую рыбу ловит.
461 Так в богатстве и довольстве так живут. Все.

Морин пиктэни

1 Эм дёгду эм морин бичини-гоа. Да?

2 Эм морин бимиэ, тэй-тэни пиктэни эм наонёкан, нучику наондёкан.

3 Кэту нучи-дэ биэси, энини молоковани омини. Вот так и живут.

4 Туй балдини, туй балди, бимиэ, бимиэ.

5 Эм модан-тани вайпа пулси, тулиэ пулси. Нёани пулси, хэм туй пулсими туй тара ичэхэни,

6 ага, хэдиэди маӈбо солопчи дидэйни даи огда.

7 Эмдиэдиэни нюӈгуйӈгу нюӈгун гара гара-да, халкина дидэйни.

8 Ну, туй тара чочагохани-гоани. Эедиэ, энинчи чочагохани.

9 Энимби салгачиани игурэ чаду би.

10 Тотапиа най чала тоилачи хаха, эм мэргэн тохани.

11 Улэн мэргэн ичэйни.

12 Игуйни, хэм дё долани чистый, хорошо. Сактан коӈгорокто, най аори хадён-да би.

13 Хамача-да чадоани чисто. Энюэ муэни субдуйгэ туй. Ну, хай ичэйни най-да аба, хай-да аба.

14 Эуси ичэйни, таоси ичэди, туй тами ичэйни бэсэр пэгиэлэни эм морин би.

15 Тэй салгадоани эм наондёкан би.

16 Ну, морин-тани туй ичэдими-тэни дилии эурирэ ундини-гуэ:

17 «Хандахаси?» – ундини-гуэ.

18 «Энэе, – ундини. – Эй маӈбо солиачини, эм, хай, иргэнду най мэлдекучиэни энэе, – унди. –

19 Ну, энэи, эси пиктэвэси гэлэндэхэмби, – унди, – диагой».

20 «Гэ, чихали осини, олбиндо!

21 Только хаӈсила уӈкимбэси-дэ садямби, оркила тахамбаси-да садямби, туй-лэ тахамбаси-да садямби, – унди. –

22 Тэӈ улэн олбиачиру!» – унди.

23 Гэ, эси-тэни наондёкан баргичихани, тэй морин хаял-хаял хай баргичини тэтуэкэмбэ тэтухэни, туй тэтухэни.

24 Эм тукуру молоковани бухэ тэй морин.

25 Эухэ тэй мэргэнди гэсэ эм тэй дёма биe ята, тэй аӈгохани огдаду, чадо аорини.

26 Гэсэ эм, эм дямпани, гэсэ-гэсэ аори, тэй аоми туй энухэни.

27 Туй энэй, энэй, эни-дэ горо элкэни-гуэни эничи.

28 Хони энэхэ-ус, хони энэхэ-ус, туй тами ундини:

29 «Сиаори-да аолими-да дэрухэни-гуэ. Э, агам-да, хали исиори туй энэми. Хали?

30 Най сиарин-да аба, гиолини сиарини исиаси. Ну, что делать?

31 Гэ, эси-тэни хайри, – ундини, – эй эм боаду аоӈгидой хайор-да саваси».

32 Аӈгии унди:

33 «Си-лэ мутэси-ну, – унди, – лэкэ, бури биe. Хони си мутэйси мутэсиси! – унди. – Ачаси!» – унди.

1 ▸00:00 ‖ 5 ▸0:20 ‖ 10 ▸0:57 ‖ 15 ▸1:31 ‖ 20 ▸2:06 ‖ 25 ▸2:38 ‖ 30 ▸3:18 ‖

Сын лошади

1 В одном доме живет одна лошадь. Да?

2 Ребенок у нее маленький мальчик.

3 Не такой уж маленький, но сосет молоко у своей матери. Вот так и живут.

4 Так жили, так жили, живут, живут.

5 Однажды он ходит по двору, по берегу. Он ходит, везде так ходит и видит,

6 ага, вверх против течения плывет большая лодка.

7 С одной стороны шестьдесят шесть весел, [такая большая] лодка плывет.

8 Ну, он убежал. Оттуда к матери убежал.

9 Между ног матери встал и стоит.

10 Тут люди к их берегу пристали, мэргэн поднялся.

11 [Мальчик] смотрит, хороший *мэргэн*.

12 [*Мэргэн*] входит в дом, внутри все чисто, хорошо. Циновки расстелены. И вещи спальные есть.

13 Везде все чисто. Вода в котле кипит. Вокруг, как ни смотришь, людей нет, никого нет.

14 Сюда смотрит, туда смотрит, и тут увидел, у лавки *бэсэрэ* одна лошадь стоит.

15 Под ногами у нее один мальчик.

16 Ну, лошадь, смотря на него, подняла голову и говорит:

17 «Зачем пришел?» – говорит.

18 «Еду, – говорит, – выше по реке есть одно, как его, селение, там соревнования будут, – говорит. –

19 Ну, еду, а теперь пришел просить твоего сына себе в друзья».

20 «Ладно, если хочешь, возьми с собой!

21 Только чуть плохо скажешь на него, узнаю, чуть что плохое сделаешь ему, тоже узнаю, – говорит. –

22 Только по-хорошему с ним обходись!» – говорит.

23 Теперь мальчик собирается [в дорогу], и лошадь кое-что собирает, он одежду надел, так оделся.

24 Одну бутылку молока дала та лошадь.

25 Спустились вместе с *мэргэном* туда, к лодке, где навес-кубрик величиной с дом, сделанный там, внутри лодки, там спали.

26 Вместе под одним, одним накомарником спали, так они спали и ехали.

27 Так плывут, плывут, далеко плывут, медленно, конечно, плывут.

28 Как плыли, как плыли? Говорит [мальчик]:

29 «Еда уже стала кончаться. Когда приедем, если так будем плыть? Когда?

30 Для людей еды не хватает, для гребцов еды не хватает. Ну, что делать?

31 Когда будем в одном месте ночевать? Может быть, – говорит, – [к берегу] пристанем [чтобы поохотиться]?»

32 Брат [*мэргэн*] говорит.

33 «Ты сможешь ли, – говорит, – лук и стрелы есть. Ты не сможешь! – говорит. – Нельзя!» – говорит.

34 Ну, туй тами бэени-дэ даинагохани, моринду бичин биэ, эси даи.
Бэени амба даи осихани.

35 Лэкэ дяпагоха, агни лэкэвэни, буривэни-дэ. Агни-тани бурии чиагоха,
туй чирамбохани-гоани […] лэкэи бухэ.

36 «Гэ, ичэдиру, ми, – унди, – лэкэлиевэ хони-да лэкэлие!»

37 Туй тати, тати, тиас хайчани диликачиани тиас туй тара, чиндагохани
лэкэи. Ушел лэкэни. Бэктэ бипиэ дяралиохани:

38 «Ага,– унди, – эвэӈки тэӈ хатан энэй осини-тани,
чимана сиун токондолани исиори, – унди. –

39 Элкэ энэй осини, сиксэмэ исиори, – унди. –

40 Лэкэси-тэни, эм сагди нэктэни эм хоӈко туй бидуэпи-тэни, чаду оӈкойни,
– унди, – хэм силполоха-мат тойкохани, – унди, – хэм буйкини, – унди. –

41 А лэкэси-дэ эм пиагданду тойкохани, си долинчиани ихэни, – унди,
– лэкэси».

42 Элчиусэл чадо диасилчии ундичи:

43 «Тэде-ну? Эйду хай абани. Хай тэде!» – унди.

44 Тэй мэргэн-тэни, гэ, диасилби-да хаирими, пуӈнин-гуэ:

45 «Давай, масиди гиолиосу, чадо нэктэ порчили.
Чимана сиун токондолани-мат исиомари, хони ачи!»

46 Гэ, туй энээ, туй энэй, энэй, диа чимана сиун токон сирини исихачи.

47 Тэде нэктэ нирулэк би.

48 Гэ, эси-тэни сиари-да, чадо пуюри-да, сиари.
Хэм баха тэй нэктэвэ хэм сиамари, чадо аоӈгичи.

49 Эси-тэни мэн-мэн элчиусэл боала, чадо дуил муӈгэду аоричи-гоа.
Дямпамбори чара, чадо аори, поани дяричи туй.

50 Туй тами наондёкан ичэхэни, эм дямпан хаӈисима би, дямпан.

51 Таоси энэхэни. Эм пудин-тэни таяди лупуэр агбиӈкини.

52 Наондёкамба дяпара ивухэни.

53 «Иру!» – унди.

54 Игухэ, туӈгэлэгухэ, акпаӈгоха. Чадо ундини:

55 «Эси, эси эм хоникамба тэтуэндэмби», – унди.

56 Калчо тэтуэӈкини.

57 «Тэй калчоа тэтупи, эй хонякамба только эй ачоридой-дэ асигой
гэлэӈгэси-тэни», – унди.

58 «Эй ачоми мутэси осини?»

59 «Будие, – унди, – асилахаси-да будие», – унди.

60 «Гэ, ая!» – унди.

61 Тэй диа чимана тэгухэ.

62 «Туй энэмэри, халиа исигоари тэйсу, – унди тэй эктэ. –

63 Эй чимана котолива чиаросу, – унди. – котолиа чиаха [осини],

64 эй чимана сиун токондоаниа исидясу», – унди.

65 Гэ, диа чимана тэгухэ, акчи эугухэ, агнии-да туй ундини:

66 «Дадидиа хэдун туй хэдунди ачапчи. Ачаси, – унди,
– хони котолива чиавори?»

67 «Ая чиагоари», – унди тэй наондёкан.

68 «Чиари [осини] хамаси хуэдугури, хони ачи».

35 ▸ 3:55 ‖ 40 ▸ 4:37 ‖ 45 ▸ 5:12 ‖ 50 ▸ 5:44 ‖ 55 ▸ 6:17 ‖ 60 ▸ 6:37 ‖ 65 ▸ 6:59 ‖

34 Ну, тут тело [мальчика] стало большим, больше, чем когда он у лошади был. Тело очень большое стало.
35 Лук взял, лук брата и стрелы. Брат натянул свой лук и такой натянутый […] лук отдал ему.
36 «Ну, смотри, – говорит [мальчик], – как я буду стрелять из лука!»
37 Тянул, тянул, до самой головки стрелы натянул и отпустил стрелу. Стрела ушла. Через некоторое время он сказал:
38 «Брат, отсюда если мы очень быстро поедем, завтра в полдень дойдем, – говорит. –
39 А если медленно будем ехать, то только к вечеру доедем, – говорит. –
40 Стрела твоя одного старого кабана, пасущегося, – говорит, – возле утеса, пронзила насквозь, – говорит, – убила.
41 А [потом] твоя стрела в березу воткнулась, – говорит, – наполовину [войдя в ствол]».
42 Слуги своим друзьям говорят:
43 «Правда ли? Отсюда [если смотреть], ничего нет [не видно]. Нет, неправда!» – говорят.
44 Тут *мэргэн* стал поторапливать друзей.
45 «Давайте, быстрее гребите, там кабан портится. Завтра только в полдень доедем, так нельзя!»
46 Вот так едут, едут и на следующий день чуть позже полдня доплыли.
47 Да, правда, кабан лежит, распластавшись.
48 Ну, теперь еду стали варить, кушать. Всем досталось [мясо], поели, переночевали.
49 Теперь слуги, каждый сам по себе под открытым небом, на рёлке спят. Накомарники растянули и там спят. Некоторые поют.
50 Тут мальчик увидел, что один накомарник не похож на другие.
51 К нему пошел. Оттуда вышла *пудин*.
52 Она взяла мальчика и внутрь завела.
53 «Заходи», – говорит.
54 Зашли. Она его на руки взяла, к груди своей прижала, спать легли. Потом говорит:
55 «Теперь, теперь я тебе одно кольцо надену», – говорит.
56 Кольцо надела.
57 «Только тогда, когда это кольцо снимется, жену себе иди искать», – говорит.
58 «А если оно не снимется?»
59 «Умрешь, – отвечает. – Даже если женишься, умрешь», – говорит.
60 «Ну, ладно», – говорит.
61 На следующий день встали.
62 «Если так будете плыть, когда доедете? – говорит та женщина. –
63 Завтра парус натяните, – говорит. – Если парус натянете,
64 завтра в полдень доплывете», – говорит.
65 На следующий день встали. К брату спустился, а брат говорит:
66 «Ветер южный, встречный! Нельзя, – говорит, – как можно парус натягивать?»
67 «Ладно, давай натянем», – говорит мальчик.
68 «Если натянем, назад уплывем. Так нельзя».

69 Элчиусэл-дэ хайри.
70 Туй тами, тай тами, тэй наондёкан пучи-пучи пукчэм, пукчэм энэхэни тэй котоли. Это паруса.
71 Нёани туй тара пучи-пучи-дэ эси-тэни хатан энин-гуэни, маси хатан энин-гуэни.
72 Энэй, энэй, туй энэмиэ, эси-тэни элчиусэл хай сиари чадо пуючихэмбэри вэли чадо.
73 Купини купи. Туй тами эничи-гуэ.
74 Туй таим сиун токондоани исихачи, эм иргэмбэ исихачи.
75 Даи иргэн, эгди чадо-да хоня эгдиэ огда маня, огда.
76 Гэ, чала хаха, хэдун абанагохани.
77 Хара, туй бичи-гуэ. Боачи-да ниэрэси, уй-дэ ниэрэдэси, уй-дэ-дэ пулсиэдэси.
78 Ну, наондёкан-тани агби аоридоани хэмэ ниэрэ-тэни, хай ниэчэкэн осира, тохан-гоани дуйси, эден ханчиани энэхэни. Уй-дэ-дэ аба.
79 Тэӈ эм мапа, эм мама таваӈки элчиусэл, таваӈки кэкэсэл, тэйсэл би – такорамдисал.
80 Тадо хуйсини хай-да. Най малодиа бароани холигохани, чадо эм сэлэм дё туй би.
81 Сэлэм уирэ, сэлэдиэни най аӈгохани.
82 Пэгиэлэни-тэни хуюрсуди хуюн бокичако эм эктэ.
83 Эу киӈгиар, тао киӈгиар сиасини.
84 Ну, гориако-ну или амба-мат бини-тэни. Гэ, туй-тэни дилин-да даи осихани-гоани. Амба-ма бини.
85 Ча ичэдихэ, таваӈки дуйси тохани. Тоха.
86 Даю-ю мо! Вами мо! Коли ана вами!
87 Тэ-э сувэни пэгилэни дохани.
88 Дочидоани эм кэкэ ниэхэни таяди, эм пудин туй-лэ туе агбиӈкини-тани.
89 Кундулэ агбиӈкини тэй модиа, эу ичэ, тао ичэ тайни.
90 Туй тамиа дуедиэ эугини эм сэденди сэделэмэри эугуйчи, унди.
91 Сэдембэ ирчигомари, ниргиани сэдембэ, най чаду мосал хамача эугуйни.
92 Тэй мова исигомари нихорачичи-гоа, нихорачичи.
93 Хай, нихорачими, ундини:
94 «Тэй бумбиэ эси най мэлдеӈкучиэни диухэ. Буэ-тэни найди дэрэдиури осидяма, – унди. – Эси-тэни амбан бароани амбамба вачори, хамача, – унди. –
95 Бумбиэ хони-да гудиэсиусу!»
96 Ая, эси най дичи, хадони-да дичин-дэ ая.
97 Эси най мэнэ хэтэдерэ.
98 «Най, хай, тэй ми нёанчиани ирэсимбиэ.
99 ‘Мимбиэ эди вара’, унди осини, вараси», – унди.
100 Туй тара тэй эктэ игухэни. Тэй эктэ, кэкэ.
101 Эй наондёкантани эугухэ, акчи игухэ, акпаӈгоха.
102 Хайва-да эчиэ гусэрэни-гуэ.
103 Гэ, чимана тэпчиури най мэлдекуни.
104 Гэ, эси-тэни най хэм тоха, туда все пощли.

70 ▸7:23 ‖ 75 ▸8:04 ‖ 80 ▸8:51 ‖ 85 ▸9:27 ‖ 90 ▸10:03 ‖ 95 ▸10:49 ‖ 100 ▸11:13 ‖

69 Слуги то же самое говорят.
70 Потом [все-таки натянули парус], мальчик стал дуть, дул и дул, и парус надулся, надулся. Это паруса.
71 Он [мальчик] все дует и дует, и теперь они стали плыть очень быстро, скоро, очень сильно, быстро стали плыть дальше.
72 Плывут, плывут, так плывут, слуги в этой лодке кушают то, что наварено было.
73 В игры играют, так плывут дальше.
74 В полдень доплыли до одного селения.
75 Большое было селение, и очень много было там разных лодок. Много лодок.
76 Как только они пристали, ветра не стало.
77 Пристали они и так там стоят. Ни на улицу не никто не выходит, и никто [по селению] не ходит.
78 Ну, мальчик молча вышел [из лодки], и, когда его брат спал, превратился в маленькую птичку и поднялся с берега и пошел к хозяину хану. Никого нет.
79 [В доме] один старик, старуха его жена, слуги, рабыни всякие есть.
80 Там что-то лязгает. Он обошел этот дом и со стороны кана мало увидел за ним [за домом] железную клетку.
81 Сплетая из железа, люди сделали ее.
82 В ней связанная девятью девять раз лежала одна женщина.
83 Рвется туда – *кингиар* [железная клетка гремит] – сюда – *кингиар*.
84 То ли сумасшедшая, то ли *амбан*. Голова огромная. Она как *амбан*.
85 Посмотрев на это, он в сторону леса поднялся. Поднялся.
86 Огромное толстое дерево. Очень толстое дерево.
87 На нижнюю его ветку он [в облике птички] сел.
88 Пока он там сидел, какая-то рабыня *пудин* появилась оттуда [из ствола дерева].
89 До груди появилась из этого дерева. Туда посмотрела, сюда посмотрела.
90 В это время из леса, [люди] выходят, к дому спускают из леса, телегу тащат, дребезжащую телегу.
91 Телегу тащат, громыхающую телегу, в ней люди дрова или что-то еще везут домой.
92 Как только дошли до этого дерева, стали кланяться на коленях.
93 Кланяясь, говорят:
94 «Мы пришли сюда на соревнования. Мы, наверно, отстанем от людей – говорят. – Как мы с *амбаном* бороться будем? – говорит. –
95 Нас, как-нибудь пожалей!»
96 Вот, теперь приехали люди, сколько бы их ни приехало, хорошо.
97 Теперь эти сами люди победят [из-за того, что кланялись].
98 «Люди, что я [для вас сделаю? Я с вами] не пойду.
99 Если скажете [женщине-*амбану*] ‘нас не убивай’, она вас не убьет», – говорит.
100 Потом эта женщина снова зашла [в дерево]. Эта женщина-рабыня.
101 Мальчик спустился [на берег] к брату, вошел [в лодку], и лег спать.
102 Ни о чем ему не рассказал.
103 На следующий день начались соревнования.
104 Вот все люди поднялись с берега, туда все пошли.

105 Кругом най илихани, маси-маси гурунсэл.
106 Поани ичэмэри ундини. Эси-тэни поани най ундини:
107 «Буэни хай ебэ! Илиханда, хай ебэ! – унди. –
108 Энури, – унди. – Чихани, – унди, – мэлдечиэ-дэ ая!» – унди.
109 Гэ, эси-тэни наондёкан-тани хайхаӈгоани, ичэдие аӈни-да бии.
110 Тэде най, хай, хэтэй-дэ дали-да осидямби.
111 ‘Эди мимбивэ вара’, ундиэси осини, вачори гэли тэй эктэни.
112 Чоки мокторами нали, ӈала мокторами нали. Туй наӈгаличи.
113 «Ми хэтэй-дэ осиасимби, хай-да осиасимби» унди осини, чихалайси ‘варо’ унди, ‘варо’ унди, чихалайси «ми хайду-да хэтэй осисиасимби»,
114 Хай, «ми най лаодиӈгоани осиасимби», ундинивэ сиӈгурчикэ луӈби тэй амбан.
115 Гэ, туй вачай, поани-тэни кичориа энэй. Хай чади уй-дэ галиадасиа.
116 Эси-тэни аӈни илихани-гоани.
117 «Ага, чиханиа! – ундини. – Хай тами илиси?»
118 Гэ, вачини, хайдоа мода вачини.
119 Тэни луӈбуйдуэниа бэгдидуэни дяпара лоап татохани наондёкан.
120 Тэй амбамба-тани ичэгухэни сиргуми илиси тэй амбан.
121 «Хай татагохани эрдэӈгэ амба?
122 Хайгой татогохаси?» – ундини.
123 «Хай татохамби? Ми илигоива!» – ундини.
124 «Апаӈку, си хай оси?» – унди.
125 Гэ, илиха, эси-тэни илими вачи, вачи тами няӈга вачамари каодяроаӈкини мамава.
126 «Мама, си бай би амбан-да тачи, – унди. –
127 Най синди асилагойчами маня чилахани, – унди. –
128 Хамача си эй, си эй мапа галоми маня-тани, хамача амбапчами дэруми-тэни ихон ная чуӈну манагоми, сиами амбапчами гориа амбани осихани, – ундини. –
129 Эси-тэни симбиэ борти наламби!» – унди.
130 Туй уми налахани, тэй сэлэм паланчани калтарам энэхэни.
131 Эм мамачан киӈгир агбиӈгохани.
132 «Гэ, эй мимбиэ хорихани-ка пиктэ, эй мимбиэ хорихани-ка улэн!
133 Эй-кэ ми пиктэи!»
134 Эсини наманси-да, хайри, одёктай тайни.
135 «Гэ, эси мии борти амбанди хорахамби, – унди. –
136 Эй мапади ми хали-да ми эдилэгуэсимби, – ундини. – Ми, ми туй галоми бичимби», – унди.
137 Эси тэй мама-тани пошёл. Чала тул абаноха.
138 «Ми сии хаӈгиачиаси энэсимби», – ундини.
139 Тэй наондёкан хаӈгиачиани, так и ушел.
140 Гэ, эси-тэни хэтэхэ.
141 «Пиктэи буру, тэй наондёканду», – тэй мэргэн ундини.

105 ▸ 11:37 ‖ 110 ▸ 12:04 ‖ 115 ▸ 12:46 ‖ 120 ▸ 13:08 ‖ 125 ▸ 13:29 ‖ 130 ▸ 14:12 ‖ 135 ▸ 14:32 ‖

105 В круг встали самые сильные люди.
106 Некоторые только увидев их, говорят. Некоторые люди говорят:
107 «От нас какой толк! Даже если станем [соревноваться], какой толк, – говорят. –
108 Уйдем, – говорят. – Ладно, – говорят, – можно и без соревнования обойтись!» – говорят.
109 Теперь мальчик смотрит, и брат его тоже там.
110 Правда, наверно, одолеют его, думает.
111 Если [сразу] не скажешь ‘не убивай меня’, то придется бороться с женщиной [*амбаном*].
112 Она бросает так, что бедро ломается, бросает так, что рука ломается. Так бросает.
113 Если скажешь ей ‘я не смогу победить, я никем не стану’, если покориришься, ‘убей’, скажешь, если отступишь, ‘я не смогу победить’, [скажешь], то она сразу соглашается и не убивает.
114 А если скажешь, ‘я не буду слугой’, то тут же глотает тот *амбан*.
115 Так борются, некоторые сразу сдаются. Никто с ней не справится.
116 Теперь брат встал.
117 «Брат, не надо! – говорит. – Зачем ты встаешь?»
118 Борются, несколько раз боролись.
119 Только она хотела его проглотить, мальчик схватил [брата] за ноги, вытащил своего брата.
120 [Мальчик] посмотрел на эту женщину-*амбана*, *амбан* стоит, дрожит.
121 «Что за *амбан*, интересно, вытащил?
122 Зачем вытащил?» – говорит.
123 «Зачем вытащил? Я сам [на его место] встану!» – говорит.
124 «Друг, ты кто такой будешь?» – говорит.
125 Встали они, начали бороться, немного поборолись, он попросил эту женщину остановиться.
126 «Женщина, ты не простая *амбан*, – говорит. –
127 Никто не смог одолеть тебя, чтобы на тебе жениться, – говорит. –
128 Почему ты, ты, не желая мужчины, стала как амбан и начала всех людей селения истреблять, ты съедала их и превратилась в сумасшедшую *амбан*. – говорит. –
129 Теперь я тебя навсегда [освобожу], брошу!» – говорит.
130 Так сказал и бросил ее так, что железный пол треснул.
131 [Из этой трещины] со звуком *кингиар* появилась старушка.
132 «Ой, этот ребенок меня спас, хорошо, что он меня спас!
133 Это мой ребенок!»
134 Теперь она начал обнимать его, целовать.
135 «Да, теперь я от *амбана* спаслась, – говорит. –
136 За этого старика вновь замуж не пойду, – говорит. – Я, я его не хотела, не согласна была и жила так», – говорит.
137 Ушла эта старушка. Исчезла.
138 «Далеко от тебя не уйду», – говорит.
139 От мальчика подальше ушла, так и ушла.
140 Ну, вот он победил.
141 «Свою дочку отдайте этому мальчику», – говорит *мэргэн*.

142 «Ага, ми аба, ми гэлэсимби, – унди, – асигой ми гэлэсимби. Си асилаго ая!»
143 Гэ, тотара асилагохани тэй мэргэн. Тадо аŋни асигой бара, тадо бичи-гуэ.
144 Наондёкан-тани эм модан тэй огдадиа хулуŋгурэ тохани.
145 Девэн осира хаси тогохани, тэй моŋгодой догохани.
146 Най-да хэм энухэ, пулэни пулэн гурун хэм энухэ.
147 Чадо дочини, дочини хай хайни-гоа тэй чала тул тэй эктэ агбиŋгохани.
148 Кэкэ, ичиндэ, эмдиэ насални уйлэ, эмдиэ насални пэгиэлэ би.
149 Эу ичэ, тао ичэ тайни:
150 «Эй-дэ хамача маŋга бипи, ная хорихани, ная вахани-да!
151 Хай тэй амбамба хорихани!» – туй хисаŋсини.
152 Туй тара эу ичэ, тао ичэ тахани.
153 Тэй наондёкан-да соро осира, пуйкухэн-гуэни тэй хай кэкэ бароани.
154 Кэкэ туй игухэŋгуэни хайс.
155 Тэй мо дачандолани эм дё, эм пудин.
156 Тэй кэкэ, игухэни кэкэ.
157 «Энэнэ, – тэй пудин ундини, – эрдэŋгэ, хайди, – унди, – хай тэй най тэхуэни ивугуй хони сарасиси, – ундини, – си?»
158 «Хайду бини-дэ, хайду бини?»
159 Тэй хадёмба ачоктайни-гоани, хэм нилаколи-да хамачари.
160 Наондёкан-тани сороани-да пуйкугухэ ая тэй малоду тэсими бини-гуэ.
161 «Та малочи ичэгуру, – унди, – чаду тэси ичэгу! Гэ, тадо тэси. Ичэгу!»
162 «Анана!»
163 Тэй кэкэ-тэни хэм хадёмби тэтугухэ, гэ, ая.
164 Гэ, эси тэй пудин дэ чарахи, яохи, сиаванди-да хайри-тани.
165 Малоду акпаŋгоани бэуŋгуэни нэхэчи, бэумбэ. Малоду акпаŋгоха аори.
166 Аоридоани, хайханŋгоани. Акпаŋгоха чадо-тани мэдэси, хай, чими эрдэ тэгухэчи.
167 Гэ, силкои:
168 «Энэнэ, эй ŋалаи энусини», – унди,
169 Тэй, тэй пудин:
170 «Хавой, хавой, хавой?»
171 Ичэхэни хонякамба. Томторомди бинигоа ириŋгоа тэй хонякан.
172 «Хони-да ачомда ая», – унди тэй пудинчи.
173 Пудин-тэни хони-хони ачойчами, чилахани-гоа. Никак нельзя ачойчами чилахани.
174 «Эрдэŋгэ, – ундэ, – хони бими ачоарам лап осини».
175 «Хавой хавой», – унди тэй кэкэ.
176 Дими туйк туйк тамиа кэŋгэрэк тухэ, аба хайда-да аба.
177 «Ма, – унди, – дяпагоро!» – унди.
178 Хонякамба дяпагора тэтугухэни. Чадо би, туй би.
179 Диа чимана хае, тэй иниэ ниэгухэ, пулси, энухэ, акчи энухэни.
180 «Ага, – ундини, – энэмби, – ундини, – ми эвэŋки солиа ми эвэŋки синчи мочогоасимби, – унди, – энуй осини.
181 Аба, – унди, – ми энуй осини, сунчиэ энудемби, – унди, – мэнэ иргэмби сунчиэ гадёдямби, – унди. –

145 ▸15:25 ‖ 150 ▸ 15:58 ‖ 155 ▸16:25 ‖ 160 ▸ 16:52 ‖ 165 ▸ 17:16 ‖ 170 ▸ 17:46 ‖ 175 ▸ 18:12 ‖

142 «Брат, нет, я не хочу, – говорит, – жены я не желаю. Ты женись!»
143 Затем женился тот *мэргэн*. Брат женился, там живет.
144 Однажды мальчик вышел из этой лодки и поднялся [с берега].
145 Превратился в пчелу и сел опять туда, на то дерево
[из ствола которого женщина появлялась].
146 Все люди уехали, все лишние люди уехали.
147 Сидел он там, сидел и опять оттуда та же женщина появилась.
148 Видит, это рабыня, один глаз выше, а другой ниже.
149 Туда посмотрела, сюда посмотрела:
150 «Какой сильный был человек, спас человека, убил человека!
151 Как этого *амбана* он спас!» – так рассказывает.
152 Потом туда посмотрела, сюда посмотрела.
153 Мальчик превратился в блоху и прыгнул на эту рабыню.
154 Рабыня опять зашла внутрь дерева.
155 Там, в подножие дерева был дом одной *пудин*.
156 Эта рабыня зашла туда, рабыня.
157 «Ох, – говорит та *пудин*, – интересно, – говорит,
– почему ты не догадалась, что сюда человека ввела?» – говорит.
158 «Где он находится, где он находится?»
159 Начала одежду снимать, голая стала искать.
160 Мальчик блохой прыгает, и на кан мало сел
[снова превратившись в человека].
161 «Туда на кан *мало* посмотри, – говорит, – там сидит, смотри!
Вот он, там сидит. Смотри!».
162 «Ой-ой-ой!»
163 Рабыня надела свои вещи, ну, ладно.
164 *Пудин* стала ухаживать за ним, кормить его.
165 На кан *мало* спать уложила. Постелили там. На *мало* спать легли.
166 Спали. После сна она спрашивает, [когда] на следующее утро рано встали.
167 Ну, [когда руки] стал мыть:
168 «Ой, болит моя рука», – говорит.
169 *Пудин*:
170 «Что, что, что [болит]?»
171 Увидела кольцо. Впилось в кожу то кольцо.
172 «Сними как-нибудь», – говорит *пудин*.
173 *Пудин* никак снять не могла. Никак нельзя снять.
174 «Интересно, – говорит. – Почему снять нельзя?»
175 «Где, где?» – спрашивает рабыня.
176 Подошла *туйк-туйк* постукала, и [кольцо] упало со звуком, нет,
ничего [на руке] нет.
177 «На, – говорит, – забери!» – говорит.
178 Забрал кольцо, надел его. Там он остался жить.
179 На следующий день днем он вышел, дошел до своего брата.
180 «Брат, – говорит, – я пойду, – говорит, – отсюда вверх против течения
и к тебе не вернусь, – говорит, – если уйду.
181 Нет, – говорит, – если я стану возвращаться, то до вас дойду, – говорит,
– и [жителей] свого селения до вас доведу, – говорит. –

182 Элэ, – унди, – ми хаоси-да энэсимби», – унди.
183 «Гэ, ая, чихали осини, гадё!»
184 Наондёкан-тани тэй агдои хадол-хадол бичи, туй тами энэлухэни-гуэ.
185 Удиэр дуэнтэ долани туй энэлухэни.
186 Эмучэкэн соктади. Сокта тэтугухэ, туй энэй, энэй, энэй.
187 Энэми, эм оничи хуэлихэни.
188 Тэй они-тани даи они, даи, даи они, вообще дарами, даи соӈта хэи-да хэм хэи чала.
189 О, чукин дяка эй-тэни! Хамача дяка хэейни!
190 Най ниаксани, най гирмаксасални, най сэксэни туй хэини. Эй-кэ улэн дяка биэси эй!
191 Энэй, туй энэми, эм иргэмбэ бахани. Даи иргэн.
192 Тэй-тэни дилии тиас пачилахани, хай девэкэн осира, у-у-у, дэгдэхэни.
193 Туй энэй, энэй, энэй, тэй иргэмбэ исихани.
194 Иргэн хайдоани эден ханчиани чоӈкодоани дохани.
195 Балана обычно вот такой дырочка был, дом. Вот там они сели.
196 Посмотрит: у, там девять мужчин, девять буку! Все амба-ма маня!
197 Ичэдирэ, таваӈки дуйсиу тохани. Тоха, энэхэ, энэхэ.
198 Энэми, то дуйлэ эм дё-да бини-гуэ. Чаду, чаду дохани.
199 Тэй нёани гэсэ аохани, хонякамба бухэни,
200 эктэ чаду бимиэ би, арчокан нучиэ тэй-дэ.
201 Гэ, туй тара дорини ичэ тахани.
202 «Хай тами дочиси чаду? Чала туру, – унди, – эуси».
203 Гэ, тугухэ. Най осигоха.
204 Гэ, наондёкан-да эси-тэни чаду бигуэни, арчокан-тани сиагоани аӈгоха, хайрини-тани туй би.
205 Туй бие, эси хадо, хадо аоӈгами би. Аоми би.
206 «Эси агана саха, – унди, – буэ бипувэ, синди биевэ.
207 Агана, хай, одёгой гэлэи, аосигой бахапу-да».
208 «Хамача, – унди, – агана гэлэи?» – унди.
209 «Ми аганаи хаӈгиси би, – унди. – Эдэ най, – унди. –
210 Си одёгоачи эди бурэ, – унди, – тэ гороӈки, гороӈки одёгоачи, – унди. –
211 Лаӈ эди осира, – унди, – хэм нихорачидои».
212 Эси-тэни тэй пудин-тэни тавадои хулдючии хамачава уӈгичи-ну, уӈгичи-ну.
213 Сэр пасивани сэр-сэр сэлэ осионда кэпур-кэпур, хай, сэкпэчинигоа.
214 Туй тапи тэй пиктэи хэм нилаколоанда хай голой осионда хэм ирини хэрэктэчиэни. Тэй наондёкан хэрэктэчиэни.
215 «Гэ, эси ая, – унди. – Ну, нёани туй би-дэ ачасиа хаӈгиси бии», – унди.
216 Гэ, хэм хадёлогоха, эси-тэни эугухэ, дюэдиэри эугухэ.
217 Гэ, хай чарахи, тао тай, эу нихоранди. Гэ, агана:

185 ▸ 19:06 ‖ 190 ▸ 19:37 ‖ 195 ▸ 20:15 ‖ 200 ▸ 20:49 ‖ 205 ▸ 21:16 ‖ 210 ▸ 21:44 ‖ 215 ▸ 22:20 ‖

182 Все, – говорит, – дальше я никуда больше не пойду», – говорит.
183 «Ладно, если хочешь, приводи».
184 Мальчик у брата своего несколько дней пожил и затем отправился дальше.
185 По тайге, по лесу отправился дальше.
186 Один на лыжах. Лыжи надел и так идет, идет, идет.
187 Идет, перевалил на горную реку.
188 Эта горная река, большая горная река, большая-большая река, вообще широкая, глубокая с сильным течением.
189 О, это что-то плохое! Какое существо плывет?
190 Человеческий гной, кости людские, кровь человечья течет. Ничего хорошего!
191 Идет, так идет, дошел до одного селения. Большое селение.
192 По голове себя стукнул, превратился в пчелу и, у-у-у, полетел.
193 Так летел, летел, летел, до селения долетел.
194 В селении где, у дымового отверстия [дома] хозяина-хана опустился.
195 Раньше обычно вот такая дырочка [дымовое отверстие] было в доме. Вот там он сел.
196 Посмотрел: у, там девять мужчин, девять горбатых! Все как *амбаны*!
197 Посмотрев, дальше в сторону леса пошел. Поднялся к лесу, шел, шел.
198 Идет, а там, недалеко от леса дом стоял. Там, там сел.
199 Та женщина, с которой он спал в дереве, и которая ему кольцо дала,
200 та женщина [там] находится и [с ней] девочка.
201 Как только он сел там, она [девочка] сразу [его в облике пчелы] увидела [распознала].
202 «Зачем ты туда сел? Вот сюда спустись», – говорит.
203 Он спустился, снова превратился в человека.
204 Мальчик там стал жить, девочка стала еду ему варить, так стал жить.
205 Так живет, несколько дней ночует там. Ночует.
206 «Теперь мои братья [горбатые] узнали, – говорит [девочка], – что мы вместе живем, с тобой живем.
207 Братья, что [хотят], тебя поцеловать хотят, так как мы поженились».
208 «Что, – говорит, – братья хотят?» – говорит.
209 «Мои братья не такие люди, – говорит. – Они дурные люди, – говорит. –
210 Ты не позволяй им себя целовать, – говорит, – подальше, подальше [от них], чтобы не поцеловали, – говорит. –
211 Близко к ним не подходи, – говорит, – когда мы будем им кланяться».
212 Теперь та пудин, непонятно что на огне подогревает, что-то растапливает, растапливает.
213 Она кусок красного, докрасна раскаленного железа со звуком кэпур-кэпур кусает.[1]
214 Потом своего ребенка [своего идола], догола [мальчика] раздев, в тело его вводит. В тело этого мальчина.
215 «Теперь хорошо, – говорит. – Вот если даже так сделать, и то с ними это не пройдет, не такие люди», – говорит.
216 Теперь одежду надели, пошли к братьям вдвоем.
217 Ну, [за гостями] ухаживают, туда, сюда кланяются. Ну, братья [говорят]:

1 Кусание железа накануне испытания является одним из известных нанайцам способов принесения жертвы шаманским духам-помощникам.

218 «Суэ гороӈкиа?»

219 «Гороӈкиа. Одёсу ая! Гэ, гороӈкиа, гороӈкиа».

220 Дэрэлни сэм-сэм оси.

221 Гэ, чала нихоранди-да сэм-сэм оси. Хэм туй нихорачини.

222 Туй тами чу пояӈгоани акчиани нихораӈкини, тэй ундини:

223 «Эй-кэ хаӈгиси би най, – унди, – одёми-да хэрэктэни лоптоараси, – унди. – Ну, гэ, ая».

224 Туй тара аӈначии ундини:

225 «Суэ эди гэлэсу эвэӈки эй бумби!»

226 Токора туй бичи.

227 «Туй бими ачаси, – унди. – Буэ хуюн буку эргэмбэни дяпагоми-мат ая, – унди. –

228 Нёани бумбивэ вари, – унди, – туй чава дяпаси ачаси».

229 Эси-тэни асини хаоси пулсихэ-ус, хаоси бэктэ бипиэ хуюн буку эргэмбэни гадёхани.

230 «Эси ми мэнэ нэрэмби», – унди.

231 Аӈнани гучи саха. Гэ, эси-тэни бади улэсилухэ. Эси-тэни оркин-да ундэси.

232 «Буэ най вари хони ачи!»

233 Гэ, туй бимэриэ, аӈнани-тани туй бимэриэ, бимэриэ, хайва тайчи-ос, хамача тайчи-ос, хэмэ туй чил-чил осиохачи.

234 Тэ ваяла хоӈкоду эугуйдуэни-тэни огдагоари аӈгойчи.

235 Дёлова туй кампимари туй кампи-кампи-кампи туй-дэ, туй элэ огда осидоани-гоар тугуй. Туй элэ огда осини гоар тугуй.

236 Туй тамиа эм модан кампи-кампи тара алиочи-да гоар тугуй, хамача-да хай-да ана.

237 Гэ, энэнэ, наондёкан, мэргэн осиха, мэргэн даини осиха, даи осинда осими дэрухэ.

238 Эси-тэни эухэ, ундин-гуэни:

239 «Суэ чава хаӈгиси тайсу, – унди, – гэ, кампиосу, – ундини, – эси».

240 Эси-тэни кампии, кампии, кампиха, кампиха, элэ ходиха. Кампимари хэм ходиха.

241 Наондёкан-тани тадо, эм хай, бусуэктэ, в общем, урэктэ такой сэгден бусуэ.

242 Чади чалира, эйду пачили, чала пачили, чала пачили тами, хэм эмучэн огда, огда.

243 «Гэ, аносу!»

244 Эси-тэни дёандиари […] тэй анай, анай ачаси, мутэсичигуэ.

245 «Папана, суэ мутэсусу эй огдади хони биучиэни анагоари тайсу», – унди.

246 Эси наондёкан-тани хоӈкодоани дяпара, куӈгулигдэ анахани. Анаха. Эси-тэни:

247 «Гэ, папана бала тургэн оросу! Оросу, оросу!»

248 Омари, хэм оха, эси-тэни хадёмбари хэм дяпаха, наондёкан-тани хоӈколани пачилахани, кэтэндулэни пачилахани чир-р-р мэнэ энэпсиӈкини тэй огда.

249 А тэй папана-тани туй хэм махаламари тэй онива хэепсимэри туй энэхэ. Энэхэ.

250 Наондёкан-да туй би, бипиэ ундини:

220 ▸22:48 ‖ 225 ▸23:13 ‖ 230 ▸23:49 ‖ 235 ▸24:25 ‖ 240 ▸25:04 ‖ 245 ▸35:42 ‖ 250 ▸26:28 ‖

218 «Вы издалека?»

219 «Издалека. Можно поцеловать [меня]! Да, издалека, издалека».

220 [Целуют мальчика, и] лицо его [того, кто целует мальчика] сразу красным становится.

221 Туда поклонится, [и лицо того брата, которому он поклонился] красным лицо делается. Так всем кланяется.

222 Самому младшему брату поклонился, и тот говорит:

223 «Это не такой человек, – говорит. – Целуешь его, а кожа у него не отрывается, – говорит. – Ну, вот и хорошо».

224 Потом она братьям говорит:

225 «Вы больше не зовите нас к себе!»

226 Пошли домой, так живут.

227 «Так жить нельзя, – говорит [жена]. – Нам нужно забрать эргэны [души-жизни] девяти горбатых, – говорит. –

228 Иначе они нас убьют, – говорит, – нельзя не забрать».

229 Теперь куда жена, куда-то она ушла, куда-то, и через некоторое время принесла *эргэны* [души-жизни своих] девяти горбатых [братьев].

230 «Сейчас я сама положу, – говорит, – их [в безопасное место]».

231 Братья опять узнали. Еще больше полюбили их. Ничего плохого не говорят.

232 «Разве можем мы убить этих людей!»

233 Так жили. Братья так живут, живут, что они ни делают, что ни делают, все делают молча.

234 На утесе возле берега лодку себе делают [из камней].

235 Камни складывают, складывают, складывают, вот скоро лодка получится, но камни рассыпаются, вот скоро лодка получится, но камни рассыпаются.

236 Так они складывают эти камни, и опять они рассыпаются, ничего не получается.

237 Теперь этот мальчик стал *мэргэном*, большим *мэргэном* стал, большим стал, вырос.

238 Спустился [к ним на берег] и говорит:

239 «Вы не так делаете, – говорит. – Ну, складывайте, – говорит, теперь».

240 Начали складывать, складывать, вот-вот закончат. Уже закончили складывать.

241 Мальчик взял этот, как его, краснотал, в общем, прутик такой красного краснотала.

242 Им ударил, здесь ударил, там ударил, там ударил, и камни превратились в лодку, в лодку.

243 «Спускайте!»

244 Все вдесятером […] они толкают, толкают лодку, никак не могут.

245 «Дядья, как вы сможете [плыть] на этой лодке, если даже не можете столкнуть ее в воду», – говорит.

246 Мальчик взялся за нос лодки и с шумом кунгулигдэ столкнул ее. Теперь:

247 «Э, дядья, скорее, быстрее садитесь в лодку! Садитесь, садитесь!»

248 Сели, все сели в лодку, вещи свои забрали, мальчик у носа лодки [в ладоши] ударил, у кормы лодки ударил, и сама по себе поплыла та лодка.

249 А дядья помахали ему [на прощанье] и вниз по горной реке уплыли. Уехали.

250 Мальчик там живет. Через некоторое время говорит:

251 «Ми-дэ мэнэ поктолаи энэгуй тамби, – унди, – асичи».
252 Нёани асини ундини:
253 «Кэту нучиси, – унди. – Кэту-дэ нучиси, – унди. – Эвэӈки дюэр-илан айӈнаниа бипимэ энэми ая», – унди.
254 Гэ, туй бичичи-гуэ. Туй бичи, бичи. Туй тамариа:
255 «Гэ, энэй осини, энэру!» – унди.
256 Гэ, эси энэпсиӈкини.
257 Энэми удиэр дуэнтэ долани энэми, энэми, мэнэ маӈбоӈгочии эугухэни.
258 Таваӈки няӈга энэми эм хоӈко порондоани эм дёкан би.
259 Элэ аондо исидоани тохани. Най торон-да эгди чаду.
260 Гэ, тоха. Тэм мама, эктэ би.
261 Хайлори чарахи, яохи. Яохи, туй яохи.
262 Эси-тэни яохими, яохими сиаори аӈгоха, эм дэрэду нэхэни.
263 Хонян-да илан, сарби-да илан, котан-да илан, хэм илан-илан нэхэни, тотами тэӈ дюэни. Эй хай?
264 «Эй уйду-гуэ нэктэйсиэ?» – ундини.
265 «Бие», – унди.
266 Эси курмичии энэми, эм хонямба налахани.
267 Тэй асини агбиӈгохани чала, тэй наондёкан асини. Элэ исихани чадо. Гэ, чадо.
268 Тэй кэкэ бичин, эси сразу не узнал, тэй кэкэ бичини, как раз хонякамба ачоха эктэ, тэй, вот тэй эктэ.
269 Гэ, эси-тэни чаду, гэ, ниар эси гучи асигой баха. Эси дюэр асини.
270 «Эвэӈки чадо хадол-хадол бичин хайс нучиси, – унди, – энэми ачаси», – унди.
271 Гэ, хадол-хадол айӈнани гучи бичини тадо. Гэ, туй тара гучи энэйни осихан-гоа.
272 «Эси-кэ ая, – унди, – эвэӈки энэми бие, – ундини, – дюэр хоӈко туй бие, – ундини. –
273 Эелэ эм киргиама бучу, ее эм боактама бучу.
274 Это все стрелами этурие, – унди. – Хамачани эни-дэ тэй энилэни, туй лэкэлэй, – унди. –
275 Эедиэди туй лэкэми, эедиэди лэкэли тай.
276 Хэм чадо варие, – унди, – найва.
277 Таваӈки тами энэми, хамача, змей, змей что ли такой, большие, большие змей, тэй дидэй, – унди, – тэй, тэй дидэй мудур. Вот.
278 Тэй-дэ ная варии, – унди. –
279 Таваӈки энэми, энэми-тэни гучи бие, – унди. –
280 Надан да най, тэй-кэ ая-ка, ая, – унди, – хай-да маӈга-да биэси, – унди. –
281 Гэ, туй элэни, – унди, – […] таваӈки энэми, ваха амбамба мэлдендечи», – унди.
282 Гэ, туй биэси, туй би.
283 Гэ, таваӈки туй энэмиэ, энулухэ. Энэми, энэми соктади энэми.
284 Тэде, дюэр хоӈко, ее-дэ эм дёкан, еелэ-дэ эм дёкан.
285 Тэ хэдипи дидюйлэи ичэхэни киргиа бучу най дидэй байгоампу.

251 «Я тоже по своей дороге пойду», – говорит своей жене.

252 Жена говорит:

253 «Чересчур маленький, – говорит. – Через два-три года только идти сможешь», – говорит.

254 Ну, так жили. Так жили, жили. Потом:

255 «Если надо идти, иди!»

256 Ну, он отправился в путь.

257 Идет по глухой тайге, идет, идет, дошел до своей реки.

258 Немножко прошел, на утесе маленький домик.

259 Перед вечером поднялся туда. *Торо* [деревьев-жертвенников] там много.

260 Ну, поднялся. Старушка женщина там есть.

261 Она стала приветствовать его, ухаживать, угощать его. Угощает, так угощает.

262 Вот угощая, угощая, еду приготовила, на стол накрыла.

263 Три ложки, три палочки, три тарелки, всего по три положила, хотя их было только двое. Это как?

264 «Кому ты кладешь?» – говорит.

265 «Есть кому», – говорит.

266 Подошла к корзинке, где хранятся ложки, и одну ложку бросила на пол.

267 Оттуда [из-под пола] жена появилась, жена этого мальчика. Уже прибыла туда. Вот туда.

268 Это была та рабыня, теперь сразу не [узнал], та рабыня, которая [когда-то] как раз сняла с него кольцо, вот та женщина.

269 Там теперь спокойно стал жить, теперь еще раз женился. Теперь две жены [у него].

270 «Ты все еще маленький, – говорят, – нельзя отправляться в путь», – говорят.

271 Ну, сколько-то лет там еще прожил. После этого снова собрался в путь.

272 «Теперь можно, – говорят. Отсюда когда пойдешь, встретишь два утеса, – говорят. –

273 С этой стороны [утес идола] *киргиана бучуэна*, а с другой стороны [идола] бороктома бучуэна.

274 Они всех со стрелами сторожат, – говорят. – Кто бы ни прошел, во всех стрелами стреляют, – говорят. –

275 С этой стороны пройдешь, с этой стороны они стрелами стреляют.

276 Всех убивают, – говорят, – людей.

277 Оттуда дальше пойдешь, и какой-то змей, змей что ли такой большой, большой змей, он придет, – говорят, – такой, такой придет дракон. Вот.

278 Он тоже людей убивает, говорят.

279 Оттуда пойдешь, пойдешь, и еще кое-что будет, – говорит. –

280 Семисаженный человек [встретится], но с ним справишься, – говорит, – трудно не будет, – говорит. –

281 Ну, и достаточно, – говорит, – […] оттуда пойдешь на соревнование, чтобы убить *амбана*», – говорит.

282 Нет, не так, а вот как было.

283 Вот оттуда он так идет, собрался и пошел. Идет, идет, на лыжах идет.

284 Правда, два утеса, и с этой стороны домик, и с той стороны домик.

285 Когда он еще не дошел [до дома, который был от него] ниже по течению [идол] *киргиан бучуэн* увидел, что человек, их враг идет.

286 «Бала чэк таро!»
287 Бэе килториа, лэкэвэ агбимбой, хаяха тэхэни. Таядиадиа эмуни тэхэни.
288 Гэ, эси-тэни элэ бадо исидоани, хай, бороктома, хай, бучуэн тиас гарпахани.
289 Лэкэ туй уйси токойни, уйси посиктайни поси. Туй дидэйни.
290 Хаоси энэй, тучи энэйни, тучи энэй. Туй энэйни, туй энэй лэкэни.
291 Хао энэйни-дэ хэм туй.
292 Эси элэ исини уйси тами, пэйси тагохани, уйлэ сиурэкэйдуэни лап дяпахани тэй лэкэвэ.
293 «Э, эй, эй лэкэ, си эдендули кэпсуӈку, эдендули маси бичиси», – унди.
294 Туй тами хай бурии солбигоми лэкэлэгухэни тэй лэкэвэни обратно лэкэлэгухэни.
295 Тэй бучуэн сар энидиэни тойкохани.
296 Таядиа гучи эмун лэкэлэхэни, кэ, тэй тадо-да хатан дидэй.
297 Тэй-дэ элэ-лэ исини. Уйси чул пуйкуми хай сидуэни лап дяпахани.
298 А тэй-дэ лэкэвэни солбигуми гарпахани, тоже убили.
299 Гэ, эчиэ-дэ хэйкуэни, таваӈки энэмиэ, энэмиэ, эм тэй пуймур, ну, хай, мудур, туй кэргиэми дидэй мудур.
300 Туй кэргиэми, кэргиэми, наондёкан туй эни-дэ энэйни, туй эни-дэ энэйни.
301 Эси-тэни наондёкан-тани элэ-элэ исидоани, дабал пуйкухэни нёамбани, дабал пуйкуми лэкэлэхэни.
302 Тэй кэргиэлэйни сихурэктэ энэйдиэни хай хани.
303 Туй тара тэй лэкэди гидади гидасими хэм вахани. Тоже убили.
304 Таваӈки энэми, энэми, эмуни дуэрэми дидэй.
305 Тэде, надан да найни, это семь сажен, хасаӈгосими дидэй.
306 «Эй байгоамби борти тамби, где-то баогори хайду баогоми ичэи диурини. Ичиучэми-дэ ичэвэси».
307 Туй дидэе. Эй лаӈ исихани.
308 «Мапа, хайгой байгоамби борти тами дёдяйси, – унди. – Гэ, ми тамби», – унди.
309 «Ая, хони тай осини, хони тапу».
310 «Хэй, байгоанди борти тамди гусэрэндуми биуриэ, – унди. –
311 Хай гусэрэндури! Сори осини, сори-да ая! Хай тай, хай тай-да ая!
312 Тэинэгуэри, – унди, – чихани то чала. Тэинпи сори-да ая».
313 Тэй мапа ундини:
314 «Гэ, тэинди осини, тэинди-дэ ая, – унди, – хони таори», – унди.
315 Э, тэинчи эм мо оялани
316 «Мапа, синди сориханда хай ебэ, си хай оси.
317 Ми вайчи осини, балана дидидуэси вамчаи», – унди.
318 «Тэде, – унди, – ми хай ебэ, – унди. –

290 ▸ 30:50 ‖ 295 ▸ 31:29 ‖ 300 ▸ 32:06 ‖ 305 ▸ 32:41 ‖ 310 ▸ 33:14 ‖ 315 ▸ 33:38 ‖

286 «Скорее приготовься!»
287 Тело его заблестело, вытащил стрелу и сел. С той стороны другой [идол *боpоктама бучуэн*] тоже сел.
288 Когда он уже подходил к ним, *бороктома бучуэн* выстрелил из лука.
289 Стрела вверх полетела, а затем стала вниз опускаться. Так идет.
290 Куда он отбежит, туда и стрела летит. Чуть подвинется, и стрела туда же движется.
291 Куда бы он ни побежал, все так [стрела за ним].
292 Тогда он отстранился, чуть вверх поднялся и сразу вниз опустился, и когда стрела мимо пролетала, он ухватился за нее.
293 «Ты, стрела, сильная, сильнее своего хозяина!» – говорит.
294 Взяв свой лук, выстрелил этой же, этой же стрелой обратно.
295 Попал в *бучуэна*, и он рассыпался.
296 Оттуда другой [*бучуэн* в него] выстрелил.
297 Очень быстро [стрела летит, скоро] долетит. Он вверх прыгнул и опять схватил эту стрелу.
298 Еще раз ухватил эту стрелу и выстрелил назад, тоже убил [*бучуэна*].
299 Ну, не зашел в эти домики, оттуда идет, идет, идет, [смотрит], один [дракон] *пуймур*, ну этот, как его, [дракон] *мудур* ползет, извиваясь.
300 С таким шумом, с шумом *мудур* ползет, а мальчик как шел, так и идет, как шел, так и идет.
301 Мальчик, как только он ближе к нему подошел, перепрыгнул через него, в прыжке выстрелил в него стрелой.
302 Он так сделал, чтобы он [дракон] крутнулся и замолк, остановился.
303 Потом стрелой и копьем добил [его]. Тоже убил.
304 Оттуда он дальше идет, идет [видит] навстречу кто-то идет.
305 И правда, семисаженный человек, это семь сажен, идет навстречу, сам с собой разговаривая.
306 «Этого своего всегдашнего врага чтобы убить, где его найти, где увидеть? Высматривая даже, не увидишь его».
307 Так подходит. Близко подошел.
308 «Старик, почему ты убить врага [собираешься], говоришь? – говорит, – Это я сделаю [я тебя убью]», – говорит.
309 «Ладно, что ты будешь делать, то и я буду делать».
310 «Что про то говорить, разве врага убьешь словами, – говорит. –
311 О чем разговаривать? Если сражаться, то давай сражаться. Что надо делать, то и будем делать.
312 Ладно, пойдем, – говорит, – отдохнем вон туда. После отдыха и драться можно».
313 Старик говорит:
314 «Хорошо, если отдыхать, то можно отдохнуть – говорит. – Что поделать!» – говорит.
315 Отдыхают, сидя на одном [поваленном] дереве.
316 «Старик, с тобой драться, что толку? Как ты сможешь?
317 Если бы я хотел убить тебя, то давно, пока ты сюда шел, убил бы», – говорит.
318 «И правда, – говорит, – какой из меня толк? – говорит. –

319 Ми балана, тэӈ балана амиси даилами яини даи ниоктани тамби, – унди. –

320 Ми, хай, эси си тусугуэси, си хайгоаси энуэмби, – ундини. –

321 Тусугуэси, вообще, этуэмдигуэси энуэмби, – унди, – суэ бароасу, мэнэ бароани энудемби», – унди.

322 «Гэ, эну, чихани».

323 Таваӈки энэмиэ, энэмиэ. Элэ иси.

324 Ая-я, гасава эм дё хоримба бие-ус, хадо бие-ус, гаса кэндэлини тэй-дэ, эмдиэди дюэр гаса.

325 Анана, тэй-тэни хоримба би гаса эуси энэй, туй […] чокилагой.

326 Тэй дюэр гаса-тани маӈгалахачи, маӈгалахачи-гоани. Туй гигдокачимари маӈгалихачи тэй дюэр гаса. Эй туй биэси, ачаси.

327 Туй тара эси, лэкэи хэм сим тугбухэни, хэм бэеи дякпадоани нэхэни.

328 «Эй, лэкэ улэндиэни байгоамба борти тами хэм варо, – уӈкин. – Эси тэм чала эмбэ солохари», – ундин.

329 Эси-тэни уйси дяралихани-гоани.

330 «Пудиусэл, анда пудиусэл, яиосу, – уӈкин, – лэкэи тории, – уӈкини, – эси лэкэлэмби».

331 Туй тапи лэкэлэхэни-гуэни.

332 Тэй-лэ хоримба би гасакамба тэӈ эмбэ сологохачи хэм туй сим туй хайва, хэм тугухэни дякпачани.

333 Гэ, тадо хэм вактогохани. Туй тара тэй дюэр гасакан, асинани энухэ.

334 Гэ, туй энэми, энэми. Тэй мапа иргэмбэ исиндахани.

335 Исиха, гэ, хэсихэ, гэ, сорипсиӈкини-гоа.

336 Сори, сори, хони-да сориасилани. Тэй дюэр асинайни эргэмбэни гадёхачи.

337 «Гэ, мапа, чиндо пуюнтугуивэ, ми бурбугуй пуюнтугуивэ», – унди.

338 Мапа:

339 «Эрдэӈгэ-тэни, дои полойчихани, – унди, – сорими.

340 Ми эчиэ-дэ даи-да сумбэ эчиэ улэн, хай, чиранда, – ундин-гуэ, – соридои. Ну!

341 Эси ми хайгоива, – унди, – чиндамби», – унди.

342 Чиндаха, тэй асикандиани-тани эм чаолбани тугбухэни.

343 Мапачи дидюхэни-гуэ, дяпара дидюхэни.

344 «Мапа, эй хамача дякани?» – уӈкини, эй тэй туй, туй ичучини-гуэ дяпара-да, туй ичучини.

345 «Э, ная вари бусивэ, – ундин, – тэй. Эй ачаси, – ундини, – эй бусиэ, – унди. –

346 Най соридои, даиниди соридои, даиниду бури, – унди, – эмэчэн бусивэ».

347 «Гэ, ая, бури-дэ ая. Эденэ!»

348 Эй ӈалани туй, туй тадорахани. Ӈаладоани тэй чаолгоа ӈаладоани дапара, туй тадорахани-гоани. Гэсэ амдайни бэейни, туй амдайни.

349 Эмдиэ бэгдиэни дапара, туй тадорайни. Бэгдини туй, туй, туй, туй.

350 «А, хайми туйӈкуйси?»

351 «Аба, тэмучэ тапи, тул-тул буэ сагдини эмуту хайорини, – унди, – амдарини», – унди.

352 «Гэ, амдари осини, амдари-ос».

320 ▸34:06 ‖ 325 ▸34:42 ‖ 330 ▸35:29 ‖ 335 ▸36:04 ‖ 340 ▸36:29 ‖ 345 ▸37:06 ‖ 350 ▸37:38 ‖

319 Я давно, очень давно был старшим духом *ниокта* у твоего отца, когда он пел по-шамански, – говорит. –

320 Я теперь буду твоим охранителем и с тобой пойду, сторожем твоим пойду, – говорит. –

321 Сторожем, вообще, охранителем пойду, – говорит, – к вам пойду на свою родину», – говорит.

322 «Ну, иди, если хочешь».

323 Дальше идут, идут. Скоро дойдет.

324 Ой, сколько уток в одной стае, штук двадцать или больше кружатся, с другой стороны две утки.

325 Ох, эти двадцать уток сюда летят и клюют [тех двух уток].

326 Эти две утки устали, устали очень. Конечно, устали защищаться эти две утки. Это так оставить нельзя.

327 Затем он все свои стрелы вниз опустил, все около себя положил.

328 «Стрела, врагов, хорошенько врагов [уток] насмерть убей, – сказал. – Но одну там оставь», – говорит.

329 Затем произнес, [глядя] вверх:

330 «*Пудины*, подруги мои *пудины*, пойте по-шамански, – сказал, – моя стрела летит, – сказал, – сейчас я выстрелю».

331 *Мэргэн* выстрелил.

332 Из двадцати уток все упали около него, все, кроме одной, все так упали.

333 Он всех убил. Эти две уточки, его жены ушли, улетели.

334 Он пошел дальше. Дошел до селения, где жил старик.

335 Дошел, вызвал его и начал с ним драться.

336 Дерутся, дерутся, сколько-то они дрались. Прилетели две его жены, принесли [душу] *эргэн* старика.

337 «Старик, отпусти меня, чтобы залечить раны, перед смертью залечу раны», – говорит.

338 Старик:

339 «Друг, вот интересно, внутри у меня согрелось, – говорит, – пока я дрался.

340 Я еще и не взялся хорошенько, – говорит, – драться с тобой. Ну!

341 Сейчас, – говорит, – я тебя сейчас отпущу», – говорит.

342 Отпустил, а те его жены [душу старика] *чаоло* спустили.

343 Этот подошел к старику, взяв [*чаоло*], подошел.

344 «Старик, это что такое? – сказал и показывает [старику] то, что взял, вот так и так показывает.

345 «Это человека убивающий [злой дух] *бусиэ*, – говорит тот человек. – Это нельзя, – говорит, – это *бусиэ*, – говорит. –

346 Это когда человек дерется со старшими, старшему отдавать надо, – говорит, – такое *бусиэ*».

347 «Ладно, можно и отдать. Сейчас, подожди!»

348 Руку [*чаоло*] так, так подергал. Руку *чаоло*, руку взяв, так подергал. Тело [старика движения *чаоло*] повторяет, так повторяет.

349 Одну ногу взяв, так подергал. Нога [старика] так, так, так, так [дергается].

350 «Почему ты дергаешься?»

351 «Нет, когда с такой штукой что-то делаешь, мы старые люди это, – говорит, – повторяем», – говорит.

352 «Если повторяешь, так повторяй».

353 Моӈгомбани туй морколахани-гоа, дарамава ичэгуйдиэни. Тадо-ма ундини.
354 Тэй моӈгони моӈгони-мат туй осихани-гоани.
355 «Эм вари осини, варо! – унди. – Хамача пуюгдэличини-дэ аба», – унди.
356 «Гэ, буду!»
357 Таваӈки вахани-гоа. Вара, токоха.
358 Гэ, тадо туй би. Хайс няр би. Няр бие, туй бимиэ, асинда хэм би.
Хэм, хэм дюэтуӈгэ би.
359 Туй бимиэ, тэй буку асини ундини:
360 «Эрдэӈгэ, ми сария сарии, ми отолия отолии, ундиэчимэ, – унди. –
361 Ми аӈнаи хэм буйки, – унди, – тэм поянго агби осогохан, – унди. –
362 Халиа хориниси ундини чава? Найди сорини», – унди.
363 «Гэ, хай горо!» – туй ундини.
364 Чаӈсоап тэрэ, барадигора.
365 «Гэ, эси уй дюлэси энэйни, уй-уй хориори?» – унди.
366 Асини ундини:
367 «Уй эй дюлэ энэйни, уйвэ хориори?» – унди.
368 «Гэ, гэ, си гасапи, си дюлэси энэдиэчимэ!»
369 Хай, соктава тэтугуми, киоӈкорими, Маӈбо байси хуэлимэри, пэрхидиэ
Маӈбо бароани энэмэри [дэрухэчи].
370 Энэй, энэй, энэй, тэй энэхэ, энэхэ, хони энэхэ, тэй иргэнчи исихачи.
371 Асини аба. Нирбулэкэ аори тэй букусэл. Хуюн буку.
372 Дякпон буку тэӈ букунэ хайрин-гоа, эси-тэни энэми сорипсиӈкини.
373 Эргэн-дэ ана дярони вара тахани мэргэн.
374 Вара, эси-тэни тэй хуюн букумэ-тэни хаяхани-гоа наӈгачиохани.
375 Дили дабор, дили дабор наӈгачихани, бэгдилэни дяпами. Хэм илигохачи,
хэм хорагохачи.
376 «Гэ, эй-кэ ходё, эй-кэ ходё би! Гэ, эси-кэ улэни!»
377 Гэ, намаси-да, хайри тэй.
378 Гэ, эси-тэни хадол-хадол бичи, тадо асинда исиха.
379 Гэ, тэй мапаначи ундини. Тэй ходёчи, ходёчи ундини:
380 «Чахали осини, дёкчи энусу, иргэм далигомари,
381 чахали осини, ми бароани дидюйсу, ми боачиива туй холигомари».
382 Тэй аӈпанани ундини:
383 «Буэ мэнэ боапу чукиэ, – унди, – хайва-да ичэвэси, – унди. –
384 Маӈбоду балдиори улэн, – унди, – буэ энэури, – унди.
– Эси-тэни буэ энэдепу, – унди. –
385 Амбамба ачогой, хэм ачонагомари гой боаи бароани,
мэнэ гораваи бароани пулсидепу, – унди. –
386 Эй иргэмбэ буэ мэнэ далигопоа, – унди, – мэнэ хэтэхэмбэри,
– туй унди. –
387 Эси буэ амба ана осигопо-мат тэй си боачаси мэнэ дидюдепу»,
– унди.
388 Наондёкан энухэ, эси-тэни мэнэ хан иргэнчи исиоха.
389 Эси-тэни тэй удэни далигой хэм.
390 Туй дидюми, дидюми, туй хайва, асии бичини дёва исигохани

355 ▸38:02 ‖ 360 ▸38:35 ‖ 365 ▸39:06 ‖ 370 ▸39:26 ‖ 375 ▸40:02 ‖ 380 ▸40:32 ‖ 385 ▸40:57 ‖

353 Шею свернул так, что тот [*чаоло*] спину свою увидел. Потом говорит.

354 У того [старика] шея точно так же встала.

355 «Если убиваешь, убей, – говорит, – никакие ты свои раны не лечишь».

356 «Ладно, умри!»

357 Убил. Убив, вернулся домой.

358 Опять спокойно живет. И жены там есть. Обе, обе две [жены] есть.

359 Однажды та жена, [которая была] сестрой этих горбатых говорит:

360 «Интересно, ты скажешь, что знаешь то, что я знаю, и умеешь то, что я умею, – говорит. –

361 Мои старшие братья все умерли, – говорит, – только младший брат остался, – говорит. –

362 Когда пойдешь спасать его? Он с человеком дерется», – говорит.

363 «Ну, это недолго», – так говорит.

364 Сказав так, быстро вскочил, оделся

365 «Сейчас кто вперед пойдет кого-то спасать?» – говорит.

366 Жена говорит:

367 «Кто вперед пойдет кого-то спасать?» – говорит.

368 «Ладно, ладно, ты [о брате] горюешь, ты вперед и иди!»

369 Как только лыжи надели, скрипя [по снегу] перешли Амур, и к западной-стороне Амура начали идти.

370 Идут, идут, идут, так шли, шли, сколько-то шли, до селения дошли.

371 Жены нет [отстала где-то]. Лежат там эти горбатые. Все девять горбатых.

372 Восьмерых горбатых он разбудил и начал с ними драться.

373 *Эргэнов* [душ] их [у него] нет. Убил.

374 Убив девятерых горбатых, начал что делать, бросать их.

375 Через свою голову, через свою голову перекидывал, взяв их за ноги. Все встали, все ожили.

376 «Вот это зять так зять! Какой хороший!»

377 Ну, обнимают, что делают они.

378 Ну, через какое-то время и жена его дошла.

379 Ну, этим старикам говорит. Родителям жены говорит их зять:

380 «Если хотите, домой поезжайте, с собой [жителей] селения уводя,

381 а если хотите, ко мне поезжайте, на мою землю поезжайте».

382 Родители жены тесть и теща говорят:

383 «Наша земля плохая, – говорят, – ничего не видно, – говорят. –

384 На Амуре жить хорошо, – говорят, – мы уедем, – говорят. – Мы теперь поедем, - говорят. -

385 Чтобы снять с себя [духов] *амбанов*, чтобы все снять, в другие места, по своим дорогам гора мы пойдем.

386 [Жителей] своего селения сами переселим, – говорят, – раз победили, – так говорят. –

387 Мы на твою родину сами приедем, когда одержим победу над своими *амбанами*», – говорят.

388 Мальчик ушел, дошел до своего селения.

389 Теперь с того места всех за собой стал забирать.

390 Возвращается, возвращается, так докуда дошел, до дома, где у него [была другая] жена.

391 Асини ундини:
392 «Эй эйду бие, – унди,– дуйлэ хуюн хурэмбэ хуэли, хуюн кумчэмбэ хуэли эм хай, эм торо. Хамача.
393 Тэй тороду-тани хай бие, – унди, – тороду гурмэ токсан, токсан, ну, гормохон тэ…, тэмэчэ чава кэндэлие, – унди. –
394 Чава дяпанару, – унди, – хони-да!»
395 Гэ, мэргэн-тэни хэп дяпагоми пагдилахани-гоа.
396 Туй энэй, энэй, энэй. Тэде, тэде, кэндэли!
397 Дуин дадо осигоми ичэхэни тэй гормахомба.
398 «Эси-мэ ми мэнчи туй исиниива ичэкэи, – унди. –
399 Хамача най мэпи тэй дяпивани хэм сарамби», – унди.
400 Гэ, эси-тэни уйси дэгдэгуйни, хэи налахани, кумбиэр […] хочихани.
401 Тугбугухэ, хоасилами пагдилахани, дидюхэни.
402 Тэй асинани хэмтудиэри, уже хао энэхэчи-ус, хао энэхэчи-ус.
403 «Аба», – унди.
404 Хэм мэргэн тэй пуючихэ, хэм сиаорива аӈгой элчиусэл.
405 Чадо хэм таха, тотапиу паландола агбиӈгохачи хэмтудиэри уӈчухуӈку, яӈпаӈко, мэумэри, мэумэчиухэ.
406 Гэ, таваӈки-мат тэй асини няӈга энусихэни-тэни туй тагой улэн осигоха.
407 Таваӈки-тани гучи улэн осигоха, таваӈки далигомари, дидюмэри тэй мэлдехэмбэри иргэмбэ исиохачи-гоа.
408 Мэлдехэм, мэлдехэм иргэм исиоха, долимбани аӈни далиохани.
409 Долин би, тэй мапа бурэсини-гуэ, тэй пиктэдуй гэсэ иргэм туй бугухэни.
410 Таваӈки-тани тэй мапади анами хэм далигоми дидюхэ, дёи исиоха.
411 Эси-тэни туй бие, туй бими. Хурэн пулси, боа боатай.
412 Туй тамиа эм модан ундини, боа ниэрэ хэрсини-гуэ:
413 «Эдэдэ, эй Маӈбо долани маӈга, хачин хасагба най, аба-ну, – ундини. –
414 Хайми эй дюлэлэӈкэ бичин-тэни? – ундини. – Би осини, эси, эйниэ тул исио, эйниэ тул диду!»
415 Тэй ундэ игухэни.
416 Игуйни, хамиалани бэктэ бипи, эм наондёкан чул ихэни, тэй мэргэн.
417 Гэ, бай чарахи, яохи.
418 «Гэ, ми хай най хэрсивэни долдира дичимби», – ундини.
419 Гэ. Мэргэн бэсэр пэгиэлэ эм яӈса агбимбоми хаяхаӈгоа.
420 Эм хо нэхэ, чадо саолимачи сиари тэй.
421 Гэ, уй, асичи ундини:
422 «Анда пудин, ми нэукуе, – унди. –
423 Ми нэуи хэрсихэ, – унди. –
424 Ми нэуи эдигуэни хэрсихэмби, – унди. –
425 Чимана мэлденэуэри», – унди.
426 Асини-ла хал-хал.
427 Эй хайду бахани нэугуи? Хайду бини нэуни? Хайду нэучихэни нэуи?
428 «Ми нэукуе, – унди. –

395 ▸42:27 ‖ 400 ▸42:50 ‖ 405 ▸43:14 ‖ 410 ▸44:00 ‖ 415 ▸44:40 ‖ 420 ▸45:12 ‖ 425 ▸45:32 ‖

391 Жена говорит:
392 «Тут, – говорит, – за девятью горами, за девятью холмами есть одно, как его, одно [шаманское дерево] *торо*. Вот так вот.
393 Возле этого *торо*, – говорит, – возле *торо* есть небесный заяц, заяц, ну, небесный заяц вокруг этого [*торо*] бегает, – говорит. –
394 Его поймай, – говорит, – как-нибудь!»
395 *Мэргэн* тут же, взяв вещи, побежал.
396 Так идет, идет, идет. Правда, вокруг [*торо* заяц] бегает!
397 До [расстояния] четырех саженей когда дошел, увидел этого зайца.
398 «Только теперь я увидел, что кто-то так ко мне подходит, – говорит. –
399 О том, что какой-то человек меня хочет поймать, я знаю», – говорит заяц.
400 Теперь *мэргэн* взлетел вверх, кинул [веревку] и заарканил [зайца].
401 Опустился вниз, за спину [зайца] закинул и побежал назад домой.
402 Обе его жены уже куда-то делись, куда-то делись.
403 «Нет [их]», – говорят.
404 *Мэргэн* сварил [зайца], а еду приготовили слуги.
405 Все это сделали, и через некоторое время из-под пола обе [его жены] появились с бубнами, в шаманских поясах пляшут.
406 Ну, после этого – жена его немного болела – а после этого выздоровела.
407 Потом ей еще лучше стало, и они стали возвращаться дальше, ведя за собой всех людей, и дошли до селения, где соревнования были.
408 Зашли в селение, где соревнования, соревнования были, половину [жителей] селения его брат увел с собой.
409 Половина осталась, потому что тот старик не все отдал своей дочери.
410 После он всех [жителей] этого селения вместе со стариком, всех забрал и к себе домой повел.
411 До дому дошел. Так стали они жить, по горам на охоту ходят.
412 Потом однажды говорит, [*мэргэн*] вышел на улицу и зовет:
413 «Я жду долго, неужели тут на Амуре нет сильного всякими чудесами, крылатого человека [*хачина*]! – говорит. –
414 Почему раньше он был? – говорит. – Если ты есть, сегодня же до меня дойди!»
415 Так сказав, зашел домой.
416 Как только он зашел, следом, через некоторое время один мальчик вошел к *мэргэну*.
417 Ну, [*мэргэн*] начал его угощать, привечать.
418 «Ну, я услышал чей-то зов и пришел», – говорит.
419 Тут *мэргэн* вытащил кувшин из-под [лавки] бэсэрэ, угощает.
420 Кувшин поставил, начали, угощая друг друга кушать и пить.
421 Ну, кому, жене говорит:
422 «Друг *пудину* меня есть младшая сестра, – говорит. –
423 Я для младшей сестры звал, – говорит. –
424 Я звал [сильных людей], чтобы выдать младшую сестру замуж, – говорит. –
425 Завтра пойдем на соревнование», – говорит.
426 Жена его растерялась.
427 Где он себе нашел сестру? Где она находится? Где он держит свою сестру?
428 «У меня есть сестра, – говорит. –

429 Боачи ниэрэ, унду, – унди: ‘Ая, акси хэрсие, унду, тургэн эуруэм’».
430 Гэ, тэй пудин сарасин-гоани. Боа ниэрэ тэй бароани хэрсихэни.
431 Тотапи бэктэу бипиэ, чип-чип-чип-чип -чип-чип, туй тами эукэ эм эктэ.
432 Туе би. Эктэ-кэ, дилин тирэ би, тэеди даи гогда биэси.
433 «Гэ, хайни баваси», – унди.
434 «Гэ, бахамби», – унди, – чимана мэлденэпу, – ундини.
435 «Гэ, мэлдени, мэлдени».
436 Гэ, диа чимана-тани тэхэ, чими эрдэ тэхэ, хэм.
437 Тэй асичии уйчи тэй нэучии ундини:
438 «Суэ улэн-улэн ичэдиӈгэсу-тэни, – унди, – буэ хони-да энэйпувэ хаоси энэйпу.
439 Улэн-улэн ичэдиӈгэсу-тэни», – унди, ниэми-дэ.
440 Мэргэн ундини:
441 «Эвэӈки хуюн хурэн хуэлими, дёанчи хурэнду эм дё бие, – унди. –
442 Уй-дэ дюлэ исивани чава, тутуми».
443 Гэ, эси-тэни, гэ, уми пагдиалахачи туй, туй, туй, туй туй, туй, туй, туй хурэн, хэм хурэн.
444 Дёанчи хурэнду-тэни эм дё порондоани би.
445 Исихани, тэй наондёкан-да исихани.
446 Гэ, игуэри. Ихэ. Мэргэн сиулиэ туй ичичини.
447 Эм чадо пэрэгдуэни эм туе би боӈгалика пакан бини.
448 Дяпами, гэ, баӈ ниэру, ниэру тургэнди.
449 Ниэгуми пакамба налахани. Ниору-у туй энэйни тэй пакан.
450 «Гэ, эйвэ хасисиори, – унди, – эй хасисими энэй, энэй, эй дуэдуэни баогори, – унди. –
451 Гэ, эй эвэӈки эй дуэлэни-мэт ходиори», – унди.
452 Энэй, энэй, энэй. Эм намочи хуэлихэни.
453 Намо байси ниору би. Гэ, хони таори? Гэ, эси хони таори?
454 «Гэ, эси эй намо токондоани бие, – унди, – эм бэбэкэн.
455 Чала пуйкури, – ундини. – уй-дэ дюлэси пуйкувэни!»
456 ‘Гэ, гэ’, уми пуйкулухэни мэргэн. Пуйкухэни.
457 Тэй наондёкан-да хамиалани бай чэгэрэк илихани.
458 Гэ, гэ, эси-тэни эвэӈки-тэни маӈга хэдун, маӈга чиаӈка, маӈга вата осихани, унди.
459 Эси-тэни тэй бэбэкэ-мэт биди-тэни, туй качаламари, качаламари, вата, хэдун туй осихани-гоа.
460 Хэдун осиочани-тани хаончок, хаончок энэхэчи-гуэ.
461 Тотапариу сагохани мэргэн намо кирадоани ваторими, сагохани.
462 Туй тара пуйкугухэни, та пуйку... Эу ичэ, тао ичэ тайни.
463 Асини агбиӈкини.
464 «Хайду бини эй ми диаи? Дяпакасу, хорикасу?»
465 Тэй, тэй, тэй хал-хал мэргэн тэй удэйчи ичичэйни. Нэуи ичухэни.
466 «Хайду бини?»
467 «Ча чаду бие, – унди. – Маӈга!» – унди.
468 Энэхэни, тэде, дюкэн тэсини.
469 Мэргэн-тэни дяпами, поромби дабал ӈалахани.

430 ▸45:56 ‖ 435 ▸46:30 ‖ 440 ▸46:59 ‖ 445 ▸47:26 ‖ 450 ▸47:54 ‖ 455 ▸48:24 ‖ 460 ▸48:57 ‖

429 Выйди на улицу и скажи, – говорит: ‘Брат тебя зовет, быстро спустись’».
430 Ну, *пудин* ничего не знает об этом. Вышла на улицу и позвала ее.
431 Через некоторое время послышался звук *чип-чип-чип*, и спустилась [с неба] одна женщина.
432 Вот такая. Голова плоская, телом небольшая и невысокая.
433 «Ну, ничего не нашла», – говорит [спустившаяся с неба женщина брату].
434 «Зато я нашел, – говорит, – завтра на соревнование пойдем», – говорит.
435 «Ну, на соревнование, на соревнование пойдем!»
436 На следующий день все встали, рано утром встали все.
437 *Мэргэн* женам своим и сестре говорит:
438 «Вы хорошенько смотрите, – говорит, – как мы идем, куда идем.
439 Очень внимательно наблюдайте за нами, – говорит, – выходя на улицу».
440 *Мэргэн* говорит:
441 «Отсюда за девятью горами на десятой горе дом стоит, – говорит. –
442 Кто вперед добежит туда?»
443 Только сказал так, и побежали так, так, так, так через все эти горы.
444 На десятой горе, на вершине дом стоит.
445 Добежал [*мэргэн*] и мальчик добежал.
446 Ну, нужно войти [в дом]. Зашел *мэргэн*, осматривается вокруг, высматривает что-то.
447 Там внутри дома круглый мяч лежит.
448 Взяв его, очень быстро, быстро вышел на улицу.
449 Как только вышел, тут же бросил мяч. Летит мяч, след его светится.
450 «За ним побежим, – говорит, – побежим до конца [до того места, где он упадет], – говорит. –
451 Только после этого закончим [соревнование]».
452 Идут, идут, идут, к морю через перевал перешли.
453 А след [мяча] по морю тянется. Что делать? Что теперь делать?
454 «Там посреди этого моря есть люлька.
455 Туда надо прыгнуть! – говорит. – Кто первым прыгнет?»
456 Сказали: ‘Ну-ка!’, и прыгнул *мэргэн*. Прыгнул.
457 Мальчик следом за ним [за *мэргэном*] встал [прыгнул].
458 Теперь поднялся сильный ветер. Высокие волны.
459 Теперь [*мэргэн* и мальчик] находятся в этой люльке, [люлька] стала раскачиваться, раскачиваться, волны, ветер, так стало.
460 Когда ветер поднялся, они потеряли сознание.
461 Потом пришел в себя, *мэргэн* очнувшись, оказался на берегу моря, его вынесло волной.
462 Он быстро вскочил, вскочил. Туда смотрит, сюда смотрит.
463 Жена его появилась.
464 «Где мой друг? Забрали его, спасли его?»
465 Туда-сюда осматривается *мэргэн*. Увидел свою младшую сестру.
466 «Где [мальчик]?»
467 «Он там, – говорит. – Плохо ему», – говорит.
468 Подошел *мэргэн*. И правда, [мальчик] еле сидит.
469 *Мэргэн* взял и через голову свою бросил его.

470 Бай кичоаптап илигохани.
471 Гэ, туй тара дуэрэмэри гусэрэндумэри туй энэйчи.
472 Гэ, чадо-мат асигоани бухэни тэй наондёкандо.
473 Тэй эктэ эйкэ нэуни-тэни, нучку арчоканди.
474 Ну, красивый, красивый такой арчокан осиохани.
Тэй хай, асигой чаду баха.
475 Тэй наондёкамба чаду ундини:
476 «Си-дэ эй боачи дидюру, – ундини,– багиадиала осигосу!» – унди.
477 Гэ, тэй-дэ элэ дидюхэ, тэй чаду асигой баогоха.
478 Эси-тэни эуси-таоси ирамомари балдичи тэй дюэрни, аӈни, аӈни, тэй арчокан, тэй мэргэн, хэм гэсэ осиогохачи. Все.

«Морин пиктэни»
Оненко Зарина, 11 лет, с. Найхин

470 ▸ 49:41 ‖ 475 ▸ 50:09 ‖ 50:30

470 Сразу тот вскочил, встал.
471 Дальше пошли пешком, друг с другом разговаривая.
472 После этого он отдал тому мальчику свою сестру [в жены].
473 Та женщина, его старшая, то есть, младшая сестра в маленькую девушку превратилась.
474 Красивая, красивая такая девушка стала. Они поженились.
475 [*Мэргэн*] говорит мальчику:
476 «Ты тоже сюда переселяйся. На той стороне встанешь своим селением!» – говорит.
477 Тот вернулся, женился.
478 Посылая угощения друг другу, так живут те двое, старший брат, старший брат, та девочка, тот *мэргэн*, все вместе жить стали. Все.

«Юрги мэргэн» → ‹13›, с. 146
Демина Соня, 10 лет, с. Троицкое

Инда нантани пасиани

1 Эм пудин эмучэкэн балдихани эм боаду.
2 Хай мурчи, хай тайни-гоа. То охотали, бэюмбэ хайва вари.
3 Туй бими эм модан-тани боачи ниэхэни.
4 Тулиэдуэни инда пасини. Инда нантани пасиани туе би, туе, туе би.
5 Сиӈгактаку, чистый, чистый инда пасиани, инда нантани.
6 Хайни-да-да хони-да балапчи ичэйни балапчи, дяпагора ивугухэни. Ивухэ.
7 Ивугуйни дяи чиманива сиксэӈгиэ-лэ дюэни дичини.
8 «Инда пасиани барачиси? Инда нантани пасиани барачиси-ну?» – унди.
9 «Инда нантани пасиани эчиэ бараи ми. Ичиэдэчимби, аба! Сарасимби». – унди.
10 Туй уӈкини-гуэ дюэр хусэ найчи. Ичини-кэ эктэни-мэт би дуруни тэй мамачан, тэй эктэ ичини.
11 Тэй уӈкини энухэчи тэй экэсэл. Хао энэхэ-ус, хао энэхэ-ус?
12 Диа чимана тэми тэй инда пасиани-тани вэксумбэ дяпара вэксундини-гуэ.
13 «Симбиэ хони гэлэгуйни? – унди. – Най, най осини, тургэн хорагоро, туй вэксудини».
14 Инэктэмиэ илисини тадо эм най. Тэниэ или най, наондёан най.
15 «Туй тара, – ундини, – ми диасилби, – унди. –
16 Эмдиӈгэ пондадёи, эмдиӈгэ асии, – унди, – мимбивэ гэлэнэгуйчи», – унди.
17 «Гэ, эну, ая, –- тэй эктэ ундини, – энэру, – унди, – хасасиру!» – унди.
18 Гэ, эси-тэни хадол-хадол аоӈгоха, тэй чадо най осигора асигой бара туй бини.
19 Тэй эктэди тул асилахани. Тэй мамачанди, тэй мама-да биэси, тэй-дэ мама улэн очогохани тэй дё эдендиэни.
20 Туй бими, тэй эктэ ундини:
21 «Энэру, – унди, – асиси эдигуй баха, – ундини
– а пондадёаси тэй-дэ эдигуй баха, – унди. – энэру!» – унди чаду.
22 Гэ, тэй най собралаха, хэм хадёмби хайха, энэпсиӈкини.
23 Туй энэмиэ, энэмиэ, анана, эм иргэнчи, ихончи исихани.
24 Тэй ихонду эден хандоани тохани, тэӈ даиӈголани тохани.
А чадо эмуни энуси элэ-лэ бурми энусини.
25 «Хайми энусиси? Эрдэӈгэ, наондёан най кэту сагди-да биэси».
26 Наондёала би.
27 «Хайми энусирэ? – унди. – Вот эй мимбивэ най хаӈгиси тахани. – унди. –
28 Ми улэн ная хориамби, – унди.–
29 Савандами ми дёгдиамбива хайва чуӈну камалихани, – унди. –
30 Эси бурбури маня осии, – унди. – Ми чади энусие, – унди. –
31 Хаим-да най камалихамбани-да сарасимби, – унди. –
32 Хайни тахамбани-да сарасимби», – унди.

Клочок собачьей шкуры

1 Жила в одном месте одинокая *пудин*.

2 Что надумает, то и делает. На охоту ходит, зверей убивает.

3 Так жила, однажды вышла на улицу.

4 Во дворе клочок собачьей шкуры. Небольшой клочок шкуры, вот такой был.

5 С шерстью чистый-чистый клочок собачьей шкуры, собачьей кожи.

6 Давнишний клочок, как ни посмотрит, взяла и занесла его в дом. Занесла.

7 Внесла, а следующий день вечером пришли к ней двое.

8 «Не находила ли ты клочок собачьей кожи? Не находила ли ты клочок собачьей шкуры?»

9 «Нет, я не находила клочок собачьей кожи. Не видела, нет! Ничего не знаю!» – говорит.

10 Двое мужчин. Смотрит на них, а они как будто на женщин похожими стали. Одна женщина [средних лет], а другая молодая.

11 Так сказала, и те женщины ушли. Куда ушли? Куда ушли?

12 На следующий день взяла она клочок шкуры и стала его выколачивать.

13 «Почему тебя ищут? – говорит. – Если человек, быстро объявись, пока я тебя выколачиваю».

14 Смеясь, человек там [около нее] уже стоит. Молодой человек, мальчик.

15 «Это, говорит, – были мои попутчицы, – говорит. –

16 Одна из них – моя сестра, а другая – моя жена, - говорит, – они меня ищут», – говорит.

17 «Ну, иди, – говорит та женщина, – иди, – говорит, – за ними вслед», – говорит.

18 Несколько дней пожил он у нее и женился на ней.

19 На этой женщине женился, на этой старухе, она не была старухой, та старуха красивой стала, на хозяйке этого дома [женился].

20 Через некоторое время женщина говорит:

21 «Иди, – говорит, – твоя жена замуж вышла, – говорит, – и сестра твоя тоже замуж вышла, – говорит, – иди!» – говорит ему.

22 Собрала она его в дорогу, одежду ему дала, он пошел.

23 Шел, шел, ох, дошел до одного селения.

24 В том селении поднялся с берега к хозяину-хану, поднялся. А там человек болеет, вот-вот умрет.

25 «Почему ты болеешь? Интересно, молодой такой, не старый».

26 Он был молодым.

27 «Почему болею? – говорит. – Потому что неправильно мне сделали [неправильно пошаманили], – говорит. –

28 Я помог выздороветь хорошему человеку, – говорит.–

29 Знаю, что мой шаманский путь *дёгдиан* перекрыли, – говорит. –

30 Только умереть мне теперь осталось, – говорит. – Потому-то я и болею, – говорит. –

31 По какой причине мне дёргил [шаманский путь] закрыли, не знаю, – говорит.

32 Какой человек так мне сделал, не знаю», – говорит.

33 Гэ, тэй мэргэн-тэни хаяхани-гоа ниӈмачи, ниӈмачи, ниӈмачи, туй тара ундини:

34 «Ая, хай-да маӈга-да ана симбивэ таори».

35 Туй тами энэпсиӈкини тэй най тэй саман самандини.

36 Самандами энэй, энэй, дёргилбани-да энэй, тэй нёани пулсини поктоа энэйни.

37 Энэхэ, энэхэ, чадо хаӈгиси би чадо дяпагоха, чадо хаӈгиси би, чадо дяпагоха.

38 Ниоктавани хэм дяпактагоми туй дидюхэ.

39 Гэ, эси тэй най аянаха, совсем ая.

40 «Гэ, анда, эси симбивэ улэн таори!»

41 Аракива оми, чадо гучи подаркава гучи бури тахани-гоа. Гэ, туй тара улэлухэ, чаду улэн осиха.

42 «Гэ, ая, – унди, – эвэӈки энусиэдэсиси», – унди.

43 Гэ, туй тапи тэй най-тани энэйни.

44 Туй энэмиэ, энэмиэ, долдини, анана, иӈгур-р-иӈгур-р, най сорини.

45 Уй дяка сорини эй? Эй хайни дякани сорини, эрдэӈгэ?

46 Элэ исиниа, элэ иси, элэ, элэ иргэн дуэвэни исихани-гоа.

47 Ихонду дуэвэни элэ чимчарамди осихани энэйни эм вамба бахани, унди.

48 Най вахани, аба, бэени нету. Тэй сорихан диани нету, аба.

49 Хао энэхэниэ-ус? Хао энэхэниэ-ус?

50 Иргэмбэ бай сиур энэхэни, эчиэ-дэ торaниа, туй энэй.

51 Гучи най соривани долдихани. Иӈгур-р-иӈгур-р, сорини.

52 Иргэн дуэвэни исими-дэ, най элэ вахани, исихани. Аба.

53 «Гэ, эй сактини! Уй дяка бими, туй тайни эрдэӈгэ?»

54 Туй мурчие, туй мэргэн, мурчимиэ.

55 Эй биэсикэ аоӈгахами эктэ бидерэ мурчини. Хайна тэй эрдэлини мурчини-гуэ.

56 Ми мимбивэ нёамбани энулуэӈкимби-тэни, нёани хориха, чава хаими, вактами энэй мурчини.

57 Энэхэни. Энэмиэ, гучи сорини. Эси-кэ масилахани-гоа тэй мэргэн, энэй, энэй.

58 Исини куктэйгэ вахани, бэени ичэхэни.

59 Гэ, тэй эктэ, гэ, хайва-да эчиэ дяралиани. Сиур энэхэни тэй мэргэн, тэй асиди-да эчиэ дяралиани.

60 Аякталахани-гоа, туй энэй.

61 Дюлиэлэни найва хэм туй вактай, туй энэмиэ хай дюэр иргэмбэ бахани-гоа.

62 Эси-кэ уй-дэ сориадаси чадо.

63 Инда пасини осихани-гоани нёани, нэптэл-нэптэл туй хуэдуми энэйни.

64 Тэй хай эден хандоани осира илисини.

65 А хайни пондадёани таяди муэвэ муэлэмиэ би. Инда пасиани ичэхэни-гуэ, тэй нантава.

66 «Вот, ага, хандами эйду турэ биси? Токогоари!»

67 Дяпичини уйси тохани. Уйси тора ундини, тэй мэргэн ундини:

68 «Токору, – ундини-гуэ. – ачаси будиэчи», – ундини-гуэ.

33 Ну, этот *мэргэн* стал шаманить, гадает, гадает, гадает, потом говорит:

34 «Хорошо, тебя вылечить нетрудно будет».

35 И потом пошел он, шаманя.

36 Шаманя, идет, идет, дошел до его шаманского пути *дёргила*, пошел по тем дорогам, по которым ходил [тот шаман, который болеет].

37 Шел, шел, там что-то не ладно [с шаманским духом больного] – оттуда забрал [этого духа], там что-то не ладно – оттуда забрал.

38 Всех его *ниокта* [шаманских духов-помощников] забрал, вернул ему.

39 Ну, теперь тот человек выздоровел, совсем здоровый.

40 «Друг, – говорит [поправившийся *мэргэн*], – я готов все для тебя сделать!»

41 Водку пьют, подарки друг другу дарят. Подружились.

42 «Все хорошо, – говорит, – теперь ты больше болеть не будешь», – говорит.

43 Потом тот человек идет дальше.

44 Так идет, идет, слышит, в одном доме [в конце селения] шум, гремят, дерутся.

45 Кто там дерется? Чьи духи там дерутся, интересно?

46 Вот уже дошел до конца селения, почти дошел, почти, почти до конца селения дошел.

47 В конце селения шум прекратился, дошел, а там убийство.

48 Человека убили, а [ничего] нет, тела нет. Другого, того, с кем тот [убитый] дрался, тоже нет, [ничего] нет.

49 Куда подевались? Куда подевались?

50 Прошел он мимо этого селения, не зашел туда.

51 Снова слышит шум драки. Опять дерутся, гремят.

52 Только он дошел до начала селения, человек уже убит. [А ни тела, ни убийцы] нет.

53 «Ну, паршивец! Кто такой, кто так делает, интересно?»

54 Так думает *мэргэн*, думая, идет.

55 Это, наверно, та женщина, у которой я ночевал, думает. Наверное, это она так делает, думает.

56 Я сделал так, чтобы она заболела[1] , потому она идет теперь, людей убивая, думает.

57 Пошел. Идет, снова дерутся. Теперь быстрее тот *мэргэн* идет, идет.

58 Как дошел, тело убитого человека увидел.

59 Ну, эта женщина [тоже там], вот молча мимо прошел тот *мэргэн*. С женой даже не заговорил.

60 Рассердился, и так и идет.

61 Всех встречных людей убивая, идет и дошел до двух селений.

62 Сейчас уже никто там не дерется.

63 Он превратился в клочок собачьей кожи, и ветром понесло его дальше.

64 Добрался до хозяина-хана.

65 Чья-то сестра по воду пошла. Она увидела клочок собачьей кожи, ту шкурку.

66 «Вот, брат, почему ты здесь упал и лежишь? Заходи!»

67 Взяла [шкурку], стала поднимать. Когда чуть приподняла, говорит, *мэргэн* говорит:

68 «Не поднимай, – говорит, – нельзя, умрешь», – говорит.

---

1 Причиной болезни, которую излечил герой, была шаманская вражда пациента с данной женщиной. Избавив пациента от ее духов, герой сам оказался в положении вражды с ней.

69 Эчиэ-дэ хони-да-тани. Токохани-гоа тэй эктэ.
70 «Ми эси торасимби», – уӈкини.
71 Эси-тэни багиа бароани даохани тэй эмдиэ иргэнчи.
72 Асини мэулэмиэ би. Гэ, тэй инда пасиани ичэми, гэ:
73 «Анда мэргэн, тору, анда мэргэн, тору!»
74 Тэй-тэни муэ-тэни сополоха, илихани, уйси туй, туй дяпичини, уйлэ осихани.
75 Уйлэ аӈгичини туй наладии, туй дяпичини.
76 «Туй осини, туй осиро! – уӈкини тэй мэргэн. –
77 Эси туй илисидячиа, – уӈкини тэй мэргэн пудинчи. –
78 Уй-дэ ачом-да мутэдэсиэ, уй-дэ дэгбэлими мутэсидени. Туй илианду!» – уӈкини.
79 Туй илихани-гоа тэй эктэ, таваӈки хайс лур энэхэни.
80 Энэмиэ, энэмиэ, эм иргэнчи исихани.
81 Тэй амини, тэй асини амини, тэй иргэни би.
82 Эм биаду ная сиари, эм биаду най сиаривани сиари тэй амбан.
83 Гэ, туй нёанчиани хукчуми дидини-гуэ.
84 Диди, тэй иргэмбэ элэ исими дидини-гуэ.
85 Гэ, чаду энэй долани тул, тэй наондёкан, тэй мэргэн-тэни дяпами, дяпами тара калтарам налахани тэй ная.
86 Чала эм-тэни мапала би най агбимбоха.
87 «Гэ, эси-кэ хорахамби, – ундини. –
88 Ми амбан тамби, – унди. –
89 Эм биаду ная сиари, эм биаду най сиаривани сиари тамбиа, – ундини.
90 Симбиэ чуӈну луӈбуриэ мурчихэмби», – унди.
91 «Хали-да луӈбэдэсиси!»
92 Гэ, тэй мапади улэлухэни, тэй мэргэн гусэри-гуэ:
93 «Пиктэси туй туй мимбиэ гэлэндэгуми-тэни чаду эдигуй бахани», – унди.
94 «Ах, ми вандориа», – унди.
95 «Ачаси, пиктэи хайгой вандиси».
96 Тэй мапа ундини:
97 «Гэсэ энуриэ, – унди, – синди!»
98 Гэ, эси-тэни хадол-хадол аркиа омиха.
99 «Энуйдуй дяпагориа», – унди.
100 Тэй иргэмбэни мапава хэм гадёми туй дидюйни.
101 Дидюмиэ, дидюмиэ, тэй эктэ исиохани. Аба. Тэй эктэ аба!
102 Илисиха, илиоӈкини, эктэ аба! Но куда?
103 Эси-тэни тэй удэни найчи мэдэси, найчи мэдэси.
104 Уй-дэ-дэ сарадасиа, уй-дэ-дэ эчиэ ичэрэ, хаим-да абанахамбани.
105 Гэ, тани далигоми хэм далигоми дидюй, дидюй.
106 Тэй асичие дидюй. Тэй асичие исиохани.
107 Асини ундини, тэй эмучэкэн бичин эктэ, тэй ундини:
108 «Чихали осини, эйду ихомби тэугуэнду.
109 Чихали осини, гадё мэнэ боачи».
110 Мэнэ боачи гадёй осини, нёани энуку балди.
111 Хони чава хуэлигуй? Гэ, чаду маня тэвэӈкини.

69 Но он ничего [плохого] ей не сделал. Женщина поднялась к дому.
70 «Я сейчас подниматься к дому не буду», – сказал.
71 На ту сторону реки перешел к селению.
72 Его жена за водой на берег вышла. Как только она увидела клочок собачьей кожи:
73 «Друг мэргэн, заходи, друг *мэргэн*, заходи!»
74 Она зачерпнула воды, встала, одна рука вот так наверху [на коромысле],
75 второй тянется, хочет взять ведро.
76 «Вот так и стой! – сказал *мэргэн*. –
77 Теперь ты будешь [всегда] так стоять, – сказал *мэргэн* этой *пудин*.
78 Никто с тебя это снять не сможет, никто тебя открыть не сможет. Так и стой!» – сказал.
79 Так она и осталась стоять, а он дальше пошел.
80 Идет, идет, в одно селение пришел.
81 В том селении живет отец его жены.
82 Один месяц ее отец ест людей, один месяц кушает человеческую еду этот *амбан*.
83 Вот идет [*мэргэн*], чтоб напасть на него.
84 Идет, идет, вот-вот скоро дойдет до селения.
85 Ну, пока еще шел мальчик-*мэргэн*, он [уже] схватил и, схватив, бросил того человека [отца своей жены] так, что тот напополам разломился.
86 Оттуда [из этих двух половинок] появился пожилой человек.
87 «Вот теперь-то я спасся! – говорит. –
88 Я был *амбаном*, – говорит. –
89 Один месяц я ел людей, а другой месяц ел человеческую еду, – говорит. –
90 Я хотел тебя целиком проглотить», – говорит.
91 «Никогда не проглотишь!»
92 Вот они со стариком помирились. *Мэргэн* рассказывает:
93 «Твоя дочь так-то и так-то делая, меня пошла искать и мужа себе нашла», – говорит.
94 «Я пойду, убью ее сейчас!»
95 «Нельзя, зачем ты пойдешь свою дочь убивать?»
96 Старик говорит:
97 «Пойдем вместе, – говорит, – с тобой!»
98 Несколько дней они водку пили.
99 «Когда будем возвращаться, [жителей селения с собой] заберем», – говорит.
100 Забирает он [жителей] селения того старика и возвращается домой.
101 До той женщины дошел. Нет ее. Нет этой женщины!
102 Застывшей стоявшей женщины нет! Но куда [она делась]?
103 По тем местам стал у людей спрашивать.
104 Никто не знает. Никто не видел, почему, куда она исчезла.
105 Этих людей он тоже с собой забрал и стал возвращаться дальше домой.
106 Пришел к [другой] своей жене. Дошел до другой жены.
107 Жена говорит, та женщина, которая жила одна, говорит:
108 «Если желаешь, поставь здесь селение.
109 А если хочешь, веди [меня] в свою землю».
110 Но если на свою родину ее возьмешь, то она будет болеть.
111 Как ее увезти? Вот там ее оставили, поселили.

112 «Асиваси най гадёха, – унди, – боа бароани.
113 Боаду би эндур гадёхани, – унди. –
114 Си симбиэ саиха най эктэ гадёхани, – унди. –
115 Ми-тэни ӈайгойчара чихани осигоаӈкимби, – унди. –
116 Чихали осини, торо. – унди. – Симбиэ халачие, – унди, – чаду».
117 Гэ, эси-тэни тэй най:
118 «Хони таори? Ми хал-да эчиэ тораи», – унди.
119 «Гэ, ая», – тэй эктэ ундини.
120 Тэй эктэ сэвэӈкэмбэ тэе би сэвэкамбэ анялоаӈкини.
121 Эдехэ, чава анялоаӈкини, туй тара эм гучи хамачава-ну гучи чава бури тахани.
122 «Гэ, элэ», – унди.
123 Боачи ниэми тэй эктэ-тэни дэгдуэӈкини тэй найва.
124 Так ушел. Энэхэни, энэхэ, энэхэ, боачи исихани. Эси хони таори?
125 Тэй эктэ чаду би, тэй эктэ товаӈки.
126 Эктэ алоаси нёамбани:
127 «Ная исиопи бэеди иси осини, хал-да симбиэ улэсиэси, – унди. –
128 Гойди хайро, – унди, – эрдэлэру, – унди. –
129 Иси дюлиэлэни-тэни хуюн хаи осиро, – ундини, – исилэнди энуруэ, – унди. –
130 Най дёвани исипи-тани, хай най, сиохори долани сириро, – ундини. –
131 Уйкэ сиохордоани туй тапи-тани най сари осини, хондорини чиалани, чадо сириро! – ундини. –
132 Чадо-мат симбиэ сагодяра, – унди, – хоня би дяка».
133 Гэ, туй энэй, энэй, эси-лэ исэлэн осира энэйни.
134 Исэлэн такой энэхэ. Дёва исихани.
135 Не баран, а такой маленький тоненький.
136 Хони хай гэрбиэсиэни-дэ тэй осира най сил-л-л далихани сиохордаду, это уйкэ сиохорини, чаду тэй най-тани ундини:
137 «Най диди, – унди, – эси. Эдиси дидие, – унди.
138 Эси-тэни буэ сиохорчипова осиха», – унди.
139 Тэй-лэ абаноха.
140 «Эси тэй удэни гэлэмэчи гэлэмэчигуй, хондор чиалани би бидерэ», – унди.
141 Хондор чиалани нихэлирэ баогохани. Гэ, тэй эктэ туй баоха.
142 Тэй нёани асиӈгатони-тани тэй кол-кол тэсини-гуэ.
143 Гэ, эси чаду би хэм саха най. Мэргэн най осигоха.
144 Туй тара чаду би аси-да баогоха тэй чади-да асилагоха.
145 Гэ, эси тэй эктэ ундини:
146 «Энуруэ, – унди, – элэ! – унди. –
147 Асии гадёми энуруэ! – унди. –
148 Элэ! – унди. – Асии гадёми энуруэ! – унди. –
149 Ми-тэни эндур бароани токоамби, – унди, – элэ, – унди. –
150 Ми илдандиади бими мутэсимби», – унди.
151 Гэ, тэй эктэ эндур бароани осиоха.
152 Нёани хайчи хайгоа эй илдан бароани тугухэ асимолиа тэй илиоӈки, илисиха эктэди.
153 Чаду эугухэни. Вот и все.

112 «Твою жену [которая стояла застывшей] человек на небо, – говорит, – унес.
113 Дух *эндур*, живущий на небе, увез, – говорит. –
114 Тебя отметивший человек ее увез, – говорит. –
115 Я хотела ее забрать, но решила, что не надо, – говорит. –
116 Если хочешь, поднимись! – говорит. – Тебя ждут, – говорит, – там».
117 Ну, вот теперь этот человек:
118 «Что делать? Я никогда не поднимался на небо», – говорит.
119 «А ничего», – говорит женщина.
120 Женщина надела ему на шею маленького [идола] сэвэна.
121 Вот такого [идола] *эдехэ* надела на шею и что-то еще ему дала.
122 «Да хватит», – говорит.
123 Только вышли на улицу, она сделала так, чтобы он взлетел.
124 Так улетел. Летел, летел, летел и добрался до неба. Что теперь делать?
125 Та женщина там находится, та самая женщина, которая подняла его на небо.
126 Она объясняет ему:
127 «Если ты дойдешь до [небесных] людей [в облике] человека, им это не понравится, – говорит. –
128 Сделай по-другому, – говорит, – сделай волшебство, – говорит. –
129 Перед тем, как доберешься, девятью ящерицами стань, – говорит, – ящерицами и иди, – говорит.
130 Когда доберешься до их дома, спрячешься дверных петлях, – говорит. –
131 Потом, если догадаются, что ты в дверной петле, за каном спрячешься, – говорит. –
132 Пусть только после этого они узнают, – говорит, – что это [ты]».
133 Вот так идет, идет, превратившись в ящериц, идет.
134 Такими ящерицами идет. До дома дошел.
135 Не баран, а такой маленький тоненький.
136 Спрятался в дверных петлях. Люди говорят:
137 «Человек идет, – говорят. – Твой муж придет, – говорят.
138 Теперь он у нас дверными петлями сделался», – говорят.
139 Он исчез.
140 «Теперь, если в том месте искать, не найдешь, наверно, он там за каном».
141 Стали искать за каном и нашли. Жена его нашла.
142 Жена его сидит и молчит.
143 Все, там живущие люди его узнали. *Мэргэн* человеком сделался.
144 Жену нашел и снова женился на ней же.
145 *Мэргэну* женщина [которая научила его, как подняться на небо] говорит:
146 «Уходи, – говорит, – хватит! – говорит. –
147 Забери с собой [другую] жену и уходи! – говорит. –
148 Хватит! – говорит. – Забирай жену и уходи! – говорит. –
149 Я в *эндура* превратилась, – говорит, – все, – говорит. –
150 Я жить не смогу в другом месте», – говорит.
151 Она в *эндура* превратилась.
152 *Мэргэн* в долину спустился с женой, с той, которая стояла.
153 С ней спустился. Вот и все.

Суŋпун

1 Э, ундиси, эм дё долани илан суŋпун балдихачи.

2 Туй тара, туй би-лэ, ундэ.

3 Тэй-лэ суŋпусэл-лэ, э, тэй-дэ сукчурэк бичи-гуэ, накан таондоани.

4 Туй бими, туй балдими-ла, ундиси, гилондиала би суŋпуŋгулэ, ундиси, олгалигда паланчи пуэлиŋкини.

5 «Апаŋгоана, каока биусу! Ми най алдавани, найсал-да, найсал-да би», – унди.

6 Туй тара пуŋгэл-пуŋгэл боачи ниэхэни.

7 Эси-тэни дюэр суŋпун туй би-гуэ.

8 Хоня-да бичи, ундиси, пуксуду би суŋпуŋгулэ паланчи пуэлиŋкини.

9 «Апаŋго, ундиси, каока бихэри! Ми-тэни, ундиси, ама вахам байгоамба гэлэндэгуэмби», – унди.

10 Туй тара ниэхэни. Эси-тэни суŋпун-дэ эмучэкэн би-гуэ, малоду би суŋпун.

11 Туй бимиэ, туй балдимиа, ундиси, пайхапсилохани.

12 Эси-тэни, ундиси, боачи ниэхэни эурини-гуэ.

13 Ичэйни-лэ аŋнани поктони вайси маня бичини.

14 Вайсиу пуэликэчимэри эухэм, син кирадоани исихани.

15 Аŋнани поктони соли маня бичини.

16 Таваŋки-ла туй энэй, ундэ.

17 Туй энэмиэ, энэми-лэ, ундиси, эм иргэндулэ исихани, хэдевэни исихани.

18 Аŋнани поктони-ла тэй иргэмбэ-лэ сиур бие, ундэ. Пуэликэчимэри энэхэчи.

19 Э, ундиси, туй тара-ла тэй-лэ суŋпуŋгулэ тэй иргэн хэделэни дуилэ тохани, эси-тэни, иргэн дуевэни-лэ энэ, пуэликэчими.

20 Эден хан боадодоани-ла исини, эм дёкан бичини.

21 Тулиэдуэни-лэ, ундиси, луку лудюрим полта айсин аотан сэктэпуни бичин.

22 Чала, ундиси, най лохамбани-ла тугбурэ, куŋгэл-куŋгэл би, ундэ.

23 Туй тара, ундиси, тэй-лэ тадо аоми бидуэни-лэ эм пудин ниэхэни.

24 Тэй-тэни, ундиси, чиэчим-дэ ниэхэни. Чиэчирэ илигохандой ичэгухэ тэй-тэни, ундиси.

25 Тэй полтани сэктэпуни надо маня би, эм боаду боŋгал-боŋгал, дяпара, ундиси.

26 «Эрдэŋгэ хай-да! – уŋкини. –

27 Хоня би хэдун, хоня би пуксин, хоня би сиŋка, ундиси, эм лочакодия-да, ундиси, эчиэ турэ, эси-мэ хайми тухэни тэй?»

28 Э, пудиŋгулэ, ундиси, чаŋгода нуктэ, ундиси, ачора пэулэнчи хайчиани-ла дапсилара, хэдумбувэŋкини, гадар-гадар ана осихани.

29 Сигдир-дэ ана би, ундиси, нуктэни.

30 Тотара, ундиси, э, сигур дёкчи игухэни, хай, сэктэпумби полтаи дяпара гуигуйни-лэ, ундиси.

31 Суŋпуŋгулэ боŋгалигда агбинди-гоа. Дяпагора [нэхэни], суŋпумбэ камор ивугухэни.

32 Туй тара улпими тэсими-лэ, ундиси, эси-тэни соап илигоханда тэй пудиŋгулэ туй тара, ундиси, тэй суŋпумбэ-лэ тухилэрэ эухэни вайси.

1 ▸00:00 ‖ 5 ▸0:29 ‖ 10 ▸1:05 ‖ 15 ▸1:29 ‖ 20 ▸2:04 ‖ 25 ▸2:49 ‖ 30 ▸3:21 ‖

Кочка

1 Э, в одном доме три кочки жили.
2 Потом так жили те кочки, э, лохматые были, каждая на своих нарах.
3 Так жили, так жили.
4 На левом от входа кане живущая кочка, вдруг на пол свалилась.
5 «Дорогие, сидите спокойно! Я человеком среди людей [буду], и такие люди [как я], и такие люди [как я] есть», – говорит.
6 Потом, покатившись, на улицу вышла.
7 Теперь две кочки так живут.
8 Через какое-то время на правом кане жившая кочка на пол свалилась.
9 «Дорогой, сиди спокойно! Я пойду искать врага, убившего отца», – говорит.
10 Потом, на улицу выкатилась. Теперь одна кочка живет на кане в глубине дома.
11 Так жила, жила и заскучала.
12 Теперь на улицу выкатилась, спустилась к берегу.
13 Смотрит, следы его братьев по берегу идут.
14 По берегу [кочки] катились, у проруби останавливались.
15 Следы братьев вверх по реке идут.
16 Отсюда он так пошел.
17 Так шел, шел, до края одного селения, [которое было] ниже по течению, дошел.
18 Путь братьев мимо этого селения идет. Катясь, они шли.
19 Э, потом эта кочка по нижнему краю селения в сторону леса поднялась, теперь по лесу так идет, катясь.
20 До места хозяина-хана дошла, там один дом стоял.
21 Во дворе было одеяло из лохматой черно-бурой лисы и золотая спальная подстилка.
22 Она [кочка все это] развешанное посбрасывала и завернулась в эти [вещи] комком.
23 Потом, когда она там [на сброшенных вещах] спала, одна *пудин* вышла [из дома].
24 Она помочиться вышла. Помочилась, и когда вставала, увидела это.
25 Э, одеяло и подстилка в одном месте комком лежат, подняла.
26 «Как интересно! – сказала. –
27 Какой бы ни был ветер, какой бы ни был ураган, какой бы ни был буран, [раньше] ничто из развешанного не падало, сейчас почему попадало?» – сказала.
28 Э, *пудин* свои волосы на вешала подвесила ветром обдувать [чтобы проверить силу ветра]. Так [слабо] обдувало, что [волосы даже] не разлохмалитись.
29 Не понадобилось расчесывать волосы.
30 Потом, э, быстро в дом вошла, свою подстилку и свое одеяло взяла и встряхнула.
31 Кочка шаром выкатилась. Взяв кочку, вместе с вещами [в дом] занесла.
32 Затем села шить, после этого вдруг встала та *пудин* и затем, на руки взяв кочку, на берег спустилась.

33 Э, тэй ваялани даи дё бичини чадо-тани. Э, чадо-ла уйкэдуэни дяпара ирини.
34 Суŋпун-дэ дичин, ундиси.
35 Мапа, мама бичини, ундэ, кэкэсэлку, элчиусэлку, такорамдику.
36 «Ама, ам ичэру, – унди, – хамача дякани? – уŋкини. –
37 Э, полтаива сэктэпумбивэ, ундиси, тугбурэ, ундиси, боŋгал-боŋгал хэркэхэмбэни, тулиэду биэм баохамби, – унди. –
38 Туй тара синчи ичэгуэси ирахамби», – унди.
39 «Ам ичэру, ундиси, такточи энэрэ, ундиси, сэурэ, гокси долани хукурэ нэру! – уŋкини. –
40 Гуйсэ долани бием».
41 Эси-тэни пудин-тэни тэй-лэ суŋпумбэ-лэ тухилэрэ тобогоха.
42 Тэ дуелэни такто бичин. Таоси тохани, гуйсэ нихэлихэ, ундиси.
43 Тиас аŋма-гдал бинигоани най хай, хадёни сэурэ, босо, гокси би, ундэ.
44 Тэй-лэ хомандоанила хукурэ, улэн хукурэ нэхэни.
45 Туй тара, ундиси, дёкчи энухэни. Дёкчи игухэни, улпии дяпагора, улпидуэни-лэ, ундиси, улпими, улпими тэгухэни.
46 Кэŋ уйкэлэ тахани.
47 Ичэйни-лэ, ундиси, пуŋгэл-пуŋгэл-пуŋгэл игуми, ундиси, наканчи токохани.
48 «Эрдэŋгэ, хамача дяка!»
49 Э, туй тара, ундиси, дяпагора, ундиси, вайси эухэни.
50 «Ама, ундиси, ичэру, – уŋкини, –
51 ми-тэни, ундиси, уŋкиси-мэт хукурэ, дидюхэмби, игухэмби, улпи дяпагоива, уйкэ-кэ кэŋ тайдоани ичэгухэмби, – уŋкини. –
52 Тэй-тэни игухэни, – ундини, – пуŋгэл-пуŋгэл пуэликэчими ими, ундиси, наканчи токохани», – ундэм.
53 Э, туй тара мапачан ундини:
54 «Элчиусэл, ундиси, хайрасу, – ундини, – э, адолиа ŋаниосу, ундиси, э, хамача хай-да далиасиадиани, туй тара муэчи чагбиндосу-мда!»
55 Эси-тэни элчиусэл дяпара чава-тани, ундиси, адолива ŋасочи-гоани, хамача-да далиасиадиани, чиŋгианди.
56 Э, туй тара, ундиси, чава-ла, ундиси, муэчи наŋгаландамари элчиусэл чисаи, нёани токой тахан.
57 Токора, ундиси, пудиŋгулэ улпидуэни хайс пуŋгэл-пуŋгэл тахани.
58 Хайс пуŋгэл-пуŋгэл игуми, ундиси, наканчи токохам, ундэ.
59 Эси-тэни пудиŋгулэ, ундиси, хайс дяпагоми игухэни.
60 «Ама, ундиси, ичэру, – уŋкини, – ояни силукэн, чакпа-да ана, хай-да ана, туй тами эси, най муэчи наŋгаламда чилахани дяка».
61 Э, эси-тэни амини-тани, ундиси, найвала халбоми дэрухэни хото дяŋгиан хорин, на эден надан, дусиэ дяŋгиан дякпон бичин.
62 Эси-тэни туй тара-ла дёдямари дэрухэчи.
63 «Эй-тэни, ундиси, боа на, – ундини, –
64 амбамба осини, ная хэм балана сиаха», – ундини.
65 Хамача дёŋгмор ана, хамача паŋги гурунсэл ана, пэргэл ана бичини!
66 Э, туй тара, ундиси, тэй пэргэчи пэргэчихэ, туй ундичи:
67 «Эй дяка биэси сайна асигой гэлэй бидерэ, – ундини. –
68 Э, амбамби осини, ихон ная, хэм иргэн ная хэм сиаха, – ундини. –

35 ▸4:00 ‖ 40 ▸4:32 ‖ 45 ▸4:55 ‖ 50 ▸5:25 ‖ 55 ▸6:08 ‖ 60 ▸6:41 ‖ 65 ▸7:19 ‖

33 Э, на берегу там был большой дом. Э, там, взявшись за дверь, входит.
34 Кочка тоже вошла.
35 Старик, старуха [там] были с рабами, слугами и служанками.
36 «Отец, посмотри, – говорит, – что это такое? – она сказала. –
37 Э, мое одеяло и мою подстилку скинув, [это существо в них] комком
завернулось, во дворе я его нашла, – говорит. –
38 Теперь вам показать принесла», – говорит.
39 «Послушай, иди в амбар и в шелк, в китайский шелк заверни и положи! –
сказали. –
40 [Там] в сундуке есть».
41 Теперь *пудин*, кочку на руки взяв, от дома поднялась [к лесу].
42 От дома в стороне леса был амбар. Туда поднялась, открыла сундук.
43 Сундук был до краев полон медных украшений, шелковых одежд, тканей,
китайского шелка.
44 Его [кочку] завернула, хорошенько завернула и положила.
45 Потом домой пошла. В дом вошла, взяла свое шитье, и когда шила,
она шить, шить села,
46 дверь скрипнула.
47 Смотрит, катясь, входит и на нары взбирается.
48 «Интересно, что за существо!»
49 Э, потом взяла [кочку] и на берег спустилась.
50 «Отец посмотри, – сказала,
51 я как ты сказал, завернула [кочку в шелк], вернулась домой, вошла и взяла
свое шитье, дверь приоткрылась, смотрю, – говорит, –
52 [кочка] входит, – говорит, – катясь и войдя, на нары забирается».
53 Э, тогда старик говорит:
54 «Слуги, что сделайте, – говорит, – э, сходите за неводом э, чтоб ничто не
могло пройти сквозь его ячейки, а потом утопите это в воде!»
55 Теперь слуги, взяв это [кочку], сходили за неводом с самыми маленькими
ячейками, чтобы ничто не прошло сквозь них.
56 Э, потом поехали это в воду бросать, слуги отплыли,
а она [пудин к своему дому] поднялась.
57 Поднялась, и когда *пудин* шила, снова катится.
58 Снова катится, вошел и на нары взобрался.
59 Теперь *пудин* снова взяв [кочку], пришла [к отцу].
60 «Отец смотри, – сказала, – он сухой, не мокрый, ничего.
Теперь это существо, которое люди даже не могут бросить в воду».
61 Э, теперь ее отец людей к себе собирает, привез двадцать лысых *дянгианов*,
семь царей земли и восемь *дянгианов дусиэ*.
62 Теперь разговаривать начали:
63 «На небе и на земле, – говорят, –
64 если бы *амбан* появился, то давно бы всех живых людей съел», – говорят.
65 Каких только гадателей, ворожеев, отгадчиков нет!
66 Э, потом те гадатели погадали, погадали и так говорят:
67 «Это существо, наверно, пришло, чтобы жену найти, – говорят. –
68 Э, если бы был *амбаном*, людей в селе, всех людей в селении съел бы,
– говорят. –

69 Ная далини осини, бала ная хэм собиралагоми далигом энэе, – ундини. –
70 Сайна асигой гэлэй бидерэ», – уӈкичи.
71 Эси-тэни асигой гэлэйчиэни ходихачи.
72 Амини-тани ундини-гуэ:
73 «Чихани. Тэй эктэ пиктэ-дэ хайду-да хэм наӈгаладяма, – унди. –
74 Ам ичэгуру, – унди, – чимана си эй дяка поктовани дахами, дахами энуру!» – унди.
75 Токиду улэн мэнэ-кэ нантаи, хадёсалба тэучирэ-дэ, эси-тэни пудин-тэни соӈгоми токойгоани.
76 Э, ундиси, соӈгоми токоха, дёи уйкэвэни дяпагора игухэни, туй соӈгойгоани эм-дэ сиарами апсиӈгохани.
77 Чими эрдэ тэхэни, ундиси.
78 Эси-тэни, ундиси, кайранда кайранди нантанда, нанти дяка-ла, ундиси, чуӈну токиду тэучихэни-лэ, ундиси. Тиас осихани токини-ла, ундиси.
79 Чадо-ла, ундиси, суӈпуӈгуни-ла вайси эугуэ, ундэ.
80 Вайси эугуйдуэни-лэ пудиӈгулэ хамиалани туй соӈгоми иричи-гоани токиа.
81 Э, туй соӈгоми иричими энэй-гуэни, уйси ичэдэси посигда дили, дили нэрэ-дэ соӈгоми энэйни-гуэ.
82 «Ама-тани мимбивэ хэм амбани аӈмачиани анайни», – унди.
83 Э, туй соӈгоми, туй энэми, энэми-лэ, ундиси, эм синчи боримсачиани чакчахар энэхэни.
84 Чадо-ма дилии эуригухэни.
85 Э, ичини-лэ таосио би, ундэ, суӈпун поктони.
86 Пудиӈгулэ тао кэчэригухэни, тохани, ундиси, уйкэдуэни дяпара, ихэни.
87 Хэрэ, улэмбэ дёва бичини!
88 Дёни-ла дони-ла тэӈ улэн.
89 Хайри, улэн дёни, хай тэй, хайни, сактан, сактан-да нэмди.
90 Хондоригда нэмди би, ундэ.
91 Э, пудиӈгулэ эси-тэни хадёмби-ла хэм тухисими, ивухэни.
92 Тэй суӈпуӈгулэ чадо малоду бини, ундэ.
93 Э, эси-тэни пудиӈгулэ чадо туй бигуэни.
94 Хайди-да синэдиэдэси, сиаориди-да синэдиэдэси, омиориди-да синэдиэдэси, тэтуэди-дэ синэдиэдэси, туй би, ундэ.
95 Суӈпуӈгуни аба-гдал осини, такто пиланчиани уликсэ тиас-тиас дидэй,
96 дёа осини суӈпун аба-гдал осини, ундиси, тоичиа-ла, ундиси, хай, хачин даи согдатасал, ундиси, дяи тиас хари тай, ундэ.
97 Э, ундиси, туй тара тэй-лэ пудиӈгулэ, ундиси, хаяхани, эм модаӈгола суӈпуӈгуи-дэ эчиэ сиавандани, мэнэ-дэ эчиэ сиарани гэухэдэми энэе, ундиси.
98 «Найлипчимда найлипчиадаси.
99 Амбамба осини-да мимбиэ эси-мдэ, эси-мдэ сиараси-мда, – унди. –
100 Э, эмучэкэн, тул-тул-тул дилган ана биури.
101 Диако бими, диачии дяраливаси, диако бими, диадии гусэрэндувэси, – унди. –

70 ▸ 7:48 ‖ 75 ▸ 8:12 ‖ 80 ▸ 8:53 ‖ 85 ▸ 9:32 ‖ 90 ▸ 9:57 ‖ 95 ▸ 10:23 ‖ 100 ▸ 11:04 ‖

69 Если уводить людей хотел бы, быстро всех людей собрав, увел бы, – говорят. –

70 Наверно, жену ищет», – сказали.

71 На том остановились, что жену ищет.

72 Ее отец говорит:

73 «Ладно. Дочерей повсюду отдают, – говорит. –

74 Послушай, – говорит, – завтра по следам этого существа иди, иди!» – говорит.

75 Погрузив на нарты шкуры и хорошие одежды, теперь *пудин*, плача [к дому] поднимается.

76 Э, плача [к дому] поднялась, за дверь взялась, вошла, так плача и даже не поев, спать легла.

77 Утром рано встала.

78 Теперь жалко – жалеет, грустно – грустит, все на нарты погрузила. Полные нарты стали.

79 Потом ее кочка на берег спустилась.

80 Когда она на берег спускалась, *пудин* следом плача нарты повезла.

81 Э, так плача, таща [нарты], идет, вверх не смотрит, вниз голову, голову опустив, плача идет.

82 «Отец меня *амбану* отдает», – говорит.

83 Э, так плача, так идет, идет, у края проруби оказалась.

84 Только тогда голову подняла.

85 Э, смотрит туда, [к дому на берегу уходит] след кочки.

86 *Пудин* туда повернулась, поднялась к дому, за дверь взялась и вошла в дом.

87 Ой, какой хороший дом был!

88 И внутри в доме очень красиво.

89 Надо же, какой хороший дом, и это, и циновка *сактан*, циновка вся светлая,

90 И циновка на кане тоже светлая.

91 *Пудин*, все свои одежды взяв в охапку, в дом их внесла.

92 Та кочка на кане *мало* находится.

93 Теперь *пудин* стала там жить.

94 Ничем не бедствует, и едой не бедствует, и питьем не бедствует, и одеждой не бедствует. Так она живет.

95 Если кочка [зимой] исчезает, то амбар заполняется мясом,

96 а если летом кочка исчезает, то на берегу появляется полная оморочка разных больших рыб.

97 Потом *пудин* что сделала, однажды не покормила кочку и сама не поела, сердясь.

98 «Если ты человек, то почему никак ты человеком не становишься?

99 А если ты *амбан*, почему до сих пор, до сих пор меня не съел? – говорит. –

100 Одна, все время без голоса живу [поговорить не с кем].

101 Вдвоем живем, друг другу даже голос не подаем, вдвоем живем, а друг с другом не разговариваем, – говорит. –

102 Ми-тэни, ундиси, ихон элчиусэл кэкэсэл пурилдиэни инэктэрэ, хупирэ тами тачиохамби», – унди.
103 Туй тара, ундиси, гэухэдэми-лэ апсиӈгохани пудиӈгулэ, ундиси.
104 Аопио сэнэхэни. Элэ нэксэк инэхэни, сиун гарпаха.
105 Эрдэӈгэ, ундиси, хайми туй аваӈкини?
106 Эй суӈпун гэухэдэхэни туй би бидерэ инэхэни, э, инэдэлэ аохамби.
107 Туй тара боачи чиэчиндэми ниэхэни.
108 Хэрэ, долбо! Яйган би хосакта, хай, тани эм аоӈгамба аохани бичин.
109 Тэй-лэ пудиӈгулэ, ундиси,
110 «Эрдэӈгэ, хай-да, уӈкини боала долбо, дёгду ини. Хони осихани? – унди. –
111 Балана амана тэлуӈгуи биэчи-кэ уӈки най пудэнди, пудэнди, най хайдиани, туй дегдэмдэ най улэнчини-дэ боала долбо, дёгду ини осини».
112 Э, туй хисаӈгоми игуми-лэ, ундиси.
113 Апсиӈгойдой, малочи ичэ таха.
114 Хэрэ, улэмбэ мэргэмбэ аора, ундэ.
115 Малоду суӈпун дёптомби-тани пимикэндуи нэрэ, аора, ундэ, тэй-лэ мэргэӈгулэ, ундиси.
116 Э, нуктэни осини, апидоани-ла эм сахарин инда туриӈкини-мат би, ундэ.
117 Пудиӈгулэ, ундиси, эси-тэни суӈпун дёптомбани элкэ бэечими дяпахани.
118 Туй тара сиӈгэрэ омочиани чул гидалара чилпагохани.
119 Э, эси-тэни, ундиси, ӈалаи силкочигопи-мат – анана! – эдигуй барамби, эм хэп наманиндахани тэй мэргэмбэ-тэни, ундиси.
120 Оломила, хай, хуэ посила иӈгури-гдэ туридиэни сикулэгухэ.
121 Чиаӈсоап тэхэни тэй мэргэн.
122 «Анда пудин, хайс-да ая-ну? Анда пудин, хайс-да ая-ну?
123 Эдэдэ, де-дэ таори. Э, эй сиксэни гэухэдэчиэси-кэ!» – ундини.
124 «Гэ, анда мэргэн хаида ая, – унди. –
125 Эси-тэни, ундиси, гэ, тэй бивухэси, аягоани», – унди.
126 Эси няӈга гусэрэрэ […] сиагой пуюхэ, дёкчи игуй, дёкчи хабогойдой, хэриктэмэри тэсичи.
127 ундиси, тэй мэргэнди-лэ бодасал осогокапал сиаха, хай, пудин аӈмалани мэргэн гидалагой, мэргэн аӈмалани пудин гидалагой тамари туй сиахачи.
128 Э, туй тара апсиӈгой чими-ма тэригуэ.
129 Эси-тэни эди дилианила пудиӈгулэ, ундиси, сигдигухэни, ундиси.
130 Най нуктэни-тэни оними вами бичини, э, оӈбола би, ундэ.
131 Тэй пудин-тэни мэнчии унэчини вала бичин сосхани.
132 Э, пудиӈгулэ, ундиси, эси-тэни, ундиси, эси мэргэн-тэни туй вайчам пулси, пудин-тэни уйли тай, ундэ.
133 Туй бимиэ, пудин, пудиӈгулэ бэеду осихани.
134 «Э, – унди, – анда пудин, ундиси, ми эй-лэ вахамби бэюнсэл, хай-да хэм бэюн нантани бини-гуэни.
135 Э, ча-тани, ундиси, уйлэй, аӈгой таро, – уӈкини. –
136 Пэругуй аӈгоро, – ундини. –
137 Тэтуэни, пэруэни, отани, хэм мэӈдэрсу осидиани».
138 Э, пудиӈгулэ, ундиси, хай гойдами аӈгой чава?

105 ▸ 11:40 ‖ 110 ▸ 12:11 ‖ 115 ▸ 12:44 ‖ 120 ▸ 13:20 ‖ 125 ▸ 13:47 ‖ 130 ▸ 14:31 ‖ 135 ▸ 15:11 ‖

102 Я привыкла с детьми слуг и рабынь деревни смеяться и играть», – говорит.
103 Так, сердясь, спать легла.
104 Поспав, проснулась, уже светло стало, солнце светит.
105 Интересно, почему я так спала?
106 На эту кочку так рассердилась, что до света спала.
107 После этого вышла на улицу помочиться.
108 Ох, ночь! Звезды ярко светят, выходит, ночью она спала [не проспала].
109 *Пудин* сказала себе:
110 «Интересно, на улице ночь, а в доме день. Что случилось? – говорит.
111 Раньше отцы в легендах рассказывали, что когда человек хороший, он так сияет, сияет, что [даже когда] на улице ночь, дома день становится».
112 Так говоря, она в дом зашла.
113 Когда ложилась, на кан *мало* взглянула.
114 Ох, какой красивый *мэргэн* там спит.
115 На кане *мало*, положив на переднюю часть стопы шкурку кочки, спит *мэргэн*.
116 Косы его на затылке как будто черная собака, которая, уперевшись ногами, остановилась и лежит.
117 *Пудин* эту шкурку кочки подкрадываясь, тихонько подошла, забрала.
118 Потом в норку крысы затолкала, затолкав, замазала норку глиной.
119 Теперь руки помыла, с криком – ох, мужа себе нашла! – обняла того *мэргэна*.
120 От неожиданности он так толкнул ее ногой, что она отлетела на пол.
121 Вскочил *мэргэн*:
122 «Друг *пудин*, с тобой все в порядке? Друг *пудин*, с тобой все в порядке?
123 Ты бы полегче делала [на меня кидалась]. Сегодня вечером как на меня сердилась!» – говорит.
124 «Да, друг *мэргэн*, все у меня хорошо, – говорит. –
125 Теперь так жить хорошо», – говорит.
126 Так немножко поговорили, сварили еду, домой зашли, когда сварилась еда, угощая друг друга водкой, сидели.
127 Теперь с тем *мэрэгэном* стали кушать. *Пудин* в рот *мэргэну* [еду] кладет, *мэргэн* в рот *пудин* кладет [еду], так кушали, друг друга угощая.
128 Потом спать легли и только на следующее утро встали.
129 Теперь *пудин* расчесала косы своего мужа.
130 У него были очень длинные и густые косы ниже бедер.
131 *Пудин* его косы со своими сравнивает, у него гуще.
132 *Пудин*, теперь *мэргэн* ходит на охоту, а *пудин* дома сидит, делает женскую работу.
133 Через некоторое время *пудин* забеременела.
134 «Э, – говорит, – друг *пудин*, есть шкуры тех зверей, которых я ловил раньше.
135 Смастери, сделай, – сказал. –
136 Из них сделай мне штаны, – говорит. –
137 Сделай так, чтобы одежда, штаны, обувь, все парами было».
138 *Пудин* – долго ли ей сделать это?

139 Э, хуйгэсэгуэни осини эм корчиакта тиас эпэмбэ аӈгохани, мантоа аӈгохани.
140 Туй тара эси-тэни, ундиси, мэргэӈгулэ энэй-гуэ:
141 «Ми агби гэлэндэгуэмби», – унди.
142 Пудин элэ-элэ би пиктэгуй элэ барии.
143 Туй тара мэргэӈгулэ таваӈки энэй, ундэ.
144 Дяиду тэрэ-дэ, маӈбо соли энэпсиӈкини тэй-лэ, ундиси.
145 Иргэм баханда сиур, хамача баханда сиур, тэй-лэ, ундэ.
146 Горо энэкэ, дидя энэкэ, эси-тэни эм иргэндулэ энэхэни.
147 Тэй иргэнду-тэни най коландолани пойӈао-о саӈнянди.
148 Эмуни-дэ тулиэду купиэси, эм элчи пиктэни-дэ аба.
149 Эм «бух», кэйчэн пиктэни-дэ «бух» таси бичини.
150 «Эй-кэ эрдэӈгэ хаймари туй бичи?» – мэргэӈгулэ, мэргэн эрдэӈгэсини.
151 Эден хандолани хахани, туй тара тохани.
152 Эм мапа, мама бичини, тэй эден хандоани эмдиэ кэкэку, элчику-дэ.
153 Тэй-тэни, ундиси, мапа-да така-така, мама-да така-така.
154 Диулин-дэ сада-сада, хур-хур би, ундэ, э, малоду-тани, ундиси, суӈгурэ аора, ундэ.
155 Э, мэргэӈгулэ, иридии-лэ мапачи, мамачи нихорачини.
156 «Ам ичэгуру, си-дэ, ундиси, балдини, бини пиктэни тачи, – уӈки. Та симуэчими, хисаӈгойни-гоани.
157 Ам ичэктэру, – унди, – э, туй гусэрэндуй, мэдэ гэли, туй тайдоани-ла эси-тэни, ундиси, ачаси, – унди, - тэй най бумбивэ варини», – унди.
158 «Эпэ дака, – унди, – хайми туй бини, – унди. –
159 Э, эй даилан иргэнду эм элчиусэл пиктэни купивэни-дэ ичэвэси, эм кэйчэкэн «бух» тайвани-да долдиваси-да».
160 «Ачаси, – унди, – най тэй тургундулэни бумбивэ де-ну, – унди, – най гаралайни, тэй аори най, – мапачан симуэчини».
161 Мэргэн-тэни, ундиси, хайрини-гоа, даи-даи хисаӈгойдоани-ла чиаӈсоап тэми мама, мапа-ла энумэксэ кавали, ундэ.
162 Э, кавалидоани-ла мапава мэргэӈгулэ илими, ная кавалихани.
163 Э, тэй-тэни, ундиси, патаха чиндагойгоа лип энэйдуй, мапава.
164 Чадо-ла ичэгухэни акпало аӈни бичини, тэй суӈпун дёптоан-тани апин чоӈдондоани салигохани.
165 «Си эйду туй ная гаралами биси-ну? – ундини. –
166 Туй най, най ная найсоми пулсиури-ну-мдэ.
167 Си тургэн энуру, – унди. –
168 Дёкчи энупи, ми асия пиктээ хони-да тай осини, сахарин сэксэ начи энэсидиэни будечиэм», – уӈкини.
169 Туй ундини-лэ хэм-хэм ниэгуми энухэ.
170 Э, тэй чадо-ма мапала вакади-вакади уӈкини.
171 «Ам ичэру, ундиси, э, мама, ундиси, пудин дэду пиктэвэ ӈаниру, – унди. –
172 Ӈанигору! – унди. – Си сиаорива тахамбаси хай най сиара!»
173 Э, мама-тани илигора, боачи ниэхэ, ундэ. Туй тапиу дидюхэни.
174 «Эури, – ундини мама-ла. – Элэ дидэе», – унди.

140 ▸ 15:38 ‖ 145 ▸ 15:55 ‖ 150 ▸ 16:25 ‖ 155 ▸ 16:55 ‖ 160 ▸ 17:35 ‖ 165 ▸ 18:16 ‖ 170 ▸ 18:36 ‖

139 На дорогу еды наготовила, полную корзину лепешек манто напекла.
140 Потом *мэргэн* уходит:
141 «Пойду искать своего брата», – говорит.
142 *Пудин* вот-вот родит.
143 Потом *мэргэн* уехал.
144 На оморочку сел и вверх по течению поплыл.
145 Встретится селение, мимо, что ни встретится, мимо плыл.
146 Далеко ли, близко ли плыл, доплыл до одного селения.
147 В этом селении из трубы дымок идет.
148 Ни в одном дворе никто не играет, ни одного ребенка слуг нет.
149 Никакого «гав», ни один щенок не тявкнет.
150 «Интересно, почему так?» – интересуется *мэргэн*.
151 Пристал, на берег хана-хозяина поднялся.
152 Там один старик с женой живет на том месте со служанкой и слугой.
153 Старик был мрачным, и жена мрачная.
154 *Диулин* [идол в облике человека] лохматый-лохматый храпит, спит,
растянувшись по всему кану *мало*.
155 *Мэргэн*, как только зашел, старику и старухе в ноги поклонился.
156 «Послушай, ты же человеческое дитя! – сказали. Шепотом говорят. –
157 Послушай, – говорят, – разговаривать, новости спрашивать нельзя,
– говорят, – иначе этот человек [*диулин*] нас убьет», – говорят.
158 «Почтенный, почему так, – спрашивает *мэргэн*, –
159 в таком большом селении ни одного [играющего] ребенка слуги не видно,
ни одного щенка лающего, гавкающего не слышно».
160 «Нельзя, – говорит, – из-за этого человека [*диулина*], он нас очень,
– говорит, – притесняет, тот спящий человек», – шепчет старик.
161 Мэргэн все громче и громче разговаривал, [*диулин*] резко вскочил
и старуху, [то есть] старика сразу стал душить.
162 Когда он душил старика, *мэргэн* встал и стал душить того человека
[*диулина*].
163 Когда ему [*диулину*] стало нечем дышать, он отпустил старика.
164 Только тогда [*мэргэн*] увидел, что [*диулин*] это старший брат его,
а шкурка кочки в ямочке под затылком [у него] осталась.
165 «Ты почему здесь, людей наказывая, живешь? – спрашивает. –
166 Разве можно так обращаться с человеком, с человеком?
167 Ты теперь быстрее уезжай, – говорит. –
168 Если ты домой вернувшись, если ты с моей женой и ребенком что-нибудь
сделаешь, черной кровью изливаясь, умрешь», – сказал.
169 Как только он так сказал, [*диулин*] молча встал, вышел и ушел.
170 После этого старики спасибо, спасибо сказали.
171 «Послушай, жена, сходи за красавицей, любимой дочерью,
– говорит [старик]. –
172 Сходи за ней! – говорит. – Тобой приготовленную еду разве станет
человек кушать?»
173 Жена его встала и на улицу вышла. Через некоторое время вернулась.
174 «Спускается, – говорит старушка. – Скоро придет», – говорит.

175 Э, ундиси, тэй-лэ эктэ, тэй-лэ ундиси, най-ла дуедиэлэ, кумпэлэни кургирэ, ачандолани аогира, хонякандоани хоргира, э, эурэ, ундэ.
176 Туй тара, ундиси, уйкэвэ дяпара нихэлихэ, ихэни.
177 Ичэйни-лэ эй мэргэн ичэхэни-лэ най […] пиктэни тэй, хайни, асидиани-ка эмуту-ну, асидоани исади-ну, ичэхэни.
178 Тэй пудимбэ-лэ, ундиси, тэӈ улэн пудимбэ бичин, ичэхэни.
179 Э, ундиси, туй тара, ундиси, тэй-лэ мэргэӈгулэ, ундиси, тэсигуэни, мапачанди гусэрэндуми, ундэм.
180 «Ам ичэгуру, сиаворива пуюру», – ундини мапа-тани, – мама-тани.
181 Хайри, тэй пудин-тэни, ундиси, энюэ, уми, дёан модан силкогохани, дёан муэвэ, дёан муэвэ калагохани, ундиси, дёан хачимба ири, дёан хачимба хабой,
182 эм дэрэду пуюхэни, хабохани.
183 Э, туй тара, аминдой буригуэ. Э, аминила сиагой тэгухэни.
184 «Мама, ундиси, хокамба агбимборо, – унди. –
185 Э, туй би улэн мэргэнчи туй би тургунчи, тургунчи, ундиси, э, аӈма маня хони мэдэвэ гэлэури», – унди.
186 Э, ундиси, эси-тэни, ундиси, мамала хокамби, ундиси, дяпагокапи, ундиси, голдёндоила хулдэчиэ, туй тапиу ирагохани кочикамби […].
187 Э, ундиси, туй тара-ла тэй-лэ мапа-ла, ундиси, мэдэвэ гэлэй.
188 «Ам ичэгуру, ундиси, суниэчи би гурунчи хони аӈма маня мэдэ гэлэури, – унди, – хайва-да-да?
189 Мимбивэ хаоси энэйдии, хаоси пулсидии кирихаси?
190 Унди-дэ ми энэе энэгуй тайси-ну, ми пулсие пулсигуй тайси-ну, тадо эди ундэ», – ундини.
191 «Эпэ дака, хай туй ундемби!» – ундини.
192 «Э, ам ичэгуру, – унди, – хаоси пулсидии, хаоси энэйдии кирихаси?» – унди.
193 «Хаоси энэй энэмби, ундемби, хаоси пулси пулсидемби? – ундини. –
194 Экэрэмдигуй гэлмэчими пулсие, – унди, – э, уемдэ такорамдикамбани, э, хао-да би-дэ оркисисоа, отолиаси мохой-да аям-да, э, сиагой, сиагой дюкэ, сиагой дюкэ тами отолихан, – унди, – мутэй осини элэ».
195 «Ам ичэгуру, ундиси, тамача хэсэ-тэни, ундиси, э, най улэӈгуэни гэлэми хисаӈгорини, – унди. –
196 Ми-дэ та мамай гэли, гэлидуй, туй уӈкэи, – ундини. –
197 Э, чихали осини, тэй ми пиктэдие мамаламчаси», – унди.
198 «Э, чадо би пудинсэлгучиэ, де би тама-ну?» – ундини.
199 «Аба, – унди, – ам ичэгуру, хайва-да гэлэдэсимби, – унди. –
200 Э, будичие сиаха, улэн ундэхэнди буйкин осини элэ», – ундини.
201 «Э, чала бадяма», – ундини мэргэн.
202 Гэ, пиктэи нэ бувурди мапа-ла омиа, ундэ, мэнэ холби, мэнэ пуӈгэл-пуӈгэл соктоха.
203 Э, чадо тэй мэргэн тэй пудимбэ асигой баригоа.
204 Э, туй тара-ла, ундиси, диа чимана хайрин-гоа:
205 «Эпэ дака, ундиси, ми энуэмби, – унди. –

175 ▸ 19:07 ‖ 180 ▸ 19:57 ‖ 185 ▸ 20:30 ‖ 190 ▸ 21:16 ‖ 195 ▸ 21:55 ‖ 200 ▸ 22:24 ‖ 205 ▸ 23:01 ‖

175 Эта девушка спускается из лесу, подвески звенят, колечки побрякивают, спускается.
176 Потом за дверь взялась, открыла и вошла.
177 Смотрит *мэргэн*, видит, […] их дочь на кого, на его жену похожа, или чуть похуже его жены.
178 Посмотрел, эта *пудин* очень красивая *пудин*.
179 Потом мэргэн сидит, разговаривая со стариком.
180 «Послушай, свари еду», – говорит старик.
181 Что она делает, *пудин* котел десять раз помыла, десять раз воду поменяла, десять продуктов заложила в котел и десять вытащила,
182 на целый стол наварила и выложила.
183 Э, потом отцу подает. Э, отец кушать садится.
184 «Жена, достань кувшинчик с водкой, – говорит. –
185 С таким хорошим *мэргэном*, сейчас как без причины, без причины, как без ничего [без угощения] разговаривать, новости спрашивать», – говорит.
186 Жена его кувшинчик с водкой вытащила, на печке согрела и принесла рюмочки […].
187 Только после этого старик стал спрашивать новости.
188 «Дорогой, послушай, как у таких людей, как ты, новости спрашивать, – говорит, – без ничего [без угощения]?
189 Куда путь держишь, что ко мне зашел?
190 Не говори, что я хочу спросить для того, чтобы потом по твоей дороге пойти», – говорит.
191 «Почтенный, я и так скажу!» – говорит.
192 «Куда идешь, куда направляешься, что ко мне зашел?»
193 «Да, куда направляюсь, куда иду? – говорит. –
194 Женщину ищу, хожу, – говорит, – чью-нибудь служанку, хоть какую-нибудь неумеху, которая едва-едва научилась кушать готовить, и этого достаточно».
195 «Послушай, ты такие слова говоришь, чтобы просить хорошую, самую любимую девушку, – говорит. –
196 Я тоже, когда себе жену искал, так говорил, – говорит. –
197 Если хочешь, женись на моей дочери», – говорит.
198 «Эта *пудин* дорого ли стоит?» – говорит.
199 «Нет, я ничего не прошу, – говорит. –
200 До самой смерти кормил бы, на хороших досках умер бы, и все», – говорит.
201 «Это найдем», – сказал *мэргэн*.
202 Выдавая замуж свою дочку, старик стал пить из своего кувшинчика и очень сильно опьянел.
203 Э, *мэргэн* женился на той *пудин*.
204 Потом на следующий день что делает:
205 «Почтенный, я уезжаю, – говорит. –

206 Дюлэси корпиваси, – унди, – э, хай-да эриндуэни киригойдой сумбиэ гадёдяма, – унди, – дёкчии, мэнэ боачии».

207 «Хони тадячи, – унди, – най поктоду бивэни».

208 Э, туй энэй-гуэ, туй таваӈки сусухэ, туй энэй-гуэ.

209 Горо энэкэ, дидя энэкэ, эм хайла, эм иргэндулэ исихани.

210 Иргэн хайло оними бичини, тэй-тэни, ундиси.

211 Тэй иргэн эден хан дёлани дёани игуй, дёани ниэгуй та, ундэ.

212 Эй-кэ эрдэӈгэ, хаймари туй тэй хайричи, пулсичи!

213 Хара тохани, торидой мэдэсини:

214 «Эден мэргэн элэ буди, эден мэргэн элэ буди», – та, та, ундэ элчиусэл, ундиси.

215 Э, ундиси, туй тара, ундиси, хайхани, мэргэӈгулэ ихэни.
Ичэйни-гуэ, тэде маӈга.

216 Насал чайган, аӈмалани хоикса.

217 Э, мэргэн-тэни, ундиси, туӈгэндулэни тиас пасоалам татагохани эм капчи эдехэ.

218 Саӈка-а эрипсиӈгухэни тэй-лэ мэргэӈгулэ. Туй тара-тани ундини:

219 «Си тахаси-тани, си тахаси!» – мэргэн бароани аякталахани.

220 «Аба, ми хай тадямби? – унди. – Ми симбивэ хорихандоли.
Дирэнси хайду бини?» – унди.

221 Э, эси-тэни, ундиси, дирэмбэни дяпиди гэсэ, палоа гэлэхэ.

222 Палоа бухэ, эси-тэни тэй эдехэ-тэни калпи-калпи осидиани дуктэхэни мэргэн.

223 Туй дуктэйдуэни гэл абанагохани. (…)

224 Туй тара, ундиси, туй-тэни, ундиси, тэй мэргэӈгулэ боачи ниэридии гэсэ, хэс-хэс тара хэсэриу-у уйси тохани.

225 Боа-да боаку, боа-да наку бичини, ундиси.

226 Таваӈки-ла энэмиэ, энэмиэ, эм дёканчи энэхэни тэй-лэ, ундиси.

227 Уйкэвэ дяпара ихэни.

228 Хэрэ, сиун балди Сиулэӈки пудин, ундиси, э, хаим-да мутэси бичини, ӈалани, бэгдини туй туӈкуэ, ундэ.

229 «Анда мэргэн, дичиси-ну? – кот-кот-кот-кот сиаси. – Анда мэргэн, исиндахаси-ну?» – кот-кот-кот-кот сиаси, ундэ.

230 Эси-тэни мэргэн-тэни дяпагойди гэсэ нуктэдуэни катарайдии ниэгухэни.

231 Туй тара, ундиси, тэй ихэм саӈгар долани пос наӈгалагохани.

232 Э, туй тара хамиалани тугухэ.

233 «Гэ, – ундини, – ичэру! – ундини. – Э, си балана толкинду-да аси ана бичиси-ну, – унди, – сиун сирэндэ балди Сиулэӈки пудин, умбури».

234 «Э, ундиси, толкинду асико бичимби».

235 «Нёандиани, гэ, эси туй амбапчира, симбивэ вагойчини», – унди. –

236 Ичэру, – унди, – ми тэй эдехэвэ дуктэхэндуи туй осогохамбани».

237 Эси-тэни, ундиси, тэй-лэ, ундиси, мэргэӈгулэ, ундиси, хайлара, аякталахани тэй-тэни, тэй Сиулэӈки пудимбэ-тэни, ундиси.

210 ▸23:30 ‖ 215 ▸23:56 ‖ 220 ▸24:40 ‖ 225 ▸25:20 ‖ 230 ▸25:54 ‖ 235 ▸26:30 ‖

206 Не успеваю сейчас, а когда-нибудь зайду и вас с собой уведу, – говорит, – к себе домой на свою землю».

207 «Ну, что делать, – говорит, – раз человек в дороге!»

208 Отправился он дальше.

209 Долго ли, коротко ли шел, до чего, до одного селения дошел.

210 Довольно длинное было селение.

211 В дом хозяина хана этого селения десять человек заходят и десять человек выходят.

212 Как интересно, почему так ходят!

213 Пристал, поднялся туда и, поднимаясь, спрашивает [об этом].

214 «Хозяин-хан скоро умрет, хозяин-хан скоро умрет», – так говорят слуги.

215 *Мэргэн* зашел в дом, и что произошло, он увидел, что, правда, [хозяин] тяжело болеет.

216 Белки глаз белеют, изо рта пена течет.

217 *Мэргэн* подошел, в грудь ему затолкал руку и вытащил оттуда плоского [идола] *эдехэ*.

218 Сразу вздохнул тот *мэргэн*. Потом говорит:

219 «Ты сделал, ты это сделал! [Ты на меня болезнь наслал!]» – на *мэргэна* рассердился [больной *мэргэн*].

220 «Нет, мне зачем делать? – говорит. – Я тебя спасал. Где твоя наковальня?» – говорит.

221 Теперь, как только он взял наковальню, попросил молоток.

222 Дали ему молоток, *мэргэн* по этому [идолу] эдехэ стал стучать, так что тот очень плоским стал.

223 Так он бил, и *эдехэ* бесследно исчез.

224 После этого, как только вышел на улицу, *мэргэн* взмахнул руками и вверх полетел.

225 И на небе есть небо, и на небе есть земля.

226 Дальше идет, идет, до одного дома дошел.

227 За дверь взялся, вошел.

228 Ох, там, на солнце живущая Сиулэнки *пудин* [это она была тем эдехэ, по которому он стучал], она ничего не может делать, только руки и ноги шевелятся.

229 «Друг *мэргэн*, пришел ли? – *кот-кот-кот-кот* звенит [с таким звуком шевелится] – Друг *мэргэн*, дошел ли? – *кот-кот-кот-кот* звенит.

230 *Мэргэн* ее схватил, и за волосы выволок на улицу.

231 В ту дыру, через которую зашел, вниз бросил.

232 После, за ней следом вниз спустился [снова в дом больного *мэргэна* вернулся].

233 «Ну, – говорит, – слушай! – говорит. – Не было ли у тебя раньше во сне жены, – спрашивает [*мэргэн* у больного], – живущей на солнечном луче Сиулэнки *пудин*».

234 «Да, в сновидениях, во сне я был с женой».

235 «Вместе с ней, превратившись в *амбанов*, [твои духи] хотели убить тебя, – говорит. –

236 Посмотри, – говорит, – я эту [твою жену] эдехэ расплющил, и она вот такая стала».

237 Теперь *мэргэн* что сделал, рассердился на Сиулэнки *пудин*.

238 Хай-да гогдаладиани, ундиси, тава ивандидии гэсэ, токондолани наӈгалахани.

239 Тэй-лэ чок чаӈк дегдэхэни, хамача-да ана очогоми.

240 Э, эси-тэни, ундиси:

241 «Хайлара анда, ундиси, вакадиа, ундиси, си ана осини, бурбуриэ бимчэ-мэ, – ундини. –

242 Си-кэ мимбивэ ундэчиси-кэ, ундиси, тахаси, – унди. – Ми хай тадямби?» – унди.

243 «Си мимбивэ хорихандоли!»

244 Э, туй тара, ундиси, эси-тэни тадо аркива омигоани, индэмэри чадо бичи.

245 «Ачаси, – унди, – ми энэури, – унди, – дюлэси агби гэлэндэгуи.

246 Анда, ми-дэ энэмби, – унди, – ми дэрэдиэсимби», – унди.

247 «Си хаоси?»

248 «Хаоси энэдемби?» – унди.

249 «Пондадёку осини-да, асигоаси бувури, – унди. – Ми мэнэ бэеди синди, хайвари, – унди, – анда, анда осигоари», – унди.

250 «Э, хай-да анаи, – унди тэй андаха мэргэн. – Ми тэӈг эм бэеи», – ундини-гуэ.

251 Э, туй тара-ла, ундиси, таваӈки-ла, ундиси, пудиӈгулэ, мэргэӈгулэ баргигоани, тэй мэргэн-ес баргилогохан.

252 «Аба, – унди, – гойни байталани гойни оваси, – унди. –

253 Э, байтаӈга, супсиэӈгэ», – ундини-гуэ бунди мэргэн.

254 «Ая, – унди, – ми энэмби-дэ, энэмби».

255 Эси-тэни туй хасисими осиоха.

256 Э, эси-тэни энуэ. Мэргэн дюлэси энэй-гуэ.

257 Туй энэмиэ, мурчини «ачаси» тэй, эм боала хахани, хара, ундиси, дамахива омини осихани, тэучини.

258 «Э, исиха», – ундини.

259 Дякпадоани талгиала.

260 «Анда, талгиала ядаха адаро!» – унди.

261 Эси-тэни талгиалани адахани.

262 Э, ундиси, туй тайди гэсэ ундини-гуэ хайва:

263 Талгиалаи адахандоани дамахива тэучии.

264 Нёандии тэучигуй баргичи, туй коӈгорора мэргэӈгулэ, ундиси, туй коӈгорора, туй коӈгоройдоани хайридоани, элкэ анагохани дяини-ла.

265 Тэй-лэ, ундиси, таваӈки мэргэн дюлэси энэй-гуэ.

266 Нёамбани энэвэндэ-дэ, элэ могдёмба холидой-мат сагохани.

267 «Анда, хай тагой туй тахаси? – ундини. –

268 Э, ми синди энэгуй тахаӈгоамби».

269 «Анда, мочогоро! – унди. – Эди дидэм-дэ».

270 «Э, ундиси, ая, ми эмучэкэн энэмби, хай, хамаси энэйдуе энэӈгэси-тэни минди, уйди».

271 Э, туй энуй-дэ, туй энуй, морами, туй олгалигда мэргэн соли энэхэни.

272 Тэй эмдимэ, туй дэрэдихэни, энухэ, мэнчии.

273 Таваӈки-ла, ундиси, туй энэйгуэни.

240 ▸26:59 ‖ 245 ▸27:30 ‖ 250 ▸27:41 ‖ 255 ▸28:12 ‖ 260 ▸28:32 ‖ 265 ▸29:06 ‖ 270 ▸29:26 ‖

238 Разжег большой костер и туда в середину ее закинул.
239 Сразу исчезла, улетела [Сиулэнки *пудин*], ничего не стало.
240 Теперь говорит:
241 «О, друг, спасибо, если бы не ты, я бы умер», – говорит.
242 «Ты не говори, что это я что-то сделал, – говорит. – Что я сделаю?»
– говорит.
243 «Ты меня спас!»
244 Теперь они стали пить водку, там они несколько дней пожили.
245 «Нельзя, – говорит, – мне нужно идти, – говорит, – дальше,
старшего брата искать.
246 Друг, я ухожу, – говорит, – я не останусь».
247 «Куда же ты?»
248 «Куда я иду?» – говорит.
249 «Была бы у меня сестра, я отдал бы тебе ее в жены, – говорит.
– Давай с тобой подружимся, подружимся».
250 «И у меня ничего нет, – говорит гость *мэргэн* – Только я один». – говорит.
251 Затем после этого пудин, [то есть] *мэргэн* стал готовиться в дорогу,
и [другой] мэргэн стал готовиться.
252 «Нет [не надо со мной идти], – говорит [*мэргэн*], – это чужое дело *байта*,
не надо становиться на путь чужого *байта*, – говорит. –
253 Это хлопотное дело», – говорит наш *мэргэн*.
254 «Ничего, – говорит, – я пойду, пойду».
255 Вот пошел за ним следом.
256 Вот теперь пошел, *мэргэн* дальше пошел.
257 Дальше идет, идет и думает «нельзя» [плыть вместе с этим новым другом],
на одном месте пристал, сделал вид, что начинает курить,
что трубку набивает.
258 «Э, он приехал», – говорит.
259 Остановился около него на воде.
260 «Друг, почему [в лодке] поодаль [от меня остановился],
ты устал, причаливай!», – говорит.
261 Теперь около него причалил.
262 Э, так сделав, что говорит.
263 Вытащил табак и тоже стал готовиться набивать трубку.
264 Пока он готовился угощаться табаком, пока заворачивал табак для трубки,
мэргэн, так заворачивал, пока так заворачивал и еще что-то делал,
[наш *мэргэн*] тихонько оттолкнул свою оморочку.
265 Оттуда *мэргэн* поплыл дальше.
266 О том, что [наш *мэргэн*] уплыл, тот узнал только, когда он уже скрывался
за поворотом.
267 «Друг, зачем ты так сделал, – спрашивает. –
268 Я же хотел с тобой идти».
269 «Друг, возвращайся! – говорит, – Не ходи».
270 «Э, ничего, я один пойду. А когда буду возвращаться, пойдешь со мной,
с кем [же еще]».
271 Так плывя, так плывя и крича, он [*мэргэн*] скрылся вверх по течению.
272 А другой так и остался, к себе домой вернулся.
273 Оттуда так дальше тот продолжил путь.

274 Туй энэмиэ, энэмиэ мэргэӈгулэ, ундиси, онимиу-у модамба холими би иргэн, хай муӈгэмбэ бахани.

275 Тэй-лэ муӈгэндулэ, эдэдэ, маякасал эгдини, огдасал, гиласал эгдини бичини.

276 Хаоси-да хэм би най-ка чуӈну би, ундэ.

277 «Эрдэӈгэ ная хэтэй гурунсэл-ус, дали гурунсэл-ус», – мурчини.

278 Э, тэ хэдиэлэ хара, ундиси, таваӈки-ла, ундиси, энэй-гуэ, элкэ уйси энэй, ундэ. Илан гила бичини.

279 Тэӈ тэй най токондоани, э, тэй гила дуелэни-тэни, ундиси, эм сэурэмэ маякаӈго сэйгэн би, ундэ.

280 Э, мэргэн-тэни элкэ эм гилачи энэхэни.

281 Тиас экэсэл маня би чадо, тэй-дэ чадо-тани, ундиси,
хони-да хэм би экэсэл, хэм бигуэ.

282 «Тэй эм эктэкэн саман», – мурчихэни.

283 Э, хайло улэмбэ пудимбэ бичини!

284 Таваӈки би дякасал-тани, ундиси, тадо-ла туй дяри, ундэ.

285 Тэй мэргэӈгулэ тэй экэсэлбэ туй гиндёйдоани туй инэктэмэри,
туй хайридоачи, ундиси, тэй-лэ сэурэмэ маякаӈгола эм мэргэн ниэхэни.

286 Сахалтоан чипэр-бэр-бэр би мэргэн бичини.

287 «Э, эрдэӈгэ, ундиси, хайни бими, ундиси, тэй экэсэл дяриндахани, унди, хайни бими гиндёдохани-да?

288 Э, ми эучиивэ улэмбэ бараси-мда!

289 Ми эй-лэ дидюми тэй экэсэлчи эс кириами туй дидюй-дэ!»

290 Пакпаримиа-ла дидюй, эугуй, ундэ. Тэ дуе бичи хай, маякандола.

291 Тэй-лэ, ундиси, дяпаналихачи.

292 Эси-тэни тэй мэргэн-тэни, ундиси, хархинасини-гоа.

293 Туй хархинасивани-ла тэй-лэ чипэр бэр-бэр сахарин мэргэӈгулэ туй турикэчи, ундэ.

294 Туй турикэчими турикэчими, лахса пэруни калтарам энэхэни хэхэйс.

295 «Э, ми нэуи бидерэ, – уӈкини. – Ми нэуи биэсили,
эй ми пэруивэ калтали-ну?» – унди.

296 Э, сагохани нэуи, туй тара-тани ундини-гуэ, хай:

297 «Апаӈго, ундиси, ми симбивэ халачии, – унди. –

298 Эй экэсэлбэ-тэни ми-тэни мэнэ-дэ эм кириами мэнэ-дэ эм тоӈгалами бие, ундиси.

299 Ми эм тоӈгалами, эм кириами бие, – унди, – тэй экэсэлбэ.

300 Э, си хавойди чихалами, ундиси, хавойва асигой дяпагоро, – ундини. –

301 Э, ундиси, тэй экэсэлбэ, э, синду маня ичэгуэси, туй этэхии, гадёи,
– унди. – Тэй экэсэлбэ мэнэ эм тоӈгалами».

302 Э, эси-тэни-лэ, ундиси, чадо туй хаяха, аоӈгаха, ундиси.

303 Тэй саман ичэхэмби эктэди мамалахани.

304 «Э, си хэм дяпагоро, – унди, – таваӈки».

305 Эси-тэни чукилэ бивэ акпало, акпало сологоха,
таваӈки поадиани аӈни асилогоха.

306 Э туй тара, ундиси, таваӈки-ла ундиси, хайрини-гоа.

275 ▸ 30:00 ‖ 280 ▸ 30:43 ‖ 285 ▸ 31:07 ‖ 290 ▸ 31:44 ‖ 300 ▸ 32:50 ‖ 305 ▸ 33:22 ‖

274 Так плывет, плывет *мэргэн*, когда длинный поворот обходил, увидел селение, рёлку.
275 На той рёлке очень много навесов из паруса, лодок, больших лодок много было.
276 Всяких людей там было много.
277 «Интересно, это люди, которые побеждают или побежденные люди», – думает.
278 Чуть ниже по течению он пристал и стал подходить к ним. Три большие лодки были там.
279 Ближе к лесу напротив одной лодки краснел шелковый навес.
280 *Мэргэн* тихонько к одной лодке подошел.
281 Полная лодка женщин, всякие разные женщины там были.
282 «Вон та девушка шаманка», – думает он.
283 Какая красивая была *пудин*!
284 Остальные там песни поют.
285 Когда *мэргэн* этих женщин дразнил и смешил, когда так делал, оттуда из шелкового навеса вышел *мэргэн*.
286 Черным, плотным был этот *мэргэн*.
287 «Интересно, почему кто-то к этим девушкам песни пришел петь, почему стал их дразнить?
288 Сейчас приду, получите все!
289 Я сейчас приду к этим девушкам, приду!»
290 Ругается, подходит, спускается к ним. Ближе к лесу был тот навес [из которого черный *мэргэн* спускался].
291 Подошел к [нашему] *мэргэну*, чтобы схватить его.
292 Теперь [наш] *мэргэн* кулаками своими машет.
293 Его, машущего кулаками, этот черный плотный *мэргэн* останавливает [придерживает].
294 Так держит, держит его, что из кожи сома сделанные штаны его порвались напополам.
295 «Это мой брат, наверно, – сказал. – Если бы не был мой брат, разве мои штаны порвал бы?» – говорит.
296 Признал своего брата и говорит:
297 «Дорогой, я тебя жду, – говорит. –
298 Этих женщин, я к ним даже не хожу и не трогаю их.
299 Я их не трогаю и не захожу, – говорит, – к этим женщинам.
300 На какой хочешь, на той и женись, – говорит. –
301 Этих женщин для тебя, чтобы ты посмотрел, везу, сторожу и везу, – говорит. – Сам их не трогаю».
302 Теперь там что сделали, переночевали там.
303 Он женился на той девушке, про которую подумал, что шаманка.
304 «Всех остальных забери», – говорит.
305 Оставил [себе] старшую, не очень красивую женщину, а на остальных его брат женился.
306 Потом, после этого что сделал.

307 «Апаӈго, тэй аракива омидой гусэрэйни-гуэни, эй солиала би, – унди, – эм, дюэр мэгдин чиалани эм иргэн.

308 Хуюн буку балдини.

309 Тэй пондадёни-тани, ундиси, туэ ниэвучиэни турэксэлэ би симата, – унди, –

310 дёва боачи ниэвучиэни турэксэлэ би, ниадяха хаӈми, – ундини. –

311 Хони чава осигоаси, дяпичами тэй гурун соривачи, хайри, – ундини. –

312 Хони-хони мохохамби, – унди. –

313 Тэй поянгони, чаличим тэй поянгони апини чоӈдоктодоани сэгден нуктэ агбичайни, – унди, – кичоал-кичоал-кичоал тай.

314 Тэе, – ундини, – эргэнчи».

315 Э, ундиси, туй тара-ла апсиӈгоха.

316 Диа чимана энэй осигоа диадиари энээ дюэдиэри.

317 Э, тэй иргэмбэ исиха, агби моридоани эуригуэни.

318 Эси-тэни туй сори, сори, сори, сори, туй тами, ундиси, э, поянгой пэдэ унди аӈни.

319 «Эм мэргэн эмучэкэн сори-гоа».

320 Туй тами, ундиси, э, поянгони, поянгони буку бичини.

321 Тэй-тэни сиоторни сампарни, дяпами-да ачаси, бай эу чило, тао чило далиа-качи, ундэ, тэй-тэни, ундиси.

322 Э, туй тамиа, ундиси, дэӈ-дэӈ хахорахани, э, поси дигдидии гэсэ, ундиси, дилидоани-да, тактолагойдии гэсэ сэгден нуктэни лоап татахани.

323 Хэм буйкичи тэй гурунсэл.

324 Э, туй тара, ундиси, таваӈки-ла агби ичэчигухэни. Аба.

325 Э, дуйси тохани.

326 Эден хамбани уйкэни нихэлирэ, аӈни-ла синсала аракива комбочими, комбочими омиа, ундэ.

327 «Апаӈго, […] тору», – ундини.

328 Мэргэӈгулэ дип дасигора, таваӈки дуйси тохани.

329 То дуелэни эм дёка тороку гиани бичини, ундиси, чава тохани.

330 Э, пудимбэ дяпара ихэни. Иридуэнилэ, соӈгочихани,

331 Э, тэй-лэ пудиӈгулэ, ундиси, най кармадини.

332 Сэлэ нёла энэкэ, ундэ, мэрэгмбэ ичэми-дэ.

333 Э, мэргэн-тэни ундини-гуэ:

334 «Анда пудин, ундиси, аякталай осини, аяктало!

335 Чигдай осини, чигдиру, ундиси!

336 Полонду бусэсигуивэ».

337 Тэй-лэ пудиӈгулэ, ундэ, соӈгочи-ла, ундиси.

338 Мэргэн малоду тэхэни.

339 Тэй-тэни, ундиси, гогда даи коӈгорора, ундиси, гупчими ири-гуэ.

340 «Анда мэргэн, ундиси, аӈнаи буйкимбэни гудиэсими соӈгочиивэ ичэхэси-тэни, – унди. –

341 Аӈнаи галиачимбани хай галира, аӈнаи мутэсивэни хай мутэрэ, эктэли, асили хай тадямби», – унди.

342 Э, туй намбочами, лапо дяпахани, э, туй тара-ла, ундиси, чала дамахива омигой, пудиӈгулэ, ундиси.

310 ▸ 33:57 ‖ 315 ▸ 34:28 ‖ 320 ▸ 34:54 ‖ 325 ▸ 35:30 ‖ 330 ▸ 35:58 ‖ 335 ▸ 36:21 ‖ 340 ▸ 36:35 ‖

307 «Дорогой, тут выше по течению есть, – говорит, – за одним, за двумя обрывами селение.
308 Девять горбатых там живут.
309 Когда их сестра на улицу выходит, то снег тает по щиколотку ей, – говорит,
310 а летом – по щиколотку трава высыхает, – говорит. –
311 Схватить и разнять я хотел тех дерущихся людей,
312 но никак не смог, – говорит.
313 У младшего [из ее братьев] на затылке есть ямочка, из нее красный волос, – говорит, – торчит, развевается.
314 Это, – говорит, – его *эргэн* [душа-жизнь]».
315 После этого легли спать.
316 На следующее утро отправились в путь вдвоем.
317 Дошли до этого селения. Брат стал кричать и вышли.
318 Теперь так дерутся, дерутся, дерутся, дерутся, потом младшему брату говорит: 'Сильней [дерись]!' старший брат.
319 «Один *мэргэн* дерется с ними».
320 Самый младший, самый младший у них был горбатый.
321 Он был очень сильный, быстрый, невозможно за него даже ухватиться, проскальзывает сюда, туда, отстраняется.
322 Наконец, крепко-крепко схватил [горбатого], вниз зажал его, как только на голову наступил, выдернул красный волос.
323 Все умерли эти люди.
324 Потом стал высматривать своего брата. Нет его.
325 Вверх поднялся к дому.
326 Хозяина-хана дверь открыл и видит, брат его, ковшом черпая, водку пьет.
327 «Дорогой, […] поднимись», – говорит.
328 *Мэргэн* дверь плотно закрыл и к лесу стал подниматься.
329 Чуть подальше какой-то домик с *торо* [с деревом-жертвенником] был, [рядом *пудин* была], туда поднялся.
330 Взяв *пудин*, [в дом] зашел. Когда зашли, *пудин* заплакала.
331 Это та самая *пудин* красавица.
332 Как увидела *мэргэна*, сразу то покраснеет, то побледнеет.
333 *Мэргэн* говорит:
334 «Подруга *пудин*, если хочешь рассердиться, рассердись!
335 Если хочешь надуться, надуйся!
336 Буду, пока я еще не остыл, буду».
337 *Пудин* все плачет.
338 *Мэргэн* сел на кан *мало*.
339 Она накрутила большой комок табака на трубку и ему поднесла.
340 «Друг *мэргэн*, я плачу, потому что мои братья погибли, а ты зашел, – говорит. –
341 Если братья не смогли, смогу ли я, если братья не одолели, одолею ли я, женщина, что буду делать?» – говорит.
342 Так уговаривая, подала ему трубку, он взял ее и стал курить.

343 Энюэи-лэ дёан муэди силкогой, дёан хачимба хабогой, дёан хачимба энюэчи игуй тами-ла, ундиси.
344 Эм дэрэду пуюхэни, туй тара, ундиси, мэргэн сиагоани буригуэ.
345 Эси-тэни, ундиси, сиахал, туй тайди гэсэ, ундиси:
346 «Ӈасоандаро, – унди, – иргэмби!»
347 Э, мэргэн, пудиӈгулэ, ундиси, сэлэмэ урэктэмивэ дяпидии гэсэ ниэхэ.
348 Уйлэ-уйлэ омолагора-да, э, туй тапиу дидюхэни. Э, эухэни, ундини.
349 Э, тэй-лэ долбони аоӈгоха, тэй пудимбэ мамалара таха.
350 Таваӈки-ла, ундиси, тэй дёгду инэдэлэ аоха.
351 Диа чимaниа-ла, ундиси, сиун токон сирини ходихачи, таваӈки дидюхэ, ундиси, тэй хайва,
352 Тэй мэӈгэгучиэни исигохачи, мэӈгэгучиэни исигопари-тани аоӈги-гоа. […].
353 Э, чадо-ла аоӈгай чими-ла, ундиси, тэй саман эктэ асини-ла яяра морапсими сэнэхэ.
354 «Э, хэхэй анда пудин, си самaнси-ну? – унди. – Уӈчухумбэ гэлэйси-ну, ямпамба гэлэйси-ну?» – мэдэсини.
355 «Ми-дэ хай инэктэйси, – унди. –
356 Анда мэргэн, ми-лэ балана балдидой-ка бай тулиэ удэни-кэ дуӈси бичие», – унди.
357 «Э, си-кэ хайми яяхаси? Хай мэдэ осира?» – унди.
358 «Э, дёгдой асику, пиктэку биэсикэ, – унди. –
359 Пиктэси-тэни симбивэ гэлэндэгуми дими-тэни, ная пэрхидиэ калта гаралами дичини, – унди. –
360 Эй тэӈ эй боадо бие, – ундини. –
361 Э, пиктэси маӈгалаха, – унди, – маӈга най бахани, – унди, – сорини-мда».
362 Эси-тэни, ундиси, хайри-гоа, энэй-гуэ тэй пудин, мэргэӈгулэ, ундиси.
363 Тэй гила асини, ундиси, эси-тэни хатан барадигойдии гэсэ, агдиа гусэрэндумэктэ аӈгни, нэуи чилуктэ хуэдэхэни.
364 Эй хаоси энэхэни? Туй тапиу ичэгухэни.
365 Пэрхиди калтадиала, ундиси, нёро-о би хурэндулэ поӈтоар-поӈтоар така, ундэ.
366 «Ичисиэ хаха хайс эй-лэ, нэуи-лэ хатани-ла», – унди.
367 Э, ундиси, тэй мактайни-гоа.
368 Таваӈки-ла, ундиси, туй энэ, ундэ, ай энэм, ай масили, ай энэм, ай хатали таха мэргэӈгулэ, ундиси.
369 Туй энэмиэ, энэми-лэ, ундиси, пиктэи сиасимбани долдихани иӈгур та, ундэ, най сорини дилгани, ундиси.
370 Таваӈки-ла ай хатанди, ай хатанди.
371 Дидяла, дидяла дилгани осихани, сорим сиасини.
372 Э, туй будурими энэми туй мурчини-гуэ.
373 «Пиктэй-дэ маӈга маси туй, туй диралaдиани, горoладиани долдиори най иӈгурими соривани».
374 Э, туй тами, ундиси, исиндахани.
375 Тэй бэегуй барии наондёкан бичини, пиктэни-лэ урэхэни, ундиси.

345 ▸ 37:13 ‖ 350 ▸ 37:44 ‖ 355 ▸ 38:34 ‖ 360 ▸ 39:06 ‖ 365 ▸ 39:41 ‖ 370 ▸ 40:26 ‖ 375 ▸ 40:46 ‖

343 *Пудин* десять котлов водой помыла, десять продуктов вытащила, десять всяких продуктов в котел закинула.
344 На целый стол наварила и подала *мэргэну* еду.
345 Теперь вместе поели.
346 «Сходи, – говорит, – за людьми своего селения».
347 Э, *мэргэн*, [то есть] *пудин* взяла железную корзинку и тут же вышла.
348 Повыше подпоясалась, а через некоторое время вернулась.
349 Ту ночь он переночевал здесь, на этой *пудин* женился.
350 Спали в том доме до следующего дня.
351 На следующий день после полудня закончили собираться и отправились в путь.
352 Дошли до своего *мэнгэна*, там переночевали. […]
353 Переночевали, утром его жена шаманка с шаманским криком и пением проснулась.
354 «Подруга *пудин*, ты шаманка? – говорит. – Бубен нужен тебе, пояс шаманский нужен тебе?» – спрашивает.
355 «Что смеешься надо мной? – говорит. –
356 Друг *мэргэн*, когда я раньше жила, знала обо всем, [но только из того] что происходит у меня во дворе», – говорит.
357 «Ты почему по-шамански пела? Какие новости будут?» – говорит.
358 «В этом доме у тебя жена и сын есть, – говорит. –
359 Твой сын пошел следом за тобой с запада, со всеми людьми дерясь, пришел, – говорит. –
360 Тут он, на этом месте, – говорит. –
361 Твой сын замучился, – говорит, – сильного человека встретил, – говорит, – с ним дерется».
362 Теперь что делает, идет та *пудин* [то есть] тот *мэргэн* туда.
363 Та жена, которая с лодки, очень быстро оделась, со старшим, [то есть] с младшим братом переговорила, и тут же брат потерял свою сестру, [она исчезла].
364 Куда ушла? Потом увидел.
365 На западной стороне, на зеленой горе клубами пыль вздымается.
366 «Посмотрите, мой младший брат такой быстрый».
367 Хвастается так.
368 После этого так дальше идет. Чем дальше, тем сильнее, чем дальше, тем *мэргэн* быстрее.
369 Так идет, идет, услышал шум, дерется его сын, грохот слышится оттого, что люди дерутся.
370 Оттуда быстро-быстро [побежал].
371 Ближе, ближе голоса, шум драки.
372 Торопится, идет и так думает про себя.
373 «Сын у меня довольно сильный, с такого расстояния, из такой дали слышно шум их драки».
374 Затем он дошел до них.
375 Его сын юношей стал, вырос.

376 Э, энэй нолдиндиани тул, ундиси, тэй эм мапа бичини, тэй мапа би, пиктэи алдандолани сибилахани.
377 Э, мапа-ла […] илихани.
378 «Ам ичэгуру, ундиси, гой гойни байталани, гой гойни оваси, – ундини. – Хайгоаси? Хайгоаси?
379 «Ми пиктэи варидоаси, ми каока илисими ичэдиури-ну?» – ундини.
380 «Э, ундиси, гэ, си пиктэси осини, синди-дэ сори-да ая», – унди.
381 Эси-тэни туй сори-да, сори, наондёкан-тани тэхэни.
382 Тэрэ чумчуэмби, дёан чумчуэмби хэм сэкпэчирэ, начи наӈгалайни-гоа.
383 Бэктэ бипи-лэ тэй-лэ чумчуэни хэм дидюхэчи.
384 Э, дидюэндэ гучи сэкпэчирэ наӈгалагохани.
385 Э, эй дюпук лэк дидюхэни. Эй аӈгиа калта гойкоани аба.
386 Хайду бини тэй?
387 Тэй-лэ наондёкаӈгола туй ичичими, ичичими, ичэгухэ муэдиэлэ, хэрэ, чумчуэкэн маси осипи, хайс агбинди, муэди маси осигопи, чимилиак игуй.
388 Чумчукэмбэни татагой та, ундэ.
389 Наондёкан тэсихэндии чиаӈсоап илими энэхэни, чумчуэмби дяпагоха.
390 Дяпагоха тэй дуэвэни дяпагоха, тэй-тэни хайва, эм горан чолчой тадорахани.
391 Э, тэй чолчоӈгоани дяпидии гэсэ, ундиси, э, чумчуэкэмби бэундуэни дип нэкухэни.
392 Туй тара туй чолчоӈгоани-тани дяпами пуктэхэни.
393 Э, пуктэхэни хэмдэдуэ, хэмдэдиэдиэни-тэни, ундиси, эм хай бичини, эм гаса дэгдэхэни.
394 Тэй дэгдэй гасава лапатак дяпахани моӈгондолани.
395 Э, тэй гаса хэмдэни пуктэхэни-тэни, ундиси, эм чаолотон бичини, эм гэл-гэл би омоктаду.
396 Э, тэй-лэ, ундиси, гэл-гэл би омокта-ла, ундиси, силичикэндуи нэхэни.
397 Э, тэй чаолотомба-тани, ундиси, кэндэ-кэндэ дяпахани.
398 «Эпэ дака, ичэру, – уӈкини, – ми эйду тэсими бахамби ичэру хамача дякани!»
399 Э, мапа-ла ичэгухэни.
400 «Ам ичэгуру, ундиси, эм най, эм нучини, эм сагдини сорим-тани, ундиси, тамача дяка бапи сагдиниду бури, – унди.
401 Ная холгими вари бусиэвэ-мдэ».
402 Наондёкан ундини, унди:
403 «Бури-гуэ си варидиаси бурбухэн-дэ эмуту, эй холгим вари-да бурбухэн-дэ эмуту, – ундини.
404 Э, ми купикэмбэ бахандолаи, хай бурэ, ундэ».
405 Э, тэй-лэ чаолотон диливани морколахани, э, мапа-ла дили морколахани-тани.
406 «Э, гэ, хони тайси?»
407 Мапа ундини:
408 «Тамача дякава ичэпи дяпамби, амдамби», – унди.
409 Ӈалани лопто тара наӈгалахани. Эмдиэ ӈала то таоси энэхэни.
410 «Гэ, хони тайси?» – ундини.

380 ▸41:19 ‖ 385 ▸41:50 ‖ 390 ▸42:24 ‖ 395 ▸42:57 ‖ 400 ▸43:24 ‖ 405 ▸43:53 ‖ 410 ▸44:14 ‖

376 Сходу он сунулся между стариком, между стариком и своим сыном.
377 Старик остановился.
378 «Ты посмотри, – говорит, – за чужое дело другой не встанет, – говорит. – Зачем? Зачем [встал]?»
379 «Моего сына убиваешь, а я должен спокойно стоять и смотреть что ли?»
380 «Если твой сын, то можно и с тобой подраться».
381 Стали драться, а мальчик сел.
382 Сев, пальцы, десять своих пальцев откусил, на землю бросил.
383 Через некоторое время все его пальцы вернулись.
384 Когда они вернулись, опять пооткусывал и бросил.
385 Они опять вернулись и сразу на место встали, только правого мизинца нет.
386 Где тот находится?
387 Мальчик высматривал, высматривал и увидел, его палец по воде [плывет], ох, как палец наберется сил, он появится из воды, а вода одолеет, он в воде тонет.
388 Кто-то [вниз, под воду] тащит его палец.
389 Мальчик сидел, вскочил, подбежал туда и выхватил свой палец [из воды].
390 Когда он выхватывал, [когда палец] за кончик выхватывал, это что [оказалось], колонок [из-под воды его палец] тянул.
391 Он этого колонка поймал, а свой палец на место приставил.
392 Потом распорол колонка.
393 Распорол ему живот, и из живота [колонка], что вышло, утка вылетела.
394 Вылетающую утку схватил за шею.
395 Распорол живот этой утке, и там был *чаолотон* в прозрачном яйце.
396 Это прозрачное яйцо положил в мешочек, где лежал кремень для разжигания костра.
397 Взял он *чаолотон*, и держит в руке, помахивая им.
398 «Почтенный, посмотри, я здесь сидел и нашел, что я нашел, здесь сидя?»
399 Старик посмотрел.
400 «Это, – говорит, – когда молодой со стариком сражается, когда появляется такая вещь, ее старику отдают.
401 Это *бусиэ*, который убивает, высушивая человека».
402 Мальчик говорит:
403 «Если не отдам, умру, и если ты меня убьешь, умру, одинаково, если высушив, [меня] убьет [этот предмет], и я умру, все равно.
404 Я эту игрушку нашел и не отдам».
405 Голову крутит этому *чаоло*, и у старика голова поворачивается.
406 «Ты что делаешь?» – говорит мальчик.
407 Старик говорит:
408 «Когда я такое вижу, то беру и повторяю», – говорит.
409 Руку оторвал у *чаоло*, у старика рука вон туда упала.
410 «Ты что делаешь?» – говорит.

411 «Туй эрдэлэи, – унди, – тамача дякава ичэпи».
412 Э, ундиси, эмдиэ калта бэгдиэ лопто татара наӈгалаха.
413 Мапачаӈгола тэхэрэм тэхэни эмдииэ бэгдини то таоси энэхэни.
414 «Ам!» – лэргими та соӈголохани эу луэп, тао луэп муэ насалдиани туридиэни.
415 «Ам ичэгуру, ундиси, ми хай ная-да хэм хэтэмби, – унди, – ная эчиэ сиӈгэрэи, ундэ.
416 Э, си вари осини, чиаӈсок варо.
417 Гудиэси, гэ, осини, тусуэси-дэ ая-тани хаяди-да маӈга бапи исидоани, туй хаха, маӈга исидоаси, бапи миндулэ си-тэни.
418 «Синди тусуэ ана-да балдиори, синди этумди ана-да балдиори», – унди наондёкан.
419 Тэй-лэ чаолотомба липорам наӈгалахани. Мапа буйкини.
420 Туй-тэни ичэчигухэни, амини аба.
421 Туй тара-ла, ундиси, таваӈки дуйси тохани.
422 Э, эм дёва исидоани-ла тэй-лэ эм мама эурэ, ундиси.
423 «Эм одёгоя дидю! Эм одёгоя дидю!»
424 Тэй-тэни, ундиси, сэлэмэ молдё-тани, ундиси, элэи долани дяира эурини бичини.
425 Наондёкаӈгола, ундиси, тэй молдёвани ӈалани лопто тайди гэсэ нёамбани пачилахани.
426 Тэӈ эм модан чадо-баки буйкин тэй мама.
427 Э, ундиси, туй тара, ундиси, эден хан уйкэлэни дяпара, ихэни.
428 Амини хайс синсала-ла муэвэ, муэвэ оми-ма, аракива комбочими омиа,
429 Эм ичэ пиктэчиэни, эм ичэ пиктэчиэни, эм ичэ тайни, ундэ.
430 Наондёкан уйкэвэ дасигора, таваӈки дуйси тохани.
431 Тэ дуелэ дёкан бичин. Чала-ла уйкэдуэни дяпара ихэни.
432 Тэни бэегуй баха арчокан бичини, тэй-лэ, ундиси, наондёкан ичидии гэсэ […].
433 «Э, анда мэргэн, пудинчи, – ундини, – аяктали осини, аякталаро!
434 Чигди осини, чигдиру! – унди. –
435 Полондои бусэсигуивэ».
436 Э, ундиси, тэй-лэ, ундиси, арчокаӈгола коӈгороха даидола лур туй тайди гэсэ наондёканчи ирахани, ундиси, алочини-гоа.
437 «Анда мэргэн, ундиси, э, амана галиачимбани хай галигой синди соридямби, – унди. – Эктэли, асили.
438 Э, ми найди сорими балдим-да отолиасиамби.
439 Эниди, амиди буйкимбэни гудиэсими соӈгочия ичэхэси-тэни», – унди.
440 Э, туй тара-ла тэй-лэ пудиӈгулэ арчокаӈгола туй намичиани наондёкан, ундиси, хаяхани, дяпагоха, ундиси, дамахива, хайва, дамахива бурини даивани эси-тэни, чава омигоани.
441 Наондёкан, арчокан-тани тэй пудин-тэни сиагоани пуюхэ, эм дэрэ тиас-да, туй тайди гэсэ, ундиси, инэктэйчи, ундини.
442 Туй гусэрэндэмэри, инэктэмэри сиахал, туй тайди гэсэ унди:
443 «Анда пудин, ундиси, гэлэнду, хай, пуюндэру, – унди, – най эну, энэгуэри», – унди.

415 ▸ 44:37 ‖ 420 ▸ 45:09 ‖ 425 ▸ 45:33 ‖ 430 ▸ 46:01 ‖ 435 ▸ 46:24 ‖ 440 ▸ 47:02 ‖

411 «Так делаю, – говорит, – увидев такое».

412 Э, одну ногу с одной стороны, выдернув, бросил.

413 Старик сел, одна нога его вон туда вылетела.

414 «Дорогой!» – Заплакал, ручьем из глаз, сюда кап, туда кап, слезы потекли.

415 «Дорогой, послушай, я над всякими людьми одерживал победу, – говорит, – но никого не мучил.

416 Э, если хочешь убить, убей тут же.

417 Если пожалеешь, хранителем твоим буду, когда откуда-нибудь возвращаясь, трудности встретишь, и когда трудности встретишь, ты меня [позови]».

418 «Без такого хранителя, как ты, проживу, без такого сторожа, как ты проживу», – говорит мальчик.

419 Эту *чаоло* бросил плашмя. Старик умер.

420 После этого осмотрелся, отца нет.

421 Затем он поднялся в сторону леса.

422 Когда доходил до одного дома, одна старушка спускается.

423 «Подойди, поцелую! Подойди поцелую!»

424 Железную палку в подоле припрятав, спускалась.

425 Мальчик палку выдернул из ее рук и тут же ударил ее только один раз.

426 Сразу та старушка умерла.

427 Затем после этого, взяв за дверь дома хозяина-хана, зашел.

428 Отец его водку пьет ковшом, как будто воду, как будто воду пьет.

429 Даже не взглянув на своего сына, даже не взглянув на своего сына, даже не взглянув, пьет.

430 Мальчик дверь закрыл, оттуда дальше поднялся.

431 Ближе к лесу один домик стоял. Туда, за дверь взявшись, зашел.

432 Девочка подросток там была, мальчик, как только увидел ее […].

433 «Э, друг *пудин*, – говорит, – если хочешь рассердиться, рассердись!

434 Если хочешь разгневаться разгневайся! – говорит. –

435 Пока я еще не остыл, постараюсь!»

436 Э, девочка табаком трубку набила, и тут же мальчику принесла и подает.

437 «Друг *мэргэн*, э, отцы не смогли, не одолели, как я сумею с тобой драться? – говорит. – Я женщина, жена.

438 Э, я не для того родилась, чтобы драться с людьми.

439 Ты видел, что я плачу, жалея умерших отца и мать» – говорит.

440 Та *пудин* девочка упрашивала мальчика, и мальчик взял, наконец, трубку с табаком, которую она подавала, чтобы курить.

441 Мальчик [то есть], девочка, та *пудин* еды наварила, полный стол накрыла, пока это делала, смеются, разговаривают.

442 Так, разговаривая и смеясь, поели, и он говорит:

443 «Друг *пудин*, иди варить что ли, – говорит, – человеку на дорогу» – говорит.

444 Э, туй-тэни сэлэмэ урэктэвэ дяпагойди гэсэ, уйлэ налайгоани, таваӈкила наяла-да масалдигоани. […].
445 Хайс сиагоари пуюхэ, сиаха, ходиха, ундиси, апсиӈгой-гоа.
446 Тэй наондёкан, тэй арчокамба асигой бара, ходиха тэй пудимбэ.
447 Э, ундиси, диа чимана тэхэ, сиун токон исидоани, исидоани-ла ходихачи, эумэри таваӈки туй сусугурэ.
448 А амини-тани … Дидюйдуй, хисаӈгойчи-гоани гусэрэндуй-гуэ.
449 Тэй дюэр маӈбо дяордоани аминани-ла халачимари тэй.
450 Таваӈки-ла туй дидюгуэ, туй дидюмэри, дидюмэри-лэ, чадо хэтэхэ, иргэн хэтэхэни бичин. Эм иргэмбэ хэтэн хэм гадёйчи-гоа.
451 Таваӈки туй дидюмэри, дидюмэри, маӈбо дяорбани исигохачи. Халачимари би, ундэ, дамим иргэмбэ далигомари,
452 Таваӈки-ла туй дидюмэри, туй чава хайгоани, далигоми.
453 Туй дидюми, дидюми-лэ, ундиси, тэй андарби, мочодиа андарби чадо гадёха.
454 Таваӈки дидюми, дидюми, тэй аӈпаи-да гадёи.
455 Э, таваӈки туй дидюй-гуэ, тэй ихомба барии далигой, тамари дидюмэри.
456 Туй тами наондёкан, пиктэи данимбани дамимбани иргэмбэни баогоха.
457 Чава-да туй далигоми дидюй-гуэ.
458 Э, ундиси, эси-тэни, ундиси, модан холигой энэмэри, ундиси, дёва исигоха, эси-тэни, ундиси, дёни элэ хайрини бичин.
459 Э, мэргэӈгулэ исиди гэсэ хайгохани, гоавонди-ла мукэлэми пуйкуй-гуэни начи, туй тами,
460 Хэи, соли баӈсалахани, на дяктани куэп модамба холими энэхэни.
461 Э, эси-тэни тутуэ, ундэ, туй хэи, соли туй дуйпэ вайпа тутухэни.
462 Тэй-тэни хадо дерги-ус, хадо дерги-ус осихани.
463 Чу вавой иргэнду-тэни, ундиси, аӈни осиха, тэй дуелэни амини очогоха.
464 Тэй дуелэни нёани очогоха.
465 Э, ундиси-тэни, ундиси, элэ дуе модани дуэнтэчи гэдэм, вая модан сапси кирачи гэдэм осидиани иргэмбэ тэгуӈкичи.
466 Э, ундиси, туй тара-ла, ундиси, тэй амини андарни тэ, тэ багиалани осигоани.
467 Туй тара, туй балдиал, ундэ, туй би.

445 ▸47:49 ‖ 450 ▸48:27 ‖ 455 ▸49:06 ‖ 460 ▸49:43 ‖ 465 ▸50:19 ‖ 50:42

444 Взяв железный прут, вверх его подбросил и прутом хлестнул.
445 Пудин опять еду приготовила. Поели, закончив, спать легли.
446 Мальчик на той девочке женился, так закончил с той пудин.
447 На следующий день встали, до полудня спускались на берег, закончили, оттуда отправились в путь.
448 А его отец. … Едут, разговаривают.
449 До развилки двух речек доплыли, там родители его ждут.
450 Оттуда так возвращается, так возвращается, возвращается, там победил, селение победил. Если одно селение если победил, то всех [его жителей] уводит с собой.
451 После этого возвращается, возвращается, до развилки речек доплыл. [Там его уже] ждут, [жителей] селения своих дедов уводит.
452 Оттуда возвращается, уводя с собой [людей].
453 Возвращается, возвращается, и подругу свою, подругу, которая ничего не умеет, уводит.
454 Оттуда возвращается, возвращается, тестей своих уводит.
455 Э, после этого, если встретится селение, тоже с собой его [жителей] уводит.
456 Потом мальчик встретил бабушку и дедушку и тоже с собой забрал.
457 Так уводя [людей], возвращается.
458 Э, теперь, изгиб [реки] обойдя, до дома дошли, а дом его чуть не падал уже.
459 Э, теперь мэргэн, как только вернулся, прыгнул с шестом.
460 Туда, сюда пнул, вскрывая дерн, повсюду прошел.
461 Потом стал бегать. Вверх и вниз, к берегу и от берега.
462 Появилось сколько-то рядов [домов].
463 Его отец поселился в самом нижнем [по течению] конце селения, возле берега.
464 Чуть выше к лесу он сам поселился.
465 Селение раскинулось от самого леса и до самого берега.
466 Потом отцы и друзья в гости друг ко другу ездить стали.
467 Так живут, так живут.

Эм мама кэсиэ гэлэхэни

1 Эм мапади, мамади балдихани-гоа. Туй тара, туй би, ундэ.
2 Хайва-да тамари-да мутэдэси сагдаӈгохачи.
3 Мама-тани туй балди, тул-тул гактава гэлими тамандасой, чава сиамари.
4 Тэ дидякокан бидерэ гакта балдихани.
Чала туй тамандасомари туй сиаричи.
5 Туй тамиа эси-тэни туэгухэ. Гакта-да хайду бариси?
6 Мама-тани, гакта хайду, корчаткиканду тэучихэни-гуэни тэй потача,
потача, мешочки.
7 Чава-тани дяпара пиналара энэйни-гуэни.
8 Туй энэмиэ, энэмиэ-лэ, хао-да энури-дэ сарасини-гоани опорои голани
энэйни.
9 Туй энэмиэ, энэмиэ-лэ, эм боаду пата бахани.
10 Сиуӈгуни-дэ элэ тугуйӈгуэ ичэйни. Най-да аба, хай-да аба.
11 «Эси гэкчиури-ну хони таори-ну?» – мама-да соӈгочими тэси, ундэ.
12 Туй тэсимиэ. Дуйси ичэгухэни. Тэ дуелэни-лэ эм нучикукэн дёкан би, ундэ.
13 «Эй ми хайми ичэми тэсии тэй дёва?»
14 Дё хайду-да аба энэхэни.
15 Хай-да най дёвани эчиэ ичэни, чадо-ма ичэхэни, тэй патаду тэсими,
соӈгочими-да.
16 Гэкчиури мурчими соӈгочини-гоа.
17 Хао энэури? Туй тара тэй дёкчи илигора тохани.
18 Уйкэ-дэ дяпара иридоани-ла, эм пудиӈгулэ ачаӈкини.
19 «Хайлара мамала, ундэси-кэ! Гудиэлэ!
20 Эгэ, ундиси, ичэру, ундиси, эй-мэ би мама-да-ма эй боа пулси-ну?
– ундини. –
21 Хай гудиэлэгбэни бара!» – унди.
22 Тэй-лэ дюэр потачакамба пинасихамби-ла, хайдой буилэ,
гактаӈгоила тэй дюэр гурунду бухэни, дюэр эктэ эйкэ-ну-дэ.
23 «Эгэ, ундиси, эмэчэвэ, эй гакта-тани, гэ, улэну! – унди. –
24 Эй гактава-тани буэ-тэни хайду-да баваси-тани, – унди,
– гакта ӈасомари балдиапу, – унди, – буэ».
25 Эси-тэни тэй-лэ пудиӈгулэ агданаси-гоани.
26 «Эгэ, ичэгуру, – унди, – гудиэлэ хай-да, – унди, – туй би мама-да-ма,
– унди, -
27 эй гактава ӈаниндами пулсими мутэхэни», – унди.
28 Эси-тэни сиаваӈки тэй пудисэл, нэуди-мэ пудин дэӈсини-гуэни,
эйкэ эмдэ-эмдэ хисаӈгой.
29 Эси-тэни туй тара-ла хай осиха, апсиӈгоаха. Мама аванди-гоани улэнди.
30 Чими тэхэ. Эси мама энугуй баргичи-гоани, аоӈгаха найду.
31 Эси-тэни тэй пудин-тэни, тэй нэудимэ пудин-тэни, ундиси, акоамба бухэни.
32 Эм мэргэкэн, эм пудикэн бичии, эм эктэ, эм хусэ акоамба дюэрбэ.
33 «Эйвэ-тэни дёкчи исигопи-тани, хайду, сиксэ апсиӈгойдои, малоду нэхэри,
– унди. –

Как старушка счастье искала

1 Муж и жена жили. Так было.

2 Ничего делать не могли, так состарились.

3 Старуха так живет, все время ходит клюкву искать и собирать, тем и питаются.

4 Поблизости, наверно, клюква росла. Ее собирая, так питались.

5 Потом наступила зима. Где найти клюкву?

6 Старушка клюкву куда, в котомку положила, в мешочек из рыбьей кожи, в мешочек, в мешочек.

7 Закинула его за спину и пошла.

8 Так идет, идет, куда идти не знает, куда глаза глядят, идет.

9 Так идет, идет, в одном места корягу нашла.

10 Смотрит, солнце скоро опустится. Ни людей нет, ничего нет.

11 «Теперь или замерзну, или что со мной будет? – плача, сидит старуха. – Куда идти?»

12 Так сидела. В сторону леса посмотрела. Там возле леса маленький домик есть.

13 «Это почему я [раньше] не видела тот дом?»

14 Не было никакого дома, когда она дошла.

15 Никакого дома не видела, только тогда увидела, когда на коряге сидела и плакала.

16 Плакала, потому что думала, что замерзнет.

17 Куда идти? Встала и к тому дому пошла.

18 Взялась за дверь и, когда входила, столкнулась с *пудин*.

19 «Ох, какая старушка! Бедняжка!

20 Сестра, посмотри, разве может такая старушка по такой погоде ходить? – говорит. -

21 Как жалко ее!» – говорит.

22 [Старушка] дала тем двум людям, женщинам, старшей ли сестре клюкву, которую носила за спиной в двух мешочках.

23 «Сестра, какая клюква вкусная! – говорит. –

24 Такой клюквы нигде у нас не найдешь, – говорит, – мы за клюквой не ходим», – говорит.

25 Теперь *пудины* радуются.

26 «Сестра, посмотри, – говорит, – бедная какая, – говорит, – такая старушка, – говорит, –

27 а смогла сходить и собрать клюкву», – говорит.

28 Теперь *пудины* накормили [старушку], младшая *пудин* ухаживала, а старшая редко-редко разговаривала.

29 Теперь спать легли. Старушку, конечно, оставили ночевать.

30 Утром встали. Старушка стала собираться домой, переночевав у людей.

31 Теперь младшая сестра *пудин* дала ей куклы,

32 *мэргэна* и *пудин*, куклу-девочку и куклу-мальчика, двоих.

33 «Когда домой придешь, куда [положишь], вечером перед тем, как спать ложиться, положишь их на кан *мало*, – говорит, –

34 Туй тара хаянди-да дасихари, – унди. –
35 Ихэрэгуэни-тэни отоко таохари, симсэкэнди».
36 Э, эйкэни-дэ эм пудикэмбэ, эм мэргэкэмбэ бухэ, акоамба.
37 Эйкэни-дэ туй ундэ:
38 «Эйвэ-тэни гилондиала нэхэри, – унди, – гэсэ апсимбохари, – унди. –
39 Туй тара дасихари. Хайс тао ихэрэӈгуэ тавахари», – ундини.
40 Туй тапи-тани эм манаха хукунэвэни бухэчи.
41 Пака-пака би хукунэкэн бичини.
42 «Э, туй тара тэй эйвэ-тэни дёва исигопи, исигойдоаси,
сиуӈгуси элэ тугуйдуэни,
43 уйкэ нихэлирэ, дочи наӈгалахари! – унди. –
44 Эй мама хукунэвэни хайла тумиу, хайла тумиу эди ичэрэ.
45 Туй тара тулиэдуй моӈгогой тадячима, – унди, – игупи».
46 Эси-тэни эм сомалакамба бухэ, эм потачака диэктэкэмбэни бухэни,
опакамба эм потачака бухэчи.
47 «Эйвэ-тэни исигопи бодакамба пуюхэри, – унди, – мапа сиаванхари.
48 Мапа демуси бидерэ. Си анадоаси хомичими бии».
49 Э, ундиси, мамала чала агданасими пиналагора, дидюй-гуэни.
50 Туй дидюмиэ, дидюмиэ, тэде-дэ бичи, элэ сиун тугуй бичин дёи исигохани.
51 Элэ пакчираӈгойни-гоани.
52 Туй тара-тани эси-тэни, пудин-гуэ, пудиӈгулэ пудин, мама-тани, ундиси,
уйкэ нихэлидии гэсэ дочи наӈгалахани, дё дочиани тэй […] хукунэӈгуй.
53 Туй тара тулиэду-тэни мова чапчигой, пакчи-пакчи осигоха.
54 Игухэ, ихэрэкэӈгуй таоха.
55 Туй тара бодакамба толгиха, туй тапи-тани тэй акоасалба нэкуйгуэ.
56 Нэудимэ бухэмбэни малоду нэхэни,
дякпадоани тэй ихэрэкэӈгуэни таохани.
57 Эйкэди бухэмбэни-тэни хайди нэхэ, гилондиала наканду,
дюэр гэсэ апсимбоанда дасихани.
58 Туй тами, ихэрэгуэни таохани.
59 Туй тара мапава сиаванди-гоани,
хайди симсэкэнди ихэрэкэмбэ аӈгойни-гоани.
60 Сиаха, туй тара апсиӈгой-гоани.
61 Пакчираӈгохани, хайва-да ичэвэндэсии.
62 Чими-лэ, мама-ла чими эрдэ сэнэхэни,
63 эдэдэ-дэ, дюэр эктэ би, ундэ, хэрэ, улэмбэ экэсэл дэӈсиэлмэ, ундэ!
64 Малоду-тани, тэй эмдиӈгэ эдини аорини, эмдиӈгэ хайду,
гилондила эмуни аори та, ундэ.
65 Тэй-дэ дюэр пудинсэл дэӈсиӈгуэ, сиагори пуюгуэри баргичи.
66 Дё долани-тани гой дё-мат осигоха. Хадёнчи-да хэм улэн маня осигоха.
67 Тэй гурунсэл, эси-тэни тэй хусэ гурундэ тэхэ.
68 Мама-тани тэй дюэр гурун хусэвэ одёктаха, тэй эктэсэлбэ одёктаха.
69 «Вакади-ос хай-да! – уӈкини. –
70 Боа борихани, акпа айсилахани ми пиктэгуе, пиктэ анадой пиктэгуе,
диа анадопоа диагопоа-да».

34 Потом накроешь их чем-нибудь, – говорит. –

35 Зажжешь маленький [огонек] в светильнике из масла».

36 Э, старшая сестра тоже куклу-*пудин* и куклу-*мэргэна* дала.

37 Старшая сестра так сказала:

38 «На *гило* [на кан слева от входа] их положишь, – говорит, – вместе их уложишь, – говорит. –

39 Потом укроешь. И пусть там огонек горит», – говорит.

40 Затем дали старую сумочку.

41 Черная-черная была сумочка.

42 «Э, когда домой придешь, когда будешь заходить, солнце будет садиться,

43 ты дверь откроешь и внутрь ее [сумочку] бросишь! – говорят. –

44 Эта старая сумочка куда упадет, туда пусть и падает, не смотри.

45 Потом во дворе дрова себе наберешь, – говорят, – после того, как вернешься».

46 Теперь один мешочек дали, один кулек с пшеном дали и один кулек с мукой дали.

47 «Из этого, когда вернешься, сваришь жидкую кашу, – говорят, – чтобы покормить старика.

48 Старик голодный, наверно. Без тебя он голодает».

49 Э, что говорить, старуха радостно взвалила его [мешочек] на спину и стала возвращаться [домой].

50 Так идет, идет, возвращаясь, и действительно, перед закатом солнца до дома дошла.

51 Вот-вот стемнеет.

52 После этого *пудин, пудин,* [то есть] старушка, дверь открыв, внутрь бросила, внутрь дома ту старенькую сумочку.

53 Потом во дворе дрова наколола, темно-темно стало.

54 Зашла [в дом], зажгла лампу.

55 Потом жидкую кашу поставила варить, после этого тех кукол уложила.

56 То, что дала младшая сестра, положила на кан *мало*, рядом светильничек зажгла.

57 То, что дала старшая сестра, куда положила, на кан *гило*, две [куклы] вместе уложила и укрыла.

58 Потом светильник зажгла. С маслом, конечно, были светильники.

59 Потом старика накормила, из масла светильник сделала.

60 Поели, потом спать легли.

61 Стемнело, ничего не видно стало.

62 Утром же, старушка рано утром проснулась,

63 ой-ой-ой! Две женщины, ох, какие красивые женщины по дому работают!

64 На кане *мало* спит муж одной [женщины], [муж] другой где, на кане *гило* спит.

65 Две *пудин* по дому работают, кушать варят.

66 В доме стало, как будто это другой дом. Все вещи хорошими стали.

67 Те люди, теперь те мужчины встали.

68 Старушка тех двух мужчин поцеловала, тех женщин поцеловала.

69 «Большое спасибо! – сказала. –

70 Небо наделило, *акпан* озолотило. [Небо наградило] меня детьми, [так как] не было [у меня] детей, [наделило] друзьями, [так как] не было у нас друзей.

71 Эси-тэни агданасим-тани тэй дюэр гурумбэ одёктай-гоа.
72 Эси-тэни сиамари тэй хусэ гурун дуйси тоха.
73 Э, сиксэ тиас хорсо пинала, уликсэвэ эугуйгухэ.
74 Эси мапана-да агданасимари, туй сиаригоани.
75 Эм мапа-тани хэмэ-хэмэ сиарини-гоа сагди.
76 Эси-тэни туй сиаха, туй, туй бичи-гуэ.
77 Тэй гурун утуӈгиди энэй осини, утуӈгидуэри дидюмэри тиас-тиас
гадёйчи-гоа, хайва, согдата, улэн согдатасалба.
78 Дуйси тохани осини, пина тиас-тиас уликсэвэ эугуй, туй балди, ундэ.
79 Мапади, мамади хайла агданасичи-гоани, туй бивэри! […]
80 Эм модаӈгола, ундиси, токохани эм иниэ,
сикун токондоани эугухэни нучидимэ [мэргэн], нёӈкомди энулухэни.
81 «Эниэ, ама, ундиси, ми-дэ хэсэи, аӈмаи ирагохамби, – ундини. –
82 Ми элэ будемби,– ундини. –
83 Э, туй тара, ундиси, ми бурпучиивэ эди-дэ маӈга соӈгоасу, – унди,
– эди-дэ наду хумуэсу.
84 Тэ павари дякпадоани [хэвурбэ] калталара нэхэрсу, – унди, – мимбивэ».
85 Э, туй тара, ундиси, туй уми буйкини. Э, туй тара, мама соӈгойгоани.
86 Тэй-лэ мамала микуй дергэдиэлэни соӈгой, ундэ.
87 Туй соӈгойдоачи, сиксэ эугуйгуэ тэй агдима мэргэн.
88 «Хэрэ, нэуни буйкини, – тэй-дэ хаямди энэхэни-гуэни, – гэсэ токоха,
нэуни ая бичини».
89 Эси-тэни тэй нэуи буйкиндиэни тэй аӈни-тани нэудуи осихани.
90 Туй тами, ундиси, эм сиксэниэ-тэни калта [хэвур] аӈгора,
нэхэчи павари дякпадоани.
91 Эм модан-тани, ундиси, туй би тэй калта,
туй тамиа туй хэдун маӈга хэдулухэни долбоду.
92 Боачи ниэми-дэ ачаси, эси коӈгоралда-да, кутэрэлдэ-дэ.
93 «Тэй валиаха, пиктэвэ хуэдухэ. Хаоси хуэдухэси, хаоси хуэдухэси?»
– мама гасини-гоани.
94 Эси-тэни, ундиси, чими эрдэ сэнэхэни. Хэдун-дэ аба, хай-да аба осихани.
95 Мамала боачи ниэхэни, хэрэ, пиктэни хэвурни-лэ чуӈну аба бичини.
96 Эси-тэни мама-тани соӈгойни-гоа, асин-да соӈгойни-гоа.
97 Эдини чуӈну хуэдухэни чадо.
98 Эси-тэни туй би, аӈни-тани хай-да хэм удэвэни гэлэгуйни-гуэни тэй нэуи
хэвурбэни.
99 Хуэдухэмбэни так эчиэ баогоачи.
100 Туй тара эси дёагочиани-тани, ундиси,
эси-тэни согдатава ваичигоани тэй аӈни.
101 Нэуи хуэдэхэндии, нэуи гэлэгуми маня бини-гуэ, хай-да вайчадаси.
102 Эси-тэни эм модан-тани, ундиси, дяиди тэрэ, хэи энэйни, ундэ.
103 Маӈбо хэи энэйни-гуэ. Туй энэмиэ, энэмиэ-лэ, ундиси, эм хоӈко ичэхэни.
104 Тэй хоӈко порондолани-ла, ундиси, хэуесэ эм дёкан би, ундэ.
105 Э, таосиу хакохани. Хара, ундиси, тоха, уйкэ дяпара ихэни.
106 Эм пудиӈгулэ тэсими би, ундэ.
107 Хэрэ, мэргэмбэ ичэйди гэсэ, чаӈсоп-чаӈсоп илихани.

71 Теперь радуясь, целуют тех двоих.
72 Теперь, поев, мужчины в лес пошли.
73 Вечером вернулись, неся за спиной полные мешки, полные мяса.
74 Теперь старики, радуясь, так едят.
75 Старик ест молча, старый [для охоты].
76 Теперь так ели, так, так живут.
77 Если эти люди поедут на оморочках, возвращаясь, привозят полные оморочки чего, рыбы, хорошей рыбы.
78 Если в лес пойдут, то приносят полные мешки мяса, так жили.
79 Старик со старухой как радуются такой жизни! […].
80 Однажды, пошли в лес на день, а в полдень младший [*мэргэн*] вернулся, сильно заболел.
81 «Мать, отец, – говорит, – я пришел свое слово, свою речь сказать, – говорит. –
82 Я скоро умру, – говорит. –
83 Э, потом, когда я умру, сильно не плачьте, – говорит, – не хороните в земле.
84 Там за окном, расколов [гроб], положите, – говорит, – меня».
85 Э, потом, так сказав, умер. Э, после этого старуха плачет, конечно.
86 Та старуха, ползая возле него, плачет.
87 Когда так плакали, вечером вернулся старший *мэргэн*.
88 «Ох, младший брат умер, – расстроился он, – вместе пошли на охоту, брат был здоров».
89 Теперь, когда младший брат умер, старший брат [мыслями] только возле младшего находится.
90 Потом, однажды вечером сделал половинку [гроба], сделал, положил за окном.
91 Однажды, когда расколотый [гроб] там лежал, ночью поднялся сильный ветер.
92 На улицу выйти невозможно, стучит, гремит.
93 «Вот горе, сына ветром унесло. Куда унесло, куда унесло?» – горюет старушка.
94 Теперь рано утром проснулась. Ни ветра, ничего не стало.
95 Старушка на улицу вышла, ох, нигде нет гроба сына.
96 Теперь старушка плачет, и жена его плачет.
97 Мужа ее ветром унесло.
98 Теперь так живут, старший брат повсюду ищет гроб младшего брата.
99 Унесенное ветром так и не смогли найти.
100 Потом лето наступило, теперь рыбу надо ловить старшему брату.
101 Потерянного младшего брата все ищет, ни на какой промысел не ходит.
102 Теперь однажды сел в оморочку и поплыл вниз по течению.
103 Вниз по реке поехал. Так ехал, ехал и утес увидел.
104 На вершине утеса, стоял домик. Э, там пристал.
105 Пристав, с берега поднялся, за дверь взялся, вошел.
106 Одна *пудин* сидит там.
107 Ох, *мэргэна* увидев, быстро вскочила.

108 «Анда мэргэн, ичэчиси-ну-дэ, анда мэргэн, исиндахаси-ну-да?»
109 Чадо иридой ичэйни-гуэ тулиэдуэни тороку, туйгэку-дэ.
110 «Саман!», – мурчихэ мэргэн.
111 Э, ундиси, туй тара-ла, ундиси, чарахи яохи-гоани.
112 Чадо мэргэн няр аоӈгини-гоа.
113 Э, диа чимана тэхэндиэниэ няр-няр бини-гуэ.
114 Тэй мэргэн пудинди асигой баха, чаду аоӈгамиа.
115 Э, ундиси, туй тара, тадо би, ундэ, тадо, согдатава ваичи, бэюмбэ ваичи, тами, туй би, ундэ.
116 Хао-да энэдэсиэ.
117 Туй бидуэни, ундиси, эси-тэни туй чадо балди эси-тэни дёгдоани тэй мамани, асини, хэм соӈгойчи-гоани тэй энини-дэ, эдичиэри-дэ.
118 Э, туй тами мама ундини-гуэ:
119 «Ам ичэгуру, – унди, – хэи энэмиэ, хэи дуэрэми, энэми бадячи, – унди, – кирадо патава.
120 Тэй дуелэни бие, – унди, – эм дёкан.
121 Чаду дюэр пудин бини, ундэ. Тэй-тэни тэй пудиусэл симбиэ бухэни, – унди, – ми пиктэгуивэ.
122 Э, тао мэдэсиндэру!» – унди.
123 Э, пудиӈгулэ энимби, туй тэй мама туй эрдэлини, барадигора энэхэни.
124 Эм чими эрдэ энэхэни.
125 Энэхэ, тэй удэни туй дуэрэми энэми, энэми, патаӈгоани бахани, мама тэсихэни патан.
126 Хамача дё-да аба, хай-да аба, дуевэни ичэчихэндэ дё-да аба.
127 Элэ сиун тугуйдуэни-лэ ичэчимиэ чилара энэхэни дёкчи.
128 «Э, эпэ дака, – ундини, – хамача дё-да аба, хай-да аба, – унди, – тэсихэси пата-ла биӈ-гоани, – унди. –
129 Хао-да ичиэ, энээ дёгди, дёгди гэрбуку хай-да аба, – ундини. –
130 Дуйпэ вайла пулсихэмби. дёгди гэрбуку дяка эчиэ ичэи».
131 Эси-тэни ундиси, мама:
132 «Эрдэӈгэ! Хай-да чадо биэчи-кэ, – унди, – дё хайми абани?»
133 Эси-тэни мама-тани диа чиманиа эм хадолта бипи, туй тара-тани, ундиси, энэпсиӈкини.
134 Мама-ла коаӈ-коаӈ барадигора, энэйни-гуэ, туй тулиэ тадямби соӈгоми туй дуэрэмдэ энэмиэ, энэмиэ, патаӈгой баогохани.
135 Патаӈгой бара тэгурэ, соӈгойгоани тэй дё-да аба, хамача-да аба.
136 Пурэн, боа маня, мо маня. Туй соӈгоми, тэсими, эй-лэ ундиси.
137 «Эрдэӈгэ тэй чадо бичини дё. Хао энэхэни? – туй соӈгой, ундэ. –
138 Пиктэи туй хуэдэхэмби, – соӈгойни-гоа. – Пурилби дюэту хэм аба».
139 Туй соӈгоми, тэсими, ундиси, ичэгухэни: дуелэни тэй дёкаӈгола хуеусэ би, ундэ.
140 «Эрдэӈгэ! Хай-да хайми ичэчимби?
141 Эрдэӈгэ, эй насалди хаӈгиси осихани тэй дё чаду илиси, – унди, – эчиэ ичэи».
142 Э, тохани таоси. Уйкэдуэни дяпара, ихэни-лэ, ундиси.
143 Тэй дюэр пудиусэл би, ундэ, хэм баро, омолко бичини.

108 «Друг *мэргэн*, не видишь, что ли? Друг *мэргэн*, ты пришел ли?»
109 Когда он заходил в дом, он видел во дворе [шаманские деревья] *торо* и *туйгэ*.
110 «Шаманка», – подумал *мэргэн*.
111 Э, потом, она [его] радушно угощает.
112 Там *мэргэн* спокойно переночевал.
113 Э, на следующее утро никуда не торопится.
114 *Мэргэн* ту *пудин* в жены взял и ночует там.
115 После этого так и живет там, ловит рыбу, охотится на зверей, так живет.
116 Никуда не уходит.
117 Пока он там живет, в его доме жена [младшего брата] и его жена и мать плачут по своим мужьям.
118 Э, потом старушка говорит:
119 «Послушай, – говорит, – пойдешь пешком вниз по реке, пойдешь и найдешь, – говорит, – на берегу корягу.
120 Напротив нее в стороне леса, – говорит, – есть дом.
121 Там живут две *пудин*. Те *пудины* вас дали, – говорит, – мне в дети.
122 Э, туда сходи спросить!» – говорит.
123 Э, *пудин*, как сказала мать старушка, делает, собралась и пошла.
124 Рано утром пошла.
125 Пошла в то место, так идя, шла, шла, нашла корягу, корягу, на которой [раньше] старушка сидела.
126 Никакого дома нет, ничего нет, и возле леса смотрела, дома нет.
127 Перед самым заходом солнца, ничего не найдя, пошла домой.
128 «Э, почтенная, – говорит, – никакого дома нет, ничего нет, – говорит, – коряга, на которой ты сидела, есть, – говорит. –
129 Куда ни посмотришь, куда ни пойдешь, того, что называют домом, домом, нигде нет, – говорит. –
130 Я и к лесу, и на берег ходила. Того, что называют домом, не видела».
131 Теперь старушка:
132 «Интересно! Все там было, – говорит, – почему дома нет?»
133 Теперь старушка как-то утром, через несколько дней, решила сама пойти.
134 Старушка тепло-тепло оделась и идет, так со своего двора, плача, так шагая, идет, идет, нашла свою корягу.
135 Найдя корягу, села и плачет, того дома нет, ничего нет.
136 Только дикое место, одни только деревья. Так, плача, сидит.
137 «Интересно, там был дом. Куда подевался? – так плачет. –
138 Я сыновей потеряла, – плачет. – Обоих детей нет».
139 Так, плача, сидит, смотрит: со стороны леса тот домик стоит.
140 «Интересно! Почему я ничего не видела?
141 Интересно, с этими глазами неладно стало, что того дома, который здесь стоит, – говорит, – я не видела».
142 Э, пошла туда. За дверь взялась, вошла.
143 Там те две *пудины*, одетые, подпоясанные были.

144 Э, ундиси-кэ, бачихани, мама тэй пудиусэлди.
145 «Эпэ дака, хай боачи пулсиси?» – унди.
146 «Гэ, хай пулсирэ», – унди.
147 «Буэ корпиасипу, – унди. –
148 Буэ-тэни хэрими пулсидуэри, дилгамбаси долдира, гудиэсимэри, эу тухэпу, – унди, – эси».
149 Э, мамала сиаваӈки, ундиси. Э, мама-тани гусэрини-гуэ:
150 «Туй, туй пуригби хуэдэхэмби».
151 «Э, ая, – унди. – Эчиэ будэ, – унди, – будэси. – унди.-
152 Дидюе, мэнэ дидюй, исиндагое, – унди. – Эди-дэ пулсирэ! – унди. –
153 Эуси хандами пулсиси? Буэ эйду балди гурун биэсипу, – унди. –
154 Буэ хэрими пулсимэри гудиэсимэри тухэпу.
155 Симбиэ соӈгойваси, эрулэйвэси ичэрэ-дэ, пиктэгуэси бухэпу.
156 Эм модан бухэ, элэ, – ундини, – бухэ.
157 Эси эди эу пулсирэ, – ундини, – эйду буэ балдиасипу, – ундэ. –
158 Ичэру, – унди, – эси ниэгупи, буэ энэйпувэ хао-да-да».
159 Эси-тэни мама-тани уйкэ ниэгуйдуй-тэни сахани тэй-лэ дюэр эктэсэлбэ чилуктэ хуэдэхэни. Дюэтуӈгэ хэм хуэдэхэни.
160 Дё-да аба, хай-да аба очогохани.
161 Туй ичэчими уйси ичэгухэни лачамди уйси токойчи тэй дюэр пудиусэлгулэ, ундиси.
162 «Гэ, эе, ундиси, эндур-тэни!» – ундини.
163 Тэй-тэни мама-тани, ундиси, нихорачигоани:
164 «Хэм пиктэи хэм аяди, дидюхэри-мдэ».
165 Туй нихорачиха, туй ичэдирэ, пакчи насал муечи ичэдирэ, таваӈки дуэрэгуйни-гуэ.
166 Туй энэмиэ, энэмиэ, энэмиэ-лэ, ундиси, дёи исигохани.
167 Хайси сиуӈгуй эрдэ бичини, исигохани. Исигоха, ундиси, э, ончи гусэригуэ:
168 «Бахамби, – унди, – тэй гурумбэ.
169 Ми соӈгой дилгамбива долдира най хэридии, тухэчи, – ундини. –
170 Уӈки, – ундини, – эди соӈгорам, эди-дэ пулсирэ.
171 Буэ эй надо балди гурун биэсипу.
172 Симбиэ гудиэсимэри буэ эухэпу эуси.
173 Эси-тэни соӈгоя дилгамбани долдира тухэпу, ундини.
174 Хэрими пулсимэри.
175 Энуйвэчи ичэхэмби, най лачамди уйси токоха, – ундини. –
176 Эндур, ундин-гуэ, тэй сумбиэ, сумбиэ ми пиктэгуивэ бухэн гурунсэл.
177 Эси-тэни туй нихорачихамби, – ундини. –
178 Мэнэ дидюй, уӈкини, – ундини, – эди, эди, эди пулсирэ эуси. Эйлэ балди гурун биэсипуэ-мдэ».
179 Э, туй тара туй би-гуэ.
180 Эси-тэни аӈни-тани чаду туй би, туй би, асигой бахандой.
181 Туй тамиа-ла эм модаӈгола хай, асини-тани эм чими яими сэнэхэни.
182 «Анда пудин, си саманси? Уӈчухумбэ гэлиси-ну?
183 Яӈпамба гэлиси-ну?» – унди.

144 Э, поздоровалась старушка с *пудинами*.
145 «Почтенная, ты зачем в это место пришла?» – говорят.
146 «Ну, как не прийти!» – говорит.
147 «Нам некогда, – говорят. –
148 Мы, летая, обходили эти места, твой голос услышали, сжалились
и сюда опустились, – говорят, – сейчас».
149 Э, старушку покормили. Э, старушка рассказывает:
150 «Так и так, я детей потеряла».
151 «Э, ничего, – говорят. – Они не умерли, – говорят, – не умрут, – говорят. –
152 Вернутся, сами вернутся, приедут, – говорят. – [Больше сюда] не ходи! –
говорят. –
153 Сюда зачем ходишь? Мы не здешние, – говорят. –
154 Мы, летели, сжалились и опустились, – говорят. –
155 Увидели, что ты плачешь, что плохо живешь, и детей тебе дали.
156 Один раз дали, и хватит, – говорят, – [того, что] дали.
157 Теперь больше сюда не ходи, – говорят, – мы здесь не живем, – говорят. –
158 Посмотри, – говорят, – когда выйдешь из дома, куда мы пойдем».
159 Когда старушка из двери выходила, увидела,
что те две женщины сразу исчезли. Обе исчезли.
160 Ни дома, ничего не стало.
161 Так осматриваясь, вверх посмотрела, вися в воздухе,
вверх поднимаются те две *пудин*.
162 «Ох, наверно, они *эндуры*!» – говорит [старушка].
163 Старушка стала кланяться:
164 «Пусть все мои дети будут здоровы и вернутся».
165 Так, поклонившись, смотрела [им вслед], так что в глазах потемнело,
смотрела, после этого пошла.
166 Так шла, шла, и до дома дошла.
167 Еще солнце высоко было, когда она дошла.
Пришла, и рассказывает невесткам:
168 «Нашла я, – говорит, – тех людей.
169 Они мой плач услышали, летая, и опустились, – сказала. –
170 Сказали, – говорит, – не мучайся, не приходи.
171 Мы на этой земле не живем.
172 Тебя пожалев, мы спустились сюда, говорят.
173 Мой плач услышав, они опустились, говорят.
174 Облетая все, ходим.
175 Уходя, я видела, как они уходят, они, в воздухе вися, вверх поднимались,
– говорит. –
176 *Эндуры*, говорю, эти люди, давшие мне вас в дети.
177 Я кланялась, – говорит. –
178 [*Мэргэны*] сами придут, сказали, – говорит, – к нам больше сюда не ходи.
Мы не здешние люди».
179 Э, потом так и живут.
180 Теперь старший брат там так живет, так живет там, где женился.
181 Однажды его жена как-то утром проснулась, запев по-шамански.
182 «Друг *пудин*, ты шаманка? Нужен ли тебе бубен?
183 Нужен ли тебе шаманский пояс?» – говорит.

184 «Анда мэргэн, хайва инэктэйси! – унди. –
185 Уҥчухум-дэ гэлэсимби, яҥпам-да гэлэсимби, – унди. –
186 Нэуси-тэни эйниэ сиун токондо исигоэ, – унди, –
187 иргэмбэ-тэни маҥбо калта гадёи, – унди. –
188 Асигой-да бахани. Асии-да гадёи, – унди,
– асидии дидюйни эйниэ сиун токондоани».
189 Эси-тэни асин-тани, ундиси, эси дё довани тэридии гэсэ,
хэм ниуксэвэ тугбухэн-дэ, сактам хэм сикумбэ маня сэкчиэчигухэн-дэ.
190 Ходиди гэсэ, энюэе дёан муэди силкойди гэсэ,
эси-тэни сиаорива пуюпсиҥкини.
191 Ома дуедиэни-дэ сиаори канидо-да тиас би,
192 Дюэр энюэвэ, гилондиала, пуксудиэлэ. Тэй-тэни ундини:
193 «Анда пудин, эдэдэ, хайми сиаворива туй эгдиэ пуюриси?»
194 «Эгди гурун дидюйни-тэни, – унди, – иргэм дали гурунсэл,
иргэнди дидюй.
195 Иргэн тэхуни най дидюйни гурунсэл. Хайва, хайва сиавори? – унди. –
196 Демусиэ-тэни поктова пулси гурумбэ,
хэм найва тобогора сиавамбориа аяни-гоани», – ундэ.
197 Э, эси-тэни, ундиси, сиун токон элэ исидоани-тани,
тэй-тэни мэргэн-тэни вайси эурэ ичэдини, ундэ, нэуилэ.
198 Маҥбо хэилэ туй ичэдемиэ, ичэхэни.
199 Тиас дидэ, ундэ, маҥбо тиас дергэдиэни-лэ
200 огда солой, ундэ, огда солой, ундэ.
201 Хэи маҥбо тиас дергэдиэни-лэ.
202 Тэй-лэ мэргэҥгулэ бадоани исиди гэсэ нэуни-лэ, ундиси, пуйкухэни-дэ,
чэҥгэриэ-дэ акчии.
203 Эси-тэни намасимари баогоха, агдамари-ла одёмачи-гоа агби, нэуни.
204 Эси-тэни, ундиси, туй тара тобогой хаха тэй огдани.
205 Асива тобогоха, элчиусэлбэ, найсалба тобойгоани, тэй дичин гурумбэ хэм
тобомари сиаваҥкичи тэй-тэни хэм боа-ма агданасимари, асини пуюхэни-
тэни, тэй эм най иргэн найни гадёйни хэм найду исидиани пуюхэни.
206 Хэмтуни найва сиаванди-гоа.
207 Эси-тэни туй тара, туй би, ундэ, энуми-дэ энуэдэси.
208 Чаду индэчими туй би, ундэ.
209 Тэй-лэ мэргэҥгулэ асини-тани тул-тул эдии этумэчини, ундэ.
210 Ундини-гуэ:
211 «Анда мэргэн, хали энури? Энугуэри, – ундини, – дёкчиаси энугуэри,
эниси, амиси-да маҥгалаха-тани, асиси-да маҥгалаха симбивэ халачими
хуэдэхэндии».
212 Кол-кол би, ундэ, тэй нэуни мэргэҥгулэ тэй аси унди-дэ.
213 Апсиҥгоханда тул-тул эдии саича, ундэ, тэй-лэ асини-ла.
214 Э, туй бимэри-лэ, ундиси, эм модаҥгола тэй пудин аоридоани мэдэсини:
215 «Хай дяка тэй бунчи? – аҥни ундини. –
216 Ми нэуи хайми аси нэуни, – унди, – тэй, тэй аонду балди эктэ
217 хайва-да тадасиа, тэсиэдэсиэ, хайва-да тадаси-да.

184 «Друг *мэргэн*, зачем смеешься! – говорит. –
185 Бубен мне не нужен, и шаманский пояс мне не нужен, – говорит. –
186 Твой младший брат сегодня в полдень дойдет [до нас], – говорит. –
187 [Жителей] селения по реке переселяет, – говорит. – Так много [лодок], что [они заполнили] Амур до середины.
188 Он женился. Жену ведет, – говорит, – с женой придет завтра в полдень».
189 Теперь жена, стала прибираться в доме, всю паутину сняла, коврики из камыша все новые постелила.
190 Закончив все, котлы, десять раз сменив воду, вымыла, потом еду стала варить.
191 [Столько наварила, что] возле очага еды полно [разложено], и на кане [у двери]
192 два котла, и на кане слева от двери, и на кане справа от двери. Он говорит:
193 «Друг *пудин*, ой-ой-ой, зачем еды так много наварила?»
194 «Много людей [сюда] едет, – говорит.
195 Люди, стоящие во главе селений, всеми [жителями] своих селений сюда едут. Чем, чем кормить? – говорит –
196 Они голодные в дороге, всех людей надо пригласить в дом и накормить надо», – говорит.
197 Э, вот, перед самым полуднем тот *мэргэн* вышел на берег высматривать, своего младшего брата.
198 Вниз по Амуру посмотрел и увидел,
199 полным-полно [людей] подъезжает, по всей реке полным-полно
200 лодок против течения плывет, лодок против течения плывет.
201 Вниз по течению полным-полно лодок плывет рядами.
202 Как только до *мэргэна*, доплыли, младший брат, высоко подскочив, прыгнул к своему старшему брату.
203 Теперь обниматься стали, встретились, обрадовались, целуются старший брат и младший брат.
204 Теперь вытянули на берег лодки.
205 Жену пригласили, слуг, людей пригласили в дом, всех приехавших обрадовавшихся людей накормили тем, что жена сварила, [столько] наварила, что хватило людям целого переселяемого селения.
206 Всех людей накормили.
207 Потом так остались, не уходят.
208 Там живут несколько дней.
209 Жена *мэргэна* все время сторожит своего мужа.
210 Она говорит:
211 «Друг *мэргэн*, когда поедем? Нужно ехать, – говорит, – нужно в твой дом ехать. Твоя мать и твой отец замучились без тебя, и твоя жена замучилась, ожидая [с тех пор, как тебя] потеряла».
212 Ничего не отвечает младший *мэргэн* на слова жены.
213 А жена все время сторожит своего мужа, даже когда он спать ляжет.
214 Э, так жили, однажды, когда *пудин* спала, [старший брат] спрашивает:
215 «Что за существо к нам [приехало]? – старший брат говорит. –
216 Почему сестра жены моего младшего брата, – говорит, – что эта в сновидениях живущая женщина
217 ничего не делает, не сидит и ничего не делает.

218 Хао-да би эктэди-дэ, ундэ, ичэдэси-дэ, амба-мат би эктэ».

219 Эси-тэни туй би, туй би-дэ аоӈгачим, индэчим, туй би.

220 Туй бичимдэ-лэ эм модан-тани, ундиси, асиди сиксэ апсиӈгопил, ундиси, асии оӈгасагоани-ла апилани киткэлэхэни.

221 Асини оӈгасахани. Тэй мэпи этуривэни.

222 Туй тара тэрэ, илира, ундиси, долбогохани-гоани, илира тэй аори эктэчи энэхэни-тэни.

223 Тэй иниду тэтуэвэни эуричихэни, тэй-дэ хурчиэ кучэлэхэни тэй мэргэмбэ.

224 «Эриэх», – мэргэн-лэ эрипсиндидуэни-лэ.

225 Асини чаӈсоп тэхэни-гуэ.

226 «Гэ, хони тахаси, гэ, хони тахаси?»

227 «Хони тахай?»

228 «Хайлара пуе баха эдии? Сэксэ маня!»

229 Эси-тэни, ундиси, асини-да, эйкэни-дэ хэм тэгуйгуэ чаӈсоп.

230 Эси-тэни ихэрэ таоха-да, эйкэни-тэни мо дяпара, нэуи дуктэйни-гуэ.

231 «Си хони тагой ная туй тахаси? – унди. – Си мэнэ хоричигуру эси!»

232 Эси-тэни, ундиси, дуктэ-дэ дуктэйни-гуэни.

233 Эдини, эдини мэргэн ундини-гуэ:

234 «Хай дуктэхэндулэси най хони, хони осиогора, – ундини, – хай тагой дуктэйси туй маӈгади дуктэйси тэй амба пудимбэ?»

235 Эси-тэни тэй пудиӈгулэ, ундэ, туй аопиа, ундиси,

236 Тэй дуктэй-дэ «энэнэ» ундисиэ, кол-кол аори.

237 Туй тара боачи ниэвэчихэни, тэй пудин-дэ боачи чиэчиндэми ниэхэни.

238 Туй тара-ла, ундиси, э, хайду бахани-ос, ивугухэни, сэгден окто, согдён окто-да, абахади хукучэку, дюэр абаха, дюэр абаха.

239 Ча-тани ундини-гуэ эйкэчии:

240 «Эй сэгден октова боӈгоду нэри, согдён октова хамиала нэри таро», – унди.

241 Э, туй тара-ла, ундиси, эйкэдуи бухэни.

242 Эйкэни-лэ капсачигоани тэй октоди.

243 Байбаӈ хогохани, тэй мэргэн аянагохани.

244 Эси-тэни аянагоханда тэй эм хадо бимиэ, ундиси, гэсэ энури, – унди.

245 Тэй пудин, тэй пудин-дэ тул-тул энэгуй диаласини-гоа тэй нэуни, асини.

246 Эси-тэни хэм баргигоха, дё дои-да хэм най эухэ вайси.

247 Эси-тэни тэй нэуди мэргэн-тэни кол-кол дамахива омими, хуэду тэсини, най хэм эугухэ хамиалани.

248 Асини-тани уйкэ дадоани бини-гуэ.

249 «Бала эугугуэри, бала энугуэри, най халачи».

250 Э, тэй эдин-тэни илан трубкава омихани дамахива.

251 Илачиа трубкава даи омипи-тани, тэй даи туӈгэлэгуйди гэсэ илигохани, илигойди гэсэ тэй аохам пудимбэлэ, ундиси, дилидоани катарагойди гэсэ вайси кутучими эугухэни.

252 Туй тара огдадоила, ундиси, хоӈкодоани наӈгалагохани.

253 Туй тара таваӈки туй энэйгуэ. Туй энухэ, дёва исигойчи-гоани, мэнэ дёкамбари.

218 Что она за женщина, [никто ее] не видит, наверно,
как *амбан* [эта] женщина».
219 Теперь так живут, так живут, ночуют, остаются день за днем, так живут.
220 Живя так, однажды, когда с женой вечером легли спать, [*мэргэн*],
чтобы его жена уснула, щелкнул ее по затылку.
221 Его жена уснула. Она же его сторожила.
222 После этого сел, встал, ночь, конечно, встав,
подошел к той спящей женщине.
223 Только приподнял ее подол, она мгновенно нож вонзила в *мэргэна*.
224 «*Эриэх*», – вздохнул *мэргэн*.
225 Его жена мигом вскочила.
226 «Что ты сделала, что ты сделала?»
227 «Что я сделала?»
228 «За что мой муж получил рану? Кровь кругом!»
229 Теперь, и его жена, и ее сестра, все вскочили.
230 Теперь свет зажгли, старшая сестра взяла палку
и стала бить свою младшую сестру.
231 «Ты зачем с человеком такое сделала? – говорит.
– Теперь сама [его] спасай!»
232 Теперь бьет и бьет.
233 Ее муж *мэргэн* говорит:
234 «От твоего битья что станет с человеком [какая польза будет]? – говорит,
– Зачем так сильно бьешь эту *пудин-амбана*?»
235 А та, как ее ни били, «ой» не скажет, молча лежит.
236 Теперь та *пудин*, так полежав, на улицу вышла.
237 Как *пудин* вышла на улицу помочиться?
238 Потом, э, – где она нашла? – принесла красное лекарство
и желтое лекарство, завернутое в лист, в два листа.
239 Она говорит старшей сестре:
240 «Это красное лекарство сначала положи,
а желтое лекарство потом положишь», – говорит.
241 Э, потом, старшей сестре дала [лекарство].
242 Старшая сестра перевязала с тем лекарством.
243 Сразу зажило, тот *мэргэн* поправился.
244 «Теперь хоть поправился и пожил [там] еще некоторое время, не говорит,
давай вместе поедем.
245 *Пудин* все время зовет его в дорогу, того младшего брата жена.
246 Уже все собрались, все домашнее [имущество] жители вынесли на берег.
247 Только младший *мэргэн* молча курит трубку,
на сиденье у кана сидит после того, как все люди спустились на берег.
248 Его жена у двери стоит.
249 «Давай скорее спустимся на берег, давай скорее поедем, люди ждут».
250 Э, муж три трубки табака выкурил.
251 Когда третью трубку выкурил, трубку за пазуху сунул и встал,
встав ту спавшую *пудин*, за волосы схватив, на берег поволок.
252 Потом, бросил ее на нос лодки.
253 Затем оттуда отправились [в путь]. Так плыли и доехали до дома,
до своего дома.

254 Элэ тури дёкан бичин. Бипиэ пойӈар, бипиэ пойӈар та, ундэ.
255 Эси-тэни, ундиси, исигойди гэсэ нэуди-мэ мэргэӈгулэ пуйкугухэни начи.
256 Асини хайлара, агдаха, соӈгомари баогой-гоа.
257 Энини-тэни тунепулэгурэ эуригуэ.
258 Мапа-да дюкэн бини-гуэ, бэи-дэ улэн мутэси.
259 Эси-тэни дёи-тани мэргэн-тэни баӈсалагохани.
260 Дёан-да дё, хуюн да хурбу осигохани.
261 Э, хэи, соли тутухэни, дуелэни гучи тутугухэни дюэр дерги осигохани ирга.
262 Дуин дергиду тэй мэргэн осигоха, вавой дергиду осини аӈни осиха тэй амимби дёгдоани.
263 Э, ундиси, туй тара, ундиси, амимби-тани тэй мапачамба тэй дяпара поромби дабал наӈгалахани.
264 Киркэ би мапачан очогохани.
265 Э, энимби-дэ дяпами, поромби дабал наӈгалахани.
266 Киркэ би мама очогохани.
267 Гэ, эси-тэни мама-тани агданасини-гоа, хэм наондёан маня осигоха амини, энини-дэ.
268 Э, эси-тэни туй би-гуэни, туй балди.
269 Туй тамиа эм модаӈгола хусэ гурун хэм хайгоха, хамиалани дёа бидерэ, хао энэхэчи-ус, сиагоари гэлэндэмэри энэхэчи, хусэ гурунсэл.
270 Экэсэл-тэни вайладиала-тани хоалагдигоани.
271 Гэ, уй пудимбэни, уй улэмбэни дэдумбэни унэчимэри мэлдемэри.
272 Э, ундиси, эси-тэни тэй экэсэлгулэ туй мэлдегуэни,
эй дуин экэсэлни-гуэ, тэй илан эктэ, дуин экэсэл-гуэ тэй.
273 Эси-тэни, ундиси, эси-тэни, ундиси, туй мэлдехэмбэри дуэлэни хэм ходиха.
274 […] тэй сапси кирадо осикапари, эси-тэни, ундиси,
тэй амбариа пудимбэ-лэ, ундиси, тэй эйкэчиэни ундини-гуэ:
275 «Ча-да ичэгуэри-дэ, хаоси-да балди чойкони-да, эрдэличи».
276 «Эси-тэни суэ мэнэ гусэрэндусу, – унди, – ми дяралиасим-да, дилгандасим-да найва».
277 Эси-тэни тэй экэсэл-тэни:
278 «Гэ, анда, ундиси, гэ, мэлдегуэри, пэргэми мэлдегуэри, ундиси».
279 Эси-тэни, ундиси, тэй-лэ туй хайридоачи пудин вайси энухэни, тулиэду илиси.
280 Илиди гэсэ, ундиси, эйлилэ дяпами туй татахани туе кундулэ-дэ.
281 Эйду поронду дяпами туй чойкоалахани.
282 Тэй-тэни пудин-тэни де би-ну, эм агди гирмэӈкини-мэт боа ялола суӈгурэ энэхэ.
283 Най улэни маня.
284 Туй тами дюпук осигохани, туй тайди гэсэ, соӈгоми-ла илигоха, кэчэригурэ дуйси токохани.
285 Эси-тэни соӈгойда, соӈгой:
286 «Суэ кэтудэ маӈга хоалаӈкису, дэгдэхэсу, дуэку модаӈку осигои!» – соӈгойни-гоа тэй амбари пудимбэчи.
287 Эси-тэни туй соӈгой:

254 Вот-вот завалится дом. [Дым из трубы] то появится, то исчезнет, то появится, то исчезнет.
255 Теперь, как прибыли, младший *мэргэн* прыгнул на землю.
256 Его жена очень обрадовалась, заплакала при встрече.
257 Его мать, опираясь на посох, спустилась на берег.
258 Старик тоже чуть живой, еле свое тело носит.
259 Теперь *мэргэн* пнул дом.
260 Десять саженей дом, девять саженей землянка стала.
261 Э, вниз и вверх вдоль реки пробежал, потом еще раз [вдоль реки] поближе к лесу пробежал, и в два ряда селение стало.
262 В четвертом ряду поселился этот *мэргэн*, а в нижнем ряду поселился старший брат в отцовском доме.
263 Э, потом своего отца, того старика схватил и бросил через свою голову.
264 Тот превратился в бодрого старичка.
265 Э, свою мать тоже схватил и бросил через свою голову.
266 Та превратилась в бодрую старушку.
267 Ну, теперь старушка радуется, все молодыми стали, и отец, и мать.
268 Э, теперь так живут, так живут.
269 Наконец, как-то раз все мужчины что сделали, хоть было лето, куда-то ушли, съестные припасы искать пошли, наверно, мужчины.
270 А женщины на берегу шум подняли.
271 Стали соревноваться, сравнивать, чья *пудин* самая красивая и чья самая любимая.
272 Э, теперь женщины сравнивают тех четырех *пудин* [жен братьев], трех *пудин*, нет, все-таки четырех *пудин*.
273 Теперь закончили соревноваться.
274 […] на берегу собравшись, про *пудин-амбана* ее старшей сестре говорят:
275 «Давай и ее посмотрим, какова она из себя!»
276 «Теперь вы сами разговаривайте, я с ней не буду ни говорить, ни объясняться».
277 Теперь женщины говорят:
278 «Подруга, ну, давай соревноваться, попробуем посоревноваться», – говорят.
279 Теперь, раз они так делали [просили], *пудин* на берег пошла, во дворе встала.
280 Встав, здесь [за макушку себя] схватила и так потянула до самых грудей.
281 Здесь на макушке схватив так [кожу с себя как чехол] стянула.
282 *Пудин* такая красавица, как молния сверкает, так что вокруг светло стало.
283 Одна только красота.
284 Потом прежней стала, потом плача, встала, повернулась и подялась к дому.
285 Теперь плачет, плачет:
286 «Вы слишком сильно расшумелись, разлетались, и этому придет конец! – плачет та *пудин-амбан*.
287 Теперь так плачет:

288 «Най дидючиэни-кэ валиаха, – унди. –

289 Эси-най дидюпи мимбивэ вари-ну, хони тай-ну», – туй соӈгойни-гоа.

290 Эй туй соӈгодоани-гоани, ундиси, хаяхани,

291 Мэргэн эугуйгуэни мэргэн эугухэндэ, соӈгойни-гоани пудин тадо, мэнэ бэундуи аоми.

292 Эси-тэни, ундиси, э, мэргэӈгулэ сиахани, асии сиаваӈкичинда, эчиэ сиара.

293 Эм даии дяпара ниэхэни вайси, боачи ниэхэни.

294 Хадоа модан тадорара, акчии энухэни, даии падои дяпара.

295 Э, аӈни дёгду тэсими би-дэ, дюэр эукэни, хайлара, эси-тэни.

296 «Гэ, апаӈго, эсимэ нэуи дичимбэи, гэ, сиагой баргиосу-да бала-да!»

297 Эси-тэни пудиусиэл-тэни туй баргиха, ундиси, дэрэду пуюхэчи.

298 «Э, нэу хай-да байта ана, хай-да мэдэ ана дидюэси, – унди. –

299 Ми нэуи эсим-дэ, эчиэ дидэлэи, хай-да мэдэку-тэни-мдэ?»

300 «Э, хай-да мэдэ-дэ абаи», – унди мэрэгэн.

301 Эси-тэни, ундиси, агди хаял-хаял гусэрэндуй, сиамари.

302 Мэргэӈгулэ сиаорива эйлэ, чала туй хонялаи эйлэ, чала сарбиди тахани.

303 «Гэ, элэ», – унди акчии.

304 Э, ундиси, туй тара, ундиси, хайха, дамхива омигогой коӈгорокаи.

305 «Гэ, энуэмби», – унди.

306 Эси-тэни, ундиси, коӈгоро эукэни-лэ, чу даи эукэни-лэ голдёни кирадоани тэсини, ниэгуйдуй-лэ дякпалани хайхани, даи [коӈгороани] тавандахани.

307 «Эукэ, ундиси, си-тэни чу даисигоани, – унди. –

308 Си нучи гурун туй хайва-да эрдэливэни хамасилами аягоани, – ундэ. –

309 Эси-тэни хай-да маӈга дяка диди-дэ минду-лэ киридяма, – унди, – миндулэ маӈга осигои-мдэ».

310 Туй уми, ниэгухэни.

311 Уйкэ дасигойниа-да, гэ, эси-тэни аӈни-тани дуктэми дэрухэни.

312 «Гэ, – унди, – суэ маня хай-да ачиндахасу? – унди. – Хай-да байта ана хай дидэ-дэ!»

313 Пакпаримила «тах-тах» дуктэйни, ундэ, асии тойкандини.

314 Эси-тэни, ундиси, пудиӈгулэ, мэргэӈгулэ лур токохани, игуйди гэсэ, ундиси, игуй нолдиндиани, гидаи дяпагохани.

315 Гидаи дяпагойдии гэсэ, гидаи сиручигуэни.

316 Туй тайдоани-ла иргэндулэ хоаламари дэрухэ.

317 «Амбан дидэемэри, най багиадиади даори эм амбан».

318 Э, тэй-тэни най хоаланда, ундэ.

319 Тэй-тэни эси-тэни туй хайридоани-ла, ундиси, иргэмбэ-лэ тэй-тэни ная хайрини-гоа сиур туй иргэн тохани, хайду ваой дё, эси-тэни нёанчиани маня.

320 Мэргэн-тэни уйкэ дадоани кэндэрхинду сикулэгурэ, чэк гидаи тагора туй тэсинигуэ.

321 Тэй-лэ уйкэ нихэлини-лэ тэй амбамбани-ла гидалахани.

322 Гидалидоани-ла эм арчокаӈгола дочи пагдиалака, ундэ.

323 Тэни бэегуй барии арчокан.

324 Эси-тэни мэргэн-тэни хамиалани дочи пагдиалахани.

288 «Когда человек приедет, беда будет, – говорит. –
289 Когда он вернется, меня то ли убьет, то ли что сделает», – так плачет.
290 Так плачет и что делает.
291 *Мэргэн* возвращается, *мэргэн* вернулся, а *пудин* все плачет там, лежа на своем месте.
292 Теперь, э, *мэргэн* поел, жену уговаривал поесть, но она не стала есть.
293 Он взял свою трубку, вышел на берег.
294 Затянулся несколько раз, к старшему брату пошел, взяв с собой трубку и кисет.
295 Э, старший брат дома сидит, а две его жены, ой-ой-ой, [растерялись] теперь.
296 «Ну, дорогие мои, мой младший брат в первый раз пришел, ну, кушать варите скорее!»
297 Теперь *пудины* приготовили, стол, наварили.
298 «Э, мой младший брат без причины, без новостей не придет, – говорит. –
299 Мой младший брат впервые пришел, никогда не приходил, наверно, есть какие-то новости?»
300 «Э, никаких новостей нет», – говорит *мэргэн.*
301 Теперь с братом о том, о сём поговорил во время еды.
302 *Мэргэн* еду то здесь, то там ложкой, то здесь, то там палочкой поковырял.
303 «Ну, хватит», – говорит старшаему брату.
304 Э, потом что он сделал, он свернул трубку табака.
305 «Ну, я пойду», – говорит.
306 Теперь, свернутую … [то есть], невестка, самая старшая невестка сидит у печи, и когда он выходил, [проходя] мимо нее, он что сделал, стал табак в трубке зажигать.
307 «Невестка, ты самая старшая, – говорит.
308 Ты младших могла остановить от их проделок, – говорит. –
309 А теперь, когда придет одно сильное существо, только ко мне придет, – говорит, – только мне будет тяжело».
310 Так сказав, вышел.
311 Дверь закрывает, вот, теперь старший брат начал бить [свою жену].
312 «Ну, – говорит, – только вы одни были, что натворили? – говорит. – Без причины не придет!»
313 Ругаясь, «*тах-тах*» бьет, колотит жену.
314 Теперь *пудин*, [то есть] *мэргэн* никуда не заходя, к своему дому поднялся, заходя, заходя, свое копье схватил.
315 Схватив свое копье, стал копье точить.
316 В то время в селении поднялся шум.
317 «*Амбан* идет, с той стороны переплывает *амбан*».
318 Э, люди так шумят.
319 Этот [*амбан*] теперь так что делает, поднимается мимо домов селения, которые были ближе к берегу и теперь прямо к нему [к младшему *мэргэну*].
320 *Мэргэн* у двери, ногами уперся в порог, держит копье наготове, так сидит.
321 Как только он [*амбан*] открыл дверь, вонзил в *амбана* копье.
322 Когда он копье вонзил, какая-то девочка пробежала внутрь дома.
323 Девочка-подросток.
324 Теперь *мэргэн* следом за ней побежал.

325 Пагдиалагойвани-ла асини-ла дэӈ-дэӈ дяпахани, чу боӈго бахани асини.
326 «Анда мэргэн, эди хони-да тара, – унди, – гудиэлэм!
327 Моду хай мохора, муэду хай мутэси бирэ, – унди. –
328 Ная хорихандоалаи, хайгой ная гучи вайчиси-мдэ?»
329 Э, тэй арчокан-тани тас соӈгойни-гоани.
330 «Ага, мимбивэ эди хони-да тара, – унди,
– ми хайми-да туй осихамби-да сарасимби».
331 Тэй, эси-тэни тэй амбан дёптомбани-тани тава иванда, ундиси,
кэпу-кэпу дегдэчигуэни.
332 Тэй-тэни хайло улэн арчокан-тани бэегуй барии арчокан,
тэй амбапчихан най.
333 Тэй пудин-тэни чадо хаяхандоани, соӈгоми бичиндуй-тэни,
мэнэ улэн пудин осогохани тэй.
334 Туй тара, туй балдичи-гоа. Ходиха. Все.

«Эм мама кэсиэ гэлэхэни»
Бельды Люба, 14 лет, с. Найхин

325 Когда он побежал, его жена крепко его схватила, его первая жена.
326 «Друг *мэргэн*, ничего [с ней] не делай, – говорит, – пожалей!
327 За дровами разве не сможет, за водой разве не сможет [ходить]? – говорит.
328 Ты ее спас, зачем хочешь еще убить?»
329 Э, девочка тоже плачет.
330 «Брат, ничего со мной не делай, – говорит, – я не знаю, почему я такой стала».
331 Теперь обличье *амбана*, разложив огонь, с потрескиванием сожгли.
332 Какой красивой девочкой подростком оказалась та, которая была [раньше] превращена в *амбана*.
333 Та *пудин*, которая там плакала, стала самой красивой *пудин*.
334 Потом они так жили.

«Эм мама кэсиэгэлэхэни» → ‹12›, с. 126
Оненко Галя, 12 лет, с. Троицкое

Юрги мэргэн

1 Эм мэргэн пиктэку балдини. Асини-тани буйкин. Пиктэи удихэни.
2 Туй боаточими туй пулси. Такто таӈго, дэрсун дэхи тиас би, уликсэ маня.
3 Гэ, эси-тэни туй тамиа, туй тамиа-тани тэй пиктэни такточи энэхэни.
4 Такто дони гэун, уликсэ-дэ аба, хай-да аба.
5 Тэй тактои довани-да хэм пулсихэни, хэм аба. Хони тайси?
6 Чадо эм балана най аӈгохани согдатама элбэнэ би.
7 Чава хукугурэ, дёкчи гадёхани.
8 Тэй элбэни пасивани чалихани, силкоха, дэрбэчирэ силкора-тани тэй согбоа-тани дэрбэчирэ пуюхэни-гуэ.
9 Амини боатоӈго дидюй осини, хоня демуси.
10 Тотара ча кэрчирэ пуюхэни.
11 Гэ, амини дидюхэ, отаи, хадёмби хэм локтагоха.
12 Тотара чая пуюхэ, тэй согбоӈгоа ираханигоани аминчии.
13 Амини-тани таоси ичэдини.
14 «Эйвэ-рэгдэ бахаси-ну?» – ундини. Пиктэни ундини-гуэ:
15 «Аба, – унди, – токтоду.
16 Таӈго би тактоваси хэм пулсихэмби, дэхи би дэрсивэси хэм пулсихэмби, уликсэ эмун-дэ аба, – унди. –
17 Хэм гэун такто-да. Аба. Хаоси тахачи? – унди. –
18 Най аба бичи», – унди.
19 Тотара амини энэхэ такточи.
20 Такточи энэрэ, хэм тактои ясигохани. Тэде, аба. Хасо-хасо аба.
21 Эси-тэни хадёмба тэтугурэ, дуилэ би кори, дочиани ичэндэхэни.
22 Дуйпэ кори таомбани ярсигоха, уликсэ аба.
23 Гэ, эси-кэ бурбуриэ. Ичичэхэндэ усэлтэ аба. Тотара туй эугухэ.
24 Эугууй, сиаха, туй согбоӈгои хоня галоханда [хоть не нравилось] сиаха.
25 Муэвэ мулсихэни дёгби тиас муэвэ алио осини, хэм муэлсихэ.
26 И мова чапчихани, дёгдуй тиас ивуми. Тотара ундини-гуэ:
27 «Таваи эди гупурэ. Ми эйвэ туй таха ная гэлэндэгуэмби», – ундэ.
28 Гэ, туй тара эси-тэни тэй долбонива аоӈгоха.
29 Гэ, эси-тэни ота-да аба, тэтуэ-дэ аба, хэм аба. Абанаха.
30 Хай-да хэм удэни гэлэгухэни аба.
31 Тотара тэй согбоа тактоду би согбома элбэнэвэ найчагора чади тэтуэгуй аӈгосира отагой аӈгохани.
32 Тэтуэ анани-гоа апон-да ана, хай-да ана.
33 Тотара тэй согбо пасиани. Чава-тани пиктэчи унди:
34 «Хони-да дэрбичими сиахари, – ундини-гуэ, – улэнди пуюри мэргэни.
35 Ми эйвэ таха ная гэлэндэгуэмби», – унди.
36 Гэ, соктаи тэтугухэ, энэй-гуэ.
37 Хай, нилако. Эй отоко тэтуэкэн туй исиоӈкини.
38 Туй энэхэ, энэхэ. Туй энэмиэ нёани энэйни соли туй энэми.
39 Эм хурэнду эм дёкан ичэхэн пойӈно тай. Чала хэйкухэни.

Юрги мэргэн

1 Жил один *мэргэн* с ребенком. Жена умерла. Растит дочь.
2 Ходит на охоту. Сто амбаров, сорок вешал одним мясом полны.
3 Через некоторое время дочь пошла к амбарам.
4 В амбаре пусто, ни мяса, ничего нет.
5 Внутри амбары обошла, ничего нет. Что делать?
6 У них дома был старинный парус из рыбьей кожи.
7 Его свернула и принесла в дом.
8 Отрезала от паруса клочок, постирала, замочила и сварила.
9 Отец с охоты придет какой голодный.
10 Потом это нарезала и сварила.
11 Отец вернулся, обувь, одежду всю снял, развесил.
12 Затем [дочь] чай сварила и принесла ту кожу отцу.
13 Отец на нее смотрит:
14 «Только это нашла что ли?» – говорит.
15 «Нет, – говорит, – ничего в амбарах.
16 Я прошла все сто амбаров, все сорок вешал, ни кусочка мяса нет, – говорит. –
17 Все пустые амбары. Нет. Куда делось? – говорит. –
18 Никого не было», – говорит.
19 Потом отец пошел к амбарам.
20 По всем амбарам прошел, проверил. Правда, нет ничего. Пусто.
21 Оделся и пошел проверить *кори* [срубы в лесу].
22 В лесу каждое *кори* осмотрел, нет мяса.
23 Да, теперь умрем. Везде смотрел, зверей нет. Вернулся.
24 Вернулся, и хоть и не нравилось, пришлось им есть эту кожу.
25 Отец сходил за водой, в каждую посуду много налил.
26 Дров нарубил, много принес. Потом говорит:
27 «Огонь не гаси, я пойду искать того человека, который нам так сделал».
28 Ночь переночевали.
29 Наутро нет у него ни обуви, ни одежды. Куда-то исчезло.
30 Искал, везде искал, нет.
31 Тогда занес опять клочок паруса, из рыбьей кожи сделал одежду, обувь.
32 Нет у него ни одежды, ни шапки, ничего нет.
33 Остался еще клочок кожи. Оставляет его дочери, говорит:
34 «Кушай, как-нибудь, замачивай и кушай, – говорит, –- хорошенько вари, ты же шустрая,
35 а я пойду искать того человека, который нам так сделал».
36 Лыжи надел и пошел.
37 Голый. Маленький кусочек одежды на нем.
38 Так шел, шел. Идет вверх по течению.
39 На горе домик видит, из трубы дымок идет. Туда зашел.

40 Хэйкурэ чаду тэсидуй-тэни эм найкан-ну, аямикан-ну хай-ну нэктэку-кэ,
тэй-тэни дамхиа бухэни.
41 Дамхива бухэ, сиагоани туечэ-тэни, туй тапи-тани-да, гэ,
туй даи хукуэмбэ агбимбохани.
42 Чаду хай-да хэм би, тэтуэ-дэ би, ота-да би.
43 Нёани хэм тэтугухэ, улэн сиаха. Ча-тани ундини-гуэ:
44 «Си най осини, пиктэе ичэндэсухэри, ундэм.
45 Си хорихаси осини, нёамбани, асигоаси бурэмби, – унди. –
46 Бумбивэ туй таха найва гэлэндэгуми», – унди.
47 Таваӈки туй энэйни. Туй энэхэ, энэхэ, даи ихомба бахани-гоа.
48 Тотара чава исихани.
49 Чу солиа дуэвэни эм мапа, эм мама бичи дюэрукэн-дэ.
Эм эктэ, пиктэчи, паталан.
50 Чаду мапа аркикамба омилоха сиксэ. Тотара тэй мапа ундини-гуэ:
51 «Хаядиади дичиси, ундэм?»
52 Гэ, тэй мэргэн ундини:
53 «Экэргуи мамагои гэлэми пулсии».
54 «Гэ, эй буэ пиктэпу, галоаси осини, дяпару, – унди. –
55 Буэ хайва-да диха-да гэлэсипу, – унди. –
56 Бумбиэ улэн сиаванди осини тул элэ.
57 Ми андарби эй биру эдени ходёгой бахани-тани, уйпэ дэгдэми пулси,
– унди, –
58 Юрги мэргэн, – унди.
59 Тэй ходёни, най ходёни-ка ходё! Элэ исигой», – унди.
60 Тэй ходёчи дидючиэни диани мапа нёамбани гэлэндини-гуэ.
61 Гэ, тотара мэргэн мурчигухэни.
62 «Эй мэргэн тахани бунду ямали маӈгани».
63 Тотара эси-тэни тэй диани эухэни.
64 «Гэ, ми ходёи исиоха», – унди.
65 Тэй эдини нёамбани гэлэндэхэни. Гэлэндэхэ мапа, мама энигоа.
66 Тотара энэхэ. Тадо тэпчиухэ, омимари, эдигуэрэ асигой мэдэлимэчихэчи.
67 Тотара эй мэргэн исиха, мапа ундини-гуэ:
68 «Ми-дэ ходёгой бахамби, – унди, – тэй-дэ маӈга най, – унди. –
69 Уйпэ-кэ такточий-ну, нава-ка такточий-ну», – унди.
70 Эй дюэр ходё, дюэр аӈпа, араки оми осини-ка, улэн бичи, ундэ.
71 Гэ, тотара гэлэндэхэ тэй ходёвани пиктэвэни.
72 Гэ, эси улэн, гэлэндэхэ.
73 Хай тэй Юрги дэгдэчи мэргэн мэпи мактайни-гоа, нёани найдой чу улэн.
74 Гэ, эси-тэни аракива омилоха, омилоха.
75 Тэй мэргэн-тэни омиасини-гоани. Отоко-отоко оми.
76 Тэй мапа-да акпаӈкини, тэй Юрги мэргэн маӈга эгди омииоха, акпаӈкини.
77 Нёанди гэсэ апсиӈкини-гоа.
78 Аоха, аоха, туй аомиа ичэйни тэй аркикамба отоко кочиканду нэрэ,
Юрги мэргэн туӈгэндуэни нэхэни.
79 Туӈгэндуэни тэй-тэни хончири, маӈга хончири, опородиади агбиндини-гоа,
ичури сиӈгэрэ-мэ би, нучикукэн.

40 Зайдя, когда он там сидел, то ли человечек, то ли *аями* маленький [идол] ему курить дал.
41 Курить дал, еду подал и вытащил большую сумку.
42 Там все было, и одежда, и обувь.
43 Он там оделся, хорошо поел. Говорит:
44 «Если ты человек, за дочерью моей присмотри.
45 Если ты ее спасешь, ее в жены тебе отдам, – говорит. –
46 Иду искать человека, который нам так сделал», – говорит.
47 Оттуда отправился дальше. Шел, шел, большое селение увидел.
48 Дошел до него.
49 В самом конце селения выше по течению старик и старуха жили вдвоем. Одна дочка девушка.
50 Там старик вечером стал пить водку. Старик говорит:
51 «Ты откуда пришел?»
52 *Мэргэн* говорит:
53 «Ищу себе женщину, жену ищу, хожу поэтому».
54 «Вот у нас дочка, если хочешь, бери, – говорит. –
55 Мы никаких денег не просим, – говорит. –
56 Нас хорошо кормил бы, и достаточно.
57 Мой друг, хозяин этого селения, нашел себе зятя, который поверху ходит, летая, – говорит. –
58 Юрги *мэргэн,* – говорит. –
59 Вот это зять так зять! Скоро вернется», – говорит.
60 Когда этот зять вернулся, друг его пришел за этим стариком.
61 А *мэргэн* подумал:
62 «[Это и есть] тот *мэргэн*, [который] нас околдовал».
63 Потом друг [старика] пришел.
64 «Вот мой зять вернулся», – говорит.
65 Тот муж [Юрги *мэргэн*] их зовет. Зовет [в гости] старика и старуху.
66 Тогда они пошли, стали там пить, спрашивать про жену, про женитьбу.
67 Потом [Юрги] *мэргэн* пришел, и старик говорит:
68 «Я тоже себе зятя нашел, – говорит, – это тоже сильный человек, – говорит. –
69 По верху ли наступает, по земле ли наступает», – говорит.
70 Эти два зятя и два тестя начали пить водку, хорошо им.
71 Потом пошли, позвали его [нового] зятя с дочкой туда.
72 Теперь хорошо, пошли, позвали.
73 Летающий Юрги *мэргэн* хвастается, что он из людей самый лучший.
74 Теперь водку пили, пили.
75 [Наш] *мэргэн* не пьет. Чуть-чуть только пьет.
76 Старик спать лег, Юрги *мэргэн* тоже много выпил, тоже спать лег.
77 [Наш] *мэргэн* с ними вместе спать лег.
78 [Наш] *мэргэн* спал, спал, потом достала рюмочку, налил немного водки и поставил на грудь Юрги *мэргэна*.
79 Тот храпел, очень сильно храпел.

80 Туй тай эй эуси туй маӈга хончиридоани, кочи бароани дидэй.

81 Туй тами, туй тамиа аркиӈгоани исиханигоани тэй сиӈгэрэӈгуэни, чава-тани мэргэнтэни эй бундиэ мэргэн-тэни дяпахани-гоа.

82 «Тэй сиӈгэрэвэ?»

83 «И».

84 Дяпара, тэрэк ничаӈкини, дяпара вахани.

85 Туй тайди гэсэ тэй най хончирами ходихани, хончирадаси очини.

86 Гэ, тэй уӈкини чимана чими эрдэ:

87 «Эй дуелэ бие, ундэм, то.
Ча хасасиндори уй-дэ-дэ дюлиэлэни варивани мэлдеури».

88 «Гэ, ая!»

89 Тотара чадо-тани туй хайми тэй мэргэн туй хэмэ аорини.

90 Туй тара туй тами-тани элэ ини тэгухэни.

91 Аси сэручигурэ эухэчи-гуэ дёкчиари. Эугурэ апсиӈгохачи.

92 Гэ, тапариу элэ инидуэни мапади, мамади дидюхэ.

93 «Тэй мэргэн-тэни энэхэ, – унди, – бала энэхэни, – унди. –

94 Гэ, амос ходё, – унди, – си-кэ дэрэдигуй тайси-гоани. Ая, энэгили».

95 Гэ, туй аорини, аорини.

96 Туй тапиу, элэ ини калта исидойни тэгурэ барадигоха.

97 Тотара туй энээ, энэмиэ, энэмиэ, эм боаду тэсими бини-гуэ тэй Юрги мэргэн.

98 «Анда, – унди, – ми вадёагохамби бидерэ, – унди, – дои оркин», – унди.

99 Гэ, таваӈки исигоханди-тани тэй Юрги мэргэн-тэни туй энээ энэдэси соксил-тани-да кутэх-кутэх.

100 Тэй мэргэн-тэни туй соксил-тани хамиавани туй няӈга-няӈга туй тактолани, туй энэйни, энэйни, энэйни.

101 Туй тамиа-тани оякталани такточим энэхэни.

102 Бундиэ мэргэнди Юрги мэргэн дэрэдихэ.

103 Таваӈки туй энэми-дэ то хаӈпаӈкини, нёамбани тэй тунепунди пачилахани, пачилара ваха.

104 Тэй то тухэни, нёани оялани-тэни тэгухэни.

105 Дяи халачими, дамахива омими, тэсини.

106 Туй тапиу, нёани эчиэ отолиани, оӈбойни гичиан-гичиак тайни.

107 Тотара ичичухэни то аба.

108 Нёани-тани эй пэруи сородала симатаду тэсихэни.

109 Таваӈки илигора, мочогоми-тани тэй диаи баогохани-гоани.

110 Элэ, хаимда мутэдэси туй очини.

111 Нёамбани-тани, мова эгди мосалба аносими-тани,

112 чирэхэни-гуэ Юрги мэргэмбэ.

113 Тотара таваӈки дёкчи энум-тэни эм ихон дуелэни эм дё.

114 Тэй Юрги мэргэн дёдоани, чадо морайни ‘энэнэ-дэ’, ‘энэнэ’.

115 Ча-тани павани гурпундэ ичэйни, тэй то бичини нёани,

116 аргалахани бичини.

117 Тэй тунепунди пачилахани-тани дарамадоани даи пуе очини.

118 Тэй павани балана нанисал паван-да хэм хаосан бичин, ча боялира, ча гурпучихэни.

80 Из носа у него появилась что-то похожее на крысу маленькую.

81 Когда тот сильно храпел, крыса к рюмочке подошла, дошла до водки, и [наш] *мэргэн* ее схватил.

82 «Эту крысу?»

83 Да.

84 Схватил и придавил, убил.

85 Как только он это сделал, тот человек перестал храпеть, не стал больше храпеть.

86 Утром рано говорит:

87 «Есть там, в лесу лось. За ним пойдем догонять его. Посоревнуемся, кто первый догонит и убьет его».

88 «Ну, ладно, хорошо!»

89 Потом *мэргэн*, молча, дальше лежит.

90 После этого перед рассветом встал.

91 Разбудил жен, домой вернулись. Вернувшись спать легли.

92 Потом утром рано дед с бабкой пришли.

93 «Этот *мэргэн* ушел, – говорят, – давно Юрги *мэргэн* ушел, – говорят. –

94 А ты сонный зять, – говорят, – ты отстать хочешь, вместо того, чтобы давно уже уйти».

95 А тот спит и спит.

96 Потом в середине дня встал, оделся и собрался.

97 Потом идет, идет, дошел до места, где сидит Юрги *мэргэн*.

98 «Друг, – говорит, – мне что-то очень нехорошо», – говорит.

99 Юрги *мэргэн* никак не может идти дальше, лыжи его *кутэк-кутэк* стучат.

100 *Мэргэн* на его лыжи слегка наступая так идет, идет, идет.

101 Потом [тяжелее] сверху наступать начал.

102 Затем отстал Юрги *мэргэн*.

103 Потом он догнал лося, лыжной палкой его ударил, ударив, убил.

104 Лось упал, а он сел на него и ждет.

105 Товарища ждет, табак курит, сидит.

106 Через некоторое время смотрит, он не понял, холодно ягодицам стало.

107 Посмотрел, лося нет.

108 Он, оказывается, сидит на снегу, так что штаны намокли.

109 Затем встал, стал возвращаться, опять друга [Юрги *мэргэна*] встретил.

110 Тот уже все, ничего делать не может, таким стал.

111 Его [Юрги *мэргэна*], [наш *мэргэн*] деревья, много деревьев двигая [вырывая их с корнем],

112 придавил ими Юрги *мэргэна*.

113 Потом оттуда когда домой шел, [увидел] в стороне леса возле селения один дом.

114 Юрги мэргэн в доме, там кричит ‘ой-ой-ой’, ‘ой-ой-ой’.

115 В окошко дома смотрит, это он [Юрги *мэргэн*] был лосем [оказывается],

116 обманывал.

117 На том месте, где он ударил [лося] по спине своей палкой, там большая рана.

118 Окна в старину у нанайцев окна бумажные были, ее [бумагу] разорвал, туда заглянул.

119 Тэй дёгдоани паланду ааривани дэрэгчиэни валиаливани-тани топиӈкини, нёани буйкини.
120 Тотара тэй мэргэн эугэхэ. Мапачан-тани:
121 «Ам пиктэ, туй тургэн дидюхэси-ну?» – унди.
122 «Хайва тами биури, эгди най балана энэхэни-гуэ, эугуйни-гуэ.
123 Гэ, туй таха, туй таха».
124 Туй тапариу, калта долбо исидоани-мат дичини тэй мапа андарни гойдима мапа.
125 «Буэ ходёпу-тани элэ будини, – унди, – дюкэ микуми исиохани.
126 Тэй ходёваси сумбивэ гэлэндэуӈкини», – унди.
127 Тотара тэй мэргэн-тэни торини-гоа асиии тэй аӈпадии тэй мапади мамади тоха.
128 Нёани поктоду кэӈкилини.
129 «Анда, – унди, – мимбиэ-кэ эди вара, – унди, – гудиэсиру.
130 Тактодоаси бичин дяка хэм очогои, – унди. –
131 Эди вара», – унди най.
132 Гэ, эси-тэни таваӈки игухэ аракива омичи-гоа эгди най хэмтулиэри, туй омилогоха.
133 Туй мэргэн-тэни мурчини:
134 «Гэ, эмдиэди гудиэмбэ гэлэй нёани, нёани ая очогохамби осини, хайс туй тагой-да саваси-гоа».
135 Тотара эси-тэни мэргэн-тэни няӈга соктоха.
136 Тэй Юрги мэргэн нуктэлэни нуктэн-дэ дяпара, боачи ниэвурэ, най санчиани дапсичихани.
137 Илан паси оми моктохани. Тотара эси-тэни игухэ.
138 Нёани аракигудиэни тул гиаматалахачи. Асидиани асилагоха.
139 Дюэр аси очини.
140 Тотапи-мат тэй мэргэн-тэни таваӈки биру хэм тэй ихомба дяпагора, хэм гадёйни мэнэ бароои маня.
141 Асиани-да аӈпанавани-да хэм туй гадёхани, мэндуй маня.
142 Тэвэӈки бируэ аӈгора.
143 Туй тэвэӈки, тотара тэй дёгду осира пиктэни-дэ даи.
144 Нёамбани хориха аями-ка най очогохани, пиктэни-дэ эдигуй баха. Элэ.

119 Там на полу валявшемуся [Юрги *мэргэну*] прямо в лицо плюнул,
и тот умер.
120 После этого *мэргэн* вернулся домой. Старик:
121 «Дорогой сын, ты быстро вернулся», – говорит.
122 «Что там делать, давно люди оттуда ушли, возвращаются.
123 Ну, я так делал и так [там] делал».
124 В середине ночи пришел к другу старика, к другому старику.
125 «Наш зять скоро умрет, – говорит, – еле ползком вернулся.
126 Зять вас зовет», – говорит.
127 Тогда *мэргэн* с женой, старик с женой, его тесть и теща пошли туда.
128 Тот еще по пути кланяется им в ноги.
129 «Друг, – говорит, – меня не убивай, – говорит, – пожалей.
130 Все, что было у тебя в амбарах, все там появится, – говорит. –
131 Не убивай», – говорит
132 Потом зашли в дом, водку пьют все вместе, сколько народу, все пьют.
133 *Мэргэн* думает:
134 «С одной стороны, он жалости просит, а если он выздоровеет,
может опять также сделать, не знаю».
135 Потом этот [наш] *мэргэн* чуть опьянев, схватил Юрги *мэргэна* за волосы,
на улицу вывел.
136 Об вешала наотмашь мотнул, швырнул.
137 Тот сломался на три части. Затем он в дом вошел.
138 Его же [Юрги *мэргэн*а] водкой совершил свою свадьбу
[женился на его вдове].
139 Теперь две жены у него стало.
140 После этого *мэргэн* забрал [жителей] его селения и повел к себе.
141 Жену и тестей своих, всех забрал.
142 Сделал поселок *бируэ* у себя.
143 Дочка его большая стала.
144 Его спасавший идол *аями* превратился в человека,
и дочка замуж за него вышла. Все.

Наондёкан

1 Эм малкина малодоани, сулкинэ сусудуэни,
эм дё долани-ла эм наондёкан эмучэкэн балдихани.
2 Туй бими, туй балдими, эси-тэни балдихандиа най солохандиани.
3 Тул-тул аори-да, аоми маня би. Туй бими, туй балдими.
4 Эм модаӈгола гусиэ торони-ла сиасинтоми дэрухэни, тус-тас-тус-тас,
яо тами калта энэхэ.
5 Чалала эм мапа агбиӈкини бичини.
6 Гогактани кум хуймучиэни ек урэхэни. Чар-бар гогактаку мапачан.
7 «Ам ичэру, – уӈкини, – си-дэ балдихандии тул-тул аори.
8 Най балдихан сиумбэ, най балдихан боава ичэндэми-дэ аяӈгоани
ундини-гуэ, боачи ниэру! – унди. –
9 Ниэндэру!»
10 Тй тара наондёкаӈгола тэхэни.
11 «Эрдэӈгэ! Толкимба толкичиорини эй».
12 Туй тара боачи ниэчэйми, уйкэлэ аносими, силан анами ниэхэни.
13 Эси-лэ тэй соакта, онокто пиктэ балдихамбани.
14 Эуси, таоси, хай хайгохани, ичэдини, хэи ичэгурэ, соли ичэгурэ [тахани].
15 Хэдиэлэни айсима хоӈко, солиалани-ла мэӈгумэ хоӈко бичин.
16 Хай иргэни-лэ колани мугдэлиэ бичини.
17 Най балана, балана най абанахани-тани.
18 Туй тара эси-лэ наондёкаӈгола вайси эучихэни.
19 Вайла хупи, хайри тай, сиксэ токой, токойдоила, дё порончиани энэхэни.
20 Чадо-ла эм сикун уӈчухун, сикун яӈпан бичин.
21 Чава дяпагора, ивугухэни дёкчи.
22 Ивугурэ эси-лэ амба гойдами бипилэ тэй удэвэни хайра пэргэхэни
уӈчухумбэ.
23 Яӈпамба няраӈкондоли, тэй каӈгакандоли яӈпамба уюрэ,
уюкэчирэ мэукэчими купилухэ.
24 Туй тами, боӈго, боӈгодола тэй отолиасини-гоани, пачилам-да отолиадаси.
Мэуми оӈбой хархин-гоа отолиаси.
25 Туй тамиа хайлохани, мэулухэни наондёкаӈгола
26 Теуӈ,
27 Кадиар нэрэ,
28 Кудиэр ботоа турэ
29 ‘Хэй!’– морайни, морайдоанила маси-маси дяпактайдоани.
30 Теуӈ,
31 Кадиар нэрэ,
32 Кудиэр ботоа мэурими тами дэрухэни эси-лэ.
33 Туй тами тайс сиргуми ходихани.
34 Тотара полтачии игурэ, полта дочиани игурэ, кумуэлигурэ апсиӈгохани.
35 Туй аоми, туй бидуэни, чими-лэ досидини-ла ваядиади-ла эм утуӈги-лэ
кутэр-кутэр-кутэр хакой, ундэ.

1 ▸00:00 ‖ 5 ▸0:39 ‖ 10 ▸1:08 ‖ 15 ▸1:34 ‖ 20 ▸2:00 ‖ 25 ▸2:41 ‖ 29 ▸2:51 ‖ 33 ▸3:02

Мальчик

1 На покинутом [кане] *мало*, в заброшенном селении,
в одном доме жил мальчик совсем один.
2 Так живет, живет с рожденья, [с тех пор], как тут его оставили,
3 Все время спит и спит. Так живет и живет.
4 Однажды из столба *гусиэ* послышался треск *тус-тос-тус-тос*,
и столб раскололся.
5 Оттуда появился старик.
6 Борода его до пояса выросла. С белой бородой старик.
7 «Послушай, – сказал, – ты, как родился, все время спишь.
8 Выйди на улицу, чтобы солнце, под которым люди живут, увидеть,
чтобы небо, под которым люди живут, увидеть, – говорит. –
9 Выйди!»
10 После этого мальчик встал.
11 «Интересно! Такой сон увидел».
12 Потом, чтобы на улицу выйти, дверь толкая,
еле ее вытолкнул [открыл] ее и вышел.
13 А там полынью, коноплей, и крапивой все заросло.
14 Туда, сюда, что стал делать, стал смотреть, вверх и вниз по реке посмотрел.
15 Выше по реке золотой утес, а ниже по реке серебряный утес стоит.
16 [Его дом] в каком-то селении [находится], трубы торчат.
17 Людей давным-давно уже [здесь] не стало.
18 Затем мальчик к берегу спустился.
19 На берегу поиграв, что сделал, вечером поднялся [с берега] к дому,
и поднявшись, на крышу дома забрался.
20 Там был новый бубен и новый шаманский пояс.
21 Забрав их, домой занес.
22 Занеся, через некоторое время он попробовал бубен.
23 Шаманский пояс на свое тело в нарывах и червях привязав,
шаманский пояс привязав, и заплясав по-шамански, стал играть.
24 Вначале, вначале совсем не умел, бить [в бубен] не умел, танцуя,
бедрами крутить не умел.
25 Наконец, что стал делать, начал плясать по-шамански тот мальчик.
26 *Теунг*,
27 *Кадиар*, приложит,
28 *Кудер-ботоа*, ударит.
29 ‘Хэй!’– кричит, и когда так крикнет, еще сильнее такой звук становится.
30 *Теунг*,
31 *Кадиар*, приложит,
32 *Кудер-ботоа*, начал плясать по-шамански.
33 Затем он, весь дрожа, закончил.
34 После этого под одеяло забрался и, накрывшись одеялом с головой, уснул.
35 Пока он так спал, слышит утром,
одна оморочка со звуком *кутэр-кутэр-кутэр* пристает.

36 Най-ла тора, ундэ. Туй тами ичэдейни-лэ, ваядиади, ваядиади толкичини-ну, аорини-ну эм мапачаӈгола тора, ундэ.
37 Сапси кирадоани нихораӈкини, сапси кирадоани нихораӈкидиани тои токончиани нихораӈкини. [...]
38 Тои тоӈдоани нихораӈкидии нихораӈкини. Уйкэ дачан нихораӈкини.
39 Уйкэ дачан, уйкэдулэ дяпагой нихораӈкини.
40 Уйкэ кэндэрхимбэни хайми гирами, уйкэ дадоани нихораӈкини.
41 Палан токондоани дё голдён алдандоани чадо нихораӈкини.
42 Талгиачиани нихоранигохани.
43 Хэрэ, наондёкаӈгола тэхэни, сэнэхэни эси-мэт сэнэхэни.
44 А ная эси-мэт балдихандии ичэхэни.
45 «Эпэ дака, хай хайми, хай тургундуэни нихорачиусу?
Хай тургундуэни нихорачими пулсиси?» – ундини.
46 «Ам ичэру, – ундини, – балана балдидой буэ, ми наондёандоива,
нучие эркивэ суэ эйду балдихасу, – унди, – эйду бичи.
47 Хай, дамиси хэргэн тара, каса тара тэй саман бичини.
48 Амиси чими буйки ная сиксэ хориогора, сиксэ буйки ная чими хоригора, тэй саман бичин.
49 Эксэнси мохалиндини дяӈгиан бичин, – ундини. –
50 Эси-тэни буэ тэй, тэй хэм энугуэри бамари туй буйкиндиэчи, иргэн-дэ аба, хай-да аба.
51 Эй долбониа толкинду, хай, най элчиусэл, гиктамдисал,
нучи гурун долдихачи, – унди, –
52 си, суэ, эй, эй, эй, эй иргэнду, эй иргэн бичиндуэни, най хайривани, уӈчухун, яӈпан сиасимбани».
53 «Эпэ дака, хай ми хамача-да анаи, – ундини-гуэни, – хамача нялако пика бими, хамача, хайчи, ми балдихандии най самандиванда эчиэ-дэ ичэе, хамачаривани-да эчиэ ичэе [долдиаи]».
54 Гэ, эси-лэ мапачаӈгола туй нихорачиа.
Та соӈгоми хайрин-гоани намичини-гоа.
55 «Ам ичэру, бай пэргэми энэру, – унди, – минди гэсэ энэгуэри, – унди. –
56 Ми пиктэи эмукэн пиктэи хайду дуйси бэюн, бэюнтуми, гаса гарпами, пуе коро бара, эй чисэниэ, эй сиксэниэ буйкини, – унди. –
57 Ча симбиэ чава пэргэгуэси гадёамби, – унди, – гадёгоива», – унди.
58 Эси-лэ туй хайрини намичайниэ, намичайниэ наондёкаӈгола чихалахани.
59 Таваӈки-ла мапаӈгои, мапа хамиалани уӈчухумбэ, яӈпамба дяпахачи, мапа хамиалани эси-лэ тэй наондёканди гэсэ энэмэриэ, энэмэриэ.
60 Тэй горо-да ана бичини, дидя иргэнчи.
61 Тэй иргэндулэ-лэ эси-лэ хахани, туй тара эси-тэни элчиусэлчи гиктамдисалчи ундини-гуэни:
62 «Най хайва, тэтуэгуэни, пэругуэни, отагоани нэ, вайла билэни».
63 Туй эу, хай эухэ, наондёкамба баролиха.
64 Таваӈки торигоа наондёкан, тоха, дёкчи тоха.

36 ▸3:25 ‖ 40 ▸3:50 ‖ 45 ▸4:13 ‖ 50 ▸4:53 ‖ 55 ▸5:44 ‖ 60 ▸6:25 ‖

36 Человек поднимается с берега. Затем видит, с берега, с берега,
он то ли сон видит, то ли спит, один старик поднимается.
37 Еще [когда был] на берегу возле воды, [старик] встал на колени
и стал кланяться, еще на берегу возле воды встал на колени и кланялся,
так на коленях до середины берега, кланяясь, шел.
38 Взошел на берег и там поклонился. У двери поклонился.
39 До двери дошел, перед тем, как за дверь взяться, опять поклонился.
40 Только порог перешагнул, опять поклонился.
41 До середины помещения дошел, до очага, и там поклонился.
42 Перед ним [перед мальчиком] опять поклонился.
43 Ох, мальчик встал, только теперь проснулся.
44 Впервые в жизни человека увидел.
45 «Почтенный, почему, по какой причине ты кланяешься?
По какой причине, кланяясь, идешь?» – говорит.
46 «Послушай, – говорит, – раньше, когда мы жили раньше,
когда я был маленьким мальчиком, вы уже, – говорит, – жили здесь.
47 Твой дед был шаманом, делающим обряд *хэргэн* и обряд *каса*.
48 Твой отец утром умершего человека вечером оживлял,
а вечером умершего человека утром оживлял, такой шаман был.
49 Твой дядя [брат отца] был судьей *дянгианом*, сильным как богатырь *мохан*,
– говорит. –
50 Теперь наши все заболели и поумирали, ни селения нет, ничего нет.
51 Этой ночью во сне, что [увидели], и даже слуги,
посыльные и маленькие дети услышали, – говорит, –
52 что ты в этом, этом, этом, этом селении, потому что [услышали, что] в этом
селении человек что-то делает [шаманит, удары в] бубен
и [бряцание] подвесок на шаманском поясе [раздаются]».
53 «Почтенный, какой я человек? Ничего у меня нет, – говорит, – живу голый,
раздетый и никогда с рождения не видел, как люди шаманят.
Не видел и не слышал».
54 Тот старичок все кланяется. Плача, упрашивает его.
55 «Пойдем, просто попробуешь, – говорит, вместе со мной пойдем,
– говорит. –
56 Мой единственный сын пошел на охоту, на зверей охотясь,
убивая стрелой птицу, он был ранен и вчера вечером умер, – говорит. –
57 Тебя хочу увезти к себе домой, чтобы ты попробовал, – говорит,
– давай увезу», – говорит.
58 Так он упрашивал, упрашивал, и мальчик согласился.
59 Потом за стариком, вслед за стариком [пошел],
бубен и шаманский пояс взяли, старик [пошел],
а следом за ним мальчик, вместе они так плывут, плывут [на лодке].
60 Оно недалеко было, близко было селение.
61 Уже пристали к селению. Говорит слугам и посыльным:
62 «Человеку [мальчику] принесите поскорее эту, как ее, одежду,
штаны и обувь, пока он на берегу».
63 Спустились, спустились на берег, мальчика одели.
64 Оттуда начал подниматься, мальчик поднялся, в дом зашел.

65 Чадо тэй хаяхани, тэй, тэŋ тэй хайдола, най хуэ модандоани ная, наондёан ная, хайгохани ная, диркэгухэчи.
66 Де улэмбэ наондёкамба бичин.
67 Хэрэ, туй бими, эси-лэ наондёкаŋгола тэй удэвэни, най, чадома най сиаривани сиара, най омивани омира тахани.
68 Най сиаптаŋгиани сиахани.
69 Туй бие эси-лэ сиксэŋгиэлэ, гэ, наондёкан хайри осиха, мэури осихэ.
70 Эси-лэ наондёкаŋгола хайва, уŋчухумбэ дяпагохани, яŋпамба дяпагохани, хай, болои дяпагохани, хуиди, хуиди аполагохани, хуилэгухэни.
71 Туй тара таваŋки-ла мэулухэни.
72 Эси-лэ мэуми, мэуми, наондёкаŋгола мапачанчи ундин-гуэни:
73 «Мапа, – унди, – ми, ми эси долбо, эси гиванини эркивэ сиун гарпини эркивэ [мэудемби],
74 эм буди вэчэкэвэ-дэ эди вэх таванда,
75 эм элчи пиктэвэни-дэ ‘Иан!’ таванда, – унди, –
76 эм хамача дилган хэргэ анади биди бихэрсу», – ундэ.
77 Гэ, туй тара эси-лэ наондёкаŋгола таваŋки бай дюэр голдён алдандолани, бэгдин кичориа, симтоха, ундэ.
78 Туй тара мапала туй мапа, мама гурун туй бие.
79 Элэ – хайридоани? – элэ гиванини эркивэ, тэй гиактамди-ну, элчи-ну пиктэни-лэ, чими, элэ гиванин-гоа чими.
80 «Эниэ, муэвэ!» – туй ундини.
81 Элчиŋгулэ дярали:
82 «Хай муэвэни энэ, мэнэ энэрэ!»
83 Оминдами хайри таоси, омими хайри таоси эухэни.
84 Хуэлэ эурэ, палан удэни сисох, сисох тами [энэйни], хай наондёкан тэй хуи чуруктуни дюкэ олбимбоакини-гоа паландолани.
85 Бай тэй хуин, тэй хуин чуруктэчиэни бай тап. Энэнэ, энэнэ, энэнэ! Чадо буйкин тэй элчи пиктэни-гуэни.
86 Гэ, наондёкаŋгола гой боала агбиŋгохани.
87 «Мапа, ми хае уŋкэе? Эм хамачава-да эди «Иан, иан!» тавандосу, эди хайва-да, эди хайва-да эди пулсивэндусу, ундэчикэ», – унди.
88 «Ам, ам ичэру! Ми пиктэи хорагохани осини, элэ! – унди. – Таŋгова элчи, таŋгова гиктамди пиктэни буйкимбэни-дэ ая, – ундини, – пиктэи хорагохани осини элэ-мдэ».
89 Туй тара эси-лэ наондёкаŋгола тэй удэвэни мэуми, мэуми, мэргэн хай тэй хайвани, панямбани, бунидиэни гадёхани.
90 Панямбани пупсиŋгухэни, бэечиэни пупсингуйди.
91 Туй гаки дилганчиани гаŋгаранда, ниэчэн дилганчиани хай, хайра тоŋгарима-рагда палан бароани пэр-пэр пэркэгуйгухэ.
92 «Уй эниэду, уй амаду хорамби? Хусэ [эктэ] осини, эниэ осиасу, хусэ осини, ама осиасу, эктэ осини, эниэ осиасу», – ундини.
93 «Гэ, ам ичэру, тэй ная хоригохани».
94 Гэ, тэй удэвэни най наондёкан, тэй мэргэн хорагохамбани най хайридоанила, наондёкаŋгола най тэтуэвэни, найвани, хэм тэй най тэй удэвэни хоаландидоачи, хэм най хадёмбани ачокта, ачоктагора, мэнэ туй пика нилакондоли, туй сэрум, пагдиалагохани дёкчи.

65 ▸ 6:53 ‖ 70 ▸ 7:30 ‖ 75 ▸ 8:07 ‖ 80 ▸ 8:41 ‖ 85 ▸ 9:09 ‖ 90 ▸ 9:52 ‖

65 Там что делается, как раз где, на краю нар люди умершего человека, молодого человека положили.

66 Такой хороший молодой человек был.

67 Ох, так было, теперь впервые мальчик в том месте, там поел еды, которую люди едят, и попил то, что люди пьют.

68 Человеческой еды поел.

69 До вечера он там пробыв, мальчик что делает, собрался плясать по-шамански.

70 Теперь мальчик взял этот, бубен взял, шаманский пояс взял, что еще, шаманский посох взял, надел шаманскую шапку, надел шаманскую шапку.

71 Потом начал плясать по-шамански.

72 Вот пляшет, пляшет мальчик и говорит старику.

73 «Старик, – говорит, – я, я сейчас ночью до рассвета, пока солнце не начнет светить, я буду по-шамански плясать.

74 ни одна, даже умирающая собака пусть не лает,

75 ни один ребенок слуги даже '*Иам*!' пусть не скажет, – говорит, –

76 ни одного голоса, ни одного звука чтобы не было», – говорит.

77 Теперь мальчик между двумя очагами исчез, ногами сверкнув.

78 Старик с женой и остальные люди там так находятся.

79 Вот-вот что случится? Перед рассветом ребенок слуги или посыльного утром, когда светало:

80 «Мама, воды!» – так говорит.

81 Слуга отзывается:

82 «Какая вода, иди, сам иди [и попей]!»

83 Пить туда идет, пить туда пошел.

84 Через край нар перевалил, по полу – *сисор, сисор* – идет, шаркая, тот мальчик, из-под пола рога [на шапке мальчика-шамана] появились.

85 Просто на эти рога, на эти рога [ребенок] накололся. Ой-ой-ой! Тут же умер ребенок слуги.

86 [Шаман] мальчик в другом месте [из-под пола появился].

87 «Старик, что я тебе говорил? Чтобы никто даже «*Иан-иан!*» не сказал, чтобы никто, никто нигде не ходил, я говорил», – говорит

88 «Послушай, – говорит, – лишь бы мой сын ожил, – говорит. – Пусть хоть сто детей слуг, пусть хоть сто детей посыльных умрут, – говорит, – лишь бы мой сын ожил!»

89 После этого мальчик в том месте пляшет, пляшет по-шамански, эту, как ее, *панян* [душу-тень] из мира мертвых [*буни*] принес.

90 Вдул *панян* [душу], в тело [умершего мальчика] вдул.

91 Со звуком, как будто ворона каркает, как будто птица кричит, [умерший мальчик] на пол вскочил.

92 «От какой матери, от какого отца я ожил? Если ты мужчина, будь моим отцом, если ты женщина, будь моей матерью», – говорит.

93 «Посмотри, вот этот человек тебя оживил».

94 Когда люди окружили ожившего, мальчик [шаман] снял одежду, снял все вещи и голый, раздетый домой по холоду побежал, так бежал и домой вернулся.

95 Хэрэ, туй тутугуми, дидюхэни, дёкчи исигохани, игухэни, эси-лэ бэктэ бипиэ тэсипиэ:

96 «Эй хайми».

97 Таваӈки-ла боачи ниэхэни, дёи дуе калтачиани хаяхани, тохани.

98 Тора эси-лэ тэй удэвэни тэ дуелэни-лэ дякпон тороку гиаӈго бичини.

99 Тэй гиаӈго уйкэ нихэлихэни таваӈки ихэни.

100 Тэй дочиани ирэ тэй удэвэни хайми, нучи тэтуэсэлби нёанчи мэухэни тэтуэсэл маня эм, эм гуйсэ долани бичин.

101 Туй тами тэй гой-гой гуйсэ-дэ дэгбэлидуэни, дэгбэсуми бахани нёанчиани ачи тэтуэвэ, нёанчиани ачи пэру, ота, хэм,

102 наондёкаӈгола мэнчи ачи тэтуэ тэтугухэни хэм.

103 Туй тара боачи ниэгухэни, энэнэ, дёкчи игуйни.

104 Бэктэн-бэктэн бими, бай яогилигда хакан, ундэ, най, най-ла.

105 Гэ, тэй мапачан ундини:

106 «Гэ, буэ эуси иргэмбэри гадёмари дидюйпу», – ундини.

107 Гэ, эси-лэ туй тара хэи суӈгурэ, соли суӈгурэ тэвэӈки ная.

108 Тэй, мапа, мапа, тэй наондёкан, тэй мэргэн туй нёандиади гэсэ осигоха. Туй бие.

109 Наондёкаӈгола эси-лэ таваӈки-ла саманчими, гэенчими дэрухэни.

110 Хэдиэди, хэи най ӈаниочани, хэи энэрэ, солиадиади ӈаниочани, соли энэрэ.

111 Туй саманчими, гэенчими бини-гуэ.

112 Сиксэ буйкин ная чими хоригора.

113 Чими буйкин ная сиксэ хоригора тами. Самачими туй бини-гуэ.

114 Туй бими, туй бими, эм модаӈгола наондёкаӈгола энулухэни. Энулухэни.

115 Туй тами, энуси, хамача самамбани, самамбани гэлэчихэ, хамача гэембэни гэлэчихэ,

116 хамача саман нёамбани таочиачи, уй, хай, хай-да саман чава таочими-да мутэдэси. Туй би, ундэ.

117 Туй тамиа эм модаӈгола ундини-гуэ. Тэй дёгдоани гиктамдисал, тэй кэкэсэл, элчиусэл бичи, ундини-гуэ.

118 А тэй, тэй мапа асиа пиктэни бичини. Тэй чади нёани асигоани бухэни.

119 «Анда пудин, мимбиэ элкэди тэвэндусу», – унди.

120 Тайс пулсимдэ мутэми осихани-гоани эси-лэ.

121 Най тэвэндини тэри, тэри, най илиондини, или тами энуси, хаяхани, энусини-гуэ.

122 «Тэ эй дё дуелэни бигуэни, - унди, - дёптон, гаса дёптони такто дайлани тарчим кори, сэпи дайлани сэлэм кори хай, дёптони.

123 Чава пуӈкичиусу, ивугурэ пуӈкичиусу!» – унди.

124 Гэ, эси-лэ тэй дёптомбани ивугурэ пуӈкичичи.

125 Наондёкаӈгола тэй кори дочиани элкэдуй ихэни.

126 Туй тара таваӈкила дэгдэми, боачи силан най хайридиани, ниэвугурэ, таваӈкила нелэ чала, хайми дэ.., дэ…, дэгдэпсиӈкини.

127 Таваӈки-ла туй энэми, энэми, уйлэ энэми.

128 Хуюн мамала, хайрала, ундэ, вэксундичи бичини.

129 Тэй уевэни энидуэни-лэ хавойдима мама ичэхэни-ну.

95 ▸10:47 ‖ 100 ▸ 11:16 ‖ 105 ▸ 11:53 ‖ 110 ▸ 12:22 ‖ 115 ▸ 12:51 ‖ 120 ▸ 13:30 ‖ 125 ▸ 14:10 ‖

95 Зашел в дом, немного дома посидел и через некоторое время:

96 «Это почему [я тут]?»

97 Оттуда на улицу вышел и что сделал, в сторону леса пошел.

98 Поднялся к лесу, там, ближе к лесу был амбар на восьми столбах.

99 Он открыл незапертую дверь амбара и зашел.

100 Когда внутрь зашел, [нашел] там, в одном, в одном сундуке разные свои маленькие одежды, из которых он вырос.

101 Потом разные сундуки открывал и, открывая, нашел одежду, которая была ему как раз впору, как раз впору штаны и обувь,

102 мальчик надел на себя всю эту одежду.

103 Затем он на улицу вышел, ой-ой-ой, и [снова] в дом зашел.

104 Через некоторое время с шумом пристали люди, люди.

105 Этот старик говорит:

106 «Мы сейчас всем селением сюда переселимся», – говорит.

107 Теперь вдоль реки и вниз по течению, и верх по течению поселил людей.

108 Тот старик, старик поселился вместе с мальчиком-*мэргэном*. Так они живут.

109 Мальчик с тех пор начал шаманить.

110 С низовьев за ним придут, туда едет. С верховьев, за ним приедут, туда едет.

111 Так, шаманя, колдуя, живет.

112 Человека, умершего вечером, утром оживляет.

113 Человека, умершего утром, вечером оживляет. Так шаманя, живет.

114 Так живут, живут, однажды мальчик заболел.

115 Так болеет, что каких только шаманов ни звали, каких только колдунов ни звали,

116 разные шаманы на него обряд *таочи* делают, [ищут его душу], но никто, ни один шаман не справляется. Так было, говорят.

117 Наконец, однажды говорит. В том доме и посыльные, и слуги, и рабы были, он говорит.

118 А у того, того старика дочка была. Ее он замуж ему отдал.

119 «Друг *пудин*, посади меня потихонечку!» – говорит.

120 Он так болел, что даже ходить не мог.

121 Если люди посадят, сидит, сидит, если люди поставят, стоит, так сильно болел.

122 «К лесу от нашего дома, – говорит, – есть *дёптон* [шкура] птицы размером с амбар, размером с сэпи этот *дёптон*.

123 Сделайте перед ней обряд *пункичи* [окурите ее багульником], занесите ее и сделайте обряд *пункичи*, – говорит.

124 Теперь, занесли *дёптон*, начали делать пункичи.

125 Мальчик туда внутрь птицы *кори* потихоньку вошел.

126 Потом поднялся, полетел, на улицу еле люди вынесли, и оттуда туда, сюда сделав [замахав крыльями], полетел.

127 Оттуда летел, летел, высоко летел.

128 Девять старушек, мяли рыбью кожу кожемялкой.

129 Когда над ними пролетал, одна из старушек его увидела.

130 «Ам туру, ам туру!», – туй тамари хэмтудиэри, – «Ам туру!»

131 Эси-лэ наондёкаӈгола туй тухэни. Ага. Туй така, эйси-лэ, хайвани, энувэни хамдэни тэмири.

132 «Гэ, амиси-да эй энуди, эмэчэ энуди энулурэ, энулурэ, энэхэ, – унди. – туй-дэ хамаси эчиэ мочогора, – унди. –

133 Дамиси-да эй эмэчэ энуди энулурэ, энэхэ, туй-дэ хамаси эчиэ мочогора.

134 Эксэнси-дэ эмэчэ энуди энулурэ, туй энэхэ. Бундулэ маня энэхэл», – унди.

135 Эси-лэ мама, мама-ла:

136 «Валиахаӈгоани!» – унди.

137 Таваӈки-ла наондёкаӈгола силан хай, дэгдэпсиӈгухэни.

138 Таваӈки энэми, энэми.

139 Эм иргэн уевэни энэйдуэни-лэ Сакси самаӈгола каса тами би, ундэ, най буйкинчиэни.

140 Гэ, ичэхэ,

141 «Ам, туру, ам, туру, ам ичэгуйчивэ ярсигоива туру, энуси ярсигои, туру!»

142 Тухэ.

143 Эси-лэ тэй Сакси самаӈгола хай пэргэчихэ.

144 «Гэ, ам ичэру! – унди. – Дамиси-да туй энэхэ, эксэнси-дэ туй энэхэ, амиси-да туй энэхэ, – унди.

145 Гэ, хони тадячи! – унди. – Буэ, буэ, хай, амимбаси-да, амимбаси-да хайкае, таочикае, дамимбаси таочикае, эксэмбэси-дэ таочикае, – унди, – хэм туй най энэм най бурпугуэсу.

146 Суэ даи самосал туй бурпугуэсу.

147 Туй би-дэ си дё аӈгохан-тани, – унди, – боа».

148 Гэ, таваӈки-ла энэмиэ, энэмиэ.

149 Туй тами мутэси осихани-гоани уйпэ дэгдэчими.

150 Тугурэ дэгдэӈгурэ тами энэйни. Туй тами тэй коридиади агбиӈкини.

151 Тэй кори дёптондии агбиӈкини.

152 Таваӈки-ла туй энэй, ундэ, элкэдуй тугурэ, илигора туми.

153 Энэми алдаксилалохани-гоа элэ. Тэй илигоми-да мутэдэси осиха.

154 Муйкуми-дэ мутэдэси осиха. Туй тами эм боаду онди-онди апсиӈкини.

155 Толкичини-ну, досичини-ну найла хэсэни-лэ хисаӈгой бичин.

156 «Эрдэӈгэ, хай-да, амини-да амини, дамини дидидуэни тэни балдимакта бичэе, – унди. –

157 Туй тапи амини, амини дидидуэни-тэни, эмуту тэлухэмби бичэе, – унди. –

158 Эксэ дидидуэни бэгдигуй бахамби бичэе, – унди. –

159 Эрдэӈгэ, хай-да най ми барои най туй, туй дидэйвэчи.

160 Эси хаякокамба баогоханда хориагодямби, хосиктани дуэвэни баогоханда хоридямби», – унди.

161 Туй тара, нёамбани хисаӈгойни бичини.

162 Туй тай мэргэӈгулэ наондёкаӈгола туй хайридой мэргэн-гуэни элэ даи осихан-гоани.

163 «Анда пудин, эйду биэмбиэ», – унди, хаончок най хайгохани, ная дэлучэйни.

164 Туй тапиу сагохани эм, эм дёгду бием-дэ.

165 Дякпадоани-ла эм мамачан, хэрэ, улэмбэ мамачамба!

130 ▸ 14:48 ‖ 135 ▸ 15:23 ‖ 140 ▸ 15:46 ‖ 145 ▸ 16:09 ‖ 150 ▸ 16:39 ‖ 155 ▸ 17:09 ‖ 160 ▸ 17:56 ‖

130 «Опустись, опустись!» – все вместе они начали звать. – «Опустись!»
131 Теперь мальчик опустился. Ага. Они начали его больной живот щупать.
132 «Твой отец, этой болезнью заболев, заболев, ушел, – говорят,
– и назад не вернулся, – говорит.
133 Твой дед [отец отца], этой болезнью заболев, ушел, и назад не вернулся.
134 И дядя твой [старший брат отца] этой болезнью заболев, ушел.
Мимо нас они ушли», – говорят.
135 Теперь старушки, старушки:
136 «Беда!» – говорят.
137 Мальчик оттуда еле взлетел, и дальше полетел.
138 Оттуда летит, летит.
139 Когда над селением пролетал,
шаман Сакси обряд *каса* [поминки] делал на умершего человека.
140 Вот [шаман его] увидел.
141 «Дорогой, опустись, дорогой, опустись, дорогой, чтобы я посмотрел,
чтобы я проверил [какая у тебя болезнь], опустись!»
142 Опустился.
143 Теперь Сакси шаман стал обряд *пэргэчи* делать [гадать].
144 «Посмотри-ка, – говорит, – и твой дед ушел, и твой дядя ушел,
и отец твой [также] ушел [умер]. – говорит.
145 Что поделаешь! – говорит, – Мы, мы на твоего отца обряд *таочи* делали
[душу-тень его искали], и на твоего дядю я *таочи* делал, – говорит,
– перед тем, как ему идти умирать.
146 Вы, сильные шаманы, все таким образом умираете.
147 Так ваш дом устроило, – говорит, – небо».
148 Дальше оттуда отправился в путь.
149 Он уже дальше не может идти, не может он уже лететь поверху.
150 То опускаясь, то поднимаясь, стал лететь.
151 Потом он из этой птицы *кори* вышел,
из *дёптона* [из шкурки птицы] *кори* появился.
152 Оттуда дальше пошел пешком, очень медленно, то падая, то вставая.
153 Дальше он уже не может идти. Даже встать уже не может.
154 Даже ползти не может. В одном месте на спину лег.
155 Во сне ли слышит, люди разговаривают:
156 «Интересно, когда его отец, отец, когда его дедушка приходил,
я только родилась, говорит. –
157 Когда его отец приходил, я в колыбельке садиться начала, – говорит. –
158 Когда его дядя приходил, я уже ходить начала, – говорит. –
159 Интересно, зачем люди ко мне так, так идут, – говорит. –
160 Теперь кого бы ни я встретила, я [его] оживлю [спасу],
до кончиков ногтей оживлю», – говорит
161 После этого про него стала говорить.
162 Тогда *мэргэн* – а мальчик, теперь *мэргэном* уже стал,
уже вырос – говорит:
163 «Друг *пудин*, я здесь!» – сказал и потерял сознание, он без сознания.
164 Немного погодя очнулся в одном, в одном доме.
165 Рядом одна старушка, такая хорошая старушка!

166 Мамачаӈгола тэйду хайвани дилиани булиусими тэси, ундэ.

167 Тэй хайвала, хай, голдён кирадоани-гда эм тэни бэегуй баха, барии арчокан бичини чадо.

168 «Гэ, эниэ, ee, – унди, – эй гурун, – унди, – мимбиэ ми барое дичин.

169 Эрдэӈгэ, – унди, – эдэдэ, хай туй ми эниэ, эй ми балдимактодоива дамини, дамини дичин бичин.

170 Туй тапи-тани эмуэду тэ…, тэри тэлучик, нёани амини дичини, – унди, – дичини, – унди.

171 Туй тапи тэпчу хамиалани эй эксэни элэ ми бэгдигуй барии, паламба бомборим пулсилучие, эксэни дичини.

172 Туй дёлосохачи, – унди, – тэй илан эй алда».

173 Гэ, наондёкаӈгола эси-лэ тэгухэни.

174 Хамача энуэ-дэ ана, хамача-да ана, туй би осогохани бичин, мэн били-дэ.

175 Тэй ная дэруктудуэни хони, хони-да тахачи бидерэ.

176 Саманахан-да хони-да таха, дярин туй, ая очогоко-тани?

177 Эси-лэ тэй-лэ арчокаӈгола сиаваӈки.

178 Сиагоани, улэн сиагоани пуючими.

179 Эм дяка ихэдуэни дёан дяка агбибогоми, дэрэчи чэк баргихани.

180 Туй тара сиаха, ходиха.

181 «Гэ, анда мэргэн, эй эну эвэӈки тэй аминачи.

182 Чу боӈгоду эдиэди энэми ичэдиэчи-мэ, – унди, – эксэнси.

183 Чу элэ бумбиэ чу элэ исимола дичини дёлосохани най.

184 Тэй хамиалани-тани амиси, тэй хамиалани чу хамиа, чу таво.., чу таводимари-тани дамиси, – унди. –

185 Илан дёло дёлосохани».

186 Гэ, лохомба бухэни, лохомба бухэни, эси бобой лохонди энэхэни.

187 Таваӈки-ла энэми-лэ тэй эм чу дёлова, эй хайду би дёло, ичэхэни. Най, най дёлосохани.

188 Туй тами даиӈгоани, дюэр пуктэчэвэени ичэдикэп, димэхэни.

189 Эуси, таоси гоир тухэни.

190 Чалала эм дилини чадо, най долимбани сихэ, дилини-тани чароӈгоми осиха най агбиӈгохани.

191 «Уй эниэду, уй амадо хорамби? – унди. –

192 Хусэ [эктэ] осини, эниэ оси, хай,

193 Хусэ осини, ама осиосу, эктэ осини, эниэ осиосу!»

194 Мэнчии нихорандивани.

195 «Эксэл ми тамби», – унди.

196 Эси-лэ эксэни, эксэни-лэ туй дяпагой, одёктай, дяпагой, одёктай тайни-гоани.

197 «Эдиэнэ, эдиэнэ, ми эси тэй тао энэгуе, гучи дюлэси. Туй, туй би боачи энэру!» – ундини-гуэни-мдэ.

198 Эксэни тэй эвэӈки. Горо-да ана дёлочи. Дёлочи горо ана.

199 Гэ, туй энэми, таваӈки энэми амимби дёлосохамбани баогоханди амимби, димаха.

200 Амини-ос туй, туй хайрини-гоани?

201 Таваӈки-ла аминдии няӈга энэми, таваӈки, дамимби хайгоха, [баогоха].

166 ▸18:35 ‖ 170 ▸19:08 ‖ 175 ▸19:41 ‖ 180 ▸20:01 ‖ 185 ▸20:30 ‖ 190 ▸20:56 ‖ 195 ▸21:16 ‖

166 Старушка сидит и гладит его по голове.
167 Возле этой, как ее, возле печки одна молоденькая девушка сидит.
168 «Вот идут, – говорит, – эти люди, ко мне приходят.
169 Интересно, – говорит, – давно, когда я только родилась,
его дедушка приходил.
170 Потом, когда я в колыбельке стала садиться, его отец приходил, – говорит.
– Приходил, – говорит.
171 Потом, когда я начала бегать по полу, его дядя приходил.
172 Они окаменели, – говорит, – все трое на этом месте».
173 Мальчик сел.
174 Никакой болезни, ничего нет. Таким же стал, каким был раньше.
175 Когда он сознание терял, эти люди что-то делали, наверно.
176 Шаманили ли, пели ли, что он выздоровел?
177 Та девочка стала его кормить, еду готовя.
178 Чтобы покормить, чтобы хорошенько покормить, готовит.
179 Одно что-то кидая [в котел, вместо этого] десять вытаскивает,
полный стол наготовила.
180 Потом поели, закончили.
181 «Друг *мэргэн*, отсюда ты пойдешь к своим родственникам.
182 Вначале, когда отсюда пойдешь, увидишь, – говорит, – твоего дядю.
183 Он к нам шел и чуть до нас не дошел, в камень превратился.
184 За ним твой отец, а за ними последний – это твой дед, – говорит. –
185 В три камня они превратились».
186 Она ему дала меч, дала меч, и он с драгоценным мечом дальше пошел.
187 Шел, шел и один камень, где был камень, увидел.
Человек, человек в окаменел.
188 Посмотрев внимательно, надвое рассек камень.
189 Туда, сюда камень рассыпался [на две стороны].
190 Оттуда голова, оттуда верхняя половина человека с поседевшей головой
появилась.
191 «Какой матерью, каким отцом я спасаюсь? – говорит. –
192 Если ты мужчина, стань матерью, или как,
193 Если ты мужчина, стань отцом, если женщина, стань матерью!»
194 Он к нему стал кланяться.
195 «Дядя, это я», – говорит.
196 Теперь дядя, дядя обнял его, берет, целует, берет, целует.
197 «Подожди, подожди, я теперь дальше вперед пойду.
Иди, вот в такое-то и такое место!» – говорит.
198 Дядя оттуда [ушел]. Недалеко до [другого] камня. До камня недалеко.
199 Дошел, найдя своего окаменевшего отца, рассек [камень].
200 Неужели это отец?
201 Вместе с отцом оттуда немножко прошел и деда нашел.

202 Таваӈки тэй дюэр мапанади.
203 «Дамимби-ос?»
204 Туй димахани-гуэ пуктэчэлэни, хайгохачи, хэй маӈга сагдаӈгохани, элэ куэк-куэк-куэк сагдаӈгохани мапачан осигохани.
205 Туй тара эси-лэ таваӈки-ла тэй, тэй дюэр мапанади дидюй-гуэни дёкчи дидюхэ, эси-лэ таваӈки.
206 «Гэ, туй тасили най хусэ пиктэгуй гэлури-ну, – унди. – Саӈням най хайгоани, саӈням оси хай, ивачигоани».
207 Туй тара дамимби-да, хай эксэмби, амимби, баогоха.
208 Таваӈки-ла наондёкаӈгола таваӈки тэй асии гадёми дидюй-гуэни.
209 Дамини, даи дамини тэй хай, тэй, тэй пудин энииндиэни мамалагоха.
210 Таваӈки дидюмэри, дидюмэри.
211 Саксиа, саксиа саман иргэмбэни баогоха, тэй каса тахани.
212 Хайс каса тами бини-гуэ. Тэй иргэмбэни эси гэсэ мэнди гадёи.
213 Таваӈки дидюмиэ, дидюмиэ, тэй хуюн мамана, вэксуӈки, вэксуӈки маманава исигоха.
214 Чадо би мамачан мамарионачи хэм, хай мамариасал осини, бай дёптончи-гоа чаду.
215 Тэй-тэни хуюн пудин осогохачи.
216 Чадо эксэмби амимби, чадо тэй гурун мамагоани баха.
217 Таваӈки дидюми, дидюми, дё боали исигохани-гоани.
218 Туй бими, туй балдими эси-лэ дамини саман ана очогоха.
219 Наондёкан чими буйки ная сиксэ хориагора, сиксэ буйки ная чими хориагора тами, самачими, гэечими туй би.
220 Амин-тани хэргэн тара, каса тара, тэй саман эксэни мохалиндин дяӈгиан.
221 Туй бини-гуэ. Таваӈки туй баячимари элгиэчимэри туй балдихачи. Элэни.

202 ▸ 21:57 ‖ 205 ▸ 22:11 ‖ 210 ▸ 22:59 ‖ 215 ▸ 23:27 ‖ 220 ▸ 23:59 ‖ 24:10

202 Оттуда с двумя старичками.
203 «Это дед ли мой!»
204 Рассек, по пробору [на голове], оказался там состарившийся,
очень сухой старый старичок.
205 После этого он оттуда с двумя старичками стал возвращаться домой оттуда.
206 «Ну, для этого [чтобы вот так спасаться] нужен сын, – говорят,
– Чтобы он мог огонь [своего рода] поддерживать».
207 Так он нашел он своего деда, отца и дядю.
208 Оттуда, мальчик оттуда возвращается домой, ведя с собой жену.
209 Дед его, старый дед на той, на той, на матери той пудин женился.
210 Дальше возвращаются, возвращаются.
211 Дошли до селения Сакси шамана, который делал обряд каса.
212 Он опять делает каса. [Жителей] его селения тоже с собой забрали.
213 Дальше возвращаются, возвращаются домой,
дошли до тех девяти старушек, которые мяли рыбью кожу.
214 Там эти старушки. Это были не старушки,
это просто был их дёптон [кожа].
215 Они превратились в девять девушек пудин.
216 Его дядя и отец на этих людях [девушках] поженились.
217 Возвращаясь, до своего дома дошли.
218 Так жили, так жили. Теперь дед его больше не шаманит.
219 А мальчик утром умершего человека вечером оживлял, а вечером
умершего человека утром оживлял. Так шаманил. Колдует, и так живет.
220 Его отец обряд хэргэн делает, обряд каса делает, а брат отца,
дядя его судья дянгиан, сильный как богатырь мохан.
221 Так живут, и дальше, богатея и укрепляясь, так жили. Все.

Пакан

1 Эм мапа, мама балдихачи. Тэй пиктэчи-тэни эм наондёкан бичини.

2 Тэй-тэни туй бие, туй бие. Наондёкан-тани купини-гуэ.

3 «Эниэ, – унди, – нучикэндюэн эгди, элчиусэл пурилни пакачичи.

4 Ми пакаӈгоива аӈгору, – ундини, – купиндэгуивэ».

5 Эси-тэни энини-тэни илгалами аӈгохани: гасакан би-дэ, элэ дэгдэй тэй пакандоани

6 гой-гой субэхэди сэукэй тами.

7 Гэ, купикэндэми ниэхэ пиктэни-гуэ.

8 Ниэвучиэниэ мапади, мамади ичэдичи-гуэ пиктэвэри.

9 Туй ичэдимэри, ичэдимэри пиктэи чипукту хуэдэхэчи.

10 Эси-тэни пиктэи соӈгомари гэлэгуйчи-тэни. Хайду-да аба! Элчиусэл пурилни-дэ сараси.

11 Эси-тэни туй соӈгой, туй соӈгой, тотамиа ундиӈ-гуэ даи лаодянчи:

12 «Гэ, гэлэндэру, – унди, – самамба, пиктэи баогогоани!

13 Дуэнтэ дуэдуэни балди Дурдуй саман, умбури, эктэвэ; гэлэндэру, – унди, – дюэтунэ энусу, – унди, – тэй гурунчи!»

14 Эси-тэни тэй Даи Дапоӈгони энэйгуэниэ.

15 «Туй соли энэй, ундэи. Энэмиэ, энэмиэ, онива баори.

16 Тэй онива соломи бадячи, – ундини, – гириа дуэдуэни, Гисиа самамба».

17 Гэ, таваӈки энэхэ, энэхэ, тэй мапа-да туй аоӈгачими туй энэй-гуэни, тэй элчи. Туй тами исихани.

18 Эм пудиӈгулэ силкочими би, ундэ. Хайло улэн пудимбэ!

19 Мапава ичэми, ундини-гуэ:

20 «Эпэ дака! – ундини тэй элчивэ. – Эй хай боадиадиани исихаси? – унди. –

21 Буэ балдипу боачипова уйдэ-дэ дидэси», – унди.

22 «Гэ, – ундини, – бунду-тэни най мимбивэ гиктадихани, – унди. –

23 Ми эдемби пиктэни, эмукэкэн пиктэкэни, наондёкан бичини, пакачиндара чуӈну хуэдэптэхэниэ, – унди. – Чава гэлэндэгугуи».

24 Хэмэ бипиу ундини-гуэ:

25 «Ми нэуи эй дуелэни бие, – унди. – Эвэӈки энэми, энэми, эй-мэ бадячи, – унди, - дуэнтэ дуэдуэни эм дёкамба.

26 Нэуи энэйни, энэдемби, энэси осини, энэсимби», – ундини.

27 Таваӈки энэми дэрухэни-гуэ тэй [мапа]. Туй энэмиэ, энэмиэ, хайс исини-гуэ аоӈгачими энэмиэ.

28 Исиха, тоиду хайс хайва силкочини-ос тэй пудин. Хайло улэн пудин бичин!

29 Тулиэдуэни дёани-тани дуелэни-тэни, тэӈ боачан дайлани тороку, туйгэку бичини. Ундини:

30 «Хандахаси? – унди. – Буэ боачипова уй-дэ дими мутэси, – унди. –

31 Хони эндэхэндии исиндахаси, – унди, – гудиэлэ хай-да!» – ундини.

Мяч

1 Муж с женой жили. У них был сын, мальчик.
2 Так они жили, жили. Мальчик играет.
3 «Мама, – говорит, – детей много, дети слуг в мяч играют.
4 Мне мяч сделайте, – говорит, – чтобы и я пошел играть».
5 Тогда мать сделала [мяч] с вышитыми узорами: и уточка есть,
вот-вот взлетит, на этом мячике.
6 Разноцветными шелковыми нитками разукрасила его.
7 Вот сын вышел [на улицу], чтобы играть.
8 Муж с женой смотрят на своего сына вышедшего [на улицу].
9 Так смотрели, смотрели и потеряли [его из вида].
10 Вот сына с плачем ищут. Нигде нет! Дети слуг не знают.
11 Сейчас так плачут, так плачут, наконец, говорят старшему над слугами:
12 «Сходи, – говорят, – за шаманкой, чтобы она нашего сына нашла!
13 На опушке леса живет шаманка Дурдуй, – говорят, – с женщиной;
[за ними] сходи – говорят, – обеих приведи, – говорит, – тех людей!»
14 Теперь тот старший над слугами отправляется, конечно.
15 «Так вверх по реке пойдешь, мол.
Пойдешь, пойдешь и горную речку найдешь.
16 Вверх по горной речке пойдешь, – говорят,
– и на краю мари шаманку Гисиа [встретишь]».
17 После этого пошел тот старичок, останавливаясь на ночлег, тот слуга.
Наконец, дошел.
18 Одна *пудин* стирает [на берегу]. Довольно красивая *пудин*!
19 Старика увидев, говорит:
20 «Почтенный! – говорит она тому слуге. – Из каких краев ты пришел?
– говорит. –
21 В наши места, где мы живем, никто не приходит», – говорит.
22 «Да, – говорит, – наш хозяин меня послал, – говорит. –
23 У моего хозяина сын, единственный сын, мальчик был,
пошел в мяч играть и исчез, – говорит. – Я иду его искать».
24 Помолчав, она сказала:
25 «Моя младшая сестра дальше в лесу живет, – говорит. – Отсюда пойдешь,
пойдешь и найдешь, – говорит, – на краю леса домик.
26 Моя младшая сестра пойдет [с тобой], и я пойду, если она не пойдет,
и я не пойду», – говорит.
27 Оттуда идти начал тот [старик]. Так идет, идет, снова,
останавливаясь на ночлег, идет.
28 Дошел, на берегу та *пудин* тоже словно бы что-то стирает.
Довольно красивая была пудин!
29 Во дворе у нее за домом [в сторону] леса были величиной с остров
[шаманские деревья] *торо* и *туйгэ*. Она говорит:
30 «Зачем ты пришел? – говорит. – В наши места, никто не может прийти,
– говорит. –
31 Каким образом ты по ошибке сюда пришел, – говорит,
– бедненький!» – говорит.

32 Элчиу ундини:
33 «Хай исиваси бирэ? – ундини. - Ми эдемби пиктэни хуэдэптэхэниэ, – унди, – пакачиндара-да.
34 Чава баогогоаси гэлэндэхэмби», – унди.
35 Эси-тэни тэй-тэни ундини-гуэ:
36 «Эй дидидуй бахаси эктэ. Хай уӈкини?»
37 Мапачан ундини:
38 «Си энэй осини, энэдемби, энэси осини энэсимби, уӈкини», – унди.
39 «Хай энэвэси бидерэ, хайлава ундиси мапачан эй боачи исиндахамбани.
40 Тэде бимиэ, аба бимиэ энуриэ гэлини-тэни, – ундини, – гудиэлэгбэни».
41 Эси-тэни таваӈки-тани:
42 «Ая, энуру! – унди. – Буэ мэнэ энэпу».
43 Тэй мапачан таваӈки энухэни. Сиавачи тайни-гоани, аоӈгадасиа.
44 Най сиавандини, таваӈки сусугухэни, хамаси энуми.
45 Туй энэмиэ, энэмиэ, тэй эктэлэ исигохани.
46 Тэй эктэ-дэ хайс гириа дуэдуэни балди, Гисиа самани-гоа, тэй.
47 Хайс чарахи яохини-гоа.
48 «Хай мэдэ уӈкини?» – унди.
49 «Хай-да боадиани най дичимбэни, тэде-дэ энуриэ, аба-да энуриэ, гудиэлэгбэниэ-мдэ, энэмби. Мэнэ энэмби, уӈкиэ», – унди.
50 Гэ, мапава сиаванди, хайри тай-гоани, тавава иванда-да эси сиаваӈкини.
51 Чаду-да хайс тороку, туйгэку тулиэдуэни.
52 Таваӈки-тани туй энуй, энуй. Мапачан горо-гоани энуйни.
53 Хони энэхэ-ус, хони энэхэ-ус, исигохани дёи, иргэмби.
54 «Гэ, хони?»
55 «Най мэнэ дидие!» – унди.
56 Туй тайдоачи-ла, эйлэ лупуэр, тэйлэ лупуэр паландолани агбиӈкини най.
57 Тэй-тэни агбиӈгоачи-тани, голдён тавани эуси-таоси пулси тахани.
58 Тэй бадосал голдён-гоа, гилондиала, пуксудиэлэ-дэ.
59 Тэй мучун эуси-таоси пулсиучиэни, мэнэ-дэ мучуни пулсихэни, туй тапи, тэй гурун паландолани агбиӈкичи, тэй дюэр голдён алдандолани.
60 Гэ, агбиӈки, мапа-тани, гэ, чарахи яохи-гоани эси-тэни-дэ тэй гурумбэ.
61 «Ам, ичэгуру, – ундини-гуэ, – пиктэи чуӈну хуэдэхэмби,
чава найгогоаси тай», – ундини.
62 Эси-тэни сиксэгухэни. Эси-тэни пэргэчихэни тэй пудин.
Пэргэчимиэ ундини-гуэ:
63 «Чикова буру, – ундини, – эм чикова ми олбимпогоива,
пиктэвэси гэлэндэгуми».
64 Гэ, мапа барини-гоани иргэнду чикова.
65 Чикоа бухэндуэни-тэни, чава-тани туӈгэндули гидалами,
таваӈки-ла мэурини. Мэури, мэури, мэури, мэури тэй пудин.
66 Дуэнтэ дуэдуэни балди пудин мэури, гириа дуэдуэни балди пудин дури-дэ.
Туй дури, дури.

32 Слуга говорит:
33 «Почему бы и не прийти? – говорит. – Моего хозяина сын потерялся, – говорит, – когда он пошел играть в мяч.
34 Я пришел, чтобы ты его нашла, я пришел позвать тебя», – говорит.
35 Теперь она говорит:
36 «Когда сюда шел, ты встретил женщину. Что она сказала?»
37 Старик говорит:
38 «Если ты пойдешь, и я пойду, если не пойдешь, и я не пойду, она сказала», – говорит.
39 «Почему бы, кажется, не пойти, раз почтенный старичок до этих мест дошел.
40 Будет ли прок или не будет, придется идти искать, – говорит, – жалко [родителей мальчика]».
41 Теперь:
42 «Ладно, иди! – говорит. – Мы сами пойдем».
43 Тот старичок оттуда пошел. Его покормили, конечно, но он не стал ночевать.
44 Как только его покормили, он оттуда отправился, обратно идет.
45 Так идет, идет, до той женщины дошел.
46 Та женщина, живущая на краю мари, [была] шаманка Гисиа.
47 Та тоже радушно угощает.
48 «Какие новости она передала?» – говорит.
49 «Раз из таких [далеких] мест человек пришел, хоть и напрасно идти [искать мальчика] хоть и бесполезно идти, но жалко их, [все равно] пойду. Сама пойду, сказала», – говорит.
50 Вот, чтобы старика покормить, что сделала, огонь разожгла, теперь покормила.
51 Там тоже [шаманские деревья] *торо* и *туйгэ* во дворе.
52 Оттуда так пошел, пошел. Раз он старик, далеко ему [кажется] идти.
53 Сколько-то шел, сколько-то шел, дошел до домов селения.
54 «Ну, как?»
55 «Они сами придут!» – говорит.
56 Пока так делали [пока разговаривали], то там, то здесь внезапно выскочили, внезапно выскочив, из-под пола появились люди [шаманки].
57 Перед тем, как им появиться, в очаге огонь туда, сюда двигался.
58 [В нанайском доме] напротив одна другой [есть] печи, [одна] у кана *гило* [слева от входа, а другая] у кана *пуксу* [справа от входа].
59 Головешка туда, сюда двигалась, сама головешка двигалась, а после этого те люди из-под пола появились, те две [шаманки] между двумя печами.
60 Вот появились, старик [хозяин] их радушно угощает теперь, тех людей.
61 «Послушайте, – говорит, – я своего сына совсем потерял, хочу, чтобы вы пошли его искать», – говорит.
62 Теперь наступил вечер. Теперь *пудин* погадала. Погадав, говорит
63 «Петуха давай, – говорит, – петуха я возьму с собой, когда пойду искать твоего сына».
64 Ну, старик, конечно, нашел в селе петуха.
65 Когда петуха дали, она его за пазуху засунула и стала плясать. Пляшет, пляшет, пляшет, пляшет та пудин.
66 На опушке леса живущая *пудин* пляшет [с бубном], а на краю мари живущая *пудин* бьет, бьет в бубен, вторя.

67 Тэй дуэнтэ дуэдуэни балди пудин-тэни Дурду пудин гэрбуни.

68 Тэй-тэни туй мэумиэ, мэумиэ-тэни,
тэй дюэр голдён алдандоани поӈтоар ихэни.

69 Таваӈки туй мэуми энэй, туй мэуми энэй, туй мэуми энэй.

70 Туй энэмиэ, энэмиэ-лэ пудиӈгулэ ная бахани.

71 Эм оникамби, таялани-ла, тоак-тоак, чапчи, ундэ.

72 «Эпэ дака! Таримсакаӈгодии мимбивэ дагбориу! – ундини. –

73 Таримсакаӈгои наӈгаларо, огда анаи, – ундини-гуэ, – дагборими.
Таримсакаӈгои наӈгаларо!» – ундини.

74 «Ларгиамба! Хамача тамари пулсичиэ! Най чапчини мова молсими-да
отоливасиам-да».

75 Эси-тэни най – «Ма!» – эй наӈгалахани. Чир-р даохани.

76 Ча-тани дяпами, оялани оридиани гэсэ, чир-р даогохани.

77 Чадо-тани таваӈки туй энэй-гуэни, горо энэкэ,
дидя энэкэ тэй-дэ пудин-тэни.

78 Туй энэмиэ, энэмиэ, бари-гоани эм боаду эм наондёкамба.

79 Эе, таялани-тани най, уми, най хаӈгиактолани би дякасал.

80 Тэй дюэр гурун токондоани пакамба дяпачими, соӈгоми тэсини, ундэ.

81 Хаӈгиси би дякасал тэй пудинчи ундичи-гуэ:

82 «Хандахаси?» – ундичи.

83 «Ми тэй пиктэвэ гэлэндэхэмби пиктэгуи».

84 «Аба, тэй пиктэвэ туй бувэси», – унди.

85 «Ая, туриӈгуэни бурэмби, - унди. – Чикова олбиӈкаи туриӈгуэсу».

86 Эси чикова бухэни. Буривэни-лэ мапа бэеди дяпахани.

87 «Гэ, гэ, вакадиа-да, вакадиа-да, дяпаго-да, дяпаго, тэй пиктэ-лэ дяпаго!»

88 Эси-тэни, тэй наондёкамба дяпагойди гэсэ, таваӈки энэй-гуэни.

89 Тэй апилани тиас пачилахани, эм нучикукэн хукуэкэн-мэ осигоанда,
туӈгэндуи тухилэгухэни-гуэ.

90 Таваӈки-ла туй дидюй, туй мэуми, туй дидюй.

91 Туй дуэрини, туй лур дуэрини.

92 Тэй пудин хао пачилини, тэй илэлэ бини-дэ хао пачилай. Туй мэури.

93 Туй тара исигоха. Туй дидяӈгиала осини сиасимбани долдиори осиха,
на долани.

94 Тэй дуэрини-ус, масилами дуэрини. Туй яиха, яиха.

95 Паландола посоригда агдбиӈгойдии гэсэ, мэупиэ,
тэгуйдуй пиктэвэни агбимбохани наондёканди тул.

96 «Гэ, эй-ну?» – ундин.

97 «Гэ, эй-гуэни! Эм амала! Пиктэем!»

98 Соӈгоми баогом:

99 «Эниэлэ, пиктэем!» – мамади, мапади-да.

100 Эси-тэни аоӈгаха. Чадо диа чиманиа тэпи, [мапа] ундини:

101 «Гэ, гогдалани дес би вагориа, пиктэи баогохамби»,
– агдахандои ундини мапачан.

67 Ту, на опушке леса живущую *пудин* зовут Дурду.

68 Она так плясала, плясала и между двух печей [под пол] вошла,
так что пыль столбом поднялась.

69 Оттуда пляшет и идет, пляшет и идет, пляшет и идет.

70 Так *пудин* идет, идет, и встретила человека.

71 На той стороне горной речки, тук-тук, он рубит.

72 «Почтенный! На своей щепочке меня перевези! – говорит. –

73 Свою щепочку брось [мне], у меня нет лодки, – говорит,
– чтобы переправиться. Свою щепочку брось!» – говорит.

74 «Вот канитель! Что делая, ходят [тут]!
Не дадут человеку дрова нарубить и заготовить».

75 Теперь – на! – бросил. [Со звуком] *чир-р* переплыла.

76 Как только схватила [щепочку], верхом на нее села,
и [со звуком] *чир-р* переплыла.

77 Потом оттуда так идет, далеко ли шла, близко ли шла та *пудин*.

78 Так идет, идет, встречает в одном месте мальчика.

79 С этой и с той стороны по человеку, но [скорее] скажешь,
что [это] на людей похожие существа.

80 Между этими двумя существами, держа мячик и плача, сидит [мальчик].

81 Эти чужие существа говорят *пудин*:

82 «Зачем пришла?» – говорят.

83 «Я этого ребенка пришла просить в сыночки себе».

84 «Нет, этого ребенка так не дадим», – говорят.

85 «Ладно, я заплачу, – говорит. – Я принесла петуха, чтобы заплатить».

86 Теперь петуха дала. То, что дали [то есть, петуха], старик сам взял.

87 «Ну, ну, спасибо, спасибо, забери же, забери этого ребенка, забери!»

88 Теперь, взяв того мальчика, тут же отправляется обратно.

89 По затылку [мальчика] – шлеп! – хлопнула,
в маленькую сумочку его превратила и за пазуху его положила.

90 Оттуда возвращается, так пляшет и возвращается.

91 [Другая шаманка в это время] так бьет [в бубен, вторя], так,
не переставая, бьет [в бубен].

92 Как та *пудин* [которая возвращается] где-то под землей бьет [в бубен],
так и та, которая на поверхности, где-то бьет [в бубен]. Так пляшет.

93 Наконец, дошла. Перед тем, как ей вернуться,
[людям в доме] стали слышны звуки из-под земли.

94 Та [которая в доме] бьет [в бубен], сильнее стала бить.
[Слышно стало, как возвращающаяся шаманка] пела, пела по-шамански.

95 Из-под пола неожиданно появившись, проплясала, и когда она садилась
отдыхать, сделала так, что ребенок появился в своем обычном образе
мальчика.

96 «Ну, этот ли?» – говорит.

97 «Ох, этот, конечно! О, отцы! Наш сынок!»

98 Плакали, получив [ребенка]:

99 «Ох, наш сынок!» – жена и муж.

100 Теперь переночевали. На следующее утро, встав, старик говорит:

101 «Ну, высокого ороча нужно убить в жертву за то,
что утащенного ребенка я нашел»», – радуясь, говорит старик.

102 Гэ, элчиусэл ваха.
103 Эси-тэни диргамба аŋгой-тани, най пиктэни баогохандой.
104 Вахан-да, чава эси-тэни ихон найва хэм гадёха, саолимба аŋгоха.
105 Мапа-тани тэй пудиунсэлбэ мэугуэнди-гуэ эси.
106 Мэухэ, мэухэ. Туй мэухэ, гэрэнивэ сиаваŋки.
107 «Ам ичэру! Сэвэнсэлбэ эди болора! – унди. – Улэн улэŋгудиэни!
108 Пиктэивэ хорихамбаси агдахамби», – ундини тэй мапа.
109 Э хайлара, эси-тэни тэй полаŋгоанда бухэ сэурэсэл, гулхун сэурэни, балдамда бухэни пиктэи баогохандои.
110 Эси ходиха, сиамачи осигоха, сиамачидои ундини-гуэ тэй мапа:
111 «Ам, ичэгусу, – унди, – хай-да эндэкту анаси-ну, хайду-да толкинду-да?
112 Ми пиктэдиивэ мапалагора би осини, улэŋ-гуэни».
113 Туй тара тэй пудиунсэл:
114 «Аба», – унди.
115 Гэ, тэй наондёкан-да даи най осигохани,
туй хуэдэптэй хайри нучи бичиндэ.
116 Гэ, тэй наондёканди дюэдиэри эдилэгухэ. Туй би.
117 Эси-тэни туй бимэриэ ундини-гуэ эм модан тэй пудиунсэл:
118 «Эпэ дака, эси долбо хамача сиасимбани долдихан-да эди ниэрэсуэ!
– ундини-гуэ. – Эди ниэрэсуэ!» – ундэ.
119 Эси-тэни тэй-тэни долбо-тани нирги-да, коŋгари-да,
кутэри-дэ осихани-гоа.
120 Эси-тани тэй мапачан-тани:
121 «Хамача хуэдэури?» – ундини-ус.
122 Илими, таоси хайридоани, мамани чава дяпалачини, умуруни хэтурэм энэйдиэни.
123 Ча-тани пудин дяралихани-гоа:
124 «Эпэ дака, ми хай уŋкэи?» – унди.
125 «Ми оŋбохамби», – унди.
Тэй умуруи хэтуэхэмбэни дяпалачими апсиндагохани.
126 Чими тэхэ, ниэвэчи-тэни, тулиэдуэчи тиас хамача-да хэм осигохани.
127 Най хайни дидюхэни иргэни.
128 Хамача иманда муэвэ оминди, хони-да муэ оминди осихани, тои бароани.
129 Диа-да дярони? Туй биэ-тэни.
130 Диагоани тэй элчи соирами пулсихэни.
131 Дуэдуэни дуэнтэи диэк осигоха, ваядоани муэ моданчиани осигоха най иргэни. Туй балдилохачи.

102 Ну, слуги [слугу ороча] убили.
103 Теперь приготовили праздничное угощение в честь обретения сына хозяина.
104 На жертвоприношение теперь людей всего села привели, угощение люди приготовили.
105 Старик [так сделал], чтобы те *пудины* плясали на жертвоприношении теперь.
106 Плясали, плясали. Так плясали, всех накормили.
107 «Послушай! Не обдели [духов] *сэвэнов*! – говорит. – Хорошенько, по-хорошему!
108 Я рад, что ты спасла моего сына!» – говорит старик.
109 Э, теперь в виде платы шаманкам [старик] дал шелк, моток шелка и овечью шубу, отдал за то, что его сына нашли.
110 Теперь [с оплатой] закончили, стали кушать, и когда кушали, старик говорит:
111 «Послушайте, – говорит, – может, что-то не так, где-то в сновидении?
112 Хорошо было бы, если б вы моего сына в мужья взяли».
113 Те *пудины*:
114 «Нет», – говорят.
115 Ну, тот мальчик большим стал, хотя, когда терялся, он был маленьким.
116 Ну, [тогда обе *пудины*] вдвоем его в мужья взяли. Так было.
117 Теперь, так живут, однажды те *пудины* говорят:
118 «Почтенный, сегодня ночью, какие бы звуки ты ни услышал, не выходи [из дома]! – говорят. – Не выходи!»
119 Теперь той ночью стало греметь, стучать, шуметь.
120 Вот тот муж:
121 «Что [мне] терять?» – говорит.
122 Встал, туда хотел выйти, а его жены удерживали так, что брючный ремень порвали.
123 На это *пудин* сказала:
124 «Почтенный, я что говорила?» – говорит.
125 «Я забыл», – говорит он, и, держась за порванный ремень и брюки, пошел спать.
126 Утром встали, вышли во двор, во дворе полным-полно всякой всячины появилось.
127 [Жителей] селения *пудин* сюда переселили.
128 Какие-то козы идут воду пить, воду пить на берег.
129 Неужели лето наступило? Так было.
130 Слуга отмерил десять шестов для их дома.
131 До самого леса протянулось, до самой кромки воды стало селение. Так жили.

‹16›

Дурдул омол

1 Эм наондёкан эниэмулиэ балдихани.
2 Эм модан энини пиктэи пакаӈгоани аӈгора, ундини:
3 «Ам ичэру! Маӈбова соли эди пакачира, – унди, – хэи, хэи пакачиу».
4 Туй тара боачи ниэхэни, боёи дяпагохани наондёкаӈгола.
5 Хэи энэми пакачини, солила боёи тэй пакаӈгои дяпагора, соли тутугуй,
туй тапи гучи хэм пакачи.
6 Туй хупини-гуэ. Хупими элэ дёкчи токори.
7 Энимби ундэси-кэ, маӈбо соли эди пакачира.
8 «Пэргури!» – мурчини.
9 Пакамби нэрэ дэрэгбэс, маӈбо соли пакалахани-гоа.
10 Пакани-ла бомбориу энэйни.
11 Пакам хамиалани тутумиу, элэ дяпидоани,
хайс туй дюлэси-гдэл пакани энэй.
12 Пакани осини туй энэмиэ, энэмиэ, эм син боринчиани энэхэни.
13 Туй тара ичэдини-лэ дуе калтадиалани иргэн бичин, даи иргэн.
14 Эден хан синдуэни каодярахани.
15 Пакан дяпагора, ная исихамби, най бароани ториӈгоани.
16 Таваӈки-ла томи эден хан дёкчиани исиха, уйкэду дяпара, ихэни.
17 Тэй дё долани-ла эм мапа, эм мама, элчиусэл, гиктамдисал бини-гуэ.
18 Туй бими, эси-лэ наондёкаӈгола ихэни, мапачи нихораӈкини.
19 «Ам ичэру! Си-лэ би нае балди най пиктэни тачи, – унди. –
20 Хэрэ, улэмбэ наондёкамба! Хаоси энэйдиэ тайси, хаоси пулсидиэ?»
21 «Сундулэ кириха, – унди, – асигой гэлэми пулсии», – унди.
22 Туй бими мапачан ундини:
23 «Бунду бие, – унди, боя тэтуэвэ улпиэси, улпиури улэсиэси пиктэ.
24 Тэй пиктэвэ ичэгуэси гэлэндэндемби», – унди.
25 Туй тара мамаи гиктадихани.
26 Туй тапиу мамани эугухэ, гэ, арчокамба эугухэни.
27 Гэ, эси-лэ тэй сиксэни-лэ аракилаха, эм хова манаха.
28 Аракива тэӈ хали-да омихани, кочи тэй мапачанди гэсэ дарочими омини,
наондёкаӈола!
29 Мапачан омими, соктоха, туй тара апсиӈкини сиксэгучиэни.
30 Туй тара наондёкаӈгола тэй пуксу кэркичэдуэни най-тэни мамачан
сэкчэгухэни сэктэпумбэ,
31 асигой бахан, гэсэ апсиӈгойгоани.
32 Мапачан боӈгоду апсиӈкини, оӈгасахани, кото хончирайни.
33 Аорини-ка-ну, толкичини-ка-ну, мапачаӈгола хисаӈгоми дэрухэни.
34 «Эмукэн пиктэи буридуе тори таман ана буруэмби, – унди. –
35 Буэ сагдилпу сагдилдиари амана такорахачи дуин да дурдул омол хуэн
ӈэвэн ӈанихачи, – унди, – амимбари каса тагоари.
36 Чава-тани ӈанигой ная гэлэмби, – унди. –

Четырехсаженный пояс

1 Один мальчик с матерью жил.
2 Однажды мать, сделав мяч для своего сына, говорит:
3 «Послушай! По реке вверх не играй в мяч [не кидай мяч в том направлении],
– говорит, – только вниз, вниз по реке бросай мяч».
4 После этого мальчик вышел на улицу, взяв клюшку.
5 Вниз по реке, клюшкой ударяя по мячу, бежит, а в сторону против течения,
взяв в руки мяч, бежит.
6 Потом снова так играет. Играл, уже домой надо подниматься.
7 [Почему, интересно] моя мама говорила,
что нельзя бросать мяч в сторону против течения течению.
8 «Попробую!» – думает.
9 Положил мяч, как размахнулся, и вверх по реке ударил по мячу.
10 Мяч покатился.
11 За мячом бежит, вот-вот его достанет, а мяч все вперед катится.
12 Мяч катится, докатился до проруби.
13 Видит, там селение стоит, по обеим сторонам [реки] селение было,
большое селение.
14 Мяч остановился возле проруби хозяина-хана.
15 Забрав мяч, поднялся к дому, раз уж дошел до людей.
16 Поднялся к дому, за дверь взялся и зашел в дом хозяина-хана,
дверь открыл и зашел.
17 В том доме муж, жена, слуги посыльные находятся.
18 Мальчик зашел, старику в ноги поклонился.
19 «Послушай! Ты же человек, человеческое дитя, – говорит. –
20 Какой хороший мальчик! Куда идешь?
Куда направляясь [проходишь мимо], что до нас дошел?»
21 «К вам пришел [потому что], – говорит, – жену себе ищу, потому и хожу».
22 Старик говорит:
23 «У нас есть такая, которая порванные вещи не зашивает, и шить не любит.
24 Ту дочку сейчас позову, чтобы ты увидел», – говорит.
25 Послал свою жену.
26 Через некоторое время его жена вернулась с девочкой.
27 В тот вечер пили водку, один кувшинчик выпили.
28 Когда это он [раньше] пил водку, что сейчас вместе с тем стариком,
угощая друг друга, пьет!
29 Старик опьянел, потом вечером спать лег.
30 Потом для мальчика старушка постелила возле кана *пуксу* для того,
31 чтобы он на постель вместе со своей женой лег.
32 Старик вначале лег и уснул, храпеть начал,
33 [потом] то ли во сне, то ли так старик начал говорить:
34 «Единственную дочь отдаю, без калыма отдаю, без цены, – говорит. –
35 У нас есть то, чем до самой старости отцы пользовались четырехсаженный
пояс *дурдул*, за которым девять духов *нгэвэнов* пришли, – говорит,
– чтобы делать поминки *каса* по своему отцу.
36 Чтобы за ним сходить, человека ищу, – говорит. –

37 Ча ӈанигой осини, пиктэи эмукэн пиктэи тори, тама ана бурэмби», – унди.
38 Наондёкаӈгола долани гичиак энэхэни.
39 «Мимбиэ эси ходёгой дяпара, амбанчи анайни-тани», – мурчихэни.
40 Арчокан ундини:
41 «Анда мэргэн, эди энэрэ, – унди, – эди чихалара, – ундини. –
42 Хони энэгуй тайси, – унди. –
43 Оркин. Минчи ои-ну, – унди, – най пулси.
Мимбивэ асигоари мэдэсиндэсумэри.
44 Гэ, эй-мэ туй най энэй, эчиэ мочогора, унди, тао энэхэни».
45 Туй тара наондёкаӈгола чими тэхэ. Мапачиан аори.
46 Хадёкамби баргигора, таваӈки-ла боачи ниэхэни.
47 Боачи ниэхэни, таваӈки энэлухэни. Эм боава соли энэхэ.
48 Энэмиэ, энэмиэ, хони энэкэ, хони энэкэ.
49 Туй энэмиэ, энэмиэ, – анана! – хуюн ӈэвэн боалани элэ исидуэни,
илан могдён чиалани бай яогилигда сакал, ундэ.
50 Хуюн ӈэвэнсэлгулэ эси-лэ бай туй исихандиари, наондёкамба дяпаха.
51 Уй суэкэчи, уй моӈгичикачи, уй наӈгачи, чава дяпакачи тамари туй,
агдахачи хайлара.
52 «Эси сиксэ сиаори, – унди, – тэӈ улэн! Сиагори баоха!» – унди.
53 Туй гадёмари исигоха, дёкчи игухэ. Эси-лэ сэлэм укур долани тэучихэ.
54 «А сиксэгуйдуэни саӈняптагоани, эй олпинду лоори», – унди.
55 Голдён уелэни олпинду лохачи.
56 Туй тара тэй укур долани туй бие, туй бими,
туй ома кирадоани-ла эм далиан пасиани най наӈгалахани бичин.
57 Тэй далиа пэгиэдиэдиэни-лэ кумул-кумул тамиа тэкэ, ундэ.
58 Анана, элэ накан сирмэлтэлэ игумулэ би хумдуку мамачан.
59 Их-ах тэхэ эси-лэ туй тара-тани хуэи вайси эухэни.
60 Паландола сисох, сисох, сисох голдён дюлиэчиэни тэндэгухэни.
61 Туй тара эси-лэ чиктэи гэлэм дэрухэни чадо. Туй тамиа:
62 «Эй сако пурилни!
63 Тэй хуюн ӈэвэн тэӈ найва сиаваорива маня мурчичи, – унди. –
64 Сако пурилни! Эмбэ най чиктэ гэлэй ная-да баваси, чиктэ вари ная-да
баваси», – унди.
65 Туй тами:
66 «Эпэ дака, – уедиэди дяралихан наондёкан, – эпэ дака, мимбивэ тугбу!
67 Ми хаоси чочагой бари? Эй чочи-да хай гойдами хаӈпанди хуюн ӈэвэнсэл
пурилси.
68 Тугбу ми чиктэкэмбэси гэлэгуи».
69 Гэ, мамачаӈгола тэй тугбухэ, олпинду лохан укурбэ тугбухэни.
70 Таядиади агбиӈгохани наондёкан.
71 Туй тара наондёкаӈгола мамачан чиктэвэни туй гэлэй, ничи.
72 Туй тами мамачан дёӈгохани:
73 «Апаӈго, эниси саман?»
74 «Саман».
75 «Эниси хаям яи?» – унди.
76 «Э, ми энимби хаям яини? Ми энимби-гдэ яини, – унди, –

37 Если человек за ним пойдет, свою единственную дочь без выкупа,
без цены отдам», – говорит.
38 У мальчика внутри похолодело.
39 «Меня в зятья взял, а сам к *амбану* толкает», – думает.
40 Девочка говорит:
41 «Друг *мэргэн*, не ходи, – говорит, – не соглашайся, – говорит. –
42 Как ты пойдешь? – говорит. –
43 Плохо это. Мало ли людей ко мне ходят, чтобы меня сосватать.
44 Сколько людей туда ушли, никто из них не вернулся».
45 Утром мальчик встал. Старик спит.
46 Вещи свои приготовил и вышел на улицу.
47 Вышел на улицу и оттуда в путь отправился. Вверх по реке пошел.
48 Шел, шел, сколько-то шел, сколько-то шел.
49 Так шел, шел, ой-ой-ой, уже чуть не дошел до той земли, где девять
[идолов] *нгэвэнов* живут, они за тремя поворотами уже шумят, узнали.
50 Девять *нгэвэнов* прибежали, мальчика схватили.
51 Кто его кидает, кто мнет, кто его держит, обрадовались очень.
52 «Ой, вечером поедим! – говорят. – Очень вкусный! Еду себе нашли!»
– говорят.
53 С собой забрали, домой занесли. В железную сетку положили его.
54 «Чтобы до вечера прокоптился, на крючок над печкой надо повесить»,
– говорят.
55 Над печкой на крючок повесили.
56 Потом, находясь в этой железной сетке,
[мальчик] увидел возле печки кусочек мешка, кто-то его выкинул.
57 Под ним что-то зашевелилось.
58 Ой-ой-ой, такая худая старушка, что пройдет в дырочку в нарах.
59 Их-ах, села, перевалила через нары.
60 По полу идет, *сисор, сисор, сисор* шаркая, и села перед печкой.
61 Теперь начала вшей у себя искать. Потом:
62 «Окаянные дети, эти девять *нгэвэнов*!
63 Только о том и думают, чтобы человека съесть! – говорит. –
64 Окаянные дети! Ни одного человека не найти, который бы вши у меня
поискал, который бы вши у меня поубивал», – говорит.
65 Потом:
66 «Почтенная, – сверху отозвался мальчик, – Почтенная, меня отпусти.
67 Мне куда бежать? Убегу и тут же меня догонят девять *нгэвэнов*, твои дети.
68 Опусти [сетку], я твои вошки поищу».
69 Старушка опустила на крючке повешенную сетку.
70 Оттуда выбрался мальчик.
71 Мальчик стал искать у старушки вши. Когда он давил их ногтем,
72 старушка догадалась [спросить]:
73 «Твоя мать шаманка?»
74 «Шаманка».
75 «О чем шаманит твоя мать?»
76 «О чем шаманит моя мать? Моя мать шаманит:

77 таонтакила тактолагоамби, огиаӈгала огоамби, хуюн ӈэвэм хосоаи», – унди.
78 «Анана! – мамачаӈгола ундини. – Сако пурилни!
79 Хуюн ӈэвэн ная сиавори маня, кэтэ-лэ пиктэри эндэйчи, – унди, –
80 эй сако пурил-кэ!»
81 Сэлэмэ молдива дяпами, дэрэгбэ тойками тэй удэвэни.
82 Чаӈсоап тэгуйдечи дуктэхэни. Анана. Бай чаогилигда!
83 «Хуюн ӈэвэн, пиктэвэри кэтэлэ варивачи ичусу тэй, сако пурилчи-кэ!»
84 Туй тара эси-лэ пиктэ эй дяпагой, одёй, тэй эмдинэ дяпи одёй, туй хэм одёктаха.
85 Тэй сиксэни сиагоанда бухэ, сиаваӈки, апсиӈгоха.
86 Диа инивэ тэхэ, ундини:
87 «Ам ичэру, бунду аба, – унди, – чу даи акпалочи, – ундини, – бунду аба.
88 Тэй дуин да дурдул омол. Тэде, буэ амимбари каса тагора ӈачихапу.
89 Эй хамиалани бунчи огиана ӈачиха, – унди. –
90 Гэ, туй валиаха! Тэй-тэни чадо симбивэ чадо луӈбэ-ус.
91 Ичэмэри-тэни вари-ос ча исиндагилиси валиаха!» – унди.
92 Гэ, тэй диа ини-лэ, диа чимана наондёкан сусуйдуэни.
93 Поктоани хэм алосиха, хао-да хони-да энэгиливэни.
94 Эси-лэ илан могдён чиачини ирачихачи сусучихэчи.
95 Таваӈки-ла бай ёргилигда хамаси мочогоха.
96 Наондёкан таваӈки дюлэси энэй.
97 Туй энэми, энэми, элэ сиксэгуйдуэни – анана! – хуюн нюӈгун могдён чиадиадиани огиӈга сака бичин.
98 Эси-лэ нёамбани-ла исиха, дяпаха.
99 Эси-тэни уй суэкэчимэри, уй моӈгичимари, уй наӈгачимари, дяпакачимари туй гадёй наондёкамба-ла.
100 Туй гадёмари дидюхэ эси-лэ, сэлэм укур долани тэучихэ.
101 Сэлэм укур долани тэучихэ.
102 Туй тара гучи голдён уелэни саӈнячира лоха, олпинду лохачи.
103 Туй тара эси-лэ апсиӈгоха.
104 Туй хайридоани, гучи тэй эмун кирадоани-ла эм далиан пасикани, чадо тэй пэгиэдиэди эм мамачан, тэй хуюн огиаӈга энинчи най энини-мэт би.
105 Хумду мамачан агбиӈкини.
106 Накан сирмэлтэлэ эе-лэ уй-лэ би тэхэни.
Туй тара хайс чиктэи гэлэм чадо тэсие.
107 «Огиаӈгасал, сакпурилни, чиктэи гэлэй ная баваси,
чиктэи вари ная-да баваси, – унди. –
108 Ная сиаваорива маня мурчи, – унди. – Сакпурилкэ!»
109 «Эпэ дака, мимбивэ тугбуру! – унди. – Ми хаоси чочи?
Нёанчи хэм сари мимбиэ».
110 Гэ, эси-лэ наондёканчи, чадо чиктэ гэлидуэни, тэй мамачан дёӈгохани:
111 «Апаӈго, эниси саман?»

77 На [идолов] *таонтаки* наступаю, на [идолов] *огианга* верхом сажусь,
девятерых [идолов] *нгэвэнов* царапаю».
78 «Ой-ой-ой, – старушка говорит, – окаянные дети!
79 Девять *нгэвэнов* думающие только о том, как человека съесть,
чуть своего ребенка [не съели], перепутали, – говорит, –
80 эти окаянные дети».
81 Железную палку взяв, начала бить [их] там.
82 Те разом вскочили, когда она [их] била, зашумели.
83 «Девять *нгэвэнов*, чуть своего ребенка не убили! Посмотрите на это,
окаянные дети!»
84 После этого мальчика взяв, один целует, другой возьмет, целует,
все его перецеловали.
85 Вечером ему еду дали, накормили, спать легли.
86 На следующий день встали и говорят:
87 «Слушай, у нас нет, – самый старший брат говорит,
– у нас нет того четырехсаженного *дурдул* пояса.
88 Правда, мы ездили за ним, чтобы сделать поминки *каса* по своему отцу.
89 После этого к нам [идолы] *огиана* за ним [за поясом] приходили,
– говорят. –
90 Теперь беда будет там, может, они тебя проглотят.
91 Может, увидят и тут же убьют. [Когда до них дойдешь],
беда будет тебе!» – говорят.
92 На следующий день утром мальчик отправляется в путь.
93 Дорогу ему всю объяснили, куда и как идти.
94 Отвели его за три поворота, провожая.
95 Потом быстро домой вернулись.
96 Мальчик оттуда дальше сам вперед пошел.
97 Идет, идет, и к вечеру, ой-ой-ой, за шестью поворотами [идолы] *огиана*
уже узнали [и встречают его].
98 К мальчику подбежали, схватили его.
99 Тут же начали его мять, кидать и ловить, так домой несут мальчика.
100 Принесли, дошли до дома, положили в железную сетку.
101 Положили в железную сетку.
102 Потом снова над печкой повесили,
опять повесили его над печкой на крючок, чтобы прокоптить.
103 Затем спать легли.
104 Когда он так висел, на краю колыбели клочок мешка
и под ним одна старушка точно такая же, как мать девяти *нгэвэнов*.
105 Худая старушка появилась.
106 На нары села, и снова сидя там, вшей ищет.
107 «*Огиана*, окаянные дети, не найдешь человека, который поубивал бы у
меня вшей, – говорит. –
108 Только и думают о том, как бы человека съесть, – говорит.
– Окаянные дети!».
109 «Почтенная, меня отпусти! – говорит. – Я куда убегу? Они найдут меня».
Ни на шаг в сторону, даже до двери меня не отпускают.
110 Ну, теперь, когда мальчик вшей искал, та старушка догадалась [спросить]:
111 «Дорогой, твоя мать шаманка?»

112 «Саман».
113 «Эниси хаям яи?» – унди.
114 «Э, ми энимби яини, – унди, – таонтакила тактолагоамби,
огиаӈгала огоамби, хуюн ӈэвэм хоскачи», – унди.
115 «Анана! – мамачаӈгола ундини. – Эси-лэ туй пиктэй-кэ пиктэвэ кэтэ-лэ
пиктэри эндэйвэчи ичэру! – унди. – Сако пурил-кэ!»
116 Сэлэмэ молди дяпара, дуктэй.
117 Тэй гурун тэгухэ, эпилэхэ.
118 Эй дяпагой, одёй, тэй дяпагой одёй пиктэвэри эси-лэ.
119 Сиаваӈки, улэн най сиарин дяка хэм сиаваӈки.
120 Туй тара апсиӈгоха. Чими тэхэ.
121 «Бунду аба, – унди. – Тэде хуюн ӈэвэн буэ гадёха бичи, амаду каса тагойпу.
122 Таваӈки ӈачахачи, – унди. – Валиаха тэй кэтудэ!
123 Симбиэ хуюн таонтаки чиндагое-ос, варие-ос?»
124 Гэ, эси-лэ хони-да энури, покто алосиха, таваӈки нюӈгун могдён чиачи
ирачихачи сусучимэри.
125 Туй тара таваӈки-ла наондёкан ёргилигда энухэ.
126 Нёанчи таваӈки-ла наондёкаӈгола таваӈки дюлэси энэй.
127 Туй энэми, энэми, таонтакиӈгола элэ исиндаха, хуюн могдён чиалани
сакал бичин.
128 Анана! Бай ёргилигда, туй тара эси-лэ исиндаха.
129 Уй суэкэчимэри, уйпэ гадёй суэкэчи, моӈгичи, дяпакачи тамари гадёй.
130 Игухэ, дёкчи игухэ, сэлэм укур долани тэучихэ.
131 Олпинду лохачи чимана чими сиаори, эй долбо саӈняочи-гоани.
132 Туй тара эси-лэ чадо туй хайрие, наондёкаӈгола чадо укур долани бини.
133 Тэй омо кирадоани тэй мамачан гучи агбилохани,
134 энэнэ, тэй дали пасин пэгиэдиэдиэни.
135 Туй тара эси-лэ агбиӈки паландо, сисох-сисох-сисох, хуэли эурэ,
голдён кирачиани дичини.
136 Эси-лэ тадо чиктэи гэлэми тэси.
137 «Най хайва ная сиаорива маня мурчичи, – унди. –
138 Ма чиктэи гэлэгуй ная-да баваси,чиктэи вари ная-да баваси», – унди.
139 «Эпэ дака, мимбивэ тугбу! Ми чиктэвэси гэлэгуе, – унди,
– хао-да чочадасимби!»
140 Гэ, мамачан тугбухэ, туй тара чиктэвэни гэлини.
141 Туй гэли, туй гэлиниэ, мамачан дёӈгохани.
142 «Ам ичэру, эниси саман?»
143 «Саман».
144 «Эниси хаям яи?» – унди.
145 «Э, ми энимби хаям яини?
146 Ми энимби-гдэ яини, – унди, – таонтакила тактолагоамби,
огиаӈгала огоамби, хуюн ӈэвэм хоскачи», – унди.
147 «Анана! Пиктэвэри кэтэлэ эндэхэчи, сако пурил-кэ!»
148 Эси-лэ сэлэмэ молдива дяпара, дэрэгбэс, хэм молди дуктэми тэугухэни.
149 Гэ, эси-лэ байгоагили-гдэ, яоги, эй дяпигой, одёй тамари, сиаваӈки.

112 «Шаманка».
113 «О чем твоя мать шаманила?»
114 «Моя мать шаманила, – говорит, – наступаю на [идолов] *таонтоки*, на [идолов] *огианга* верхом сажусь, девятерых [идолов] *нгэвэнов* царапаю», – говорит.
115 «Ой-ой-ой! – старушка говорит. – Чуть не перепутали, [чуть не съели] своего ребенка! – говорит. – Окаянные дети!»
116 Железную палку взяв, начала их бить.
117 Те все встали, просить [прощения] стали.
118 Этот возьмет, поцелует, другой возьмет, поцелует ребенка своего.
119 Накормили, вкусной едой накормили, всякой вкусной едой кормят.
120 Затем спать легли. Утром встали:
121 «У нас нет [пояса *дурдул*], – говорят. – У девяти *нгэвэнов* мы его взяли, сделали поминки *каса* по своему отцу.
122 Потом у нас забрали, за ним приходили, – говорят. – Вот беда!
123 Тебя девять *таонтаки* отпустят ли или убьют?»
124 Теперь объяснили дорогу, как идти, за шесть поворотов, провожая, отвели.
125 Оттуда мальчик очень быстро пошел.
126 К ним [к идолам *таонтаки*] оттуда мальчик вперед идет.
127 Идет, идет, когда он был недалеко от *таонтаки*, они за девять поворотов [о нем] уже узнали.
128 Ой-ой-ой, очень быстро шли, уже до него дошли.
129 Кто тормошит, кто вверх подбрасывает и ловит, мнут его и так несут.
130 Домой занесли, в железную сетку положили, повесили на крючок.
131 «Завтра утром будем кушать, пусть за ночь прокоптится».
132 Опять мальчик внутри сетки находится.
133 Возле очага старушка снова появилась,
134 ой, из-под куска мешка.
135 Появилась на полу, *сох-сисор-сисор-си*, шаркая, перевалила через край нар, по печки дошла.
136 Возле печки сидит и ищет у себя вши.
137 «Люди думают только о том, как бы человека съесть, – говорит. –
138 Некому у меня вшей поискать, некому моих вшей поубивать», – говорит.
139 «Почтенная, меня отпусти, я буду вши искать, – говорит. – Я никуда не убегу».
140 Теперь старушка его отпустила, и он начал вши у нее искать.
141 Когда искал, искал, старушка догадалась [спросить]:
142 «Дорогой, твоя мать шаманка?»
143 «Шаманка».
144 «О чем твоя мать поет, шаманя?»
145 «Моя мать о чем поет, шаманя?»
146 «Моя мать поет, – говорит, – наступаю на [идолов] *таонтаки*, на [идолов] *огианга* верхом сажусь, девятерых [идолов] *нгэвэнов* царапаю».
147 «Ой-ой-ой, чуть не перепутали [чуть не съели] своего ребенка, окаянные дети».
148 Опять взяла железную палку и как, начав бить их, всех их подняла.
149 Очень быстро зашумели, угощают, этот возьмет, поцелует, этот возьмет, поцелует.

150 «Гэ, дуин да дурдул омол бунду бие», – унди.

151 Туй тара эси-лэ наондёкаӈгола диа ини тэхэндуй, тэй дуин дурдул омол дяпагоха, таваӈки сусугуй-гуэни.

152 Хуюн могдён чиадиани сусучи.

153 «Ам ичэру, хай-да камава, дёчоава бапи, бумбиэ-гдэл улэнди хэрсигу», – унди.

154 Хамаси хэсэ тугуй алдандоан буэ симбивэ исидяпо-ма, – унди – туй тара таваӈки-ла туй энэмиэ, энэмиэ, огианала исигохани.

155 Оттуда дальше он пошел. До огианга дошел.

156 Бай чаогилигда, яогилигда. Эу дяпагой одёй, тао дяпагой одёй.

157 «Ам ичэру! Бубмбиэ хай-да кама дёчоава бапи, бумбиэ дёӈго, бумбиэ хэрсигу», – унди.

158 Таядиа туй дуэрэми дидюйни. Хуюн нгэвэнчи исихэни.

159 «Хай дёчова бари осини, бумбиэ хэрсихэри», – ундичи.

160 Таваӈки туй дидюмиэ, дидюмиэ, иргэндулэ исигоха.

161 «Анана, хайми-да аксакхаси, хайми-да туй ичэдиси.

162 Эден хан бароани тэгуй».

163 Мапа, мама-ла вайси эукэ, пэр михораӈка, пэр нёанчини-ла гудиэм гэлэмэри михорачиал.

164 «Ам ичэру, бай соктора хисаӈгохам-тани,

165 хай симбиэ амбанчи анадямби, – унди. –

166 Бумбиэ-дэ хони-да хай-да, тахан-да эди бумбиэ-дэ хони-да тоӈгалара, эди бумбиэ хайра!

167 Эди-дэ бунчи оркисира».

168 Туй тара, туй таваӈки-ла токоха.

169 Тэй ная, хэм иргэм далигом энинчи дидюхэи.

170 Эниэ-лэ энини-лэ дола соӈгохан дола, ойла соӈгохан ойла, пиктэи хуэдэхэндухэни.

171 Пиктэй баогохандой та тэй соӈгоми баогоха.

172 Иргэн хэи суӈгурэ соли суӈгурэ тэгуэӈки.

173 Туй тара баячимари, элгиэчимэри балдилогохачи. Элэ.

150 «Четырехсаженный пояс *дурдул* у нас», – говорят.
151 Потом на следующий день, когда мальчик встал,
взял этот четырехсаженный пояс *дурдул* и отправился назад.
152 За девять поворотов проводили его.
153 «Когда когда-нибудь встретится тебе беда и нужда, только нас позови,
– сказали.
154 Не успеет твое слово закончиться, как мы уже тут к тебе прибудем»,
– говорят.
155 Оттуда дальше он пошел. До *огианга* дошел.
156 Зашумели, загалдели. Этот возьмет, поцелует, тот возьмет, поцелует.
157 «Когда-нибудь беда у тебя будет, о нас вспомни и нас позови», – говорят.
158 Оттуда так, шагая, возвращается. До девяти *нгэвэнов* дошел.
159 «Когда беда будет, трудности встретишь, нас позовешь», – говорят.
160 Оттуда так возвращается, возвращается,
до селения [хозяина-хана] дошел.
161 «Ой-ой-ой, на что обиделся, почему так смотришь?
162 Иди сюда к хозяину-хану, садись к хозяину-хану!»
163 Старик и его жена на берег вышли, на колени встали,
стали у него прощения просить. [Старик] оправдывается:
164 «Послушай, – говорит, – просто опьянев, я так говорил.
165 Незачем мне было тебя к *амбану* отправлять, – говорит. –
166 Молю, нас, рассердившись, не трогай.
167 Ничего с нами не делай, не обижайся на нас».
168 Оттуда затем домой зашли.
169 Всех людей и всех [жителей] селения, ведя за собой, домой пошел,
к матери.
170 Мать плакала, и тайком плакала, и открыто плакала, когда сына потеряла.
171 И когда встретила своего сына, тоже, плача, его встречала.
172 Селение раскинулось вверх и вниз вдоль реки.
173 Так в богатстве и довольстве жили. Все.

Эм мэргэн сиунчи энэхэни

1 Эм мэргэн балдихани, эмучэкэн-дэ. Тэй мэргэн туй бимиэ, туй бимиэ.
2 Тэй эмучэкэн туй усэлтэ варинигоа дебдуи.
3 Вамиа, вамиа, дидюй, мэнэ депчи пуючихэни дёгду эмучэкэн-дэ.
4 Уй-дэ-дэ аба, диасил-да аба.
5 Туй тами тэй мэргэн-тэни эм модан толкичиӈ-гоа.
6 Нёамбани тэй мэргэмбэ нэ гэлэй хурэн бароани.
7 Хай-ну хурэн мэргэн хэм сарини.
8 Хая аоӈгайдойда нэ толкичидоани тэй мэргэмбэ тао энэвэндини.
9 Гэ, мэргэн мурчини.
10 «Энэуриэ чимана хэмэ-дэ най гэлэйвэни, хайва-да ичэгуэни-тэни».
11 Гэ, энэлухэ. Мэргэн сохсилтаи, хай хэм тэтугухэ, тунепулухэ.
12 Энэмиэ, энэмиэ, хай дэтучи агбиӈкини.
13 Тэй дэту агбинчин-тэни, ичэйни тэй дэту токондолани пакариа пакариа тай.
14 Най-ну, хай-ну? Ча лаӈ-лаӈ тэй мэргэн энэйни, ичэйни:
15 Хай най-ка найни. Асо най-ка биэси, тотам най.
16 Эси-тэни гороӈки гусэрэндуйчи-гуэ:
17 «Ми симбивэ гэлэнэхэмби, ӈанихамби».
18 «Аба, ми энэдэсимбиэ».
19 «Ми симбивэ тул-тул баичаи», – унди тэй най. Най-ка найни.
20 «Аба, – мэргэн-кэ, – оркин най, ча ми лаӈ энэй осини, мимбивэ варии нэ-дэ».
21 Эси-тэни тэй мэргэн-тэни чочалохани. Мурчини:
22 «Чочаори тэй най вари».
23 Тэй-тэни мукчуйгэ сохсилтади пэйсиэ-лэ тара муйкэ тэ пэгиэлэни энэй,
24 мо порондолани туй энэхэни.
25 Тэй най-тани хасасиха, хасасиха.
26 Чилахани. Чилахани-дэ хай чилахани эмуту диди-гуэни,
хэм сари амбакан би.
27 Эси-тэни энэмиэ, энэмиэ, тэй мэргэнтэни эм дёкчи исиохани.
28 Аба, ивуриэ тэй дёкчи. Ихэни.
29 Тэй дё долани сэвэн маня. Тиас сэвэн.
30 Хайду-да тэгуй-дэ бавадаси. Таду илихани. Эм даи сэвэн дилгаӈкини:
31 «Тэру, тэру, тэру! Тэру эйду!»
32 Гэ, тэвэӈкини. Поани дэмэс-дэмэс таду буткин-кэчиэ бичи, сэвэн маня.
33 Гэ, тэй мэргэн тэхэ тадо.
34 Эм-тэни эм сэвэн-тэни боачи ниэвэчи хуэлби нядяхавани ивухэни.
35 Паяктан эси-тэни паланду сэкчихэни-дэ. Хайгой сэкчэрини?
36 Эм сэвэн-тэни тэй-дэ даи сэвэн ундини:
37 «Гэ чала акпаниру!» – ундини.
38 Гэ, тэй мэргэнтэни хэмэ акпандиго. Хони-да тайгой?
39 Эси-тэни кучэмбэри пивэчи-дэ хамачари туй сиручи.
Тэй мэргэӈгуи мурчини:

Как *мэргэн* на солнце ходил

1 Жил *мэргэн*, жил он один. *Мэргэн* так живет, живет.
2 Один [ходит на охоту], зверей убивает для еды.
3 Поохотится, возвращается домой, сам еду себе готовит.
4 Никого нет у него, друзей даже нет.
5 Однажды *мэргэну* приснился сон.
6 Его срочно зовут на гору.
7 Какая гора, *мэргэн* про это знает.
8 Сколько бы ни спал, все время такой сон снится, чтобы *мэргэн* туда пошел.
9 Стал *мэргэн* думать.
10 «Пойду завтра, молча, раз человек зовет. Что-то увижу там».
11 Вот отправился в путь. *Мэргэн* надел лыжи, одежду, палку взял.
12 Шел, шел, посреди болота островок леса появился,
13 посреди того островка леса среди болота что-то чернеет.
14 Человек или что? Близко подошел *мэргэн* и видит:
15 человек-то человек, но особо на человека не похож, но все-таки человек.
16 Теперь издалека разговаривают друг с другом.
17 «Это я тебя зову, за тобой пришел».
18 «Нет, я не пойду [к тебе]».
19 «Я все время тебя хотел встретить», – говорит то существо,
похожее на человека.
20 «Нет, – [думает] *мэргэн*, – плохой человек, если я близко подойду,
он меня тут же убьет».
21 Теперь *мэргэн* стал убегать. Думает:
22 «Надо убегать, а то убьет».
23 Согнувшись на лыжах, если понизу, то ниже корней бежит,
24 [если поверху], то выше макушек деревьев.
25 Тот человек следом бежит, бежит.
26 Не может [убежать]. Не может, никак не может, вровень идут,
все знает [догоняющий его] *амбан*.
27 Так бегут, бегут, *мэргэн* до одного дома добежал.
28 Нет, надо зайти в тот дом. Зашел.
29 В том доме одни [идолы] *сэвэны*. Полным-полно.
30 Негде даже сесть. Там он встал. Один большой сэвэн сказал:
31 «Садись, садись, садись! Садись сюда!»
32 Ну, усаживает. Некоторые как мертвые там неподвижно стоят, одни сэвэны.
33 *Мэргэн* сел там.
34 Один *сэвэн* вышел на улицу, охапку травы занес.
35 Траву на пол постелил. Зачем стелет?
36 Один большой *сэвэн* говорит:
37 «Туда ложись!»
38 *Мэргэн*, молча, лег туда. Что будут делать?
39 Взяли ножи и начали их камнями и напилькаками точить. *Мэргэн* думает:

40 «Хони тамиу, хони тамиу, вари осини вагичим».
41 Эси-тэни хайрии тэй мэргэн бароани маня кэндэли илиохачи тэй сэвэнсэл,
ча-тани кучэмбэ-дэ пивэчи нэ вагоари тайчи-тания.
42 Тэй эмун сэвэн-тэни ундини. Тэй сэвэн даи.
43 «Гэ, эси-кэ балана бичиндуй амталаориа, – ундини,
– улэн сэксэвэ парпин сэксэвэ, парпин уликсэвэ-дэ».
44 Эси вагоари тайчи, элэ отолиӈгигоа.
45 «Гэ, акпанду, – унди тадо, – буэ симбивэ тэлгэчигупувэ дебдэгуэри тайпу,
– унди. –
46 Халиа декпин-дэ бипу, – унди, – эй сэксэвэ уликсэвэ-дэ?»
47 Энэнэ, эси-тэни кое-кое, деп-деп-деп дяпанахани.
48 А тэй эм сэвэн-тэни ундини:
49 «Анана, – ундини, – пиктэгуэни, – унди, – буэ пиктэпу.
50 Мэнэ сэксэвэри ваори», – унди тэй сэвэн.
51 Эси-тэни илигоаӈки-да, хайва-да тохама кас-кас туй таха.
52 Палима-ну, хамача-ну-дэ, кидилактосал ча тулэгуй хайри тай.
53 Эси-тэни даи сэвэн ундини:
54 «Эси хасаси най дидя, – унди, – амбаӈгоси исини симбивэ».
55 Эси тэдемэ энэруэ, унди, дюлэси-гдэл.
56 Гэ, энэмиэ, энэмиэ, бадячима туй боа, туй би дёва ичэдиэчимэ би дёва.
57 Эйду би буэ сэвэн эгдивэни бадячи.
58 Таваӈки симбивэ алосичи хао-да энэгуэси.
59 Гэ, эси-тэни мэргэмбэ илигоамари, одёктагохан.
60 Дюлэси-гдэ энэй, энэй,энэй, туй пагдиалахани.
61 «Буэ дяпалачидяпома хони-да, хони-да би, няӈга туруриэ, – унди. –
62 Гэ, си тэдемэ дюлэси энури, – унди. –
63 Тадо хайда ундини хори осини хоридяра».
64 Эси-тэни туй энэхэ. Хони горо, дидя туй энэмиэ, энэмиэ,
эси-тэни гучи туй би дёва бахани.
65 Ихэни. Тиас сэвэн тадо.
66 Иридуэни – ки-ки-ки-ки-ки инэктэйчи агданасимари:
67 «Парпин уликсэвэ, парпин сэксэ дичин», – хай тамиа туйбэкиэ,
мэнэ долай инемукэчичи.
68 Эси хайс эм сэвэн туй ниэхэ, туй би хуэлбивэ ивухэ, сэкчиэхэ.
69 «Акпану, – унди, – буэ симбивэ балана халачипуэ, – унди,
– амталагой буэ сэксэси-дэ уликсэси-дэ».
70 Мэргэн хэмэ акпаӈки тадо.
71 Гэ, акпаӈгои, кучэмби бай хэм пивочи-гоани хайри вагой.
72 Эси-тэни тэй мэргэмбэ элэ пуктэлухэ най, хайла пуктэйчи-ну, вайчайчи.
73 Хайс эм сэвэн мэдэсини, вагой мэдэсини:
74 «Хаяди тайвани, хай-да пуригбэни».
75 «Сэвэн Сэлкудэ удини мэргэн тамби», – унди.
76 Тадо элэ-дэ сагоха.
77 «Мэнэ пиктэпу пуринигуэни, – унди, – сэвэн-дэ балди оси».
78 Гэ, ая осигоаӈкин-да. Тадо хайс туй тохомбани тулэгухэ.
79 Хайва-ну тохомбани кас-кас тайчигоа.

40 «Все равно, что будут делать. Если хотят убить, пусть убивают».
41 Сэвэны встали вокруг *мэргэна*, ножи свои точат, убить хотят.
42 Тут один *сэвэн* говорит, большой *сэвэн*:
43 «Мы давно не пробовали хорошей крови, – говорит, – хорошей крови, свежей крови и свежего мяса».
44 Хотят убить, так как чуть не умерли от голода.
45 «Ну, ложись, говорят. Мы тебя будем разделывать, кушать будем, – говорят. –
46 Когда мы [последний раз] ели, – говорят, – кровь и мясо?»
47 Ох, теперь причмокивая с таким звуком ‘*кое-кое деп-деп-деп*’ подошли к нему, чтобы схватить его.
48 Один *сэвэн* говорит:
49 «Ой, ой, ой, – говорит, – этот ребенок – наш ребенок!
50 Свою кровь убиваем», – говорит тот *сэвэн*.
51 Теперь его на ноги поставили.
52 Пуговицы и что еще, застежки [ему] застегнули.
53 Большой *сэвэн* говорит:
54 «Тот, который гонится за тобой, близко. Скоро до тебя дойдет.
55 Отсюда старайся идти вперед и только вперед.
56 Пойдешь, пойдешь и найдешь такое же место, как здесь, и такой же домик.
57 Там тоже много [идолов] *сэвэнов* встретишь.
58 Там они объяснят, куда тебе идти».
59 Теперь подняли этого *мэргэна*, [все] перецеловали его.
60 Он все вперед идет. Идет, идет, идет и побежал.
61 «Мы того, который за тобой бежит, немного задержим, – говорят. –
62 А ты изо всей силы вперед беги, – говорят. –
63 Там если что скажут, спасая, то спасут».
64 Пошел. Долго ли коротко ли идет, идет, еще такой же дом нашел.
65 Зашел. Полно [идолов] *сэвэнов* там.
66 Когда он заходил, *ки-ки-ки-ки-ки*, смеются от радости.
67 «Свежее мясо, свежая кровь пришла», – смеются.
68 Опять один *сэвэн* вышел на улицу принес охапку, расстелил.
69 «Ложись, – говорят, мы тебя давно ждем, – попробовать хотим твою кровь и твое мясо».
70 *Мэргэн*, молча, лег.
71 Как только он лег, стали ножи точить, чтобы убить.
72 Хотели уже *мэргэна* разделывать, убивать хотели.
73 Опять один *сэвэн*, спрашивает, чтобы убить [его], спрашивает:
74 «Откуда, чей ребенок?»
75 «Я *мэргэн*, выращенный [идолом] Сэлкудэ *сэвэном*».
76 Тут все [его] узнали,
77 «Нашего потомка ребенок, – говорят, – выращенный *сэвэном*».
78 Стали делать, чтобы все хорошо у него было.
Опять также какие-то пуговицы [ему] пришили.
79 Пуговицы застегнули.

80 Гэ, эси-тэни ая осигоаӈки.
81 «Элэ элэ исои, – унди, – амбаӈгоси.
82 Най тадо пускалагоха, таядиади чиндагоха, - унди. – чиндагоха, – унди. –
83 Эси-тэни хайру, - унди, - боа ниэгурэ сидэрикэнси биэсикэ, – унди, –
84 сидэри ачора, уйси сиун бароани наӈгалу сидэри.
85 Поктоси, – унди, –
86 чала тору, – унди, – уйси-дэ тонаси-тани туй пэргэм чочаро!»
87 Мэргэн сидэри ачора пичиэӈкини, хай эм самолёта энэхэмэ би.
88 Ча-тани ча поктоку. Поктоӈ-гоа эе тая боа маня, хай-да-да аба.
89 Гэ, ча тутуйӈгуэниэ тутуй, энэми, энэми.
90 Горо энэхэ, дидя энэхэ. Энэхэ, энэхэ.
91 Энэйни, энэйни, ичэ: эм дёкан ото нучи дёкан.
92 Гэ, исиха, ихэ, ичэйни эм пудин бимиу би.
93 «Анда мэргэн, исихаси-ну, – унди. –
94 Хай анда мэргэн-дэ, гэ, исигуэни», – унди. –
95 Амбаӈкасал энуйвэни хэм сари.
96 «Гэ, тэнэгуру, – унди, – эуси. Ми симбиэ хаолиа халачилоха», – унди.
97 Амбани-ма симбивэ далиоха, – унди, – ми бароиа дипугуэси.
98 Ми далиа, – унди, – амбамба.
99 Ми хали симбиэ туй хайрии, – унди, – мурунчии симби багой.
100 Си Сэлкудэ мэргэӈ-гуэни?» – унди.
101 «И, – унди, – гэ».
102 Эси-тэни тадо билухэ, би туй, тэй мэргэн амбаӈгой-да исиадаси.
103 Туй бие, туй бие, эси-тэни уйлэ маня би.
104 Эси-тэни тэй мэргэн-тэни асикталагохани тэй мэргэн.
105 Гэсэ хайри хупилэмэчи хайри туй бие.
106 Эси-тэни мэргэнчи-тэни тэй эктэ-тэни ундини:
107 «Ми дэрэгбиэ эди тоӈгалара», – унди.
108 Гэ, мэргэн мурчи:
109 «Хайри няӈга-няӈга дэрэгбэни-дэ хайри-да тоӈгалай-да».
110 Эси-тэни туй тамиу. Тэй мэргэн эктэ дэрэгбэни, хоно тахани
111 Анана, хамача чукин боа очини. Хай хоно очиндо.
112 Мэргэн хаям энэхэ.
113 Эси-тэни мэргэн хао-да энэм чилами хай мурчини,
тэй эктэ-дэ хаондиха очиӈ-гоа.
114 Эси-тэни мэргэн-тэни боа ниэгуйни.
115 Хай маня боа маня уйлэ кэндэ-кэндэ дёкан таду би.
116 Туй тайниа, туй тайниа, эси-тэни мэргэн-тэхни, хайха, сидэри тоаӈгоми,
сидэри дяпаохани, эси-тэни пичуэӈкини сидэри.
117 Нойсило, нойсило энэй, анана.
118 Ичэгуй, наду очоха, эси-кэ на очохани.
119 Тадо-тани дёкан ичэйни. Чала игухэни. А, тэй эктэӈ-гуэни тадо очохани.
120 «Гэ, хае, – ундини, – бачигоапу, – ундиӈ-гуэни, – исиохаси-ну», – унди.
121 Мэргэн-дэ хэмэ биӈго тагдай-ну хай-ну очи.

80 Сделали так, чтобы он здоровым был.
81 «Скоро до тебя дойдет, – говорят, – твой *амбан*.
82 Оттуда его уже отпустили, оттуда отпустили, – говорят, – отпустили,
– говорят. –
83 А теперь выйди на улицу, есть у тебя браслет, –- говорят, –
84 браслет сними и вверх на солнце закинь браслет.
85 Это твоя дорога, – говорят, –
86 по ней поднимись, он [*амбан*] туда не поднимется,
а ты вверх попробуй убежать!»
87 *Мэргэн* снял браслет и бросил, появился такой след,
как будто самолет пролетел.
88 Там так след и остался. По сторонам его дороги везде небо, ничего нет.
89 По этой дороге бегом бежит, бежит.
90 Долго ли коротко ли шел. Шел, шел.
91 Идет, идет, видит, один домик, маленький домик.
92 Добежал, зашел, видит, одна *пудин* там.
93 «Друг *мэргэн*, дошел ли?
94 Что ж, друг *мэргэн*, заходи», – говорит.
95 О том, что *амбан* уходит [что не догнал *мэргэна* черный человек],
она все знает.
96 «Садись, – говорит, – сюда. Я тебя еле дождалась, – говорит.
97 С помощью *амбана* тебя [сюда] пригнала, – говорит,
– чтобы ты ко мне пришел.
98 Это я тебе послала, – говорит, – *амбана*.
99 Я давно с тобой так делаю, – говорит, – по своей мысли,
чтобы тебя встретить.
100 Ты Сэлкудэ *мэргэн*?» – говорит.
101 «Да», – отвечает.
102 Теперь стали они там жить, *амбан* того *мэргэна* не приходит сюда.
103 Так живут, так живут, наверху они живут.
104 Теперь *мэргэн* женился на ней, тот *мэргэн*.
105 Вместе там играют.
106 Теперь та женщина *мэргэну* говорит:
107 «Мое лицо не трогай».
108 А *мэргэн* думает:
109 «Что будет, если чуть-чуть лицо ее тронуть?»
110 *Мэргэн* лицо этой женщины, играя, чуть задел.
111 Ой-ой-ой, стала плохая погода, что-то изменилось.
112 *Мэргэн* сознание потерял.
113 Когда *мэргэн* в себя пришел, та женщина исчезла.
114 Теперь уходит *мэргэн* с неба.
115 Кругом небо, и вверху, качаясь, этот домик висит.
116 Теперь *мэргэн* свой браслет вытащил, схватил его и бросил браслет.
117 Ниже, ниже спускается, ой-ой-ой.
118 Видит, земля, на земле очутился.
119 Домик там увидел. Туда зашел. Его жена там находится.
120 «Ну, - говорит, – здравствуй, – говорит, – дошел ли?»
121 *Мэргэн* молчит, рассердился или что с ним стало?

122 Эси-тэни дэрэдулэни-кэ тэвэдэсиэ.
123 Эси-тэни тэй мэргэн-тэни улэн очи.
124 Эси-тэни асигой гадёгой мурчини тэй эктэвэ,
асигой гадёгоё хэм хай-да эси-тэни надо очоха.
125 Эси-тэни тэй мэргэн-тэни дё бароани гадёхани-гоа.
126 Исиохани дёгби тэй мэргэн-тэни ундини:
127 «Си каока бису, – унди, – эй дёгду ми дидюдиэмби-мэ эси.
128 Ми эси пэрхидиэвэ, дюлэхидиэвэ хэм далигой тай, – унди, – бируэвэ.
129 Тотапи-мат ихон далидямби-ма буэ еду гэсэ бидепу-мэ», – унди.
130 Мэргэн тао энуми хони эгди ная далиохани.
131 Ихон эгди очохани. Эси-тэни ча дали, ча дали, эгди.
132 Хэмту тэй эе тая бичин ихонсалба хэм собиралахан.
133 Мэнчи маня дали очиӈгоани. Даи хай ихон!
134 Тотара туй балдилоха, тэй асиди улэн билухэ-дэ, пиктэгуй баха,
пиктэ-дэ амба даи.
135 Эси-дэ туй биэ-тэни. Гэ, туй тара ходихамби.

«Как вороны солнце и луну проглотили» → ‹19›, с. 200
Бельды Семен, 14 лет, с. Верхний Нерген

122 Молчит и за столик он не садится.
123 Потом они помирились.
124 Думает, что увезти надо с собой жену,
так как она теперь на земле оказалась.
125 Теперь *мэргэн* ее домой увозит.
126 Когда дошел до дому, говорит ей:
127 «Ты посиди, ничего не делай, – говорит, – я сюда приду домой.
128 Я сейчас с западной и с восточной стороны [жителей] всех маленьких селений, – говорит, – сюда переведу.
129 Только после того, как я [жителей] селений переведу,
вместе здесь будем жить».
130 *Мэргэн* туда ушел и очень много народа привел.
131 Многолюдное селение стало. Этих привел, тех привел, много.
132 [Жителей] всяких разных селений он собрал.
133 Всех к себе привел. Большое селение [стало]!
134 Потом там так стали жить с женой, ребенка родили и ребенок вырос.
135 Так там они живут. Ну, я закончил.

«Дурдул омол» → ‹16›, с. 176
Демина Соня, 10 лет, с. Троицкое

Муйки, дябдян

1 Эм мапа, мама балдихани.
2 Гэ, хайва-да барамари, эдехэвэри уйлэндэхэчи.
3 Эдехэдуэри, туривэри, лалава тобоха.
4 Нихорачира, акпаŋкичи. Эм мапа кундулэ агбиŋкини.
5 «Сунду хай гудиэмбэ гэлэури, хайва бувури? – унди. –
6 Согдатава ботами мутэси, бэюмбэ хасасими мутэси.
7 Си [мапа], эй туривэ-кэ мамаŋгой хэм сиавандо, мэнэ эди сиара».
8 Мапа толкичихани-да эмуту, мама толкичихани-да эмуту.
9 «Гэ, мама, эй туривэ хэм сиару!»
10 Мама хэм сиахани.
11 Хай эгдикэмбэ пуюгили-тэ туй синэдимэри,
эм котан довани-да хай гойдами манара!
12 Таваŋки-да эугуй-гуэ.
13 Мапа-тани, мама-тани гираŋгой-да мутэсини, хэмдэни энулуэŋкини.
14 Гэ, мамай токидои тэучигурэ, туй ирчигойни.
15 Гэ, хуэду тэгухэ, эси-тэни мама ундини хай:
16 «Мапа, – ундини, – си наондёан, ми-дэ наондёан биухэ осини-да,
ная баори умбури-гуэни».
17 «Гэ, ая, мама!»
18 Аксонду сэгдилэхэни.
19 «Гэ, ая, чихани. Уй дёбохани дё? Мэнэ дёбохамби дё».
20 Мама чадо тэрэ, дябдямба, муйкивэ бахани-гоани.
21 «Хэрэ, чиуригбэ, мама! Дябдянди аопи, дябдямба бахаси-ну?
22 Муйкиди аопи, муйкивэ бахаси-ну? Нало-да, нало!»
23 Гэ, мама-тани соŋгочими, пиктэи довои сэурэмэ тэтуэдии хукурэ,
мо гарачиани капирандахани.
24 Диа чиманиава ичэндухэни: чуŋну аба.
25 Тотара туй бимиэ, мама хай мурумбэни бахани?
26 Маŋбоа хэи энэпсиŋкини.
27 Горо энэкэ, дидя энэкэ, эм дёва бахани.
28 Хадоа тэŋнерку, гэ, эден дёни.
29 Тэй сэрусэлкудуэни эм арчокан тэси, ундэ.
30 Нуктэни тэŋ муйки-лэ тониŋкима би. Хэрэ-э, пиктэвэ!
31 Акчии аŋма гэлэми дярилохани:

Ага, ага, пайпанчо,
эниэвэ-кэ, пайпанчо,
сидэм уйкэлэ-кэ, пайпанчо,
ивэмбури-ну, пайпанчо?
Каргам тоила-ка, пайпанчо,
товаримбори-ну, пайпанчо?
Мэŋгум тоила-ка, пайпанчо,
товаримбори-ну, пайпанчо?
Улэн уйкэлэ-кэ, пайпанчо,
ивэмбури-ну, пайпанчо?

1 ▸00:00 ‖ 5 ▸0:18 ‖ 10 ▸039 ‖ 15 ▸0:56 ‖ 20 ▸1:12 ‖ 25 ▸1:33 ‖ 30 ▸1:53 ‖

Змея и уж

1 Жили старик и старуха.
2 Ну, никого не родили, и пошли угощать своего идола [*эдехэ*].
3 Принесли эдехэ фасоли и каши.
4 Поклонились и спать легли. [Видят во сне]: старик по грудь появился.
5 «Вам какое вознаграждение нужно, что [вам] дать? – говорит.
6 Рыбу ловить вы уже не можете и зверя гнать не можете.
7 Ты, [старик]. всей этой фасолью жену покорми-ка, а сам не ешь!»
8 Старик такой сон увидел, и старуха такой же сон увидела.
9 «Вот жена, ешь всю фасоль!»
10 Старуха все съела.
11 Много ли фасоли было сварено,
если так бедно жили, долго ли съесть одну миску фасоли!
12 После этого они пошли домой.
13 Старик, [то есть], старуха шагу шагнуть не может, живот разболелся.
14 Вот свою жену на нарту посадил и тащит.
15 Вот [дома] сев на кан, жена что говорит:
16 «Старик, – говорит, – был бы ты молодым, была бы я молодой,
можно было бы сказать, что я должна родить».
17 «Да, ладно, жена!»
18 [Старик] расстелил солому [в доме] у входа.
19 «Ничего, и тут можно! Кто построил дом? Я сам построил дом!»
20 Разместилась там старуха и родила змею и ужа.
21 «Вот пакость-то какая, жена! Наверно, с ужом спала, раз ужа родила!
22 Наверно, со змеей спала, раз змею родила! Выкинь их, выкинь!»
23 Ну, старуха, плача, завернула детей в нижний шелковый халат,
пошла и пристроила их между ветвями дерева.
24 На следующее утро пришла посмотреть: ничего нет!
25 Так они и жили. Старухе что за мысль пришла?
26 Вниз по Амуру пошла.
27 Долго ли она шла, коротко дом нашла.
28 Несколько этажей, ну, богатый дом.
29 На веранде девочка сидит.
30 Волосы ее змеей спускаются. Ох, [красивая] девочка!
31 Обращаясь к брату, девочка запела:

Брат, брат, *пайпанчо*,
матушку, *пайпанчо*,
через камышовую дверь, *пайпанчо*,
ввести ли, *пайпанчо*?
По грязной ли тропе, *пайпанчо*,
ее провести, *пайпанчо*?
Или по серебряной тропе, *пайпанчо*,
ее провести, *пайпанчо*?
Через лучшую дверь, *пайпанчо*,
ее ввести, *пайпанчо*?

32 «Эден уйкэлэни ивэнду! Эден тоилани тованду!» – уӈкини.
33 «Мама чала тоха, боӈго эден тэӈкудуэни тэхэ».
Ага, ага, пайпанчо,
боӈго эден, пайпанчо,
даидини-ка, пайпанчо,
тэучири-ну, пайпанчо?
34 Гэ, пичкэлэхэни, эбус дай туэчихэ.
35 Мама омигоа, сиаворива-да хачин дякава пуючихэ, сиаваӈкини.
Ага, ага, пайпанчо,
эниэвэ-кэ, пайпанчо,
аяктако моринди-ка, пайпанчо,
огоавамбори-ну, пайпанчо?
Номохон моринди-ка, пайпанчо,
оговамбори-ну, пайпанчо?
36 «Улэн моринди огоанду! Номохонди, бэгдини хатанди-да!»
37 Гэ, улэн моринчи, бэгдини хатанчи огоха.
38 Мама энэлиухэни. Мапа-тани ичэдини мамаи дидюйвэни.
39 Мама хулуӈгухэ, татаковани касавани долани нэгухэ.
40 Тэй морин хамаси мочогохани.
41 «Мапа, бигилэи паргоани кэту-дэ тахаси-гоани.
42 Пурилси-тэни – хэрэ, пурилбэ!» – уӈкини
43 «Мама, ми-дэ энэгуивэ?»
44 Гэ, хай таори, диа чиманива тэхэ, гэ, улэлэ тэтуэкэмби тэтухэ, энэпсиӈкини.
45 Тэй арчокан хайс-да чаду тэсихэни-гуэ.
Ага, ага, пайпанчо,
амава-ка, пайпанчо,
тохалам тоила, пайпанчо,
товамбори-ну, пайпанчо?
Сидам уйкэлэ-кэ, пайпанчо,
ивэмбури-ну, пайпанчо?
Кэксэ булэчиэни, пайпанчо,
тэвэмбури-ну, пайпанчо?
46 «Тохалам тоила praктованда, сидам уйкэлэ-кэ ивэнду!»
47 Тэй-дэ мапа-тани туй болдорикпачими ихэни, тохани.
48 Ири-гуэ кэксэ булэчиэни липас тэхэни.
49 Кэксэ чиэчихэни дамахиа тэучихэни.
50 Муди арани лала, лаламира, бухэни.
51 Хони сиарини муди арани симсэ ана кэксэ сиарини котанди!
52 Тэсирэ, ходихани
Ага, ага, пайпанчо,
амава-ка, пайпанчо,
аяктако моринди-ка, пайпанчо,
энуэмбури-ну, пайпанчо?
Хатан моринди-ка, пайпанчо,
энуэмбури-ну, пайпанчо?

35 ▸ 2:51 ‖ 40 ▸ 3:30 ‖ 45 ▸ 3:48 ‖ 50 ▸ 4:27 ‖

32 «В хозяйскую дверь введи! По хозяйской тропе проведи!» – сказал.
33 Старуха прошла по той [тропе], села на хозяйское сиденье.
Брат, брат, *пайпанчо*,
самым лучшим [табаком], *пайпанчо*,
трубку, *пайпанчо*,
набить ли, *пайпанчо*?
34 Вот спичку зажгли, прикурили, набитую табаком трубку дали.
35 Старуха закурила. Разные яства приготовили, накормили.
Брат, брат, *пайпанчо*,
матушке, *пайпанчо*,
горячего коня, *пайпанчо*,
запрячь ли, *пайпанчо*?
Или смирного коня, *пайпанчо*,
запрячь, *пайпанчо*?
36 «[В сани] хорошего коня посади! Смирного и быстроногого!»
37 Запрягли хорошего, быстрого коня, [старуха] села.
38 Старик смотрит: жена его возвращается.
39 Сошла землю, вожжи в кошовку забросила.
40 Конь назад повернул.
41 «Старик, ты же испортил свою судьбу, так поступив.
42 Твои дети, ах, какие дети!» – сказала.
43 «Жена, я тоже поеду?»
44 Ну, что делать, на следующее утро встал,
надел лучшую одежду и отправился в путь.
45 Девочка снова там же сидит.
Брат, брат, *пайпанчо*,
отца, *пайпанчо*,
по грязной тропе, *пайпанчо*,
провести ли, *пайпанчо*?
Через тростниковую дверь, *пайпанчо*,
ввести ли, *пайпанчо*?
В кошачий ли угол, *пайпанчо*,
его посадить, *пайпанчо*?
46 «По грязной тропе проведи, через тростниковую дверь введи!»
47 Поскальзываясь, старик вошел, [то есть] поднялся к дому.
48 Вошел, в кошачий угол плюхнулся.
49 Испачканным кошачьей мочой табаком угостили.
50 Сваренную из овсяной шелухи кашу дали.
51 Как есть шелуху без масла, да еще из кошачьей миски!
52 Посидел, закончил.
Брат, брат, *пайпанчо*, отца, *пайпанчо*,
на горячем коне, *пайпанчо*, отправить ли, *пайпанчо*?
На быстром коне, *пайпанчо*, отправить ли, пайпанчо?

53 «Аяктако, хатан моримба буру!» – унди.
54 Гэ, халиагоха. Гэ, мапа-тани таваӈки энэгили.
55 Гэ, лао-лао туй-тэни пуэлиӈкини-гуэни, тэй пукчидуэни, хэрсимбувэндидуэни.
56 Туй, гэ, тотара, пиктэи моримбани хуэдэдембиэм туй татакодоани туй дэӈ-дэӈ дяпара, тэтуэни-дэ лойк, опорони гох-гох-гох, пэени калта-калта, туй пукчигухэни.
57 Э, исигохани, мамани эухэ, ачапчи эурэ, морин каодярагоани, мама дяпахани.
58 «Хэрэ, мапа, пуригби кэту-дэ икпарахаси-гоани, туй тамари тайчигоа».
59 Э, чиндагохачи моримба, туй лао-лао пукчими энухэ.
60 Гэ, игухэ, силкочиха. Мама соӈгочими, ундэ:
61 «Мапа, кэту-дэ пуригби икпарахаси-гоани, ӈэлэури дякади балдикам-да чава тайчи-гоани».
62 «Мама, гучи энэгуэри!» – унди.
63 Гэ, диа чиманива дэрэгбэни капсичиха, хаологохани.
64 Туй энэхэни. Пиктэвэри ичэхэни.

Ага, ага, пайпанчо,
эниэвэ-кэ, пайпанчо,
эндур эден, пайпанчо,
тоилани товамбори-ну, пайпанчо?
Таохама уйкэлэ-кэ, пайпанчо,
ивэмбури-ну, пайпанчо?
Амава-ка, пайпанчо,
кэксэ булэчиэни, пайпанчо,
ӈэвэмбури-ну, пайпанчо,
тохалам, каргом тоилани товамбори-ну, пайпанчо?

65 Тэй-тэни [мапа] ливэнэсими, хайри тами, тохани, тэгухэ. Мама ихэ.
66 «Хэрэ-э, ам, ичэру! Кэту-дэ амимбари туй тами, хони ачини, гэ, хаолиа дидюхэни-гоани амису».
67 Гэ, гадёхани. Э, намичигомиа улэлэгуэӈкини.
68 Боӈго эден тэтуэвэни тэтуэлэгухэ. Хайла баячими очогохачи. Элэ.

55 ▸4:57 || 60 ▸5:35 || 65 ▸6:23 || 6:49

53 «Дай коня горячего и быстрого».
54 Вот запрягли. Старик оттуда поехал.
55 Ну, [от снежной пыли из-под копыт] ничего не было видно, вывалился, [конь так] мчался, что [сани] на поворотах заносило.
56 Потом, чтобы не потерять коня своих детей, старик крепко держался за вожжи, одежду порвал, и лицо исцарапал, и нос разбил, и лоб расшиб, так мчался.
57 Приехал. Старуха вышла, пошла навстречу,
чтобы остановить коня, схватила [вожжи].
58 «Ох, старик, слишком уж скверно ты поступил с детьми,
вот они с тобой так и обошлись».
59 Отпустили они коня, и поскакал он так,
что от снежной пыли из-под копыт ничего не видно стало.
60 Старик вошел [в дом], умылся. Старуха, плача, сказала:
61 «Старик, слишком уж скверно ты поступил с детьми.
Хоть и родились они страшными, зря ты так с ними поступил».
62 «Жена, поедем еще!» – попросил старик.
63 На следующее утро перевязал он распухшее лицо.
64 Так пошли. Дочь их увидела.

> Брат, брат, *пайпанчо*, матушку, *пайпанчо*,
> по тропе *эндура-эдена, пайпанчо*,
> провести ли, *пайпанчо*?
> Через стеклянную ли дверь, *пайпанчо*,
> ее ввести, *пайпанчо*?
> Отца, *пайпанчо*,
> в кошачий ли угол, *пайпанчо*,
> посадить, *пайпанчо*?
> По глинистой ли, грязной тропе его провести, *пайпанчо*?

65 Увязая в грязи, [старик] еле поднялся к дому и сел. Старуха вошла.
66 «Ох, дорогие, послушайте! Это уж слишком, так поступать с отцом,
как можно, все-таки пришел ваш отец!»
67 Вот, привели [отца]. Э, уговаривая, помирила [их старуха].
68 Надели они одежды первого *эдена*. Стали жить богато. Все.

Гакиана сиумбэ, биава луӈбэхэни

1 Э хайдяра, ундиси, эм хай балдихани-гоа? Эм пудин эмучэкэн-дэ.

2 Туй би, туй бими, ундиси, эм модаӈгола эси пудиӈгулэ, ундиси. Очення улэн пудин-гуэни.

3 Туй тамиа эм модаӈгола пудин-гуэни, ундиси, хэвургуй аӈгосипсиӈкини.

4 Хэвургуй аӈгохани, хэвургуй аӈгохани.

5 Тотара, ундиси, дуинди ангоми дуинди кэксэ. Дуинди ангоми, тэсини.

6 Тотара тэй хэвурдулэ, ундиси, дё-ла хадёмби хэм тэучирэ, хэепсиӈкини.

7 Энэй, энэй, ундиси, энэми, энэми, эм боаду адахани.

8 Гакила чокини-гоа тух-тух-тух.

9 «Гаки, ундиси, хай хойпомбива сиамбива боялиси чокими?» […]

10 Опять тух-тэх-тух-тэх чокини.

11 «Гаки, ундиси, хойпомбива сиамбива боялиси?» – унди. […]

> Эниэ, гак,
> Ором тобондаро, гак!

12 Морахани.

> Эниэ, гак,
> Эркэдэе!
> Ороӈгой хай бахани тэй ороӈгой».

13 Хай хаяхани, туй ундини:

14 «Эркэдэ хай ундини тэй?

15 Тэтуэкэм далгоро, ундэси-кэ».

16 Тэтуэкэмбэ, качир-р, далгахани. Кэпур-кэпур, кэпур, сиахани.

17 Элэни пиктэдуй нэхэ.

> Эниэ, гак,
> Ором тобондаро!»

18 «Эркэдэ хай ундини тэй?

19 Гарокам далгоро, ундэси-кэ».

20 Гарокамба, далгаро, ундиси. Кэпур-кэпур, сиахани.

21 Эм поани пиктэдуй нэхэни.

> Эниэ, гак,
> Орон тобондаро, гак!»

22 «Эркэдэ хай ундини тэй?

23 Пэруэ далгоро, ундэси-кэ».

24 Пэруэ далгахани. Кэпур-кэпур, кэпур, сиаха.

25 […] Эси-тэни пика нилако.

> Эниэ, гак,
> Ором тобондаро!»

26 «Эркэдэ, оромба хайду бахани?»

27 Гэ, чава эугуйчи. Туй энэи эупсиӈкини, пика нилако. Совсем голый.

> Мариа-мариа, мокари лап,
> Дёлди-дёлди, дёлоа лап,
> Суйму-суйму, сурэ лап,
> Гоймоа-гоймоа, голоӈко лап,
> Мари-мари, мокари лап».

1 ▸00:00 ‖ 5 ▸0:21 ‖ 10 ▸0:51 ‖ 15 ▸1:17 ‖ 20 ▸1:32 ‖ 25 ▸1:50 ‖

Как вороны солнце и луну проглотили

1 *Э хайдяра*, жила кто? Одна *пудин*.
2 Так живет, живет, однажды *пудин*.... Очень красивая *пудин*.
3 Однажды *пудин* начала делать себе гроб.
4 Гроб сделала, гроб сделала.
5 Потом по четыре [фигурки] стала делать, по четыре кошки сделала, по четыре [фигурки] делая, сидит.
6 Потом их в гроб положила. Потом в этот гроб все домашние вещи погрузила, и поплыла [в нем] вниз по течению.
7 Плывет, плывет, плывет, плывет, в одном месте пристала к берегу.
8 Ворона клювом стучит *тух-тух-тух*.
9 «Ворона, зачем мои серьги и уши ломаешь [клюешь]?» […]
10 Опять *тух-тэх-тух-тэх*.
11 «Ворона, зачем мои серьги и уши ломаешь [клюешь]?» – говорит. […]

Мама, *гак*,
Приди на берег за невесткой, *гак*!

12 [Ворон] закричал.

Мама, *гак*,
Я Эркэдэ, *гак*!
Невестку, как это, нашел невестку.

13 Она что делает, она так говорит:
14 «О чем Эркэдэ говорит?
15 Наверно, говорит, что халатик надо поджарить».
16 Халатик, *качир-р*, поджарила. *Кэпур-кэпур-кэпур* [с таким хрустом], съела.
17 Подол халата оставила для сына.

Мама, *гак*,
Приди на берег за невесткой, *гак*!

18 «О чем Эркэдэ говорит?
19 Наверно, говорит, что наколенники надо поджарить».
20 Наколенники поджарила. Кэпур-кэпур, с хрустом съела.
21 Кусочек сыну оставила.

Мама, гак,
Приди на берег за невесткой, гак!

22 «О чем Эркэдэ говорит?
23 Наверно, говорит, что штаны надо поджарить».
24 Штаны, *качир-р*, поджарила. *Кэпур-кэпур-кэпур*, съела.
25 […] теперь голая, раздетая осталась.

Мама, *гак*,
Приди на берег за невесткой.

26 «Где Эркэдэ нашел невестку?»
27 Начала спускаться на берег. Так идет, стала спускаться голая, раздетая. Совсем голая.

В сторону, в сторону, за деревце хвать!
Шатаясь, шатаясь, за камень хвать!
Суйму-суйму, за топор хвать!
Хромая, хромая за дровянник хвать!
В сторону, в сторону, за деревце хвать!

28 Туй эурини-гуэ чаду. Пудиŋгулэ ниэхэни. Мама чаду пика нилако.
29 Эси-тэни тэтуэи, пэруэи наŋгалахани.
30 Кэндэ-кэндэ тэтугухэни.
31 Гэ, эси-тэни пудин торигоа, хони тайси. Тоха. Гакили хай бичэ?
32 Пудин гило-гилоа исиха. Гакиŋгой дякпадоани осиха.
33 Тотара чаду туй бие. Акпаŋгойдоила, ундиси, хай:
34 «Сэпэриэктэ!»
35 Хай саори, ундиси. Киокто мосалбани хайра, гэрбэрэ, дякпадой нэхэни.
«Эниэ, гак,
Гапариа, гак,
Сэпэриэ, гак», – морайни.
36 «Эркэдэ, асиси-тани эйнивэ сурэмби, ундиси, яокосалби,
хурмэи киŋгдачихани, – уŋкини. -
37 Тэй сэпэрэсин-тэни», – уŋкини.
38 Тотара диа чиманиа тэхэни.
Эниэ, гак, ундиси,
чимана, ундиси, хай хусэгдиэ мэурие, унди!
Энэгуэри, гак,
Асичия эди гусэрэрэ, гак,
Синди минди дюэрукэ энэгуэри, гак.
39 Тотара диа чимани-ла, ундиси, сиксэлэ гакиди энидии энэхэчи.
40 «Анда пудин, ундиси, эди энэрэ, ундиси, ми бэу энэпу», – уŋкини.
41 Энэхэ.
42 «Чу маŋга, дёгбачи этуми бигуй туй-гуэ!»
43 Пудиŋгулэ энэпсиŋкини.
44 Энэхэниэ, ундиси, аксон павалакандоани ичэхэни.
45 Палан тиас най мэуриэмдэ.
46 Хамача эдин-гуэ гакиŋгола, хай, чадо най сиахани пулэвэни чоки, ундэ.
47 Хэ, хай, гаки энин-тэни, ундиси, чадо най энювэни илэчигуйни чикпа
чикпачигой чала, ундэ.
48 Павала ичэгухэни, гэ, элчиусэл мэуричи-гуэ.
49 «Элчиэ Дадапо, мэуру!» – унди.
50 Дадапоŋгола мэупсиŋкини.
Даранди, сирунди,
Даранди, сирунди.
51 «Эй, эй-кэ улэн мэури!»
52 «Гэ, кэкэ, мэуру, – унди, – Кокатас».
Кокатас-кокатас.
53 Мэури, эси-тэни, ундиси, хай:
54 «Уйкэ амини, мэуру!» – уŋкини.
55 Уйкэ-лэ амини-ла мэупсиŋкини.
Киаоŋ, – илиха.
Ичэк уйсик,
Ичэк чиасок, чилок,
Посиок-посиок,
Таосик-таосик.
Таон-таон-таон!

30 ▸2:30 || 35 ▸2:54 || 40 ▸3:40 || 45 ▸3:56 || 50 ▸4:21 || 55 ▸4:45 ||

28 Так она спускается на берег. *Пудин* вышла [из гроба], а старушка там голая, раздетая.
29 Теперь она [*пудин*] свой халат и свои штаны кинула ей [старушке].
30 Оделась, а одежда на ней висит, болтается.
31 Теперь с *пудин* поднимается. Поднялись. Как жили вороны?
32 *Пудин*, нагнувшись и выпрямившись, вошла. Ворон рядом с ней.
33 Потом там так живут. Когда спать ложились, что [говорит]:
34 «Колючки [в постели]! Как узнать [отчего]»
35 *Пудин* наломала веток шиповника и около себя положила.
Мама, *гак*,
Мешает, *гак*,
Колется, *гак*.
36 «Эркэдэ, твоя жена сегодня и свой топор, и свои костяные ножи и иголки разломала, – говорит. –
37 Они и колятся», – говорит.
38 На следующий день встали.
Мама, *гак*,
завтра у охотника шаманить будут, *гак*,
Пойдем, *гак*,
Моей жене не говори, *гак*,
Мы с тобой вдвоем пойдем, *гак*.
39 На следующее день к вечеру ворон с матерью ушли.
40 «Друг *пудин*, не ходи, мы уходим», – сказали.
41 Ушли.
42 «Еще чего, дом сторожить буду что ли?»
43 *Пудин* отправилась в путь.
44 Пришла, в боковое окно заглянула.
45 Полный дом людей пляшут по-шамански.
46 Муж ворон там клюет остатки еды,
47 Мать ворона чужой котел так облизывала, что намочила его [слюной].
48 В окно увидела, слуги там пляшут по-шамански.
49 «Слуга Дадапо, танцуй!» – говорят.
50 Дадапо начал танцевать.
Даранди сирунди, [Пошире-поуже]
Даранди сирунди. [пошире-поуже]
51 « Этот, вот этот хорошо пляшет!»
52 «Ну-ка, рабыня, танцуй, – говорят, – Кокатас».
Кокатас-кокатас
53 Танцует, теперь что:
54 «Отец Уйкэ, танцуй!»
55 Отец Уйкэ начал плясать.
Кианг кианг,
Вверх взглянет,
Назад взглянет, облизнется,
Вниз-вниз [посмотрит],
Туда-туда,
Таонг-таонг-таонг.

56 Гэ, эй-кэ улэн!
57 Эй-тэни самаӈгочи илигоачи. Саман мэуми, мэуми, ундиси.
58 Пудимбэ ичэхэни, пава гурпучивэни. Ниэми, ундиси,
Уӈчухумби патах,
Яӈпамби патах.
59 Пагдиалай пудимбэ, тухилэгурэ игухэни.
Эниэ, гак,
Ором най чихэ, гак,
Асиа най чихэ, гак,
60 Морахани. Тэй дичилэ энэми-дэ, гакива хочиалахани, лапам энэйдиэни.
61 Гаки энимбэни опоролани коӈгоктова сирэ нэучиэндичи-гуэ. Э, ундиси,
Коӈгор тиэс,
Коӈгор тиэс.
Чиэмусиэмби, коӈгор тиэс,
Ниэмусиэмби, коӈгор тиэс.
62 Гэ, гаки эниэмбэни ниэвусу, – уӈкини.
63 Гакива тэй кукпунчуэнчи налахачи.
64 Гаки энини, хабаба ниэрини, пиктэи оячини маня чиэчихэни.
65 Пиктэнилэ хэб-хэбэ дэгдэгухэни.
Эниэ чиэни, гак,
Ок-окто, гак,
Бэк-бэдэн, гак.
Эниэ, гак,
Сиумбэ, биава луӈбэндэгуэри, гак.
66 Энин-дэ гаки осигоми дэгдэгухэ.
67 Сиумбэ, биава пакчитак луӈбухэн.
68 Тотара, ундиси, туй луӈбэхэни, эси-тэни долбо-да долбо,
ини-да долбо осихани.
69 «Гаки, ундиси, хай сиагоаси хайва-да хэм бурэпу!» – унди.
70 «Гэлэсимби, гак!»
71 Тэтуэ осини-ка, ундиси, хай, хайва-да хэм бури-дэ хэм осиси.
Туй тамиа унди:
72 «Надан вэчэкэ диливани часора будепу», – унди.
Эниэ, гак,
Эй-кэ улэн, гак,
Вэчэн-да, куэден-дэ хэтуриэ, гак.
73 Тотара, ундиси, надан вэчэкэ диливани часора бухэчи.
74 Гэ, вэчэн-дэ, куэден-дэ чоки-гоа. Сиун, биа агбиӈгоха.
75 Тотара, ундиси, мэргэн, пудин эдиди эдилэгухэ.
76 Эдидии би-гуэ. Гаки, гакиана сиумбэ, биава агбимбоха. Тотара тэй ходиха.

60 ▸ 5:20 ‖ 65 ▸ 5:55 ‖ 70 ▸ 6:32 ‖ 75 ▸ 6:59 ‖ 7:10

56 «Ну, как хорошо!»
57 Теперь шаман встал. Шаман, пляшет, пляшет.
58 Увидел *пудин*, заглядывающую в окно. Вышел на улицу,
Бубен бросил – *патах*,
Пояс бросил – *патах*.
59 Убегающую *пудин* схватил, на руках в дом занес.
Мама, *гак*,
Твою невестку человек отобрал, *гак*,
Жену мою человек отобрал, гак.
60 Кричал. [Шаман] подошел, ворона так замотал веревкой,
что тот сознание потерял.
61 На нос матери ворона повесил колокольчик. Э,
Конгор тиэс
Конгор тиэс
Помочиться хочу, к*онгор тиэс*,
На улицу выйти хочу, *конгор тиэс.*
62 «Ну, выгоните ворону мать!» – сказал.
63 Ворона выкинули на мусорную кучу,
64 а мать ворона вышла, дрожа от сильного желания мочиться,
и на сына своего помочилась.
65 Сын ее встрепенувшись, полетел.
Моча моей матери, *гак,*
Лек-лекарство, *гак,*
Пит-питание, *гак*,
Мама, *гак,*
Пойдем проглотим солнце и луну, *гак!*
66 Мать превратилась в ворону, и они полетели.
67 Солнце и луну проглотили, и все потемнело,
68 Так проглотили, и теперь стало так, что и ночью ночь, и днем ночь.
69 «Ворон, чтобы ты поел, любой еды дадим», – говорят.
70 «Не хочу, *гак*».
71 Какую бы ему одежду ему ни предлагали, не хочет. Наконец говорят:
72 «У семерых собак головы отрезав, дадим», – говорят.
Мама, *гак*,
Вот это хорошо, *гак*,
И сук, и собак [одолеем] сумеем съесть, *гак*.
73 Потом семи собакам головы отрезали и отдали.
74 Начали они собак клевать.
75 Солнце и луна появились, потом *мэргэн* и *пудин* поженились.
76 Вместе с мужем так живет. Ворон, вороны солнце и луну выпустили.
На этом кончили.

Гаки энулухэни

1 Э хайдяра, эм мапа, аба, эм мама, эм пиктэни эм гаки балдихани.
2 Тэй гаки-тани сидуэнду туй дочира.
3 Тэй мама-тани ундини-гуэни:
4 «Боачиа ниэм-дэ ая», – ундини.
Эниэ, гак,
Боачи ниэрэмбиэ, гак,
5 Боачи ниэхэни-гуэни гаки, сидуэн дондами, боачи ниэхэни.
6 Тотара-тани боачи ниэхэни. Боа-да улэн.
7 Вайсиу эухэни, хэпэр-хэпэр. Тотапи-тани вайси, вайси эухэ.
8 Тэ дондапи, гак-гак, хэю энэпсиӈкини.
9 Туй-тэни энэмиэ, энэмиэ, тэй эм кэчи киатавани ичэхэни сапси кирадоани.
10 Тотара-тани оялани дохани.
Насалдоани-ла чокилаори-ну, гак, гак,
Хуйму, хай,
Сочиларини-ла чокилаори-ну, гак, гак,
Аба, хуймулэни чокилаори, гак, гак.
11 Туй тайни-гоа чокилахани. Хадова-ма чокилахани.
12 Энэнэ, энэнэ, дони-тани оркин очини-гоа.
13 Туй тамиа, туй тамиа тэй хэмдэни энусилухэни.
14 Тотара дёкчи дидюхэни-гуэ.
15 Тотара дёва исигоха. Сидуэндуи догора ундини:
Гак, гак,
Эниэ, эниэ, гак,
Энулухэм, бидерэ, гак, гак,
Хэмдэи энусини, гак, гак.
16 Энини ундини:
17 «Хайми энулухэни?»
Эниэ, эниэ, гак,
Хай, эй хэдиэлэ кэчи киатавани чокихамби, гак, гак,
Эчиэ-дэ гойдами чокие, унди,
Отоко тахамбиа,
Хэмдэи энулурэ дидюхэмбиэ, унди.
18 Энини ундини:
19 «Гэ, энулухэси-гуэни.
20 Самосалба гэлури осини-мат ая бичини-гуэ, пэргэчи-гуэчи».
21 Тотара-тани сакси самамбани, гаки самамбани, холи самамбани, папи самамбани гэлэндэхэчи.
22 Дёгдоачи тиас-да. Гэ, тотара гаки-тани бади энусини-гуэ.

1 ▸00:00 ‖ 5 ▸0:27 ‖ 10 ▸0:57 ‖ 11 ▸1:15 ‖ 15 ▸1:29 ‖ 18 ▸2:04 ‖

Как ворон болел

1 Э *хайдяра*, один мужчина, нет, одна женщина с сыном вороном жила.
2 Ворон все время сидит на балке [внутри дома].
3 Женщина говорит:
4 «Вышел бы ты хоть на улицу!» – говорит.

Мама, *гак*,
На улицу выхожу, *гак*,

5 Вышел ворон на улицу, с балки, на которой сидел, на улицу вылетел.
6 Потом на улицу вылетел. Погода хорошая.
7 На берег полетел, махая крыльями. После этого на берег, на берег спустился.
8 Вон туда от того места, где сидел, *гак-гак*, вниз по течению полетел.
9 Так летел, летел, увидел снулого сазана на берегу реки.
10 Затем на него сел.

В глаз ли клюнуть, *гак, гак,*
В плавник ли клюнуть, *гак, гак,*
Нет, в пупок клюну, *гак, гак.*

11 Так он решил и клюнул. Несколько раз клевал.
12 Ой-ой-ой, как ему плохо стало.
13 После этого живот заболел.
14 Потом он домой вернулся.
15 Долетел до дому, сел на свой насест, говорит:

Гак, гак,
Мама, мама, *гак,*
Я, наверно, заболел, *гак.*
У меня живот болит, *гак, гак.*

16 Мать говорит:
17 «Почему заболел?»

Мама, мама, *гак,*
Здесь, ниже по течению я клевал дохлого сазана, *гак,*
Долго не клевал, *гак,*
Чуть-чуть только, *гак,*
У меня живот заболел, и я вернулся, *гак.*

18 Мать говорит:
19 «Да, заболел.
20 Хорошо бы позвать шаманов, чтобы они погадали».
21 Потом позвали сороку шаманку, ворона шамана,
сову шаманку и сойку шаманку.
22 Полон дом их стало. А ворон еще больше заболел.

23 Гэ, гаки тэпчухэни.
Гак, гак,
Амбакан-ну, гак, гак,
Сэвэкэн-ну, гак, гак,
Далиока-ну, гак, гак,
Буэ-кэ мутэвэси, гак, гак,
Дои чукин, унди,
Ӈэлэпси маня, гак, гак.
24 Ходихани. Эси-тэни сакси саман тэпчулухэни, тэпчулухэни.
Сах, сах,
Сэвэкэн-ну, сах, сах,
Гадёка-ну, гак, гак, сах, сах?
Далиока-ну, сах, сах,
25 Туй тамиа, туй тамиа-тани, ундини-гуэ:
Дои ӈэлэпси маня, сах, сах.
26 Туй тара ходихани. Туй тапиа-тани холи самани тэпчухэни.
Хотони, хок, хок,
Гэлини, бидерэ, хок, хок,
Далиони бидерэ, хок, хок,
Сэвэн-дэ бидерэ, хок, хок, хок,
Буэ-кэ мутэвэси, хок, хок,
Буэ мутэгили дяка биэси, ачаси, хок, хок.
Ми-кэ ачаси, хок, хок,
Дои хай-да дэргие, хок, хок.
27 Ходихани. Эси-тэни гаки-тани бади энусини-гуэ, туй энулухэ гаки.
28 Эси-тэни папи тэпчухэ.
Пак, пак.
Уй-дэ, пак, пак.
29 Тэпчухэни-гуэ.
Уй-дэ хай, далиони, ундэ-мдэ, хок, хок, пак, пак,
Биэси, далион-да биэси, пак, пак.
Ундэм, сэвэн ундэм-дэ, пак, пак, сак, сак, пак, пак.
Сэвэн-дэ биэси, пак, пак,
Далион-да биэси, пак, пак.
Нёани-тани эй сидуэндулэ, пак, пак,
Доӈдоми ниэрэ,
Вайсиу эухэни, пак, сак, сак, пак, пак.
Тотапи хэю энэхэни, пак, пак,
Киата кэчиэ ичэрэ-тэни,
Оялани дохани, пак, пак,
Тотами-тани насалдолани чокиличихани, пак, пак.
Сочивани […] чокиличихани, пак, пак.
30 Эси-тани бади, бади гаки-тани онди хумэси.
31 Хэ-хэ-хэ, ха-ха-ха-ха татай-ма эрдэлини-гуэ.
32 Хи-ха, хи-ха, маӈгалагохани-гоа. Бэели сахани энусивэни.

23 ▸2:37 ‖ 25 ▸3:20 ‖ 27 ▸4:03 ‖ 29 ▸4:20 ‖ 30 ▸5:34 ‖

23 Ворон [шаман] начал.
Гак, гак,
Амбан ли, *гак, гак,*
Сэвэн ли, *гак, гак,*
Унес [душу ворона], *гак, гак?*
Мы-то не сможем, *гак, гак,*
Плохо у меня на душе, *гак, гак,*
Страшно очень, *гак, гак.*
24 Закончил. Теперь сорока шаманка начала, начала.
Сах, сах,
Может, *сэвэн, сах, сах,*
Увел, *гак, гак,* [то есть] *сах, сах,*
Унес, *сах, сах?*
25 Наконец, наконец, говорит:
На душе только страх, *сах, сах.*
26 После этого закончила. Через некоторое время сова шаманка начала.
Голову его, *хок, хок,*
Ищут, наверно, *хок, хок,*
Увели, наверно, *хок, хок,*
Может быть *сэвэн, хок, хок,*
Мы-то не сможем, *хок, хок.*
Это такое существо, которое я не смогу одолеть, *хок, хок,*
Я не смогу, *хок, хок.*
Нутро мое дрожит, *хок, хок.*
27 Закончила. Ворону еще хуже стало, тому заболевшему ворону.
28 Теперь сойка шаманка начала.
Пак, пак,
Никто, *пак, пак.*
29 Начала.
Никто не увел [его душу], *хок, хок, пак, пак,*
Нет, не увели, *пак, пак.*
Сказать, что от *сэвэна* [он заболел], *пак, пак, сак, сак, пак, пак.*
Не от *сэвэна* [заболел], *пак, пак.*
Не увели его [душу], *пак, пак.*
Он на свой балке сидел, *пак, пак,*
Со своего насеста слетел,
На берег полетел, *пак, сак, сак, пак, пак.*
Затем вниз по течению полетел, *пак, пак,*
Снулого сазана увидел,
На него сел, *пак, пак,*
Хотел в глаз клюнуть, *пак, пак,*
Хотел в плавник […] клюнуть, *пак, пак.*
30 Ворону еще хуже, то на спину, то на живот, [так катается].
31 *Хэ-хэ-хэ, ха-ха-ха-ха,* так дергается, как будто судороги его сводят.
32 *Хи-ха, хи-ха,* тяжело ему стало. Телом своим узнал, отчего болеет.

33 Най тэрэк опоанда тайвани сара, туй эрдэлини-гуэ, бади-да энулухэни.
Пак, пак, пак. Пак, пак, пак.
34 Талохани папи саман-тани амбамба пуӈэгуйни-гуэ.
Хай, бэлухэни, пак, пак,
Амбан, унди, пуӈнэгуэри, пак, пак,
Тэй амбанди галиорини, пак, пак,
35 «Эси-тэни хони бисиэ?» – унди папи самани.
36 «Эси-кэ ебэлэ бие», – унди.
37 Тэгухэни.
Пак, пак, пак, пак чаду.
38 Амбаӈгоани хэм пуӈэгухэни, улэнди осигохани гаки. Ая очогоха.
39 Энини-тэни агданасини-гоа вакадиа ундини-гуэ. Элэ, элэ, ходиха.

«Гаки энулухэни»
Мокшина Диана, 13 лет, с. Верхний Нерген

33 ▸ 5:51 ‖ 35 ▸ 6:19 ‖ 6:47

33 Она [сойка] точно узнала, какая у него болезнь,
поэтому тело его так выделывало.
Пак, пак, пак. Пак, пак, пак.
34 Сойка-шаманка стала шаманить и выгонять амбана.
Отравили его, *пак, пак,*
Амбан, – говорит. – Выгонять его надо, *пак, пак,*
С тем *амбаном* справимся, *пак, пак,*
35 «Теперь как себя чувствуешь?» – сойка шаманка спрашивает.
36 «Теперь получше», – отвечает.
37 [Сойка] села.
Пак, пак, пак, там.
38 *Амбанов* всех выгнала. Ворону хорошо стало. Выздоровел.
39 Мама радуется, спасибо, говорит. Все, все, закончила.

«Кумбиэк кэюкэ» → ‹35›, с. 254
Аносова Юля, 13 лет, с. Найхин

Сиӈгэрэ

1 Эм сиӈгэрэкэн балдихани-гоа.
2 Туй тара хусэгден чируӈкудуэни лапиган осира бини-гуэ.
3 Соӈгойӈгой тэй сиӈгэрэкэн-кэ:
4 «Мимбивэ хоричимари мэурусу!» – ундини.
5 Гормахомба хэсихэ. Гормахон дичин.
Эу, хобобо,
Тао, хобобо,
Эу, хобобо,
Тао, хобобо.
Тундэ-лэ хабдатани-ла биэ-тэни, хобобо,
Дата-ла хабдатани-ла биэ-тэни, хобобо.
Эй сиӈгэрэкэн хайни капканди капкалахани, хобобо,
Хайни дэӈгурэдиэни гарпахани-ла, хобобо,
Хайни чируӈкудиэни чирэхэни-кэ, хобобо?
6 Туй тара ходихани.
7 «Хулукэм гэлэусу! Хулукэм!»
8 Хулукэн дичинди:
Эу, хуру,
Тао, хуру,
Эу, хуру,
Тао, хуру,
Эй сиӈгэрэкэн хайни капканди капкалахани, хуру,
Хайни дэӈгурэдиэни гарпаханиха, хуру,
Чируӈкудиэни хайни чирэхэни-кэ?
Хуру, хуру, боктола биэ-тэни,
Хуру, хуру, колдон-ла биэ-тэни.
Хуру-хуру.
9 Ходиха. Эси-тэни хайва?
10 «Чолчой гэлусу! – унди. – Чолчой!»
11 Чолчой дичин. Чолчой-тани:
Эу, чормок,
Тао, чормок.
Хай-да киатамба баори осини-ла, буэ-дэ сиаори, чормок-чормок.
Хай-да киатамба баори осини-ла, буэ-дэ сиаори, чормок-чормок.
Хай, эй сиӈгэрэкэн, чормок,
хайни дэӈгурэдиэни гарпахани?
Хусэгден дэӈгурэдиэни гарпахани-ну?
Хайни чируӈкудиэни чирэгухэни, чормок-чормок?
12 Потом это, хай, хай, хае?

1 ▸00:00 ‖ 5 ▸0:17 ‖ 6 ▸0:48 ‖ 9 ▸1:16 ‖ 12 ▸1:53 ‖

Крыса

1 Жила одна крыса.
2 Как-то она попалась в охотничий капкан и там находится.
3 Плачет, конечно, та крыса.
4 «Меня спасая, пляшите по-шамански!» – говорит.
5 Зайца позвали. Заяц пришел.
Сюда, *хобобо,*
Туда, *хобобо,*
Сюда, *хобобо,*
Туда, *хобобо.*
Листья есть у тальника, *хобобо,*
Листья есть у ивы, *хобобо,*
Эта крыса в какой капкан попалась, *хобобо,*
На какой самострел наткнулась, *хобобо,*
В какую ловушку попала, *хобобо?*
6 Закончил на этом.
7 «Позовите белочку! Белочку!»
8 Белочка пришла.
Сюда, *хуру,*
Туда, *хуру,*
Сюда, *хуру,*
Туда, *хуру,*
Эта крыса в какой капкан попалась, *хуру,*
Из какого самострела [в нее] попали, *хуру,*
Какой ловушкой ее придавило?
Хуру, хуру, от кедрового ореха,
Хуру, хуру, от кедра [эта болезнь].
Хуру, хуру.
9 Закончила. Теперь что?
10 «Позовите колонка! – говорят. – Колонка!»
11 Колонок пришел. Колонок:
Сюда, *чормок,*
Туда, *чормок,*
Какую-нибудь снулую рыбу если найти, мы бы тоже ели,
чормок- чормок,
Какую-нибудь снулую рыбу если найти, мы бы тоже ели,
чормок-чормок,
На какой, эта крыса, *чормок,*
на чей самострел наткнулась, *чормок-чормок?*
На самострел охотника наткнулась, *чормок-чормок?*
Какой ловушкой ее придавило, *чормок-чормок?*
12 Потом это, что, что, что?

13 Сиŋгэрэкэн хайрини-гоа, туй хай-да пэгиэлэни биэм-дэ туй соŋгойни-тани:
Сохиак, кэр-кэр кор-кор,
Сохиак, кэр-кэр кор-кор,
Хай чируŋкуди чирэгухэмбиэ, сохиак,
Хусэгден чируŋкудиэни чирэгухэмби, сохиак,
Кэр-кэр, сохиак,
Кэр-кэр, сохиак.

14 Тэй хусэгден ими, сиŋгэрэ лип тактолами, тэй долани би хэм вактара.

15 Пушнинагуй, непултэŋгугуй бахани.

«Сиŋгэрэ»
Бельды Света, 9 лет, с. Найхин

13 ▸ 1:58 || 2:32

13 С этой крысой что случилось, ее чем-то придавило, и она плачет:

Сохиак кэр-кэр кор-кор,
Сохиак кэр-кэр кор-кор,
Какой ловушкой ее придавили, сохиак,
Ловушкой охотника ее придавили, сохиак,
Кэр-кэр сохиак,
Кэр-кэр сохиак.

14 Охотник зашел, на крысу наступил, и всех, кто там был, убил.

15 Пушнину, пушных зверей добыл.

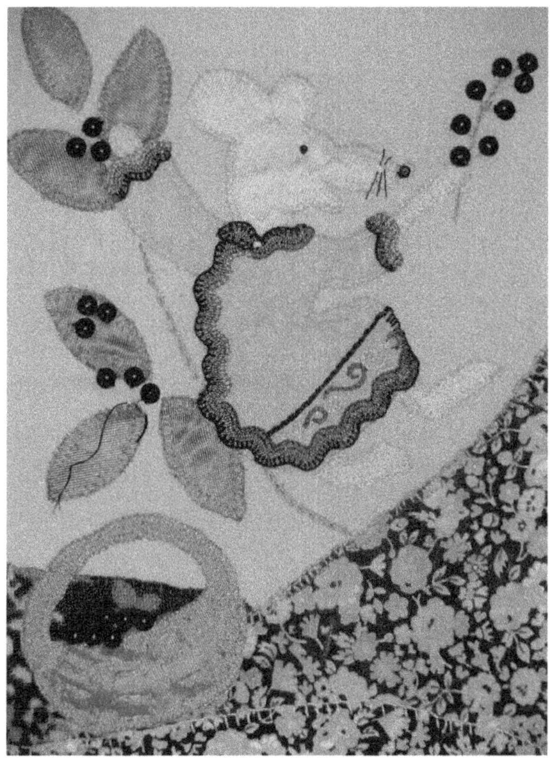

«Лягушка и крыса» → ‹22›, с. 216
Бельды Люба, 14 лет, с. Найхин

Хэрэди сиӈгэрэди

1 Э, эм хэрэди, эм сиӈгэрэди балдихачи.
Э, туй бичичи, туй бимэриэ, бимэрэ, дёа сиӈгэрэ ундини:
2 «Хэрэ, хэрэ, амтакала, хай, сиӈгэктэлэгуэри эй багиала сиӈгэктэ эгди боачанду».
3 Тотара сиӈгэрэ баргиха, энэхэ. Хэрэ гиолихани.
Коитаки маитаки бук-ку-кусэл,
Коитаки маитаки бук-ку-кусэл. Туй.
4 Киӈгулэ хахачи. Э, туй тахандиани эси-дэ хэрэкэн эгди гачи сиӈнэктэ, сиӈгэрэӈгуй-дэ хай-да кэукэ.
5 Хэрэ алиодои тиас-тиас гачини. Матахадои, котанидои. Сиӈгэрэ.
6 Хэрэ-тэни, ундиси:
7 «Сиӈгэрэ, эм хаякамба буру минду, эм киалаком,
эм хурукту эм дёлохамбани!»
8 Киалакомбани, дёлохамбани дюэр-тэ сиӈгур луӈгбухэни-гуэ тэй.
9 Хэрэ, эси-дэ туй тамиа даогомари, эси-дэ сорилохачи хайла.
10 Чаду ундини, хэрэ ундини, сиӈгэрэ ундини:
11 «Хайӈгои, киалакоӈгоива бугу!»
12 «Хайду бугурие, луӈгбухэмби!» – унди.
13 Токон чирэрэ, хэмдэлэни тактолахани. Тэй киалакон болдяр энэхэни.
14 Хэрэ туй соӈгоми-у, туй даогохани, туй гиолихани-гоа тэй, тэй хэрэ.
15 Исиоха, хэрэ пурилни соӈгомари эурии.
16 Сиӈгэрэ пурилни туй барачимари […]. Туй барачимари туй эухэчи.
Хэрэ пурилни соӈгомари токохачи.
17 Эси-дэ туй тахани, туй бимиэ, бимиэ диала иниэ, диала иниэ-тэни, ундиси, хэрэ гакталахани Доки бароани.
18 Доки бароани гакталахани-тани, э, эм бэюмбэ бачихани.
19 Хай, хэрэ, хэрэ ундини:
20 «Мэлдеӈгиту! Ми хайха?
21 Си-тэни хайва тактоси хайчиани бунидиэмби, пэрэй осини,
тактоси холдончиани».
22 Гэ, мэлделухэчи.
23 Эси-гдэ тэй хайчиани уй, хэрэ-дэ хайни дюэр хуени алдачиани пуйкухэни.
24 Эси-гдэ тэй бэюн туй тутухэни, туй тутухэни, туй, элэ хайвани, тактовани исиха.
25 «Хэй, хайду биэси хэй?»
26 Хэрэ дюлэси чуӈгур пуйкухэни.
27 Чадо ундини хайва?
28 «Гэ, элэ ми будии».
29 Бэюн буйкин, хэрэ эси-гдэ тэлгэчихэ.
30 Тэй хайӈгои, уликсэӈгуи ивугухэ чакпар.
31 Эси-гдэ туй тахандии тэй долбониа хэрэ капиргуи тулэктэхэни,
32 Чиэӈку, хэрэ чиэӈкуни тулэктэхэни.

1 ▸ 00:00 ‖ 5 ▸ 1:06 ‖ 10 ▸ 1:40 ‖ 15 ▸ 2:07 ‖ 20 ▸ 2:58 ‖ 25 ▸ 3:37 ‖ 30 ▸ 3:53 ‖

Лягушка и крыса

1 Э, одна лягушка и одна крыса жили. Э, так жили, так живут, живут, [как-то] летом крыса говорит:

2 «Лягушка, лягушка, давай поедем за ягодой, за черемухой, на той стороне реки много черемухи на острове».

3 Потом крыса собралась, поехали. Лягушка гребла.

Коитаки маитаки бук-ку-кусэл,
Коитаки маитаки бук-ку-кусэл. Так, [с таким звуком гребла].

4 Сходу налетев [на берег], пристали. После этого теперь лягушка, [то есть крыса], много черемухи собрала, а у крысы, [то есть, у лягушки], ничего нет.

5 Лягушка, полную посуду [ягоды] набрала. Таз и миску. [То есть] крыса [ягоду собрала].

6 Лягушка говорит:

7 «Крыса, дай мне одну какую-нибудь [ягодку], одну незрелую, одну зрелую, одну объеденную косточку».

8 Одну незрелую ягодку и объеденную косточку [крыса дала, и лягушка] обе мигом проглотила.

9 Вот теперь, наконец, возвращаются. Теперь стали ссориться.

10 Потом говорит, лягушка говорит, [нет], крыса говорит:

11 «Объеденную косточку назад верни!»

12 «Как вернуть, [если] я [ее] проглотила!» – говорит.

13 [Крыса лягушку] придавила, […] на живот ей наступила. Косточка выскочила.

14 Лягушка плачет, назад переплывают, лягушка гребет.

15 Приехали, дети лягушки, плача, на берег спускаются.

16 Дети крысы, радуясь, на берег спустились. Дети лягушки, плача, с берега поднялись.

17 Теперь так делают, так живут, живут, на следующий день, на следующий день лягушка пошла за клюквой в место Доки.

18 В месте Доки клюкву собирала и, э, лося встретила.

19 Лягушка, лягушка говорит:

20 «Давай соревноваться! Я что сделаю?

21 Если я до твоего амбара [вперед тебя не прибегу], то умру возле твоего амбара».

22 Ну, стали соревноваться.

23 Теперь что сделала лягушка, куда, между двух рогов лося прыгнула.

24 Теперь этот лось так бежал, так бежал, до амбара добежал.

25 «Эй, ты где, эй?»

26 Лягушка внезапно вперед прыгнула.

27 Потом [лось] что говорит?

28 «Ну, теперь я умру».

29 Лось умер, лягушка его разделала.

30 Потом все мясо домой таскала, аж взмокла.

31 Теперь так сделав, той ночью лягушка поставила капкан.

32 Мышеловку, лягушка мышеловку установила.

33 туй тара хайхани хайрини акпаӈкини эси-гдэ.
34 Туй тахандиани хайла очичи?
35 Чиэӈкулэни тойкохани чи-и-ӈк хэрэ [сиӈгэрэ] энини нёани энухэ силан-да.
36 Эси диа чимана тэхэни, гэ сиӈгэрэ энини энулэхэ маӈга,
37 Гэ, хэрэ гэлэндэми ая. Хэрэ ундини:
38 «Самамба гэлэндэ, гэлэндэусу самамба».
39 «Хай самамба?»
40 Самамба, гэлэндэхэ. Хайва? Тораки самабани гадёхачи.
41 Тораки самани:
Торак, торак.
Элэ, торак-торак.
Хэрэ капилдолани капирахани бидерэ, торак, торак.
42 Чадо:
43 «Чукин саман, чукин саман, чукин саман, ирагосу, ирагосу!»
44 «Хай?»
45 «Вачака самамбани гэлэндэхэрсу».
46 Вачака самамбани гэлэндэхэ. Вачака самамбани гадёха.
47 Эси-тэни туй тахандиани-гоа, вачака самамбани гадёха.
48 Вачака-да эси-гдэ:
Колиах,
Сэвэн бидерэ, колиах,
Амбан бидерэ, колиах,
Э, туй тахандиари-гда.
49 Гэ, тэй вачака ундини:
Хай-да хайкони бидерэ, колиах.
50 «Чукин саман, чукин саман!»
51 Гэ, чава-да ираоха.
52 «Эси-тэни савой сахси самамбани гадёхари!»
53 Эси сахси савой самамба гадёха гэлэндэхэ.
54 Сахси саман хайс самандаха.
55 Тэй сахси саман самандаха, самандидолани хэрэ будэ, хае, сиӈгэрэ будэ таха.
56 Хэрэ капилдолани капираха хэрэ чиэӈкэлэни чирэгухэ. Элэ.

35 ▸4:27 ‖ 40 ▸4:56 ‖ 45 ▸5:25 ‖ 50 ▸6:03 ‖ 55 ▸6:23 ‖ 6:38

33 Потом так сделав, спать легла.
34 После того, как это сделала, что случилось?
35 Со звуком *чинк* мать лягушки [то есть, крысы] в капкан-мышеловку попалась, еле домой ушла.
36 Теперь на следующее утро встала, ну, мать крысы сильно заболела.
37 Нужно идти за лягушкой. Лягушка пришла и говорит:
38 «Нужно идти за шаманом, идите за шаманом».
39 «За каким шаманом?»
40 Пошли за шаманом. За каким? Грача шамана привели.
41 Грач шаман:

Торак-торак.
Она недавно, *торак-торак.*
В лягушкин капкан попалась, *торак, торак.*

42 Тогда:
43 «Плохой шаман, плохой шаман, плохой шаман, уведите, уведите!»
44 «Кого [привести]?»
45 «Пошлите за шаманкой цаплей».
46 Пошли за шаманкой цаплей. Шаманку цаплю привели.
47 Теперь так сделав, шаманку цаплю привели.
48 Теперь шаманка цапля.

Колиах,
Наверно, *сэвэн, колиах,*
Наверно, *амбан, колиах,*
Э, так сделал.

49 Ну, цапля говорит:

А может, еще какой-то дух сделал, *колиах.*

50 «Плохой шаман, плохой шаман!»
51 Ну, ее тоже увели.
52 «Теперь приведите всезнающую сороку шаманку!»
53 Теперь за всезнающей сорокой шаманкой сходили, привели.
54 Сорока шаманка опять стала шаманить.
55 Сорока шаманка шаманила, и пока она шаманила, лягушка умерла, то есть, крыса умерла.
56 В лягушкин капкан она попала, лягушкиной мышеловкой ее придавило. Все.

Вэчэн

1 Эм вэчэн балдихани. Эм боаду эм вэчэн.
Вэчэн-тэни пиктэгуй эгди бахани-гоа.
2 Вэчэн маӈгбо тайси ичэӈгуэ, энэнэ, багиадиади эм огда-даорини.
3 Хэрэ маня тэй огдаду, песню поют, лягушки песню поют.
Вэчэн пиктэвэни сиандамари даорипу.
Сэӈкурэмэ сэулиди, чэкоӈ-чэкоӈ,
Гиасидан гиолди, чэкоӈ-чэкоӈ,
Гиолимари даорипу, чэкоӈ-чэкоӈ.
4 Гиолимари даоричи, вэчэн пиктэвэни сиандамари.
Э, ундиси, гучи-дэ рули иӈкочани дярини:
Вэчэн пиктэвэни сиандамари даорипу.
Сэӈкурэмэ сэулиди, чэкоӈ-чэкоӈ,
Гиасидан гиолди, чэкоӈ-чэкоӈ,
Гиолимари даорипу, чэкоӈ-чэкоӈ.
5 Песню поют. Вэчэндулэ хахачи.
Вэчэн-тэни эуми, вэчэн хэвэдикэвэ хэм сэкпэчихэни. Все.

«Вэчэн»
Заксор Юра, 12 лет, с. Верхний Нерген

1 ▸00:00 ‖ 3 ▸0:15 ‖ 4 ▸0:35 ‖ 5 ▸0:58 ‖ 1:08

Собака

1 Жила одна собака. В одном месте [жила] одна собака.
У собаки родилось много щенков.
2 Собака посмотрела вдаль на реку, смотрит, ой-ой-ой,
с противоположного берега лодка плывет.
3 Одни лягушки в той лодке, они песню поют, лягушки песню поют.
Мы плывем, чтобы съесть детей собаки.
Багульником руля, *чэконг-чэконг,*
Стружками гребя, *чэконг-чэконг,*
Гребем и плывем, *чэконг-чэконг.*
4 Гребут, переплывают [реку], чтобы съесть детей собаки.
Э, снова рулевой, рулевой поет:
Мы плывем, чтобы съесть детей собаки.
Багульником руля, *чэконг-чэконг,*
Стружками гребя, *чэконг-чэконг,*
Гребем и плывем, *чэконг-чэконг.*
5 Песню поют. К собаке [к берегу] пристали.
Собака на берег спустилась, собака всех лягушек покусала. Все.

«Боа няма» → ‹26›, с. 226
Оненко Галя, 12 лет, с. Троицкое

Далаа амбоха

1 Далаа амбоха, дё хэм амбоха. Тэӈ вэчэн дэрэдихэни.
2 Вэчэн дэрэдирэ, пиктэгуй бахани-гоа иламба,
3 дё оячиани мокчора, гуичэнду.
4 Балана паяктама бичиӈ-гуэ гуичэ дё гуичэни.
5 Тотара чадо пиктэгуй илан хусэ индакамба бахани.
6 Тотара чадо туй бичи-гуэ. Тэй пиктэни туй чадо би.
7 Тэй хэрэ эгдини дидини-гуэ мо хорактадиани огдадиари.
8 Тадо гиоличи туй-дэ.

Вэчэн пиктэни вандориа, кэхиэ кэӈгур,
Эденчи-да аба, кэхиэ кэӈгур.

9 Гэ, туй гиолимари, туй дидичи. Тотара тэй эрчэндулэ харичи-гоа.
10 Тэй вэчэн-тэни тэй пуригби-тэни тэй хэрэдекэ вактам,
туй пуригби сиавандини-гоа.
11 Хэрэвэ маня туй сиамари туй бичигоа.
12 Хайва бари, эден-дэ ана.
13 Хэрэ хэм малгира, тэй хэрэ-тэни эмукэн чочагойни-гоа.
14 Тотапариу гучи хайси хукчугуйчи, тэй мо хорактадиани огдади, тэй хэрэдекэ.
15 Чаду туй долдини-гоа тэй вэчэн:

Кэхиэ кэӈгур,
инда пиктэни вандагоариа, кэхиэ кэӈгур,
Тэдемэлэ гиолиосу, кэхиэ кэӈгур.

16 Гэ, туй гиолимари дичин.
17 Тотара харивачи ичини вэчэн, эгдини хэрэдекэ.
18 Тотара чадо тэй хэрэӈгуэри хахамбани, туй чипи-чипи такточимари,
туй нёанчи хэм сиаричи чава.
19 Чаду тотапи дюэри-кэ энуй, хэрэдикэ гиолигомари чочагой.
20 Туй тапи хадолта бипиэ, гучи дидюйчи-гуэ.
21 Тэй ичэйчи вами мо хорактадиани огдадиари, тиас дидюйчи-гуэни.
22 Туй нёанчи гиолигойвачи, туй

Кэхиэ кэӈгур

23 Туй гиолигойвачи досидимари туй бичи-гуэ тэй кэйчэкэндюэн-дэ.

Эси вэчэн пиктэни вандори кэхиэ кэӈгур,
Чипи-чипи такточиндори

24 Туй гиолимари энэй.
25 Туй тамари ичэгуйчи туй тулиэлэчи агбиӈгойчи.
26 Муэ далани-гоа, хайва-да ичэвэдэсиэ.
27 Тотапариа вэчэнди кэйчэкэнди вактахачи-гоа тэй хэрэдекэвэ.
28 Эгдиэ вахачи, хэмдэчи хэм тиас, тиас дялокпини, сиахачи.
29 Тэӈ илан хэрэ энуй. Таваӈки-мат дидюэдэсиэ эси. Элэ.

Наводнение

1 Наводнение [все] затопило, весь дом затопило. Только собака осталась.
2 Собака оставшись, родила трех деток,
3 забравшись на дом, на крышу.
4 Раньше из травы были крыши, крыши дома.
5 Потом там трех деток щенков кобельков родила.
6 После этого так было. Щенки так там жили.
7 Много лягушек плывут на лодке из коры дерева.
8 Они так гребут.
Мы идем убивать щенков, *кэхиэ кэнгур,*
Хозяев у них даже нет, *кэхиэ кэнгур.*
9 Так гребут, так приехали. Потом возле нижнего края крыши пристали.
10 Собака, убивая этих лягушек, кормила своих щенков.
11 Одними лягушками питаясь, так жили.
12 Что они найдут? Хозяев нет.
13 Всех она убивает, одна только лягушка убежала.
14 Через некоторое время опять нападают лягушки на лодке, сделанной из коры дерева.
15 Собака слышит:
Кэхиэ кэнгур.
Мы едем убивать щенков, *кэхиэ кэнгур.*
Посильнее гребите, *кэхиэ кэнгур.*
16 Там гребя, они приплыли.
17 Потом видит собака, как они пристают много лягушек.
18 После того, как лягушки пристали, они стали давить, наступая на них, и так они всех их едят.
19 После этого только две [лягушки] уплыли, лягушки, гребя, удрали.
20 Через некоторое время еще приплыли.
21 Они [собака и щенки] смотрят, на лодке из коры толстого дерева, битком набив ее, плывут.
22 Они гребут так
Кэхиэ кэнгур.
23 Слышат щенки, как они гребут:
Мы едем щенков убивать, *кэхиэ кэнгур,*
Мы едем топтать, давить их, *кэхиэ кэнгур.*
24 Так гребут и плывут.
25 Потом, смотрят, они у них на дворе появились.
26 Наводнение, [издалека] ничего не видно,
27 Опять щенки убивали лягушек.
28 Много убили, животы у них полные стали, так они их поели.
29 Только три лягушки уплыли.
Только после этого они уже больше не приходят. Все.

Муэду

1 Эм арчоканди пиктэку балдихачи эм мапа, мама.
2 Хайло улэн няма боа очини.
3 «Гэ, муэлэру!»
4 Муэлэхэни, сополайдиани синду дэӈ-дэӈ дяпахани. Муэду.
5 Тотара одоликачини, ундэ:
Аёка, майдо-майдо,
Топай, майдо-майдо,
Иламо, майдо-майдо,
Сориак, майдо-майдо,
Амимби, майдо-майдо,
Вахандиани, майдо-майдо,
Нямоко, майдо-майдо.
6 [Арчокан токора аминчии соӈгойни]:
Ама, ама, ӈайӈани,
Муэдукэн-дэ, ӈайӈани,
Одолини, ӈайӈани,
Ама, ама, ӈайӈани,
Муэдукэн-дэ, ӈайӈани,
Инэктэйни, ӈайӈани.
7 «Ая», – ама ундини, – гойди нямолагора, эугу!»
8 Арчокан гормахоксама апонди нямолагора эугухэни.
9 Гучи муэлудуэни дэӈ-дэӈ дяпахани.
Аёка, майдо-майдо,
Топай, майдо-майдо,
Иламо, майдо-майдо,
Хоӈгори, майдо-майдо,
Амимби, майдо-майдо,
Вахандиани, майдо-майдо,
Нямоко, майдо-майдо.
10 [Арчокан гучи аминчи пагдиалагохани].
Ама, ама, ӈайӈани,
Муэдукэн-дэ, ӈайӈани,
Одолини, ӈайӈани,
Ама, ама, ӈайӈани.
11 Ая, иладигогоани тэй муэдуксэмэ нямологора эугухэни.
Муэду нямологора эугухэни.
12 Чуилбилби чочагохани иладира-да.
13 Тотара арчокан муэвэ сополара токохани. Элэ.

1 ▸00:00 ‖ 5 ▸0:17 ‖ 6 ▸0:37 ‖ 7 ▸0:55 ‖ 10 ▸1:22 ‖ 1:48

Выдра

1 С дочерью жили стрик и старуха.
2 Какая хорошая погода стала.
3 «Ну, сходи за водой!»
4 Пошла за водой, когда она зачерпывала воду в проруби,
[кто-то] крепко-крепко [за ведро] схватил. Выдра.
5 После этого дразнит:
Аёка, майдо-майдо,
Тьфу, *майдо-майдо,*
Стыдно, *майдо-майдо,*
Воняет, *майдо-майдо,*
Одежда, *майдо-майдо.*
[Из зверьков] убитых, *майдо-майдо,*
Твоим отцом, *майдо-майдо.*
6 [Девочка поднялась с берега, отцу плача говорит]:
Отец, отец, *нгайнгани,*
Выдра, *нгайнгани,*
[Меня] дразнит, *нгайнгани,*
Отец, отец, *нгайнгани,*
Выдра, *нгайнгани,*
[Надо мной] смеется, *нгайнгани.*
7 «Ничего», – говорит отец, – другое надень и спцускайся на берег!»
8 Девочка в заячью одежду оделась и спустилась на берег.
9 Снова выдра крепко-крепко схватила [ведро].
Аёка, майдо-майдо,
Тьфу, *майдо-майдо,*
Стыдно, *майдо-майдо,*
Воняет, *майдо-майдо,*
Одежда, *майдо-майдо.*
[Из зверьков] убитых, *майдо-майдо,*
Твоим отцом, *майдо-майдо.*
10 [Девочка опять к отцу побежала]:
Отец, отец, *нгайнгани,*
Выдра, *нгайнгани,*
[Меня] дразнит, *нгайнгани,*
Отец, отец, *нгайнгани.*
11 Ладно, чтобы пристыдить [выдру], оделась в одежду из выдры
и спустилась на берег. В одежду их выдры оделась и спустилась на берег.
12 [Выдра] стремглав убежала, сконфузившись.
13 После этого девочка зачерпнула воды и поднялась к дому. Все.

Боа няма

1 Эм мапа, мама балдихачи. Туй бие. Хай эрун сагдаӈгохачи.

2 Туй тамиа тэй мапа-тани дёмбохани-гоа.

3 «Мама, энэру, – ундини, – садоаначи,
гамаканачи боа нямавани гэлэндэгуэри, ундэ».

4 Туй тара таваӈки-тани мама энэхэни.
Сакси садоан, вэх-вэх,
Мапа уӈкин, вэх-вэх,
Боа нямавани гэлэндэгуэри, вэх-вэх,
Гаки гамакан, вэх-вэх,
Туту туэкэ, вэх-вэх,
Кэкукэн эниэ, вэх-вэх,
Энэгуэри, вэх,
Мапа уӈкин, вэх-вэх,
Папи папака, вэх,
Ани агакан, вэх,
Энуэри, вэх,
Мапа уӈкин, вэх,
Боа нямавани, вэх-вэх,
Гэлэндэгуэри, вэх-вэх.

5 Тотара-тани тэй мапа-тани, мама-тани, ичэру,
хэм тэй-тэни дахаломи дюдэхэчи.

6 Гамакан гаки, сакси садоан, кэкукэн эниэ, туту туэкэ, ани аӈни,
тэй хэм энэхэчи.

7 Туй тара тэй мапа-тани, ичэру, энэпсиӈкини тэйсэлди.

8 Эмуту хай-да адоалиаӈкини-качи хасасимари энэй, ундэ.

9 Туй энэмэриэ, энэмэриэ, ичэру, эм уден дуэнтэ долани очичи.

10 Гэ, хайло няма, бэюн-дэ эгди, хай-да хэм эгди.

11 Оникан кирадоани, гэ, тэй гакисалди хай-да улэн балдилохачи.

12 Тотара мапамолиа, мамамолиа тадо туй балдилохачи.

13 Тэй няма, согдата-да элгин, бэюмбэ-дэ элгин. Улэн боачи энэхэндиэри.

14 Туй бимэриэ, туй балдимариа, туй очогохачи. Элэ.

1 ▸ 00:00 ‖ 4 ▸ 0:25 ‖ 5 ▸ 1:00 ‖ 10 ▸ 1:33 ‖ 1:57

Теплые края

1 Жили старик и старуха. Так живут, так живут. Ослабели, состарились.
2 Наконец, старик придумал.
3 «Жена, иди, – говорит,
– к сватье и к племяннице [зови их] теплые края искать».
4 После этого старуха пошла.

Сорока-сватьюшка, *вэх-вэх,*
Старик сказал, *вэх-вэх,*
Идти теплые края искать, *вэх-вэх,*
Ворона-племянница, *вэх-вэх,*
Горлица-племянница, *вэх-вэх,*
Кукушка-матушка, *вэх-вэх,*
Пойдем, *вэх,*
Старик сказал, *вэх-вэх,*
Сойка-дядюшка, *вэх,*
Гагара-братец, *вэх,*
Пойдем, *вэх,*
Старик сказал, *вэх,*
Теплые края, *вэх-вэх,*
Пойдем искать, *вэх-вэх.*

5 После этого за стариком, [то есть] за старухой следом, смотри-ка, все пошли.
6 Ворона-племянница, сорока-сватьюшка, кукушка-матушка, горлица-племянница, гагара-братец, все пошли.
7 Потом старик тоже пошел с ними.
8 Словно близнецы друг за другом идут.
9 Идут, идут, в [волшебном] лесу [духа] *удена* оказались.
10 Ну, как тепло, и зверя много и всего много.
11 На берегу горной речки с теми воронами как хорошо стали жить.
12 После этого старик со старухой там стали жить.
13 Тепло, рыбы в достатке, зверя в достатке. В хорошие края пришли.
14 Так живут, так живут, так стало. Все.

Тун-тун

1 [Эм мапа] балдихани. Туй бими, бимиэ-лэ.
2 Энэлухэни, энэми, турикэмбэ туӈгэлэрэ энэхэни.
3 Эм мама-ла исихани. Турикэмбэ нэхэни.
4 Сиӈгэрэн-гуэни сиахани, тэй мама сиӈгэрэн-гуэни тэй турикэн-гуэни.
5 Тотара-тани тэй мама-тани хай хайрини-гоа:
6 «Мама, турикэмбэ сиахани, – унди, – сиӈгэрэӈгуси будеси».
7 Мапа сиӈгэрэвэ туӈгэлэрэ энэхэни.
8 Кэксэку мамала аоӈгойни-гоа. Кэксэ сиӈгэрэвэ вахани.
9 «Мама, кэксэ буру! – унди. – Сиӈгэрэӈгуй вахани. Сингэрэ».
10 Кэксэвэ тухилэрэ, энэмиэ, энэмиэ, эм, эм хайла исиха, эм мама-ла исихани.
11 Тэй мамаду-дэ хайс индакан би.
12 Хайс индакан бароани кэксэӈгуи наӈгалахани.
13 Индани варигоа кэксэвэ. Тотара гучи хайс индава элгэми энэми.
14 Энэмиэ, энэмиэ, эм иргэндулэ исихани.
15 Тэй иргэн исихандоани, хайс индава моримби бэгдичиэни наӈгакачина.
16 Морин индава баӈсачимда вахани. Тэй мапа-тани ундини-гуэ:
17 «Морин хайс индаива вахани, – ундини. –
18 Эси хайс индаи ваха, хайру, – ундини. – Моримба таодагоро!» – унди.
19 Эси-тэни тэй моримба таодагохани.
20 Таваӈки энэмиэ, энэмиэ, буйкин хэвурду бахани эм эктэ.
21 Ча-тани моримба дюлиэ-лэ тэвэндэ. Туй энэлухэни.
22 Эм иргэндулэ исихани. Иргэн ваялани нэхэни тэй моримба.
23 Тотара-тани тохани. Мапа ундини:
24 «Мама вайла би», – унди.
25 Мама-тани эурэ,
26 элкэ анахани тэй буйкини [най], синчи кичориа тухэни.
27 «Пиктэи таодагойдячи, – ундини, – пудимбэ».
28 Пудимбэ таодагойми, гой мапачи соӈгомари, пиктэвэри бухэни.
29 Мапа аси гадёми дёкчии исихани. Дёкчи дидюрэ тэй хусэ пиктэ бахани.
30 Мамали боачи ниэвучини, [мапа] пиктэи эмусини-гуэ:

Турикэнди, тун, тун,
Сиӈгэрэ гайха, тун, тун,
Сиӈгэрэди, тун, тун,
Кэксэ гайха, тун, тун,
Кэксэди, тун, тун,
Хайс индакан гайха, тун, тун,
Хайс индаканди, тун, тун,
Морин гайха, тун, тун,
Моринди, тун, тун,
Буйкин найва гайха, тун, тун,
Буйкин найди, тун, тун,
Энимбэси гайха, тун, тун.

31 Пудин чул игухэни. Гэ, аякталиго. Мэргэн сорилаха тэй эси-тэни-дэ.
Туй тара, туй би-гуэ. Элэ

1 ▸00:00 ‖ 5 ▸0:15 ‖ 10 ▸0:36 ‖ 15 ▸0:55 ‖ 20 ▸1:14 ‖ 25 ▸1:33 ‖ 30 ▸1:53 ‖ 31 ▸2:31 ‖ 2:40

Тун-тун

1 [Один мужик] жил. Так живет, живет.
2 Отправился в путь, идет, фасолину за пазуху положив, шел.
3 До одной старухи дошел. Фасолину положил.
4 Крыса съела, крыса той старухи фасолину [съела].
5 Потом старуха что делает.
6 «Старуха, [крыса] фасолину съела, – говорит, – крысу отдашь».
7 Мужик положил крысу за пазуху и пошел.
8 У старухи с кошкой заночевал. Кошка крысу убила.
9 «Баба, кошку отдавай! – говорит. – Она мою крысу убила. Крысу».
10 Положил кошку за пазуху, идет, идет, до одной, до одной чего дошел, до одной старухи дошел.
11 У той старухи собака есть.
12 Опять он собаке свою кошку бросил.
13 Собака кошку убила. После этого снова, собаку уводя, идет.
14 Идет, идет, до одного селения дошел.
15 Когда до того селения дошел, опять собаку под ноги лошади бросил.
16 Лошадь собаку, лягнув, убила. Тот мужик говорит:
17 «Лошадь опять мою собаку убила, – говорит. –
18 Теперь опять мою собаку убили, что будет, – говорит. – Отдавайте лошадь взамен!»
19 Теперь ту лошадь взамен отдали.
20 Оттуда идет, идет, мертвую в гробу женщину нашел.
21 На лошадь впереди [себя мертвую женщину] посадил. Так поехал.
22 До одного селения доехал. На берегу того селения оставил лошадь.
23 Потом [с берега к дому] поднялся. Мужик говорит:
24 «Моя жена на берегу», – говорит.
25 Старуха спустилась [на берег],
26 легонько толкнула мертвую, и она торчком в прорубь упала.
27 «Свою дочь отдашь взамен, – говорит, – красавицу».
28 Старуха *пудин* взамен отдает, чужому мужику, плача, свою дочь отдала.
29 Мужик с женой пошел домой. Домой вернулись, мальчик у них родился.
30 Жена на улицу вышла, [муж] своего ребенка укачивает:

Фасолину, *тун, тун*,
На крысу поменял, *тун, тун,*
Крысу, *тун, тун,*
На кошку поменял, *тун, тун,*
Кошку, *тун, тун,*
Опять на собаку поменял, *тун, тун,*
Опять собаку, *тун, тун,*
На лощадь поменял, *тун, тун,*
Лошадь, *тун, тун,*
На умершую женщину поменял, *тун, тун,*
Умершую женщину, *тун, тун,*
На твою мать поменял, *тун, тун.*

31 Пудин зашла домой. Ну, рассердилась. С *мэргэном* поссорилась. Так было. Все.

Гокилан

1 Э хайдяра, ундиси, эм Гокилан эмучэн балдихани эм дёгду.
2 Туй бимиэ, бимиэ-тэни, зимой, хай, дёа, туэ туй бини, боачи игуй, ниэгуй.
3 Хайва-да-да тасиа, туй тамиа баян бини-гуэ.
4 Эм модан-тани боачи ниэхэни дёа.
5 Боа-да улэн, боа-да нямани, ӈэгдени.
6 Хао-да ичэйни-дэ гухэ-гухэ бини-гуэ.
7 «Туй тапи-тани, туй бичиӈгуэ балапчи гурунсэл.
8 Ми-тэни тэй дёгду туй балдими хайва-да савадасиа.
9 Пайхапсиа хай-да, вайсиа эуриэ».
10 Вайси ичэгухэни, тои бароани.
11 «Энэнэ! Дюэр най-да соричи-гоа таду. Хай-да осира соричи?»
12 «Энэнэ», – говорит.
13 Вайси пагдиалахани.
14 «Энэнэ хай-да!» – унди.
15 Пагдиалахани.
Гокилан-гокилан-гокилан.
16 «Энэнэ, хай-да!» – унди.
17 Най соривани гудиэсиухэ.
18 «Хони ачини! Дяпалачиндориа».
19 Пагдиалахани вайси.
Гокилан-гокилан-гокилан.
20 Тутуйни вайси. На берег.
21 Тоии исихани муэвэ, ичэгухэни, дюэр тэмнэку илисини.
22 Дюэр тэмнэку илисини-гоа. Мо.
23 Най балана, хайва балапчи, эниэнэ, амана тэмнэкулэчихэчи, адолива лочихачи.
24 Тэй торани, торани илисини-гоа.
25 Туй тара-тани вайси ичэгухэни, аба, дуйси токогой, токоми, токоми, ичэгухэни.
26 Ай-ай-ай! Дё-тани ӈэйгэ дегдэйни-гуэ. Тавохани.
27 «Эй, эй-дэ-мэ хайми тавохани, ми-дэ омиаси дамхива?
28 Энэнэ, валиахава, эси хони балдиори ми дё ана?»
29 Тутугуйни-гуэни.
Гокилан-гокилан-гокилан.
30 Опять тутугуйни. Тутугухэ, тутугухэ, дё бароани исигохани, тулиэ исигохани.
31 Дё, дёди бини-гуэ, улэнди. [Сиун тугуми дёчиани сэйгэн гарпахани].
32 «Насалдои-ка хао осихани эй?»
33 Хэи, соли хаочини-гоа насалби, тас топичими.
34 Эй насалби чукин би бидерэ.
35 Туй тара дёгду тулиэду илисими-тэни,
36 Дёкчи игуриэ!
37 Игухэ. Все.

1 ▸00:00 ‖ 5 ▸0:29 ‖ 10 ▸0:53 ‖ 15 ▸1:17 ‖ 20 ▸1:37 ‖ 25 ▸2:05 ‖ 30 ▸2:30 ‖ 35 ▸2:58 ‖ 3:02

Гокилан

1 *Э хайдяра*, Гокилан жил в своем доме совсем один.
2 Так живет, живет, зимой, или как это, летом и зимой так живет, на улицу выйдет и зайдет.
3 Ничего не делает, но живет богато.
4 Однажды вышел на улицу летом.
5 Погода хорошая, на улице тепло, светло.
6 Куда ни посмотрит, просторно. [Он думает]:
7 «Вот так жили в старину люди.
8 А я в доме живу и ничего не знаю.
9 Скучно очень, пойду на берег схожу».
10 На свой берег посмотрел.
11 «Ой-ой-ой! Два человека там дерутся. Почему там дерутся?»
12 «Ой-ой-ой», – говорит.
13 На берег побежал.
14 «Ой-ой-ой, что это!» – говорит.
15 Побежал.
Гокилан-гокилан-гокилан.
16 «Ой-ой-ой, что это!» – говорит.
17 Пожалел людей, которые дерутся.
18 «Нельзя так! Пойду разниму».
19 Побежал на берег.
Гокилан-гокилан-гокилан.
20 Бежит на берег. На берег.
21 До своего берега, до самой воды добежал и увидел, два вешала [для просушки неводов] стоят.
22 два вешала стоят. Деревянные.
23 Люди давно, очень давно, еще матери и отцы пользовались этими вешалами, сети [на них] вешали.
24 Столбы [от вешал], столбы стоят.
25 Потом на берег посмотрел, нет, когда стал с берега к дому подниматься, увидел.
26 Ай-ай-ай! Дом ярко горит. Загорелся.
27 «Это почему он загорелся, я же не курю табак?
28 Ой-ой-ой! Беда, как я дальше буду жить без дома?»
29 Бежит.
Гокилан-гокилан-гокилан.
30 Опять бежит. Бежал, бежал, до дому добежал, во двор вбежал.
31 Дом домом, нормально стоит, все хорошо.
[Это заходящее солнце красными лучами его дом осветило].
32 «Что стало с моими глазами?»
33 Туда, сюда протирал свои глаза, даже плевал [на руки, протирая ими глаза].
34 Наверно, стали плохо видеть мои глаза.
35 У дома во дворе стоит.
36 «Домой пойду!»
37 Зашел. Все.

Эрэндэри

1 Эм наондёкан, эм наондёкан, эм мапа, эм мама балдихачи. Асини-тани эм. …

2 Туй тамиа тэй наондёкан пулсими, эм хэвурбэ адахамбани бахани.

3 Тэй хэвур адахамбани-тани дэгбэлихэни. Тэй долани-тани эм пудин.

4 Най хэвур долани уюндэлэ нэхэчи.

5 Чава тобогора, тэй наондёкан чади асила, асила, асилахани. Туй би. Хайло улэн бие туй бими.

6 Тэй пудин-дэ эну, энусими, элэ накасимари-да игумэ энусимбэни.

7 Энусидуэни-тэни:

8 «Анда пудин, хай-да гэлэми энуэсиси?» – унди. –

Анда мэргэн, эрэндэри
Хай гэлэми энусирэ, эрэндэри?
Эним варо, эрэндэри,
Эниэ сэксэлэни сэнэгудемби, эрэндэри,
Эним, эним вапи сэксэ омипи-тани сэк энэдемби, эрэндэри,
Хорагодямби, эрэндэри.
Пудинду-дэ аси будэлэ, эним кайрам биси-ну, эрэндэри.

9 Гэ, пудин-дэ аси будэлэ хони биури? Энимби вахани.

10 Туй тара тэй сэксэни-тэни тэй эктэ-тэни чиэк-чиэк таха, оми. Хай-да улэн осиохани.

11 Туй бипи, туй бипи. Энимби хумухэни, вара.

12 Амим (не спит) … Гучи энулухэ. Аондо осиохани (никак не спит). Аоми, гучи энулэхэни. (снова не спит, заболела)

13 «Анда пудин, гучи хаим энусиси?»

Амим варо, эрэндэри,
Амиэ сэксэди сэнэгудемби, эрэндэри,
Сэксэвэни омипи-тани гал-гал осигодямби, эрэндэри,
Амим варо, эрэндэри,
Ми амиси хай, амиси сэксэдиэни сэнэгугуивэ, эрэндэри,
Пудинду-дэ асии, эрэндэри,
соӈгойвани, эрэндэри,
хай осисиаси, эрэндэри.

14 Потом это, гучи вахани амини. Тэй сэксэ тип-тип (досыта) оми. Хайло улэн хорагохани.

15 Эси-тэни чаду дуйси амимба хумухэ. Мэргэн, эмучэн тэй асимолиа би.

16 Дуйси тора, саӈгоанда.

Ама, ама, эрэндэри,
Анда мэргэн, эрэндэри,
Сэксэдиэни, эрэндэри,
Сэнэгуйси-ну, эрэндэри,
Няксадиани, эрэндэри,
Хоёӈгойси-ну, эрэндэри.

17 Э, мэргэн долдихани чава. Сирирэ долдихани. Тотара тэй аси ваха мэргэн.

18 Нёамбани вайчичини-тани, нёамбани вагора, ходихани. Все.

1 ▸00:00 ‖ 5 ▸0:23 ‖ 8 ▸0:43 ‖ 10 ▸1:18 ‖ 14 ▸2:02 ‖ 16 ▸2:17 ‖ 2:52

Эрэндэри

1 Жили один мальчик, один мальчик, один старик и старуха.
Его [мальчика] жена одна ….

2 Потом тот мальчик идет, видит гроб приставший [к берегу].

3 Тот приставший гроб открыл. Внутри одна *пудин*.

4 Люди в гроб ее живую положили.

5 Ее подняв, тот мальчик на той женщине, женщине женился. Так было.
Очень хорошо живут, так живут.

6 *Пудин* заболела, болеет так, что скоро сольется с нарами с постелью.

7 Когда она так болела:

8 «Друг *пудин*, чего желая, болеешь?» – говорит [мальчик]. –
Друг *мэргэн, эрэндэри,*
Чего желая, болею, *эрэндэри?*
Убей свою мать, *эрэндэри,*
От крови твоей матери я поднимусь, *эрэндэри,*
Когда свою мать, свою мать убьешь, ее крови выпью и легко мне станет, *эрэндэри,*
Я поправлюсь, *эрэндэри.*
Жену *пудин* до смерти доведешь, жалея свою мать, *эрэндэри.*

9 Ну, жена *пудин* умирает, что делать? Он убил свою мать.

10 Потом эта женщина, кровью измазавшись, [кровь] пьет. Как хорошо стало.

11 Так жили, жили. Он свою мать похоронил, убив ее.

12 [Жена опять] не спит. Снова заболела. Никак не спит.
Не спит, снова заболела.

13 «Друг *пудин*, почему опять болеешь?»
Убей своего отца, *эрэндэри,*
От крови твоего отца я поднимусь, *эрэндэри,*
Выпив его крови, я бодрой стану, *эрэндэри,*
Убей своего отца, *эрэндэри,*
О том, чтобы от крови твоего отца, твоего отца подняться, *эрэндэри,*
пудин твоя жена, *эрэндэри,*
плачет [умоляет], *эрэндэри,*
почему ты не хочешь, *эрэндэри?*

14 Потом это, он снова убил [на этот раз] своего отца.
[Жена] эту кровь досыта пьет. Очень хорошо [ей стало], поправилась.

15 Теперь там, в лесу отца похоронил. *Мэргэн* остался один с женой.

16 В лес пошел и все узнал [услышал, как она поет, обращаясь к своему духу].
Отец, отец, *эрэндэри,*
От крови, *эрэндэри,*
Друга мэргэна, *эрэндэри,*
Ты проснешься ли, *эрэндэри,*
От его гноя, *эрэндэри,*
Ты восстанешь ли, *эрэндэри.*

17 Э, *мэргэн* услышал это. Спрятавшись, подслушал. Потом *мэргэн* убил жену.

18 Она хотела убить его, но он ее [раньше] убил, и на этом закончилось. Все.

Диӈ-диӈ-дя

1 Эм дё долани-ла малкина малодоани, опоаӈкина омодоани, сулкинэ сусудуэни-лэ, ичэру, эм наондёкан балдихани.
2 Элэ-гдэ кэрхэку, элэ-гдэ букучи-дэ.
3 Тэй долбо ини аоми туй бие, ундэ. Туй бидуэни-лэ эм пудин дичини.
4 Уйкэ миа-а нихэлихэни.
5 Тяоӈкин-тиаоӈ ирэ ундэ.
6 Гиасда ӈэмди, уӈчухун-дэ ӈэмди, яӈпан ӈэмди-дэ.

Гэ, эсини-дэ, диӈ-диӈ-дя,
Калагои, диӈ-диӈ-дя,
Букучи най-да, диӈ-диӈ-дя,
Бэрэгуи, диӈ-диӈ-дя,
Тору тои, диӈ-диӈ-дя,
Тойӈкаӈгои, диӈ-диӈ-дя,
Сэвэмбэни сугдигуй, диӈ-диӈ-дя!
Дэхи дирэ, диӈ-диӈ-дя,
Хэрсигуи, диӈ-диӈ-дя,
Гочин гора, диӈ-диӈ-дя,
Готогои, диӈ-диӈ-дя,
Бахамбиа, диӈ-диӈ-дя.

7 Нуктэкэндулэни уигуми, хоар-р кикоар ирчигуми эугуй, ундэ.
8 Э, тэй букучивэ туй онди хумэси туй кутучими энэйни.
9 Туй энэмиэ, энэмиэ, ичэру, эм дёгдола исиохани. Уйкэвэ нихэлихэни.
10 Дюэр пудин тэсие, ундэ.

Эгэ, эгэ, диӈ-диӈ-дя,
Ари илха адачиани, диӈ-диӈ-дя,
Энэгуи, диӈ-диӈ-дя,
Сэвэмбэ сугдигуй, диӈ-диӈ-дя,
Дайчами дайлигой, диӈ-диӈ-дя,
Бахамбиа, диӈ-диӈ-дя,
Гочин гороа, диӈ-диӈ-дя,
Готогои, диӈ-диӈ-дя.

11 «Апаӈго, ебелэ биусуэ.
12 Най балдихани, муиктэ ана, дачан ана хали-да одасиа».

Апаӈго, диӈ-диӈ-дя,
Най дёгдоани, диӈ-диӈ-дя,
Эм дачан дяраливани-да эчиэ долдиаи, диӈ-диӈ-дя,
Хай гокони, диӈ-диӈ-дя,
Хай осидяра, диӈ-диӈ-дя.

13 Дяпар-дяпар энухэни. Тотара туй энэхэ, дёгдоли исиоха.
14 Тэй букумбэ-тэни, сиалба тава уелэни лохачи.
15 Тотара эдимулиэ-лэ, ичэгуру, гочин гора готогои, дэхин дэрсун диркэгуи, ичэру, эдимулиэ дэрэду тэгурэ сиаричи, ундэ.

1 ▸ 00:00 ‖ 5 ▸ 0:28 ‖ 7 ▸ 1:01 ‖ 10 ▸ 1:15 ‖ 11 ▸ 1:35 ‖ 15 ▸ 2:05 ‖

Динг-динг-дя

1 В одном доме на покинутом кане мало,
[…] в заброшенном месте жил один мальчик.
2 С горбом, горбатый.
3 Он ночь и день спал. Когда он так жил, одна *пудин* пришла.
4 Дверь со звуком *миа-а* открыла.
5 [Со звоном бубна и подвесок на шаманском поясе] *тяонкин-тиаонг* вошла.
6 Светлеет венок на голове, и бубен светлеет, и пояс светлеет.
Ну, я человек [шаманка], делающая поминки *каса, динг-динг-дя,*
[Я пришла], чтобы принести в жертву, *динг-динг-дя,*
Горбатого человека, *динг-динг-дя,*
Чтобы на наживку [его] пустить, *динг-динг-дя.*
[Горбатый], поднимись, *динг-динг-дя,*
Чтобы я тебя ударила, *динг-динг-дя.*
Когда [идола] *сэвэна* буду угощать, *динг-динг-дя!*
Чтобы от сорока наковален *динг-динг-дя,*
[мне духов] звать, *динг-динг-дя,*
Чтобы по тридцати шаманским дорогам [мне ходить], *динг-динг-дя,*
Чтобы [мне] выздороветь, *динг-динг-дя,*
Я нашла [его], *динг-динг-дя.*
7 За волосы схватила, со звуком [*хоар-р кикоар*] волоча его,
спустилась к берегу.
8 Того горбатого то вверх лицом, то вниз лицом волоча, уходит.
9 Идет, идет, до одного дома дошла. Дверь открыла.
10 Там две *пудин* сидят.
Сестры, сестры, динг-динг-дя,
Чтобы дойти
До пестрого места Ари, *динг-динг-дя,*
Чтобы [идолов] сэвэнов угостить, *динг-динг-дя,*
Чтобы быть еще большей шаманкой, *динг-динг-дя,*
Я нашла [его], *динг-динг-дя,*
Чтобы [пройти] по тридцати [шаманским] дорогам *динг-динг-дя,*
И выздороветь, *динг-динг-дя,*
11 «Дорогая, потише!
12 Никогда не бывает так, чтобы у родившегося человека не было корней
и основания [рода]!»
Дорогие, *динг-динг-дя,*
В доме у него, *динг-динг-дя,*
Я не слышала голоса ни одного рода, *динг-динг-дя,*
Никудышный он, *динг-динг-дя,*
Ничего [мне за это] не будет, *динг-динг-дя.*
13 [Со звуком] *дяпар-дяпар* ушла. После этого так шла и до своего дома дошла.
14 Того горбатого над горящим огнем повесила.
15 Потом с мужем, чтобы по тридцати шаманским тропам, по сорока
шаманским дорогам [пройти], они с мужем сели за стол и кушают.

16 Эй аӈмали туй гидали тэй аӈмалани туй гидали.
17 Туй тэсидуэчи, ичэру, эм элчи дичини.
Эден, пиа-коа,
эден, пиа-коа,
Дидюхэндиэдисиэ хай дякани дидэ, эден пиа-коа,
Хуйгудуэни хондако дайлани торие
индака инда, эде пиа.
18 Тэй хамиалани эм кэкэ ирэ, ундэ.
Эден пудин, ихоа-хоа,
Эден пудин, ихоа-хоа,
Дидюхэндиэси хайва-да отоливаси, ихоа-хоа,
Хай дяка дидэ, ихоа-хоа.
19 Пудиӈгулэ ниэхэни. Тэде-дэ бичини.
20 Хуюн да хуйгулун, на удин наӈги, дидэ, ундэ.
21 Хуйгуни хондако дайлани. Хамача-да торивани отоливаси.
Туе туруӈгу, диӈ-диӈ-дя,
Туе гэ тогу, диӈ-диӈ-дя,
Сэвэн сугдим, диӈ-диӈ-дя,
Абая, диӈ-диӈ-дя,
Дэхи дайрам, диӈ-диӈ-дя,
Абая, диӈ-диӈ-дя,
Туе мочого, диӈ-диӈ-дя,
Анда мэргэн, диӈ-диӈ-дя,
Туе балдиори, диӈ-диӈ-дя,
Оркиӈгтала, диӈ-диӈ-дя.
22 Эси-тэни тэй эдин-тэни илира,
тэй сиантони-ла сиалбани хэм кучэнди дуктэхэни.
23 Буку агбиӈгой-гоа. Буку агбиӈгойди гэсэ гэл-л энэхэни.
24 Дё боалаи, ичэру, агбиоӈкини.
25 Тотара тэй пудиӈгулэ тотара тэй ходихани, тэй букунди-дэ каласиа. Элэ.

1 ▸ 00:00 ‖ 5 ▸ 6:12 ‖ 10 ▸ 7:11 ‖ 15 ▸ 9:34 ‖ 17 ▸ 2:17 ‖ 22 ▸ 3:18 ‖ 3:41

16 Она ему в рот кладет, он ей в рот кладет.
17 Когда так сидели, один слуга пришел.

Хозяйка, *пиа-коа,*
хозяйка, *пиа-коа,*
После того, как ты пришла, какое-то существо [сюда] идет,
Хвост его величиной с корзину,
вроде бы собака.

18 Следом за ним одна рабыня зашла,

Хозяйка *пудин, ихоа-хоа,*
Хозяйка *пудин, ихоа-хоа,*
После того, как ты пришла, ничего не понятно стало, *ихоа-хоа,*
Какое-то существо идет, *ихоа-хоа.*

19 *Пудин* вышла на улицу. И правда.
20 Девятисаженный медведь, земляной бурый медведь идет.
21 Хвост величиной с корзину. Что [за существо] поднимается [с берега], никак не поймешь.

Досюда [дойдя] остановись, *динг-динг-дя,*
Досюда поднимись, *динг-динг-дя,*
Сэвэну угощение, *динг-динг-дя,*
Я не поставила, *динг-динг-дя,*
Сорока дайран, *динг-динг-дя,*
Я не сделала, *динг-динг-дя,*
Отсюда вернись, *динг-динг-дя,*
Друг *мэргэн, динг-динг-дя,*
Так жить, *динг-динг-дя,*
Нельзя, *динг-динг-дя,*

22 Теперь муж встал и [путы висящего над] горящими углями [мальчика] ножом разрезал.
23 Горбатый освободился [букв. – появился] и сразу исчез.
24 В своем доме оказался.
25 *Пудин* на этом закончила, не приносит больше горбатых в жертву своим *сэвэнам*.

Дойнва

1 Эм Дойнва энимулиэ балдихани. Туй би, туй бимэриэ.
2 Эси эм модаӈгола энини-лэ, ундиси, согбоа гиринаси сугдихэни-гуэ.
3 Согбоӈгои пасивани хэм сиахани.
Эниэ, эниэ, дойнва, дойнва,
Асигой диагой, дойнва, дойнва,
Гэлэндэгуэмби, дойнва, дойнва.
4 «Ичэру, най синду бурину, – унди, – симэчимэ баки найду асигоаси. Гэ, эну».
5 Энэпсиӈкини Дойнва. Энэмиэ, энэмиэ, иргэнчи энэхэни.
6 Эден хандолани тоха, ихэ. Эси малоду тэхэни Дойнва ундиси:
7 «Гэ, сиагоани бурусу!» – унди.
8 «Тэй сиахан-да котанди уй сиари чипчамба».
9 «Ая, оркин найва дэӈсими кэсику», – унди.
10 Дамхива омигой бури-дэ тэй омихан даиди, уйдэ омиаси.
11 «Гэ, ам хаоси энэйди тайсиа?» – унди.
Ка мапа, дойнва, дойнва,
Пиктэвэси, дойнва, дойнва,
Асигой, диагой, дойнва, дойнва,
Гэлэндэхэмби, дойнва, дойнва.
12 Топэй, топэй, – топичи, – хамача чукиндулэи пиктэе асигой,
диагой гэлэндэхэси!
13 Элчиусэл, дэрэгбэчи тойкамари пуӈнэгусу!»
Эден най, дойнва, дойнва,
Эди пуӈнэгуэсу, дойнва, дойнва,
Ми мэугуивэ, дойнва, дойнва,
Яягоива, дойнва, дойнва.
14 Гэ, элчиусэл ундичи:
15 «Мэугини ичэгуэри!»
Ка мапа, эдери, эдери,
Тэде бурэсиси-ну, эдери, эдери?
Ми-дэ дидюйдуе, эдери, эдери,
эниэ сугдулиӈгуэни сиахамба, эдери, эдери.
колансал кондали, эдери, эдери,
муйкисэл муксэлиэ, эдери, эдери,
дябдясал дяӈгариа, эдери, эдери,
хуюн да дёгоаси, эдери, эдери,
хувул-дэ хуситэ, эдери, эдери.
Дёан да дёгоаси, эдери, эдери,
дяка-гда хуситэ, эдери, эдери.
16 Кои, кои хусэхэни. Тиас муйки, дябдя,
эси-тэни мапачи маня хукчухэчи-гуэ.
17 Туй-тэни мапа-тани морахани-гоа:
18 «Ая, пиктэи бурэмби, бурэмби! Энуэнду, энуэнду!»
19 Ӈэлэхэ.

Дойнва

1 Жил Дойнва с матерью. Так жили, так жили.
2 Однажды мать его нарезала куски рыбьей кожи и угостила [ими духов].
3 Кусочки кожи все съела.

Мама, мама, *дойнва, дойнва,*
Жену подругу *дойнва, дойнва,*
Пойду искать *дойнва, дойнва,*

4 «Разве отдадут в жёны, – говорит, – такому ленивому, как ты человеку? Иди, если хочешь».
5 Отправился в путь Дойнва. Плыл, плыл, доплыл до селения.
6 Поднялся на берег хана и вошёл в дом. На кан *мало* [на почётное место] сел Дойнва.
7 «Дайте ему поесть!» говорят.
8 «Кто с его тарелки будет есть, такой он грязный».
9 «Ладно, если ухаживать за таким никчемным человеком, счастливым будешь», – говорят.
10 Дали ему покурить, и ту трубку теперь никто не курит.
11 «Куда идешь, что к нам пришёл?» – говорят.

Ка старик, *дойнва, дойнва*
Я твою дочь, *дойнва-дойнва,*
[Себе] в жены-подруги, *дойнва, дойнва,*
Пришёл просить *дойнва, дойнва,*

12 «Тьфу, тьфу! – плюётся [хозяин]. – Такой никчемный человек, и ещё за мою дочь свататься пришел!
13 Слуги избейте его и выгоните!»

Хозяин, *дойнва, дойнва,*
Не выгоняйте *дойнва, дойнва,*
Я буду плясать *дойнва, дойнва,*
Буду петь по-шамански *дойнва, дойнва,*

14 Тут слуги говорят:
15 «Пусть поет и танцует по шамански, посмотрим».

Как старик, *эдери, едери,*
И правда, не отдашь [дочь], *эдери, едери?*
Перед тем, как сюда приехать *эдери, едери,*
я поел сделанное матерью угощение духам, *эдери, едери,*
Червями свисающими, *эдери, едери,*
змеями ползучими, *эдери, едери,*
ужами быстрыми, *эдери, едери.*
я твой девятисаженный дом, *эдери, едери,*
окружу, выблевав их, *эдери, едери.*
В твой десятисаженный дом, *эдери, едери,*
выблюю их, *эдери, едери,*

16 Вырвало его. Полный дом змей, ужей, и все они напали на старика.
17 Тут старик закричал:
18 «Хорошо! Дочь свою отдам, отдам! Убери, убери!»
19 Испугался.

20 «Бурэмби», – унди.
21 Пайӈгади пачилахани, хамача муйки-дэ аба, колан-да аба очогохани.
Хэм аба.
Тэде бурисинy, дойнва, дойнва,
Тэде бурэсиси-ну, дойнва, дойнва?
22 «Бурэсимбиэ, бурэсимбиэ, – унди, – тэй! Бурэсимбиэ!»
23 «Бурэси осини, гучи мэури гэлиси?»
Дойнва, дойнва,
Гучи яяори гэлиси, дойнва, дойнва.
24 Мэупсиӈкини гучи.
Эдери, эдери,
Мэуривэ гэливэси мэугитэ, эдери, эдери,
ми-дэ коламби чиактолани тамби, эдери, эдери.
Амбан поктони алпала, эдери, эдери,
сэвэн поктолани сэптумсэ, эдери, эдери,
чава таоми хамор таориа, эдери, эдери.
Туйӈкэ дайлани тучэли кайлаӈгоива, эдери, эдери,
ходан тундэгуру, эдери, эдери.
25 Туй-тэни тэй уйкэ нихэлини, туйӈкэ дайлани тучэн ихэни.
26 Мапачи, ими мапачи маня хукчухэни.
27 Анана! Мапа-ла, мама-ла дяпалачиха.
28 «Гэ, энуэнду, энуэнду!»
29 Туй тами, ундиси, гэ, асигой баха. Мапа ундини:
30 – Асигой баха осини, отдельный дёгду балдиосу!
31 Минди гэсэ эди биэсу!»
32 Дёгой-тани то дуилэ куэден омониачи аӈгосихани дёгои.
33 Тэй мападу гучи дюэр пиктэ би-гуэ. Тэй хэм эдику.
34 Най дёгои аӈгосиха, чаду-тани, ундиси,
пудиӈгулэ эдичи Дойнвагочи ундини:
35 «Хай дёчоани, дёгои баохасимда ая,
тэй куэден омодиани дёгди хони бивури??»
36 Тотара тоас-тоас пачилахани.
37 «Гэ, дёгой гэлэхэси, дёкчии эну!»
38 Ниэхэни пудиӈгулэ.
39 Ниэхэ, ундиси, то дуелэни дёкаӈгоани аӈгохани бичин.
40 Хай-да улэн ӈэгден дё. Пудин хадёмби хэм таоси тобогохани.
41 Дойнвагони малоду пудин пуксинду, туй очогохачи.
42 Туй бимиэ. Эм модаӈгола пудин аминачии пулсихэнди дидюхэни.
43 «Дойнва би эси аосиана-тани эйниэ дуйси нэктэвэ вандамари тории унди.
44 Най-ма бичи осини, дахамчаси».
45 «Мэнэ торо, ми мова мологой тамби».
46 Тотара, ундиси, Дойнва мова молохани.
47 То дуйси тохани Дойнва, ундиси.
48 «Боаду би асии моримбива, буривэ, лэкэвэ тугбуру», – унди.
49 Тотара, ундиси, аӈма, хэсэ ачагоасилани эм морин тухэни.
50 Дойнва тэгухэни. Уйси морини дэгдэхэ, уйпэ энэхэ.

20 «Отдам», – говорит.

21 [*Мэргэн*] в ладоши ударил, никаких змей нет, червей не стало. Ничего нет.
Вправду ли отдашь, *дойнва, дойнва*?
Или не отдашь, *дойнва, дойнва*?

22 «Не отдам, не отдам! – говорит. – Не отдам!»

23 «Если не отдаешь, хочешь ли, чтобы я еще поплясал по-шамански?»
Дойнва, дойнва.
Хочешь ли, чтобы я пел по-шамански? *Дойнва, дойнва.*

24 Опять начал плясать по-шамански.
Эдери, эдери,
Если хотите, чтобы я шаманил, буду шаманить, *эдери, эдери*.
Я после змеек, еще что-то сделаю *эдери, эдери.*
По дорогам амбанов терпеливо, *эдери, эдери,*
по дорогам сэвэнов, ржавея, *эдери, эдери.*
[идя] делая [обряд], можно и маху дать, *эдери, эдери.*
Величиной с крышку от котла поражающая [врагов]
моя черепаха *эдери, эдери.*
быстро спустись *эдери, эдери!*

25 После этого, как только он открыл дверь, поражающая [врагов] черепаха, величиной с крышку котла, вошла.

26 На старика, как только вошла, сразу же напала на старика.

27 Ой, ой, ой! Старик схватился за жену.

28 «Убери, убери!»

29 Потом [Дойнва] женился. Старик говорит:

30 «Раз женился, живите в отдельном доме!

31 Вместе со мной не надо жить!»

32 Домик себе Дойнва построил возле леса величиной с собачью конуру.

33 У этого старика были еще две дочери. Все замужние.

34 После того, как домик построил, *пудин* говорит своему мужу Дойнве:

35 «Какое мучение, хоть бы дом был бы, а то в этой конуре как жить?»

36 Дойнва ударил в ладоши *тоас-тоас*.

37 «Ну, дом просила, и иди в свой дом!»

38 Вышла *пудин* на улицу.

39 Вышла, видит, возле леса дом построен.

40 Какой хороший светлый дом. *Пудин* все вещи, все туда перенесла.

41 Дойнва на кане *мало, пудин* на нарах *пуксун*, так устроились.

42 Так стали жить. Однажды *пудин* ходила в гости к родителям, вернулась домой:

43 «Дойнва, сейчас, сегодня зятья пойдут на охоту на кабана.

44 Был бы ты как человек, пошёл бы следом за ними».

45 «Ты сама иди в лес, а я за дровами пойду».

46 Дойнва пошёл за дровами.

47 Подальше в лес зашёл Дойнва.

48 «Небесная моя жена, спусти моего коня, лук и стрелы».

49 Не успел он рот закрыть, как конь спустился с неба.

50 Дойнва сел на коня. Вверх его конь взлетел, и по небу полетел.

51 Пудин аосинани дюэр мэргэнчи исинахани.
52 Эм сагди нэктэ ичэхэни, мэргэн гарпахани.
53 Гарпара, ундичи, исихани, улэктэни буйгуктэни хэм тэучигухэ.
54 Хэмдэни кактахарини дочиани амчичи, чиэчичи тахани.
55 Тотара моринчи тэй бэюмбэ хэм тэучихэни.
56 Эугухэ, тактои кирачиани нэкухэ. Моримби хадёмби уйси тогоаӈкини.
57 Тотара игухэни. Сиксэ аосинани-ла, ундисиэ, эугухэчи.
58 Гэ, инэктэйчи.
59 «Хайми аосии, Дойнва эдиси эчиэ торани», – унди.
60 Сиксэ мапачан пиктэи, пудимбэ, кэкэвэ ӈанигоаӈкини.
61 Тотара, ундиси, эухэ пудин, кэкэ гэлэндэчихэни.
62 Пудин тэй дюлиэлэни ичэхэни най нэхэмбэни такто кирадоани.
63 Хайлара сиаорива баргихачи элчиусэл. Аосинани инэктэйчи:
64 «Дойнва эдиси хайми торачини?»
65 Пудиӈгулэ, ундиси, энучиэни Дойнва боачи ниэхэни.
66 «Боадиади би асии моримбива хадёмбива тугбуру», – унди.
67 Аӈмани ачагойдоани дюлиэлэни тугбухэни.
68 Тухэ, таваӈки-ла, ундиси, морин оялани тэхэ, уйси тохани.
69 Боа най осихани. Туридуи сиумбэ-лэ лип тахани.
70 Уй ичэхэ, уй саха, боа най турием.
71 Тотара, ундиси, тухэ, тэй най саолидоани. Гэ, мапа, мама хайлара.
72 «Боа най, сиагоаси уйвэ тавамбори?» – унди.
73 «Дойнва асивани маня тавандосу, – унди. –
74 Тэй уликсэвэ ми эм пасиада гэлэсимби.
75 Гойва ми туридуи вахан дякава маня сиавандосу».
76 Гэ, чава баргиха, Дойнва асини маня сиаорива таха.
77 Тотара, ундиси, пудиӈгулэ туй дэӈсини чаду.
78 «Ми сиахамби пулэвэни-тэни, ми сиахамби котамба алиова хэм Дойнва асидоани маня бухэрсу», – уӈкини.
79 Тотара Дойнва токойгоа. Тэй токойдоани туй хайриа, токоха.
80 Тотара пудиӈгулэ тэй котасалба тобого дяпахани. Гэ, эдичи:
81 «Нихэлиру», – ундини.
82 Нихэлихэ.
83 «Гэ, хайду бахаси?» – ундини эдини.
84 «Гэ, боа най тугбуэчихэ», – ундини-гуэ.
85 Мимбивэ маня сиаорива таваӈки, – унди.
86 Тотара асимолиа сорипсиӈкичи.
87 Сорипсиӈки, унди,
Дойнва-да эм сиавандами мэнэ-дэ сиарами туй акпаӈкичи.
88 Пудиӈгулэ долбоа сэнэхэни. Нэпсиэк инэхэни бичин.
89 Тотара, ундиси, боачи ниэхэни. Хосакта яӈ.
90 Игуйдуи, Дойнваӈочи, ичухэни.
91 Дойнваӈгони тэй боа найни чаду аомиа бини,
дёптомбани дякпадои нэрэ-дэ.
92 Дойнва дёптомбани дяпара, сиӈгэрэ омочиани гидаха, чилпагоха.
93 Анана, эди бароани хукчугухэни. Гэ, эдигуй баригоа.

51 До двух *мэргэнов* до зятьев *пудин* добрался, [до места, где они охотились].
52 Увидел старого кабана, *мэргэн* выстрелил.
53 Выстрелив, подошёл [к убитому животному],
хорошие жирные куски [себе] положил.
54 В вонючий живот [убитого зверя] справил большую и малую нужду.
55 Потом погрузил животное на своего коня.
56 Вернулся домой, положил все возле амбара.
Коня и остальные вещи отправил на небо.
57 Потом зашёл домой. Вечером зятья вернулись с охоты.
58 Смеются:
59 «Почему зять наш, муж твой Дойнва с нами не пошёл?» – говорят.
60 Вечером старик за своей дочерью *пудин* отправил рабыню.
61 После этого *пудин* пошла, раз рабыня пришла за ней.
62 *Пудин* увидела перед тем, что кто-то положил возле ее амбара мясо.
63 Много еды наготовили слуги. Зятья смеются:
64 «Почему твой муж Дойнва на охоту не пошёл?»
65 Когда *пудин* ушла, Дойнва вышел на улицу.
66 «Моя жена, живущая на небе, спусти моего коня и мои вещи!» – говорит.
67 Не успел его рот закрыться, уже опустила.
68 Опустила, тогда он сел на коня, полетел вверх.
69 Стал небесным человеком. Когда опускался на землю, закрыл солнце.
70 Каждый увидел, каждый узнал, небесный человек опускается.
71 Потом опустился на этот праздник. Вот старик с женой [обрадовались]:
72 «Небесный человек, кому варить для тебя обед?» – говорят.
73 «Только жена Дойнвы пусть мне готовит.
74 Мяса вашего ни кусочка не хочу.
75 Только другим, недавно добытым мясом кормите меня».
76 Ну, приготовила жена Дойнвы, еду ему сделала.
77 Затем *пудин* стала обслуживать небесного человека.
78 «Остатки еды с моей тарелки, посуду с которой я ел, все отдайте жене
Дойнвы».
79 После этого Дойнва улетел. Когда улетал, [все] провожали его.
80 Потом *пудин* все эти тарелки, еду домой принесла. Своему мужу:
81 «Открой [дверь]!» – говорит.
82 Открыл.
83 «Ну, где [это] нашла?» – говорит ее муж
84 «Опускался небесный человек, – говорит.
85 Только меня просил готовить еду».
86 Тогда он с женой стал ссориться.
87 Так сорились, что она ни Дойнва не покормила, ни сама не поела,
так и легли спать.
88 *Пудин* проснулась ночью. День наступил.
89 Тогда вышла на улицу, звезды ясные на небе.
90 Заходя в дом, на своего Дойнва посмотрела.
91 Дойнва – это тот небесный человек спит там, положив рядом свою
[старую] кожу.
92 Взяв эту старую кожу, в крысиную нору затолкала, замазала глиной.
93 Ой-ой-ой, к своему мужу бросилась. Вышла замуж.

94 Тотара, ундиси, диа чиманиа тэй боачи пулсихэм хэм ивугухэ, дёкчи хэм ивугурэ, пуючихэ, бэсэрэду тиас.

95 «Гэ, аосии, энимби, амимби гэлэнду, эгди ваханиа эди ундэ».

96 Илан бэгдику гормохокамба вара, чава хасасимиа, силан ваханидиани моголора гэлэндэхэмби,

97 суэ-дэ сиагосу, туй уӈгухэри», – унди.

98 Гэ, пудин эухэ. Эурэ, ундиси, туй уӈкини. Гэ, аосинани инэктэй.

99 «Уйду исигоани?»

100 Инэктэйчи. Пудин аосимби, энимби, амимби, элчиусэлбэ хэм гэлэгухэни.

101 Тотара пудиӈгулэ токоха дёкчи, дён-да хай ачи улэн осигохани-гоа!

102 Гэ, аосини, амини, энини тоха, ихэ.

103 Имэри камичиони, боа найни чаду тэси.

104 Гэ, эси-тэни саолимба баргиха.

105 «Эй дэрэгди, эй комондии асигой гэлэндэри-гуэ.

106 Туй гэлэндэхэси осини, хай най осисира», – унди.

107 Гэ, асигой баха.

108 Хадолта хадолта аркива омиха, тотара, ундиси, эугухэ мапана. Тотапи-тани:

109 «Мапа, мама, – мэргэн ундини-гуэ, – энуэмбиэм ми дёкчи.

110 Мапа, энуйси-ну, дэрэдигуйси-ну?» – унди.

111 «Аба, эй чукин гурунди ми дэрэдигуэсимби, – унди.

112 Синди гэсэ энури».

113 Мапава, мамава мэндии гэсэ гадёми дёкчии дидюхэ.

114 Тотара туй дёгдои би.

«Гокилан» → ‹28›, с. 230
Дранишникова Алина, 9 лет, с. Троицкое

94 На следующее утро занесли все то мясо, которое он там оставил, наварили, разложили, заставив всю лавку *бэсэрэ*.
95 «Ну, сходи за матерью, отцом и зятьями, не говори, что много поймал.
96 [Скажи], трехногого зайца поймал, убил его, еле догнав,
97 скажи, что супчик из него сварила и за вами пришла», – говорит.
98 *Пудин* пошла и сказала им так, как он сказал. Зятья над ним смеются.
99 «Кому хватит?»
100 Смеются. *Пудин* позвала зятьев, мать, отца и слуг даже, всех позвала.
101 Вернулась *пудин* домой, дом такой красивый стал!
102 Вот пришли зятья, отец и мать, зашли в дом.
103 Зайдя, удивились, небесный человек там сидит.
104 Угощение приготовлено.
105 «Вот с этим лицом, с этим видом за женой надо было приходить.
106 Если бы так пришел за женой, кто бы тебе отказывал», – говорят.
107 Вот они поженились.
108 Сколько-то дней попраздновали, вернулись старики домой. *Мэргэн* говорит:
109 «Тесть и теща, – *мэргэн* говорит, – я домой вернусь.
110 Тесть, ты поедешь со мной или останешься?» – говорит.
111 «Нет, я с такими плохими людьми не останусь, – говорит.
112 С тобой вместе уеду».
113 Старика и старушку с собой вместе забрал, домой поехал.
114 Потом так дома живет.

«Выдра» → ‹25›, с. 224
Дымова Вика, 8 лет, г. Комсомольск-на-Амуре

Эдии гэлэгуй эктэ

1 Эм пудин эмучэкэн балдихани. Туй бими, эси-лэ эси.
2 Э, пурил-дэ хайла-да боаду хупи-дэ хайри.
3 Э, эди эксэмиэ панё-гоа аӈгора вайси дегдиндэхэе.
4 Э, вайси дегдиндуэни-тэни эм гучэӈгулэди солондо кумуриу-у сапси кирадо.
5 Пудин-тэни эдивэ соӈгойни-гоа.

Гучэн гугу, сикояӈго,
Эди, диаи, сикояӈго,
Ичэчиси-ну, сикояӈго,
Хайду-да, сикояӈго,
Долдиачиси-ну, сикояӈго?
Гучэн гугу, сикояӈго,
Хусэ пиктэ, сикояӈго,
Лэкэ, бури, сикояӈго,
Дяпалоха, сикояӈго.
Эктэ пиктэ, сикояӈго,
Хурмэ, томпо, сикояӈго,
Дяпалоха, сикояӈго.
Эди, диаи, сикояӈго,
Хуэдэхэмби, сикояӈго,
Эди, диаи, сикояӈго,
Гэлэгуми, сикояӈго,
Чихаламби, сикояӈго.
Хайду-да, сикояӈго,
Долдиачиси-ну, сикояӈго?

Ам ичэру, куркундиэ,
Хайла-да эчиэ долдиапу, куркундиэ,
Ми-лэ хай-да сарасимби, куркундиэ.
Ми хамиалаива, куркундиэ,
Дава дада, куркундиэ,
Дидие, куркундиэ,
Чала хай-да мэдэвэни, куркундиэ,
Долдидячи, куркундиэ.

6 Туй энухэ-э. Бэктэн бичи дава кумуриу-у сологохани, эси-лэ эси:

Дава дада, сикояӈго,
Эди, диаи, сикояӈго,
Ичэчиси-ну, сикояӈго,
Долдиачиси-ну, сикояӈго,
Хайду-да, сикояӈго?
Эктэ пиктэ, сикояӈго,
Хурмэ, томпо, сикояӈго,
Дяпалоха, сикояӈго.
Хусэ пиктэ, сикояӈго,
Лэкэ, бури, сикояӈго,

Как женщина своего мужа искала

1 Жила одна *пудин*. Так живет.
2 Э, ее дети на улице играют.
3 Э, не дождавшись своего мужа,
его куклу *панё* сделала и на берегу поминки *дегдин* стала делать.
4 Э, когда делала поминки на берегу, одна щука вверх против течения
быстро плывет у поверхности воды у берега.
5 *Пудин* о своем муже плачет.

Щука тетя, *сикоянго,*
Моего мужа, друга, *сикоянго,*
Не видела ли, *сикоянго*,
Где-нибудь, *сикоянго,*
Не слышала ли, *сикоянго?*
Щука тетя, *сикоянго,*
Сын, *сикоянго,*
Стрелы и лук, *сикоянго,*
Стал брать, *сикоянго.*
Дочь, *сикоянго,*
Иглу и нитки, *сикоянго,*
Стала брать, *сикоянго.*
Я своего мужа, друга, *сикоянго,*
Потеряла, *сикоянго,*
Своего мужа, друга, *сикоянго,*
Найти, *сикоянго,*
Не смогла, *сикоянго.*
Где-нибудь, *сикоянго,*
Слышала ли, *сикоянго?*

Послушай, *куркундиэ,*
Мы нигде не слышали, *куркундиэ,*
Я ничего не знаю, *куркундиэ.*
Вслед за мной, *куркундиэ,*
Кета тетя, *куркундиэ,*
Придет, *куркундиэ,*
От нее какие-нибудь новости, *куркундиэ,*
Ты услышишь, *куркундиэ.*

6 Так поплыла. Немного погодя, кета быстро плывет у поверхности воды
вверх против течения.

Кета тетя, *сикоянго,*
Моего мужа, друга, *сикоянго,*
Ты не видела ли, *сикоянго,*
Ты не слышала ли, *сикоянго,*
Где-нибудь, *сикоянго?*
Дочь, *сикоянго,*
Иглу и нитки, *сикоянго,*
Стала брать, *сикоянго.*
Сын, *сикоянго,*
Стрелы и лук, *сикоянго,*

Дяпалоха, сикояӈго.
Эди, диаи, сикояӈго,
Хуэдэхэмби, сикояӈго,
Хайду-да, сикояӈго,
Бивэн-дэ, сикояӈго,
Долдиачиси-ну, сикояӈго?
Ам ичэру, куркундиэ,
Буэ хайла-да эчиэ долдиапу, куркундиэ,
Хай-да сарасипу, куркундиэ.
Ми хамиалаива, куркундиэ,
Адин ама, куркундиэ,
Солоива, куркундиэ,
Чала, куркундиэ,
Хай-да мэдэвэни, куркундиэ,
Долдидячи, куркундиэ.

7 Э, туй тэй энэхэ. Хамиалани-ла адин ама чилуриэ дидюйни.
Адин ама, сикояӈго,
Эди, диаи, сикояӈго,
Долдиачиси-ну, сикояӈго,
Хайду-да, сикояӈго?
Хуэдэхэмби, сикояӈго.
Сарачи-ну, сикояӈго?
Эди, диаи, сикояӈго,
Хуэдэхэмби, сикояӈго.
Хусэ пиктэи-дэ, сикояӈго,
Лэкэ, бури, сикояӈго,
Дяпалоха, сикояӈго.
Эктэ пиктэи, сикояӈго,
Хурмэ, томпо, сикояӈго,
Дяпалоха, сикояӈго.
Эди, диаи, сикояӈго,
Хуэдэхэмби, сикояӈго.
Ам ичэру, куркундиэ,
Эдиси, куркундиэ,
Эчиэ будэ, куркундиэ.
Эй маӈбо солиалани, куркундиэ,
Асигой бахани, куркундиэ,
Асиди гэсэ бини, куркундиэ,
Элэ дидюе, куркундиэ,
Эди соӈгора, куркундиэ,
Бокой боридидиами, куркундиэ,
Уликсэвэ, куркундиэ.
Хайгой соӈгойси, куркундиэ?

8 Э, пудин-тэни панёва боячиха, токоха.

9 Э, пурил гусэрин-гуэ амичи дидюе, амичи тайдое.

10 Эдини-лэ, эси, э, иргэм далигоми дидюхэ.

11 Хайлара, эдинчи-тэни иргэӈку асику исиндоханду пуригби хайло агданасим баогойдо!

Стал брать, *сикоянго.*
Я своего мужа, друга, *сикоянго,*
Потеряла, *сикоянго,*
Откуда-нибудь, *сикоянго,*
[где он] живет, *сикоянго,*
Ты слышала ли, *сикоянго?*
Послушай, *куркундиэ,*
Мы ничего не слышали, *куркундиэ,*
Ничего не знаем, *куркундиэ.*
Вслед за мной, *куркундиэ,*
Калуга отец, *куркундиэ,*
Против течения плывет, *куркундиэ,*
От него, *куркундиэ,*
Какие-нибудь новости, *куркундиэ,*
Ты услышишь, *куркундиэ.*

7 Э, так она уплыла. Вслед за ней калуга отец, скользя по поверхности воды, приплывает.

Калуга отец, *сикоянго,*
О моем муже, друге, *сикоянго,*
Ты не слышала ли, *сикоянго,*
Где-нибудь, *сикоянго?*
Я [его] потеряла, *сикоянго.*
Ты не знаешь ли, *сикоянго?*
Своего мужа, друга, *сикоянго,*
Я потеряла, *сикоянго.*
И сын мой, *сикоянго,*
Стрелы и лук, *сикоянго,*
Стал брать, *сикоянго.*
Моя дочь, *сикоянго,*
Иглу и нитки, *сикоянго,*
Стала брать, *сикоянго.*
Своего мужа, друга, *сикоянго,*
Я потеряла, *сикоянго.*
Послушай, *куркундиэ,*
Твой муж, *куркундиэ,*
Не умер, *куркундиэ.*
В верховьях этой реки, *куркундиэ,*
Он жену нашел, *куркундиэ,*
Вместе с женой живет, *куркундиэ,*
Скоро приедет, *куркундиэ,*
Не плачь, *куркундиэ,*
Бокой боридидиами, *куркундиэ,*
Уликсэвэ, *куркундиэ.*
Зачем ты плачешь, *куркундиэ?*

8 Э, *пудин* сломала куклу *панё* и поднялась [с берега к дому].
9 Э, дети говорят, что их отец приехал, амичи тайдое.
10 Ее муж, э, [жителей] селения забрав, [в это место] приехал.
11 Мужу с [жителями] селения,
с женой приехавшему их дети как радовались, когда встретились!

Эктэ-гаса

1 Аӈмолиа балдихачи. Агдима асигои эм пудимбэ бахани.

2 Туй тара-тани асини нэуни-тэни энэхэни, гаса осира дэгдэхэни.

3 Дёкчи дякпадоани амоан бароани дохани, элбуси, доӈдогой тахани.

4 Тотара эйкэни эдии хусэ нэудиэни энэхэни амоан бароани. Сирихачи.

5 Эйкэни нэуи гаса осихамбани ичэхэни. Гаса дэгдэчихэни.

6 Хони нэуи довамборини? Эйкэни дярини:

Каӈгироканди найна,
Боӈго гасади боӈгомдиди, каӈгироканди найна,
Доӈкодои, каӈгироканди найна,
Догойсила, каӈгироканди найна,
Алдан гасади маӈгалами, каӈгироканди найна,
Догойсила, каӈгироканди найна,
Доӈкодои, каӈгироканди найна,
Догойсила, каӈгироканди найна.

7 Тотара тэй эктэ гаса-тани таодагоми дярилохани:

Ивэру-ивэру, амоаӈгодои, ивэру-ивэру,
Догоми-ла, ивэру-ивэру,
Ивэруду, ивэру-ивэру,
Долбамба баори, ивэру-ивэру,
Доӈкодои догоми-ла, ивэру-ивэру,
Долбамба баори, ивэру-ивэру.

8 Гаса уйпэ-гдэл хэриэчи. Туй тара мэргн соӈгойни:

Егэрэ-егэрэ, догойси-ла, егэрэ-егэрэ,
Амоаӈгои, егэрэ-егэрэ,
Доӈкодои, егэрэ-егэрэ,
Догойси-ла,
Симбиэ-тэни, егэрэ-егэрэ,
Уй-дэ-дэ, егэрэ-егэрэ,
Долбаласи, егэрэ-егэрэ, егэрэ-егэрэ, егэрэ-егэрэ.

9 Туй тара гаса эктэ осигохани. Элбуси.
Тотара мэргэн гаса дёптомбани дяихани.

10 Туй тамиа мэргэн тэй эктэди мамалахани.

1 ▸ 00:00 ‖ 5 ▸ 0:33 ‖ 7 ▸ 1:19 ‖ 8 ▸ 1:56 ‖ 9 ▸ 2:35 ‖ 2:47

Девушка-утка

1 Два брата жили. Старший брат женился на одной *пудин*.
2 После этого младшая сестра его жены ушла,
превратилась в утку и улетела.
3 Рядом с домом на озеро опустилась, плавает, по земле ходит.
4 Тогда старшая сестра, ее муж и младший брат мужа пошли на озеро.
Спрятались.
5 Старшая сестра увидела свою младшую сестру, ставшую уткой.
Утка летала.
6 Как заставить младшую сестру опуститься? Старшая сестра поет:

Кангироканди найна,
Первая утка среди первых, *кангироканди найна,*
Там, где садятся дикие птицы, *кангироканди найна,*
Опустись, *кангироканди найна,*
Устав летать среди уток, *кангироканди найна,*
Опустись, *кангироканди найна,*
Там, где садятся дикие птицы, *кангироканди найна,*
Опустись, *кангироканди найна.*

7 Тогда та девушка-утка, отвечая, запела:

Ивэру-ивэру, на озеро, *ивэру-ивэру,*
Опущусь, *ивэру-ивэру,*
Ивэруду, *ивэру-ивэру,*
И врасплох [меня] застанете, *ивэру-ивэру,*
Там, где садятся дикие птицы, опущусь, *ивэру-ивэру,*
И врасплох [меня] застанете, *ивэру-ивэру.*

8 Утка вверху летает. Тогда *мэргэн* заплакал:

Егэрэ-егэрэ, ты опустишься, *егэрэ-егэрэ,*
На озеро, *егэрэ-егэрэ,*
Там, где садятся дикие птицы, *егэрэ-егэрэ,*
Опустишься,
И на тебя, *егэрэ-егэрэ,*
Никто, *егэрэ-егэрэ,*
Не нападет, *егэрэ-егэрэ, егэрэ-егэрэ, егэрэ-егэрэ.*

9 После этого утка девушкой стала. Плавает.
Тогда *мэргэн* [сброшенную девушкой] шкурку утки спрятал.
10 В конце концов, *мэргэн* женился на той девушке.

Кагба

1 Эм наондёкан малкина малодоани, сулкинэ сусудуэни долбо, ини туй аоми би.

2 Туй тара аохамби дуэлэни, ичэру, чаӈсоап тэхэни.

3 Э, хай-да толкимба бахани-качи умэкэӈгуйни баргихани.

4 Баргира туй умэкэлэндэми эухэни.

5 Умэкэни-лэ дэӈ-дэӈ тахани.

6 Тотара дярилохани:

Мо осини, данила,
Моктоаро, данила.
Сукту осини, данила,
Сучуэпсинду, данила.
Суӈпу осини, данила,
Сучуэпсинду, данила.
Соакта осини, данила,
Сухиэлэру, данила.
Паякта осини, данила,
Паӈгапсиндо, данила.
Сукту осини, данила,
Сучуэпсинду, данила.

7 Туй тамиа силан татагохани. Эм кагба.

8 Тэй кагба-тани, ичэру, хай-да агданасими агбимбогора.

9 Надо нэридуэни калта энэхэни. Хэрэ, арчокамба агбиӈкини. Гэ, хай отолини?

10 Тэй арчокан асигой бара, туй очогохани. Элэ. Все.

«Кагба»
Кривенко Катя, 11 лет,
г. Комсомольск-на-Амуре

1 ▸00:00 ‖ 5 ▸0:20 ‖ 7 ▸0:50 ‖ 1:07

Кувшин

1 На покинутом кане *мало*,
в заброшенном стойбище мальчик спал день и ночь.
2 Потом спать закончил и вскочил.
3 Э, согласно увиденному сновидению приготовил удочку.
4 Приготовив, пошел на берег удить.
5 Удочка крепко-крепко застряла.
6 Тогда он запел:

Если дерево, *данила,*
Сломайся, *данила.*
Если ветка, *данила,*
Отломись, *данила.*
Если кочка, *данила,*
Оторвись, *данила.*
Если полынь, *данила,*
Отцепись, *данила.*
Если трава, *данила,*
Отпусти, *данила.*
Если ветка, *данила,*
Отломись, *данила.*

7 Наконец, еле вытащил. Кувшин.
8 Как он обрадовлался, когда показался тот кувшин.
9 Когда на землю его ставил, он треснул. Ох, красивая девочка [из кувшина] появилась. Ну, как понять?
10 Ту девочку он в жены взял, так стало. Все. Все.

«Девушка-утка» → ‹33›, с. 250
Оненко Ира, 14 лет, с. Найхин

Кумбиэк кэюкэ

1 Эм мапа мама балдихани. Пиктэчи эм арчокан, хайло улэн кармадян.

2 Туй бие, туй балдие, ичэру. Тэй-тэни тэй арчокан-тани туй балдими туй бими-тэни даи эктэ пудин очини-гоа.

3 Эси-тэни тэй амини энини-тэни нёани эдигуэни гой ная бахачи, гой иргэн би ная.

4 Туй тами-да тэй арчокан ичэми-да абани, хаим-да абани.

5 Тэй арчокан-тани толкиндо аминдо андакачини мэргэн бини-гоа.

6 Туй тара эси-тэни най еӈгси дичин, гэ, най аркиа оми. Энини амини акпаӈкини.

7 Туй тара тэй пудин, арчокан-тани, ичэру, гиаматалагой хадёмби хэм тэтулухэни.

8 Хойполагой-да, сидэрилугуй-дэ, сандяхалагой-да, хоникалагуй-да, хамача, дурдул омол омологоханиа, хамача, гиамата апомба тэтугухэни.

9 Туй тара таваӈки-тани энэпсиӈкини.
Туй энэмиэ, энэмиэ-тэни дярилохани-гоа тэй арчокан. Туй-тэни
   Модакамба холидой, кумбиэк кэюкэ,
   Могдён очога.

10 Эйвэ, эйвэ мокчодоани туй муэчи нали туй энэйни-гуэ. Туй
   Кумбиэк кэюкэ,
   Сиргэгэкэмбэ холидой, сидэрикэм налахам, кумбиэк кэюкэ,
   Хорпомба холидой, хонякамби налахам, кумбиэк кэюкэ.
   Сиргэгэкэмбэ сиричими, кумбиэк кэюкэ,
   Аодакамба аидой апокамби налахам, кумбиэк кэюкэ.

11 Туй энэмиэ, энэмиэ дёгдолани исихани, тэй андарби дёгдолани.

12 Эси-тэни андарби тоилани торини-гоа.
   Кумбиэк кэюкэ,
   тоилани торидой, кумбиэк кэюкэ,
   Топто дилган, кумбиэк кэюкэ.
   Тулиэчэни ичухэм, кумбиэк кэюкэ,
   Туту дилган, кумбиэк кэюкэ.
   Уйкэчиэни ичухэм, кумбиэк кэюкэ,
   Уйгур дилган, кумбиэк кэюкэ.
   Кэндэрхиндуэни тактолам, кумбиэк кэюкэ,
   Кэку дилган, кумбиэк кэюкэ.
   Каничиани ичухэм,
   Каӈго дилган, кумбиэк кэюкэ.
   Худиэӈкуду дяпахам, кумбиэк кэюкэ,
   Хумилун дилган, кумбиэк кэюкэ.
   Омачиани ичухэм, кумбиэк кэюкэ,
   Обиби дурун кумбиэк кэюкэ.
   Кэркичиэни ичухэм кумбиэк кэюкэ,
   Кэкукэн тэси. кумбиэк кэюкэ.

1 ▸00:00 ‖ 5 ▸0:29 ‖ 10 ▸1:19 ‖ 11 ▸1:50 ‖

Кумбиэк кэюкэ

1 Жили старик и старуха. Их дочь девочка, очень красивая и любимая дочь.
2 Так живут, так живут. Девочка так живет, так живет,
взрослой девушкой *пудин* стала.
3 Теперь отец и мать чужого человека в мужья ей нашли,
в другом селении жившего человека.
4 Однако девочка не видела [его раньше].
5 Но у девочки во сне, в сновидениях был друг *мэргэн*.
6 Потом люди сватать приехали, ну, люди водку пьют.
Мать и отец спать легли.
7 После этого эта *пудин* девочка свадебную одежду всю на себя надела.
8 Серьги в уши, браслеты, носовые серьги, кольца всякие,
четырехсаженным поясом подпоясалась, надела свадебный головной убор.
9 Потом оттуда пошла. Так идет, идет, и запела девочка:
Когда излучину реки обходила, *кумбиэк кэюкэ*,
Поворот открылся.
10 На этом, этом повороте [свои вещи] в воду бросает и идет так.
Кумбиэк кэюкэ.
Когда мимо релки проходила, браслет скинула, *кумбиэк кэюкэ.*
Когда водоворот обходила, кольцо скинула, *кумбиэк кэюкэ.*
Когда утес обходила, серьги скинула, *кумбиэк кэюкэ.*
Когда через луг шла, головной убор скинула, *кумбиэк кэюкэ.*
11 Так идет, идет и до дома своего друга дошла.
12 Теперь на берег своего друга поднимается.
Кумбиэк кэюкэ,
когда с берега к дому поднималась, *кумбиэк кэюкэ,*
крик ночной кукушки *кумбиэк кэюкэ.*
Во двор взглянула, *кумбиэк кэюкэ,*
Горлицы голос, *кумбиэк кэюкэ.*
На дверь посмотрела, *кумбиэк кэюкэ,*
Аиста крик *кумбиэк кэюкэ.*
Порог переступала, *кумбиэк кэюкэ,*
Кукушки голос *кумбиэк кэюкэ.*
На кан взглянула,
Гагары голос, *кумбиэк кэюкэ.*
За столб у очага взялась, *кумбиэк кэюкэ,*
Совы голос, *кумбиэк кэюкэ.*
На очаг взглянула, *кумбиэк кэюкэ,*
Удод видится, *кумбиэк кэюкэ.*
На кан *мало* посмотрела, *кумбиэк кэюкэ,*
Кукушонок сидит, *кумбиэк кэюкэ.*

Малочиани ичухэм, кумбиэк кэюкэ,
Мапа дурун, кумбиэк кэюкэ.
Гилончиани ичухэм, кумбиэк кэюкэ,
Гиусэл дурун, кумбиэк кэюкэ.
Тавачиани ичухэм, кумбиэк кэюкэ,
Папика дилгаӈкини, кумбиэк кэюкэ.

13 Тотара тэй тадо, тэй хаяхани, тэй тэсидуэни тэй андарни дидюхэни эдини.
Тотара тадо эдигуй бахани-гоа.

14 Тэй-тэни амини, энини чуӈну хуэдэхэчи-гуэ чава.
Хао-да энэхэмбэни-дэ сарасичи пиктэри.

15 Тэй-тэни нёани мэнэ аминдо, толкиндо гаса гасилайни, хай,
хай-да хойпоандилани досома досодилани мэргэнди эдигуй бахани.

16 Тэй-дэ амимби, энимби сараси осигоани хайва-да хэм
туй наӈгалами энэхэни. Все.

‹36› Киа голдиах

1 Э, эм мама балдихани аси пиктэку. Тэй асиа хайло улэн.
Тэй мапала хайло баяӈгоани.

2 Туй тамиа пиктэни-тэни дёмбохани.

Ама, эниэ, киа голдиах,
Эдигуй, диагой, киа голдиах,
Гэлэндэми, киа голдиах,
Энэмби, киа голдиах,
Сэлэм сэдембэ, киа голдиах,
Ми энэгуивэ, киа голдиах,
Буру, киа голдиах.
Улэн мэргэн, киа голдиах,
Гэлэндэмби, киа голдиах,
Ая мэргэмбэ, киа голдиах,
Гэлэндэмби, киа голдиах,
Гэлдэн мэргэн, киа голдиах,
Гэлэсимби, киа голдиах,
Сахарин мэргэн киа голдиах,
Саӈдагамби, киа голдиах.
Ама, эниэ, киа голдиах,
Пэдэмэри, киа голдиах,
Дэрэдиусу, киа голдиах,
Нярон долани, киа голдиах,
Ниргими, киа голдиах, энэмби.
Сэдендулэни, киа голдиах,
Сэдэми, киа голдиах,
Энэмби, киа голдиах.

3 Энэхэни, энэхэни. Улэн мэргэн эм иргэндулэни исихани. Эдигуй чадо бахани.

4 Туй тара тэй сэдэнди энинэчи димасоми бини-гуэ. Все.

На кан в глубине дома взглянула, *кумбиэк кэюкэ,*
Медведь видится, *кумбиэк кэюкэ.*
На нары слева посмотрела, *кумбиэк кэюкэ,*
Косули видятся, *кумбиэк кэюкэ.*
На огонь взглянула, *кумбиэк кэюкэ,*
Сойки голос, *кумбиэк кэюкэ.*

13 Потом девушка села. Пока сидела, друг пришел. После этого за него вышла замуж.

14 Отец и мать совсем потеряли [свою дочь]. Куда ушла их дочь, не знают.

15 Она сама из своих снов и сновидений, из печальных разговоров вороньих и из всяких звуков услышав [узнав о *мэргэне*], за *мэргэна* замуж вышла.

16 Чтобы ее отец и мать не узнали [об этом], она, все [с себя] сбрасывая, уходила. Все.

‹36› **Киа голдиах**

1 Э, жила старуха с дочерью. Девушка была очень красивая. Ее отец очень богатый.

2 Как-то дочка придумала.

Отец и мать, *киа голдиах,*
Мужа, друга, *киа голдиах,*
Пойду искать, *киа голдиах,*
Мама, *киа голдиах,*
Железную повозку, *киа голдиах,*
Чтобы я поехала, *киа голдиах,*
Дай, *киа голдиах.*
Красивого *мэргэна, киа голдиах,*
Иду искать, *киа голдиах,*
Хорошего *мэргэна, киа голдиах,*
Иду искать, *киа голдиах,*
Прозрачного *мэргэна, киа голдиах,*
Ищу, *киа голдиах,*
Черного *мэргэна, киа голдиах,*
Иду проведать, *киа голдиах.*
Отец и мать, *киа голдиах,*
Счастливо, *киа голдиах,*
Оставаться, *киа голдиах,*
Я по мари, *киа голдиах,*
С шумом, *киа голдиах,*
На телеге, *киа голдиах,*
Трясясь, *киа голдиах,*
Еду, *киа голдиах.*

3 Ехала, ехала. Доехала до селения хорошего *мэргэна.* Замуж там вышла.

4 После этого на той телеге к родителям в гости ездила. Все.

Нанайские слова, оставленные в русском тексте без перевода

Аёка – междометие, служащее для выражения насмешки

Акпа – дух, ассоциирующийся с солнцем и небом

Амбан – злой дух

Апанго – обращение пожилого человека к молодому в покровительственно-уважительном тоне[1]

Аями – (1) дух-покровитель шамана, если шаман мужчина, то покровитель женщина, и наоборот, у женщины-шаманки дух-покровитель всегда мужчина; шаманы представлят себе, что во сне живут с аями супружеской жизнью;[2] (2) идол, изображающих духа-супруга

Байта – дело, проблема, вина

Бируэ – поселок в сказке

Бороктома бучуэн – разновидность духа бучуэн (см.), букв. бучуэн из селезенки

Буни – мир умерших

Бусиэ – злой дух, который губит людей, доводя их до полного истощения[3]

Бучуэн – разновидность шаманских духов-помощников

Бэсэрэ – лавка высотой около метра, ставилась посредине старого нанайского дома, там хранились сети и другое имущество

Вэх-вэх – асемантическое слово-попевка

Гак – образное слово, имитирующее крик ворона

Ганин – разновидность злых духов

Гило – кан слева от входа в старом нанайском доме

Гокилан – образное слово, изображающее походку хромого

Голонко – сооружение из дров

Гусиэ (гусиэ тора) – центральный столб в старом нанайском доме, возле него размешался идол-хозяин дома диулин (см.)

Гэ – междометие ну, вот; в данном случае асемантическое слово-попевка

Гэен – то же, что саман, шаман, колдун; в фольклорных текстах встречается обычно в словосоветании саман-гэен, то есть, шаман-колдун

Гэнэей – асемантическое слово-попевка

Дайран – по-видимому, некий обряд, значение которого выяснить не удалось

Данила – асемантическое слово-попевка

Даранди сирунди – словосочетание-попевка, изображающее шаманскую пляску персонажа, буквальный перевод «пошире-поуже»

Дегдин – малые поминки, во время которых сжигались вещи, принадлежавшие умершему

---

1 Оненко С.Н. Нанайско-русский словарь. М.: Наука, 1980, с. Оненко С.Н. Нанайско-русский словарь. М.: Наука, 1980, с. 45.

2 Там же, с. 53.

3 Там же, с. 83.

Деп-деп – образное слово, имитирующее чмокание персонажей, предвкушающих трапезу

Дёгдиан – шаманский путь, шаманская территория, см. также «дёргил»

Дёкан – сооружение из дров, букв. маленький домик

Дёптон – внешняя оболочка персонажа, которую он может сбрасывать с себя и вновь на себя надевать

Дёргил – шаманский путь, шаманская территория, см. также «дёгдиан»

Динг-динг-дя – асемантическое слово-попевка

Диулин – идол, дух хозяин жилища, ему молились перед промыслом и после него, а также в случае болезни кого-либо из членов семьи[4]

Дойнва – имя героя и асемантическое слово-попевка в его монологе[5]

Доркин – потусторонний мир, загробный или подземный мир[6]

Дурдул – сказочный шаманский четерыхсаженный пояс, упоминания об использовании его в реальной шаманской практике нам не встречались

Дурулдикэ – птица, точное ее название выявить не удалось

Дусиэ – слово с невыясненным значением, по-видимому, означает определенный вид духов

Дянгиан – нанайский традиционный судья, обладавший властью судить благодаря наличию духов-помощников

Дурдул – дух-помощник шамана, изображенный в виде шаманского пояса, данное слово встречалось нам только в сказке

Дэливэхэ – деталь приспособления для выделки шкур

Дэсиу – помост для хранения лыж, орудий охоты, огнеприпасов, продовольствия[7]

Дяка – в данном случае духи, сказитель подчеркивает, что сражение персонажей происходит в духовном мире, сталкиваются между собой не сами люди, но только их духи

Дяпар-дяпар – образное слово, имитирующее звук шагов

Едери-едери – асемантическое слово-попевка

Енгси – обряд сватовства

Ивэру-ивэру – асемантическое слово-попевка

Ихоа-хоа – асемантическое слово-попевка

Кадиар – образное слово, имитирующее удар бубна

Кангироканди найна – асемантическое слово-попевка

Кар-кар – образное слово, имитирующее скрип лыж по снегу

Качир – образное слово, имитирующее потрескивание высохшей кожи

Киа голдиах – асемантическое слово-попевка

---

4 Оненко С.Н. Нанайско-русский словарь. М.: Наука, 1980, с. 156.

5 Согласно исследованиям Г. М. Василевич, А. А. Петровы и других, совпадение имени персонажа с асемантическим словом попевкой в его монологах довольно часто встречается в фольклоре тунгусо-маньчжурских народов.

6 Оненко С.Н. Нанайско-русский словарь. М.: Наука, 1980, с. 160.

7 Оненко С.Н. Нанайско-русский словарь. М.: Наука, 1980, с. 134.

Киак – слово, с которым персонаж-дух привлекает к себе внимание персонажа
Кианг – образное слово, имитирующее удар бубна
Киангпора – мифическая железная рыба
Ки-ки-ки – образное слово, имитирующее смех
Кингиар – образное слово, имитирующее лязг металла
Киргиан бучуэн – дух-помощник шамана, а также изображающий его идол
Кое-кое – образное слово невыясненного значения
Коитаки маитаки бук-ку-кусэл – образное словосочетание, имитирующее шум гребли
Кокатас – образное слово, имитирующее звук подвесок на шаманском поясе при пляске персонажа и одновременно совпадающее с именем этого персонажа
Колиах – образное слово, имитирующее шаманское пение цапли
Конгор тиэс – образное словосочетание, имитирующее звон колокольчика
Кор-кор – образное слово в словоочетании «сохиак кэр-кэр кор-кор», имитирующее плач персонажа
Кори – мифическая птица, на которой шаман летает в загробный мир
Кори – сруб для хранения свежемороженной кеты зимой[8]
Кот-кот – подражание звонкому звуку
Кудер-ботоа – образное словосочетание, имитирующее удары бубна
Кумбиэк кэюкэ – асемантическое словосочетание-попевка
Кунгулигдэ – образное словосочетание, имитирующее шум, сталкиваемой с берега на воду лодки
Куркундиэ – асемантическое слово-попевка
Кутэк-кутэк – подражание глухим ударам по дереву
Кэпур-кэпур – образное словосочетание, имитирующее чавканье
Кэр-кэр – образное слово в словоочетании «сохиак кэр-кэр кор-кор», имитирующее плач персонажа
Кэркичэ – части кана гилон, пуксу, прилегающие к очагу, в старом нанайском доме это место занимали обычно старшие женщины в семье[9]
Кэхиэ кэнгур – образное словосочетание, имитирующее шум гребли
Майдо-майдо – асемантическое слово-попевка
Мало – кан в глубине старого нанайского дома напротив входа
Миа – образное слово, имитирующее скрип открывающейся двери
Мохан – пожилой персонаж сказки
Мудур – дракон
Мэргэн – мужчина, герой сказки
Нгайнгани – асемантическое слово-попевка
Нгэвэн – дух-помощник шамана, а также изображающий его идол
Ниокта – душа шамана, воплощенная в духах, или духи, замещающие душу шамана

8 Там же, с. 227.

9 Там же, с. 241.

Огианга – дух-помощник шамана, а также изображающий его идол
Пайпанчо – асемантическое слово-попевка
Пак – образное слово, имитирующее шаманское пение сойки и одновременно ассоциирующееся с названием этого персонажа (сойка по-нанайски папи)
Панё – кукла, изображавшая умершего человека, эту куклу хранили раньше в доме и ухаживали за ней как за живым человеком
Патах – образное слово, имитирующее шум брошенного в сторону бубна и шаманского пояса с металлическими подвесками
Пиа-коа – асемантическое слово-попевка
Пойнгар – образное слово, о клубах дыма, пыли
Пудин – героиня сказки
Пуймур – дракон
Пуксун – кан справа от входа в старом нанайском доме
Пункичи – обряд окуривания багульником, разновидность бескровного жертвоприношения
Пэргэчи – обряд дивинации
Сактан – циновка
Сарин – угощение, во время которого договаривались о свадьбе
Сах – образное слово, имитирующее шаманское пение сороки и одновременно ассоциирующееся с названием этого персонажа (сорока по-нанайски сахси)
Сикоянго – асемантическое слово-попевка
Сисивэхэ – деталь приспособления для обработки шкур
Сохиак – образное слово в словоочетании «сохиак кэр-кэр кор-кор», имитирующее плач персонажа
Суйму-суйму – асемантическое слово-попевка
Сэвэн – родовое название духа-помощника шамана, а также идол, ихображающий этого духа
Сэпи – слово с невыясненным значением
Таонг-таонг-таонг – образное слово, имитирующее удары бубна
Таонтаки – дух-помощник шамана, а также изображающий его идол
Таочи – шаманский обряд поисков ушедшей души больного и помещения ее в безопасное место
Тах-тах – образное слово, имитирующее шум побоев
Теунг – образное слово, имитирующее удар бубна
Тоас-тоас – образное слово, имитирующее удар в ладоши
Торак-торак – образное слово, имитирующее шаманское пение грача и одновременно ассоциирующееся с названием этого персонажа (грач по-нанайски тораки)
Торо – жертвенник, обычно в виде одного или трех растущих рядом лисвенниц, а также одного или трех воткнутых рядом прутьев
Туйгэ – жертвенник, обычно в виде толстого дерева с изображением человеческого лица на стволе
Туйк-туйк – образное слово, имитирующее стук

Тун – асемантическое слово-попевка
Тух-тух – образное слово, имитирующее стук
Тух-тэх – образное слово, имитирующее стук
Тяонкин-тиаонг – образное слово, имитирующее звон бубна и подвесок на шаманском поясе
Уден – дух
Хайдяра – что произойдет, что случится, данное слово приобрело в сказке функцию слова-попевки
Хачин – дух-помощник шамана, а также изображающий его идол
Хи-ха – образное слово, имитирующее вздохи
Хоар кикоар – образное словосочетание, имитирующее шум с которым волочат по земле тяжелый предмет
Хобобо – образное слово, имитирующее шаманское пение персонажа сказки зайца
Хок – образное слово, имитирующее шаманское пение совы и ассоциирующееся с названием этого персонажа (холи)
Хуру – образное слово, имитирующее шаманское пение белки и ассоциирующееся с названием этого персонажа (хулу)
Хэ – асемантическое слово-попевка
Хэрин – асемантическое слово-попевка
Хэрирей – асемантическое слово-попевка
Хэргэн – поминки с участием шамана, устраивавшиеся на шестой или седьмой день после смерти
Чаоло – зародыш птицы или неоперившийся птенец, в котором содержится душа шамана и его жизненная сила; см. также чаолотон
Чаолотон – то же, что чаоло
Чинк – образное слово, имитирующее лязг захлопывающегося капкана
Чир – образное слово, имитирующее шум скольжения по водной поверхности
Чормок – прыг, скок
Чэконг-чэконг – образное слово, имитирующее шум гребли
Эндур – разновидность духов высшего разряда
Эдери – то же, что едери
Эдехэ – дух-помощник шамана и охотника, а также изображающий его идол
Эргэн – душа-дыхание, жизнь
Эриэх – образное слово, имитирующее вздох

Комментарии

На агбингохани. Как земля появилась. Зап. в. с. Джари в 1982 году от Канзы Семеновны Бельды, 1906 г.р.

Хаядиади сэвэн балдихани. Откуда идолы появились. Зап. в с. Даерга в 1981 году от Тэкчу Иннокентьевича Оненко, 1914 г.р.

Уде **сохсинасихани**. Лыжня Уде. Зап. в с. Найхин в 1982 году от Николая Петровича Бельды, 1927 г.р.

Илан хосакта. Три солнца. Зап. в с. Кондон в 1985 году от Марии Иннокентьевны Тумали, 1903 г.р.

Най дёлосохани. Окамевший человек. Зап. в. с. Джари в 1982 году от Канзы Семеновны Бельды, 1906 г.р.

Наото. Енот. Зап. в с. Даерга в 1981 году от Тэкчу Иннокентьевича Оненко, 1914 г.р.

Халатон мохан. Халатон мохан. Зап. в. с. Даерга в 1982 году от Гары Кисовны Гейкер, 1914 г.р.

Пакан. Мяч. Зап. в. в 1992 г. в. с. Даерга от Несулты Борисовны Гейкер, 1927 г.р.

Хэвур. Гроб.   Зап. в. в 1994 г. в. с. Найхин от Николая Петровича Бельды, 1927 г.р.

Морин пиктэни. Сын лошади. Зап. в. в 1985 г. в. с. Даерга от Алексея Кисовича Оненко, 1912 г.р.

Инда нантани пасиани. Клочок собачьей шкуры. Зап. в 1985 году в с. Даерга от Алексея Кисовича Оненко, 1912 г.р.

Наондёкан. Мальчик. Зап. в 1992 году в с. Найхин от Николая Петровича Бельды, 1927 г.р.

Дурдул омол. Четырехсаженный пояс. Зап. в. в 1992 г. в. с. Найхин от Николая Петровича Бельды, 1927 г.р.

Эм мама кэсиэ гэлэхэни. Как старушка счастье искала. Зап. в 1993 г. в с. Даерга от Несулты Борисовны Гейкер, 1927 г.р.

Суӈпун. Кочка. Зап. в 2001 г. в с. Даерга от Несулты Борисовны Гейкер, 1927 г.р.

Юрги мэргэн. Юрги мэргэн. Зап. в. с. Верхний Нерген в 2005 году от Ольги Егоровны Киле, 1920 г.р.

Эм мэргэн сиунчи энэхэни. Как мэргэн на солнце попал. Зап. в. с. Ачан в 1987 г. от Александра Сергеевича Ходжера, 1914 г. р.

Пайпанчо. Пайпанчо. Зап. в. с. Джари в 1985 году от Канзы Семеновны Бельды, 1906 г.р.

Гаки сиумбэ луӈбэхэни. Как ворон солнце проглотил. Зап. в с. Даерга в 1982 году от Бельды Лэйчикэ Петровны, 1907 г.р.

Гаки энулухэни. Как ворон болел. Зап. в с. Даерга в 1982 году от Ходжер Веры Николаевны, 1926 г.р.

Сиӈгэрэ. Крыса. Зап. в. с. Даерга в 1982 году от Гары Кисовны Гейкер, 1914 г.р.

Хэрэди сиӈгэрэди. Лягушка и крыса. Зап. в с. Кондон в 1980 году от Надежды Дмитриевны Наймука, 1913 г.р.

Вэчэн. Собака. Зап. в с. Искра в 1982 году от Ульяны Степановны Бельды, 1918 г.р.

Далаа амбоха. Наводнение. Зап. в. с. Верхний Нерген в 2005 году от Ольги Егоровны Киле, 1920 г.р.

Муэду. Выдра. Зап. в. с. Джари в 1980 году от Канзы Семеновны Бельды, 1906 г.р.

Боа няма. Теплые края. Зап. в. с. Джари в 1980 году от Канзы Семеновны Бельды, 1906 г.р.

Тун-тун. Тун-тун. Зап. в. с. Даерга в 1982 году от Гары Кисовны Гейкер, 1914 г.р.

Гокилан. Гокилан. Зап. в. с. Даерга в 1982 году от Гары Кисовны Гейкер, 1914 г.р.

Эрэндэри. Эрэндэри. Зап. в. с. Даерга в 1982 году от Гары Кисовны Гейкер, 1914 г.р.

Диӈ-диӈ-дя. Диӈ-диӈ-дя. Зап. в. с. Джари в 1980 году от Канзы Семеновны Бельды, 1906 г.р.

Дойнва. Дойнва. Зап. в. с. Джари в 1980 году от Канзы Семеновны Бельды, 1906 г.р.

Сикояӈго. Сикоянго. Зап. в. с. Даерга в 1982 году от Гары Кисовны Гейкер, 1914 г.р.

Эктэ-гаса. Девушка-утка. Зап. в. с. Даерга в 1982 году от Гары Кисовны Гейкер, 1914 г.р.

Кагба. Кувшин. Зап. в. с. Джари в 1980 году от Канзы Семеновны Бельды, 1906 г.р.

Кумбиэк кэюкэ. Кумбиэк кэюкэ. Зап. в. с. Джари в 1980 году от Канзы Семеновны Бельды, 1906 г.р.

Киа голдиах. Киа голдиах. Зап. в. с. Даерга в 1982 году от Гары Кисовны Гейкер, 1914 г.р.

Благодарим художницу и преподавателя Елену Александровну Киле за работу с детьми, рисовавшими иллюстрации к этой книге.

на обложке: Ольга Егоровна Киле, Верхний Нерген

Содержание

www.ingramcontent.com/pod-product-compliance
Lightning Source LLC
Chambersburg PA
CBHW030645270326
41929CB00007B/220

* 9 7 8 3 9 4 2 8 8 3 0 6 1 *